王定华　河南上蔡人。教育学博士、教授、博士生导师。北京外国语大学党委书记，国家督学，国家教师教育专家咨询委员会副主任委员，教育部普通高等学校师范类专业认证专家委员会副主任委员，全国高等学校设置评议委员会委员。曾在河南大学、河北大学和美国波特兰州立大学学习。先后担任河南大学教育系教师，国家教委基础教育司义务教育处副处长、高中教育处副处长，中国驻纽约总领事馆教育领事，教育部基础教育司办公室主任、综合处处长、副巡视员、副司长。2012 年任教育部基础教育一司司长、全国少工委常务副主任，2016 年任教育部教师工作司司长、国家督学。2018 年任现职。长期参与国家教育政策制定，不懈推动教育改革发展，大力提倡学校品质提升，始终坚持理论与实践研究。主要研究领域为当代基础教育、教师专业发展、中美教育比较、一流大学建设。系列专著有《中国基础教育：观察与研究》《中国高等教育：观察与研究》《中国教师教育：观察与研究》《美国基础教育：观察与研究》《美国高等教育：观察与研究》《美国教师教育：观察与研究》等，主编《新时代高品质学校建设方略》《英国高等教育——中国大学校长之观察与研究》等近 20 部书籍，发表学术论文 160 多篇。

K—12 Education in China
Higher Education in China
Teacher Education in China
K—12 Education in the USA
Higher Education in the USA
Teacher Education in the USA

“中美教育观察与研究系列”总目

中国基础教育：观察与研究
中国高等教育：观察与研究
中国教师教育：观察与研究
美国基础教育：观察与研究
美国高等教育：观察与研究
美国教师教育：观察与研究

丛书责编 刘立德　韩华球
本书责编 韩华球

美国高等教育：观察与研究

（修订版）

王定华　著

人民教育出版社

·北京·

图书在版编目（CIP）数据

美国高等教育：观察与研究 / 王定华著 . —2 版 . —北京 : 人民教育出版社 , 2021.1
ISBN 978-7-107-35103-7

Ⅰ . ①美… Ⅱ . ①王… Ⅲ . ①高等教育—研究—美国 Ⅳ . ① G649. 712

中国版本图书馆 CIP 数据核字（2020）第 248298 号

美国高等教育：观察与研究（修订版）

出版发行 人民教育出版社
（北京市海淀区中关村南大街 17 号院 1 号楼　邮编：100081）
网　　址 http://www.pep.com.cn
经　　销 全国新华书店
印　　刷 山东德州新华印务有限责任公司
版　　次 2021 年 1 月第 2 版
印　　次 2021 年 1 月第 1 次印刷
开　　本 787 毫米 ×1 092 毫米　1/16
印　　张 27.5
插　　页 1
字　　数 411 千字
印　　数 0 001~1 500 册
定　　价 67.50 元

出版说明

本书是王定华教授在人民教育出版社陆续出版的中美教育观察与研究系列专著中的一部。该系列包括《中国基础教育：观察与研究》《中国高等教育：观察与研究》《中国教师教育：观察与研究》《美国基础教育：观察与研究》《美国高等教育：观察与研究》《美国教师教育：观察与研究》。

世界上有 198 个国家，其教育传统、体制、发展状况各有不同，我们都应该予以了解、全面把握。而美国作为最大的发达国家，其基础教育、高等教育、教师教育的历史、体制、理论、实践、经验、教训，更值得重点关注、深入透视。同时，我们的祖国正在走近世界舞台的中央。作为最大的发展中国家，我国的教育与美国教育相互影响，与世界教育同频共振，必须不断深化改革、加快发展、乐于借鉴、善于弘扬。

王定华教授长期从事中美教育比较研究，曾在教育部工作 20 多年，参与了一系列重要教育决策，还担任过中国驻纽约总领事馆教育领事，走访调研过中美两国许多地方，因此对两国教育既有总体宏观把握，又有很多生动具体观感，遂以观察与研究的视角切入，编写成系列专著。观察，就要描述客观现实，分享心路历程，避免空泛无物；研究，就须进行理论思考，揭示事物规律，避免浅尝辄止。这两点王定华教授都实现了，并且做到了相得益彰。

中美教育观察与研究系列专著体现了以下几个特点：一是历史与现实相结合，二是国内与国外相结合，三是理论与实践相结合，四是学术性与政策性相结合，五是严谨性与可读性相结合。

《美国高等教育：观察与研究》曾于 2016 年由我社出版，受到读者欢迎，光荣入选“2017 年度教师喜爱的 100 本书”。本次出版的为修订版，作者订正了表述，更新了数据，精简了内容。希望并相信本书的再版能对新时代我国高等教育改革发展继续发挥积极作用，并对相关教育理论或实践工作者有所助益。

人民教育出版社
2020 年 8 月

序

顾明远

美国是世界上高等教育最发达的国家。其高等教育已告别象牙之塔，让广大民众可望可及，率先实现了高等教育普及化。美国现有各类高校4 000余所，在校生逾1 700万人。近年来，美国一方面提供各种资助，努力让更多人得以接受高等教育，另一方面积极应对经济社会发展和科技进步新变化，不断推动高等教育改革，改善高等教育治理，保障高等教育质量。美国高等教育改革发展的做法与经验值得观察和研究。

《美国高等教育：观察与研究》是王定华博士的力作，也是其《美国基础教育：观察与研究》的姊妹篇。他在对美国教育长期的观察与研究中，发现美国为保持其高等教育的世界领先地位，采取了一系列提高质量的措施。

一是强调培养知识面宽的复合型人才。随着科技与经济的迅速发展，劳动力市场格局发生了巨大变化，一个人终身从事一种职业的时代一去不复返了。这就对未来就业者的知识结构、胜任多种职业的能力提出了更高要求。因此，美国许多大学加强了通识教育，要求学生必修人文和自然学科的基础课程。还有许多大学设立专项资金，成立跨学科教学研究中心，鼓励文理学科交叉渗透，积极推进边缘学科发展，为学生营造了广阔的发展空间。

二是提升教学在大学中的地位。针对高等教育领域容易存在的“重科研轻教学”问题，许多大学呼吁重新反思大学使命，提出将教学置于大学核心地位，激励广大教师的教学积极性。有的大学设立了“优秀教学奖”，改变以往基础课由博士生承担的做法，鼓励知名教授下课堂，为低年级学生介绍学科前沿和发展方向，让其了解各学科的基本内容与研究方法。卡内基教学促进基金会指出，教学研究也是科学研究，是大学教授的基本职责。

三是普遍建立学生辅导制。一些学生在进入大学之后会产生学习方式转变、选课及专业定位等方面的困惑。建立学生辅导制可以帮助新生缓解心理压力，及时得到有针对性的指导，掌握有效的学习方法，妥善处理人际关系。新生还可通过辅导教师结识其他高年级学生，扩大交往范围。

四是鼓励学生从事社会实践。美国许多大学实行每学年三学期制度，即学生两学期参加校内教学活动，另一学期走出校门从事社会实践，使理论学习与实践较早地结合起来，提高了学生学习的积极性和解决问题的实际能力。学校鼓励学生参与教师的科研活动，协助教师开展动手实验，并与教师一起撰写科研论文，在实操中掌握基本的研究方法。

五是加强和改善质量评估。各州对其公立高校本科教育进行不同形式的质量评估。同时，全美六个地区性高校资格认证机构定期对公私立高校进行资格再认证。为保证质量，各州教育部门或专业评估机构定期开展高校教学绩效评估，主要内容有：高等学校招生数与毕业率；学生获得学位的比例与时间；学生巩固率与保留率；学生从二年制学院转到四年制学院，或从四年制学院转到二年制学院的比例；毕业生参加职业资格考试的通过率；师生比与教师用于教学工作的时间。多数州将评估结果与学校经费拨款直接挂钩。在校内，考试仍然是校方检验学生学习成绩的主要手段，不仅有例行的期中、期末考试，有的学科还举行月考。考试的方式有闭卷考试、开卷答题或完成规定作业、撰写课程论文等。各门课程的期中考试时间有先有后，但期末考试时间则是大致统一的，通常利用每学期的最后一周进行。课堂教学的最后环节是课程教学评价，由全体修课学生对教师的课堂教学情况做出评价。

当然，美国提高高等教育质量的措施还有许多，对公立大学或私立大学，学术型院校或应用型院校，策略也不一样。加之，大学高度自治，办学招数各显神通。故而，欲知详情，需要大家读读这本书，并由此扩展开来，对美国高等教育的新发展、新变化开展长期深入研究。

这本书以考察高等教育质量为主线，抓住国人关心的美国高等教育的一些重要方面，夹叙夹议，逐一展开，对美国高等教育类型、大学招生录取、本科生教育、研究生教育、留学生教育、通识教育、大学科技、大学校长、大学教师、大学董事会、大学评议会、常春藤大学、一流大学建设等问题，进行了较为客观的介绍和较为深入的分析，还对美国高等教育历史发展、未来走向分别做了回眸与展望。书中内容体现了作者的真实感受和独特视角，既有理论性，又具可读性。相信这本书的出版一定会对读者有新的启发。

定华同志最初是学比较教育的，青年时代曾受教于我国老一辈德高望重的著名学者滕大春先生并获博士学位。而今，他不忘初心，回归学术，就任大学书记、教授、博导。我与他相识已久，20世纪80年代曾主持过他的硕士研究生学位论文答辩。他曾经驻美多年，又长期在国家教育行政部门工作，因而既有广阔的国际视野，对美国高等教育发展和现状有深入研究，又了解中国国情，知道国内读者关心什么、需要什么。在繁忙的行政工作之余，他一直坚持教育研究包括对美国教育的研究，勤于思考和笔耕。2008年我曾为他的《透视美国教育》写过序，今天再为其《美国高等教育：观察与研究》作序，感到十分荣幸。愿北京外国语大学及其国际教育学院在定华同志领导下不断创新发展，取得优异成绩。

2016年夏于求是书屋

2020年夏又识于北京

（本序作者系北京师范大学资深教授、中国教育学会名誉会长）

目录

第一章

美国高等教育之历史回眸

作为一个比较年轻的国家，美国从1776年独立建国到20世纪中期，在历史长河中短短的一段区间内，拓展了大学职能，形成了自身特色，发展成为高等教育大国与强国。第二次世界大战至今，美国高等教育保持了一些优良传统，又进行了一系列改革，大众化教育和科研创新并举，规模和水平得到了迅速发展与提升，很多做法值得观察与研究。1940年全美有150万名大学生，1960年大学生人数超过320万，1970年这一数字达到850万，到了1980年大学生人数上升到1 200万。截至2019年，美国共有3 700所可授学位的高等院校，其中2 300多所为四年制学院或大学，1 300多所是二年制学院。这些院校的在校生共有1 700多万名。①尽管当今美国在世界高等教育领域内可谓独领风骚，然而为了迎接未来的挑战，维持其在全球的领先地位，它仍然在不断进行高等教育领域的改革，努力提高办学效益和教学质量，从而使得高等教育为美国经济与社会发展提供更好的智力与人才资源支持。

① NCES. *The Condition of Education 2020*, p. 146.

一、深受英国影响：殖民地时期的高等教育

美国高等教育是伴随着美洲大陆的发现和移民的出现而产生兴起的。14世纪以前，作为美洲主要土著人，印第安人生活在原始、简朴的状态中。1492年哥伦布发现新大陆后，欧洲殖民者便开始了探索美洲的历程，印第安人平静的生活被打破。1607年，英国殖民者在今弗吉尼亚州的詹姆斯敦建立了殖民地。1620年，“五月花号”轮船把另一批英国人运抵普利茅斯。普利茅斯今属马萨诸塞州，毗邻大西洋，虽至今人口不到10万，但因是最早的移民登陆点之一，建有欧洲移民纪念亭、印第安人纪念馆，故为北美名城，参观者四季不断。笔者数次前往，驻足遐思，感慨良多。随着岁月流逝，如今“五月花号”轮船已不复存在，但后人按原船建造的“五月花二世号”轮船经常停泊在普利茅斯港口，供人们参观。有时，这艘船会应邀驶往波士顿、纽约、费城等地，作为青少年爱国主义教育的载体。

遥想当年，移民群体一般都具有面对社会巨变的气魄和能力，敢于直面新情况，勇于采取新措施来解决自身困境。美国的早期移民多是政治、经济、宗教上的受压迫者或受难者，他们远涉重洋来到新大陆，期盼享有自由民主的生活。可以说，从北美建立殖民地起，人们对教育就很重视。移民每踏上一片土地，有两件事必做：一是建教堂，二是建学校。有识之士认为，教育既可促进经济发展，又可增进民族团结，“教师是最好的警察，开办一所学校就等于关闭一所监狱”。当时，凡是殖民地比较繁荣的地方，必是教育发达之地。英国清教徒为国教所不容，来美洲大陆后不久即致力于教育工作，仿照牛津和剑桥两校，先设立哈佛学院，后设立耶鲁学院。

北美大陆最初是以殖民地形态出现在世人面前的。为了更好地生存与发展，来到新大陆的移民群体对于教育事业非常重视。早期的殖民时期，北美文化多由移民携入，教育活动基本上是宗主国原有模式的移植。这一时期的移民大多数是来自英国的清教徒，他们到了美洲大陆后，很快按照故土的高等教育类型兴办教育。由于宗教是维系民众的重要事务，因此教育往往服务于人们的宗教目的。可以说，殖民地时代乃至19世纪早期的美国高等学校基本上都是宗教性质的学校，

这些学校一方面由某个教会资助，另一方面也享受政府的津贴，不过学校更多地承担着培养牧师的宗教性责任，世俗事务和政治活动基本上与其无涉。

1636年，哈佛学院的成立开启了美国高等教育新篇章。哈佛学院坐落在美国马萨诸塞州的剑桥市，与波士顿市只隔一条查尔斯河，它是来自欧洲的北美移民所建的最早的高等教育机构。1637年，出生于伦敦的英国青年约翰·哈佛从英国剑桥大学毕业，到新建的学院工作。他只有29岁，由于工作很积极，得到好评。1638年9月，哈佛因肺病恶化而离世。尽管那时的学院只有一名正式教师、一所木板房和几十名学生，但是哈佛希望它能逐步发展壮大。他立下遗嘱，将其全部藏书（大约400本）和一半资产（大约780英镑）捐赠给这所学院。这些捐赠，对于当时的学院来说意义非同寻常。当时学院刚刚成立，政府一年给予的拨款仅仅是400英镑。哈佛的义举，引起很大反响。因为这样的事情，在当时的北美，实在是凤毛麟角。于是，这所学院被正式命名为哈佛学院，即后来的哈佛大学。随后，1693年威廉玛丽学院在南部地区成立，1701年耶鲁学院在康涅狄格州问世。这三所学院是北美最早的学院，它们完全按照英国牛津、剑桥模式来打造，当时的目的都是培养传教士和牧师。院长均由颇有威望的牧师担任，大部分教师和董事也是牧师。日常开支主要来自学费、政府投入以及私人捐助。

殖民地时期北美高等教育的水平参差不齐，总体上说并没有值得称道的成绩，与欧洲大学相比差距很大。由于早期学院均为私立，收费昂贵，因此只有极少数富人子弟才有机会进入学习。到了独立战争前期，哈佛的毕业生仅为40人，耶鲁仅为35人。① 独立后的联邦政府并没有过多地考虑高等教育问题，甚至在《宪法》中都没有提及教育事业，教育被认为是州和地方的责任，这为后来美国高等教育发展多样性特色奠定了基础。另外，在这一时期，美国高校所形成的董事会等制度在后世得以保存并形成自身特色，从而积淀为美国大学的传统。

二、确立分权体制：独立建国至南北战争前夕的高等教育

北美在成为英国殖民地之后，其国教派和清教派势不两立，天主教和新教也

① 林晓著：《美国中北部协会院校认证标准与程序研究》，浙江大学出版社2010年版，第33页。

矛盾重重，教派不同，所传教义、所设学校背道而驰。它们互相敌对，水火不容。独立建国后，人们逐渐承认培养公民的目标与培养宗教信仰是不矛盾的。美国民族矛盾逐渐化解，形成了多元文化。各民族基本上可以相互融合，彼此学习，相得益彰。各教派为保持和扩大在教育阵地的优势，以其本教派的理解决定公民形象，创办它们理想中的学校，传授与其宗教相适应的宗教教义和文化知识。当时，宗教和教育是一体的，国家引导和借助教会办教育的热情和力量。随着美国政治改革和经济发展，人们不得不面对现实生活，加上自然科学和哲学思潮的冲击，教会由控制教育而节节退让。国家实现了教育的世俗化，公立学校与教会彻底分离，但教会仍举办私立学校，出资聘用教师，收取学生学费，为家长提供选择。

这期间，不仅来自英国的移民，而且其他各国来的移民都把母国的办校模式移来，在互相交流观摩中，美国便成为各国的“教育竞赛会”或“展览馆”。此外，美国独立后也曾多次向欧洲认真学习教育模式。就高等教育而言，如果南北战争后美国只是发展务实的农工学院，而不向正在发展学术教育的德国柏林大学学习，那么美国高校的学术地位将难以企及欧洲。美国高等教育当时实行两条腿走路，兼顾传播知识和发展知识。

这期间，美国奠定了分权制教育管理模式的基础。美国《宪法》没有规定联邦具有教育权力，因而教育权力属于各州。于是，美国教育体制便形成自己的基本特点。一是教育行政的分权制。教育管理上实行地方分权制，办学和管理的主要责任集中在各州和地方。美国各级政府之间并不存在行政上的上下级关系，总统对州长没有行政管理权。各州教育厅对本州教育委员会（board of regents）负责，而不是对州长负责。委员由选民选举产生，不拿工资，定期到州教育厅开会，审议本州教育发展的大事，形成决议后交教育厅具体承办。在基础教育方面，学区是管理学校、任免校长、评聘教师、财务管理的基本单位。二是办学主体的多元化。美国学校有公立、私立之分，政府、社会团体和个人均有权开办学校。美国近一半高校是私立的，经费渠道来源多样。美国没有国立大学而有公立大学，公立大学通常由州政府举办，后来一些有实力的大城市也举办某种高等教育。南北战争前，私立高等教育机构多由教会团体举办，不以营利为目的。三是学校模式的多样化。从一开始，美国便没有完全统一的高等教育办学模式，教育机构和制度、学制、办学形式、学生构成、教育内容和方法均呈现多样化。

三、设立赠地学院：南北战争至二战时期的高等教育

南北战争是美国历史上一场大规模的内战。这场战争的直接起因系美国南部十一州以亚伯拉罕·林肯于1861年就任总统为由而陆续退出联邦，另成立以杰斐逊·戴维斯为“总统”的政府，并驱逐驻扎在南方的联邦军。林肯遂下令攻打“叛乱”州。经过4年激战，1865年4月3日，联邦军攻克里士满。4月9日，联盟军总司令罗伯特·李将军率部2.8万人向联邦军投降。美国南北战争以北方的胜利而告结束，美国恢复统一。从南北战争至第二次世界大战，是美国高等教育的发展与创新时期。1868年联邦政府设立教育部，负责搜集、印发、统计教育信息，管理联邦教育经费，对各州教育系统提供咨询和帮助。州政府设立教育委员会和教育厅，依照州教育法规实施教育行政。州下面设学区，其教育当局成了管理本学区具体教育事务的实权部门。

18世纪后期，美国政府鼓励人们向俄亥俄河以北和阿巴拉契亚山以西地区移民，那里有广袤的荒原以及可供耕耘的肥沃良田，于是“西进运动”蔚然成风，出现了人群大迁徙。这一时期，无论从经济发展角度考虑，还是从民族团结视角出发，政府都愿意多给教育一些支持，但苦于缺乏资金，竟长期未能如愿。然而国家不是没有资源，换一下思路，便找到了答案，那就是用捐赠土地的办法资助教育发展。

1862年，美国国会通过了参议员莫里尔提出的教育法案，后经林肯总统签署成为法律，即《莫里尔法》(Morrill Act)。该法规定：第一，联邦政府在每个州至少资助一所高等院校从事农业和机械工程教育；第二，按照1860年国会规定的议员分配名额，联邦政府根据各州议员数，按每个议员3万英亩①标准向各州赠予国有土地或等额土地期票；第三，出售这些土地的收入，10%用于购买校址用地，其余用于设立捐赠基金，利息不得低于5%；第四，这笔捐赠基金如果5年内未能用于兴办上述学院，须全部退还给联邦政府。根据该法，美国半数以

---

① 1英亩=0.004 047平方千米。

上的州都在联邦政府支持下迅速建立了以农科和机械为特色的学院，即“赠地学院”（land-grant colleges）。经过半个世纪的发展，美国每一个州都至少有一所赠地学院或大学，它们面向社会招生，培养直接服务于社会的各类专业人才，从而体现出美国高等教育注重实用性的一面。

《莫里尔法》具有重要的历史意义。第一，通过对高等教育中应用学科的资助，促进了传统“学术型”高校向“实用型”高校转化，为美国经济和社会发展培养了大批应用型人才，极大地推动了美国工业化和农业现代化进程；赠地学院还非常重视面向社会提供技术服务，在农业技术普及和推广方面发挥过重大作用。第二，赠地学院的建立为公立高等教育体系的形成和发展奠定了基础，极大地促进了美国高等教育发展。《莫里尔法》的初衷虽是资助农业、机械等实用学科，但并不排斥自然学科乃至古典学科，因此很多赠地学院将其专业范围扩展到艺术、科学、教育、工程、矿业和林业等学科，许多学院逐步发展成为综合大学。第三，《莫里尔法》及相关法律为联邦政府介入和资助高等教育奠定了基础。在发展中西部教育的过程中，政府没钱有地，通过捐地的办法资助教育事业，堪称聪明之举。

笔者曾先后访问过马里兰大学、威斯康星大学、得克萨斯农工大学、俄亥俄州立大学。其中，威斯康星大学地处麦迪逊市，得克萨斯农工大学地处“学院站”（college station），两者都是大学城，可以说大学是城市主体，校长比市长地位高。马里兰大学地处的大学园（college park）、俄亥俄州立大学所在的哥伦布市，到处都有大学烙印。上述赠地学院都是以农工为特色、多学科并举的综合性大学，学校占地面积广阔，校园环境优美，招生人数众多，注重满足当地广大受教育者的需求，与州政府关系密切，科技成果转化力度大，为经济社会发展提供智力支持，在各自州高等院校中发挥着“领头雁”的作用。

19世纪后期，随着一系列法规的出台，美国高等教育正式进入大发展时期，欧洲异彩纷呈的高等教育办学理念的输入为美国研究型大学提供了丰富的思想宝库。在充分借鉴德国现代大学办学经验的基础上，美国大学逐渐形成自身独特的“性格”，这主要体现在：一是强调高等教育要服务于社会，科学要为农业和新兴工业的发展服务；二是强调学术职业要更加民主化，同时采用以学科为主的系、院体制而非德国大学的讲座教授制度；三是管理方式更加强调参与性和精英性，原则上董事会成员由校外精英担任，校长和院长等职务则是由董事会选聘，同时要注意参考教师、行政人员和学生等群体的意见等。①

四、逐步走向繁荣：二战至20世纪末的高等教育

第二次世界大战之后，在教育民主化浪潮的影响下，高等教育的规模和入学人数呈现爆炸式的增长态势，迎来了发展“黄金期”。伴随国内外政治、经济与科技形势的变化，美国教育面临着诸多挑战，同时也采取了一系列影响深远的措施。《退伍军人权利法》《国防教育法》《高等教育法》《国家处在危险之中：教育改革势在必行》《2000年教育目标法》等相继出台，其核心都是要把高等教育提升到直接影响国家的国际地位高低、国际竞争成败的高度来考虑。在这种时代氛围下，整个美国社会形成了初步共识，人们普遍参与和支持兴办高等教育事业，进而通过对教育体制进行根本性改革，力图重塑学习体系，全面提高教育质量。

总体来看，二战后的美国，教育改革从未停息，对教育体制的调整从未中断，对人才培养规律的探索从未放弃。至20世纪末，美国已经形成了多种多样的教育类型，取得的教育成就也是有目共睹的，尽管仍然存在着大量难以解决的问题，但这也是促进美国不断探索新的教育发展道路的动力。

（一）制定《退伍军人权利法》

1944年5月，美国国会通过了著名的保障军人权益法案，即《退伍军人权利法》（The GI Bill of Rights），又称《1944年军人再调整法》（The Servicemen's Readjustment Act of 1944）。该法于1944年6月由美国时任总统富兰克林·罗斯福（Franklin D. Roosevelt）签署生效。根据这项法律，二战的退伍军人除了可以立即获得以失业保险形式体现的经济补助，还可到高等教育机构接受

① ［美］菲利普·阿特巴赫等主编，王庆辉等译校：《世界一流大学：发展中国家和转型国家的大学案例研究》，上海交通大学出版社2011年版，第11页。

培训。具体来说，由经批准的教育和培训机构向战时所有在军队服役90天以上的退伍军人提供1年以上、不超过4年的教育和培训，联邦政府支付其每年不超过500美元的学杂费和每月50美元的生活补贴。在该法激励下，1945年以后的几年中，美国出现了前所未有的大批退伍军人涌入高校之浪潮。截至1956年，约800万名退伍军人获得了资助，接受了形式多样的再就业教育和培训。政府为此项目提供的资助总额超过100亿美元。

这一政策措施不仅保障了退伍军人的就学权利，而且减缓了大批退伍军人对劳动市场的压力，对社会稳定起到了积极作用。同时，增强了退伍军人重返社会的适应能力和在劳动市场上的竞争能力，提高了他们的知识水平和全面素质，促进了战后美国经济的恢复和发展。《退伍军人权利法》同样对美国高等教育产生了重大影响，表现在：(1) 对于联邦政府的决策者来说，高等教育已经非常明显地成为实现国家目标的工具；(2) 扩大了民众接受高等教育的机会，为高等教育大众化奠定了基础；(3) 刺激了平民青年对高等教育的需求，使他们认识到进入高等院校能够大大增加其对职业的选择性和灵活性，特别为那些家庭经济条件较差的青年人提供了先行入伍，然后获联邦资助上大学的先例；(4) 推动了高等院校的发展，一些大学获得许多用于临时容纳大量退伍军人的校外场所，有的成为新建大学的开端，有的成了新建社区学院的基础或其他大学分校所在地，并为日后形成的公立大学体系、多校园大学、学院群和开放大学创造了条件；(5) 大量成人进入高等院校后，学生构成出现多样化、成人化趋势。另外，高校为了适应退伍军人的需要，也在积极探索改革课程和教学的方法。

《退伍军人权利法》的最突出功绩是让人们形成了一种观念，即无论一个人处于什么样的年龄、性别、种族、宗教或家庭状况中，都可以而且应该享有受教育的机会。这一法律让更多农民和工人的子女有可能获得他们不曾梦想的更好教育，并让教育能带来更好工作和更好生活的信念在社会上普遍生根。1940年，美国共有大约16万人取得大学学位，而随着《退伍军人权利法》的实施，1950年大学毕业生接近50万人。在上大学的退伍军人当中，大约半数已经结婚，25%已经为人父母。最终，共有220万名二战退伍军人进入大学读书，此外还有350万名退伍军人就读职业学校，150万名退伍军人参加在职培训，70万名退伍军人接受农技辅导。《退伍军人权利法》的教育福利还可以在国外享用。退伍军人管理局在1950年的报告中说，有5 800名退伍军人根据美国《退伍军人权利法》到45个国家学习。大部分高校还认可军人在服役时接受的教育培训课程。《退伍军人权利法》不仅帮助各种背景的人接受高等教育，而且改变了公众对高等教育的看法。传统的美国高等教育多数是以私立小型文科学院为主，实行住校制与精英式管理，而该法实行30年之后，美国高等教育面貌焕然一新。美国的公立院校接纳了80%左右的学生，规模大，专业多，与经济社会联系紧密。自此，美国高等教育为人们带来的是社会、教育和经济地位的提高，而不是作为一种上流社会的标志，高等教育实现了社会学意义上的大众化。

（二）发展社区学院

随着中等教育的逐步普及和公民受教育意识的增强，人们对中学后教育的需求越来越大，同时由于经济发展和技术进步，美国社会对于有较高知识和技能水平的高职人才的需求也不断增大，传统的高等院校独领风骚的模式，无论在数量上还是在功能上都难以适应不断发展变化的社会要求。在这种背景下，社区学院应运而生。

社区学院最早起源于初级学院。1892年，芝加哥大学出于让更多的高中毕业生有机会进入学院低年级学习的考虑，将本校分成了两级学院，前两年称为“初级学院”，后两年称为“高级学院”，并自1900年起授予初级学院毕业生协士（associate，副学士）学位。芝加哥大学主张通过三条途径来建立和发展初级学院：（1）把比较薄弱的四年制学院改造成为初级学院；（2）在中学附设初级学院部，向上延伸开设中学后课程；（3）创办具有大学预备性质的社区学院。二战结束之际，大批退伍军人的入学，促进了初级学院的新发展。1947年，高等教育委员会在表述公立初级学院时使用了“社区学院”的概念，这不仅仅是名称上的变化，而且也包含着为地方和社区服务的含义，相应地，这种短期高等教育机构在内容上也从以升学预备教育为主转向以职业教育为主。1964年美国国会提出：“国家必须准备使对全体高中毕业生至少再进行两年的教育成为可能”，将普及社区学院作为今后的教育政策目标提上日程。1963年的《高等教育设施法》及1965年的《高等教育法》都涉及并鼓励社区学院的发展。于是，20世纪60年代以后，社区学院进入了新的迅速发展时期，学校数和学生数迅速增加。

相对于赠地学院来说，社区学院主要是依靠州及当地的资源发展起来的，联邦政府很少对社区学院提供专门的财政补助，但其对高等院校的各种专项经费，社区学院大都可以享受，如图书资料购置补贴、对贫困学生的奖贷学金等。按照1963年的《高等教育设施法》，联邦政府将高等院校基建基金的22%用于公立社区学院的建设。1967—1969年，社区学院获得了49亿美元的基建基金。根据1963年的《职业教育法》，兴办职业教育的社区学院可以获得一定数额的联邦财政补贴。

社区学院的出现和发展对美国高等教育的大众化起到了至关重要的作用，其在美国的整个高等教育体系中占有重要地位。可以说，自20世纪60年代以来，美国高等教育事业最令人瞩目的发展就是社区学院数量的快速增长和规模的急剧扩大。在完成对学生的初步培养的基础上，社区学院能够为拟转入本科院校的学生提供转学准备课程计划，还实施职业教育计划、劳动力培训计划、成人和继续教育计划。社区学院在美国能有长足的发展，主要因为其具备服务社区、专业实用、学费较低、可以转换等特点。这也是由社区学院所具有的不同于普通大学的突出特点所决定的。

笔者考察过休斯敦社区学院系统。该学院系统提供廉价和便捷的受教育机会，提供技能开发及定向培训，既开展普通教育并协助部分毕业生升入普通大学高年级，又提供技术培训和文化普及项目，制订针对个人素质提高的培训计划，提供综合性的学生辅助服务，为学习和工作实习提供必要设施，提供充分的和有效的资源管理。学生毕业以后可以很快找到工作，也可以申请转读正规的得克萨斯州立大学或其他大学。休斯敦社区学院系统是得克萨斯第三大社区学院，生源以本地为主，同时辐射世界各地。休斯敦社区学院系统现有外国学生1 000多名，分别来自123个国家和地区，其中中国留学生逾百人。休斯敦社区学院系统已不再是过去受人鄙视的“野鸡大学”，而是注重开设适应当地经济社会发展需要的专业和课程、采取灵活多样的教学形式、广泛运用多媒体手段和远程教育技术、重视提高质量的现代化的高等教育机构。

通过对美国社区学院办学情况的观察，可得到一些启示。

第一，随着市场经济的逐步完善，办大学的观念要更新，招生制度要改革。美国人认为，上大学是提高民族整体素质的必要手段，是美国人基本生活和工作的需要，也是人人应当享有的平等受教育的权利。每个人应当有上大学的机会，政府有责任为每个人提供这样的机会，满足其需求。

第二，为适应市场经济需求，专业设置要拓展，成人高校与普通高校之分要淡化。区域社会需要什么，学校就应当提供相应的教育和培训项目，这是美国社区学院生存与发展的基础，也是其基本办学宗旨。因此，美国社区学院开设专业广泛，且没有成人教育与普通教育之分。

第三，有针对性地解决办学投入不足问题，理顺管理体制。国家和地方财政在有条件的情况下，可以对条件好、质量优、经费缺的成人高等学校，按一定的学生人数比例，提供必要的办学经费，以弥补成人高校办学经费之不足。

第四，专科层次的高等教育可以颁发协士（副学士）学位，以增加这个层次教育的吸引力。

第五，社区学院或其他高等职业技术教育不能办成终结性教育，要给有志于深造的毕业生提供继续升学的机会，这样才不致使学生产生误入此境、悔恨终生之感。

（三）颁布《国防教育法》

1957 年苏联第一颗人造地球卫星上天使得美国政府顿生强烈的危机感，认为有必要尽快改革教育，培养足够数量的科技英才以满足国家安全基本需要。美国国会于 1958 年通过了《国防教育法》。该法并不是专门加强国防教育的法律，而是致力于提高教育质量的一揽子拨款方案。之所以命名“国防教育法”，就是想强调教育的重要性，强调教育同国家的安全息息相关。

尽管《国防教育法》表述甚为繁杂，但概括起来主要包含以下几项内容：第一，加强数学、自然科学和外语教育，推动这三门课程的现代化；第二，加强英才教育，对大学生和研究生提供奖贷学金，使任何英才不因经济困难而失去享受高等教育的机会；第三，加强实验室建设和教学手段现代化；第四，积极发展职业教育，大力培养中层技术人员；第五，强化师范教育，提高教师水平；第六，改革高等教育，培养更多适应国家发展需要的人才。

根据该法，联邦政府拨出数百亿美元资助各州的教育改革，推动上述目标的实现。1964 年，国会延长了该法的有效期限，并补充了新内容，扩大了发放奖贷学金的数量。1982 年，国会再次修订该法，以加强科技人才的培养，应对苏、德、日等国在科技、贸易、空间领域及战略武器方面的挑战。该法通过联邦专项补助金的方式，大大加强了联邦政府在教育领域中的干预作用，成为美国提高教育质量的一颗定心丸，在美国教育发展中具有里程碑意义。

（四）出台《高等教育法》

1965 年 11 月 8 日，美国总统约翰逊（Lyndon Baines Johnson）签署了具有重大历史意义的《高等教育法》，他在演讲中将该法说成是能够为“有志向的青年人提供教育来改变自身命运的途径”。历史事实表明，该法的确让许多寒门子弟看到了未来社会流动的希望。

《高等教育法》在开篇阐述了其立法宗旨：“为了强化我们的学院和大学的教育条件，并对接受高等教育的贫困学生提供经济资助。”该法的基本内容包括：总则、大学社区服务及继续教育项目、高校图书馆资助、教师项目、学院资助、学生资助、发展中的学院、改善本科生教学、1963 年《高等教育设施法》的修订等。其中最核心的是关于学生资助的内容。该法创建了两种新的资助模式，即“教育机会助学金”（education opportunity grants）和“保障性学生贷款”（guaranteed student loan），并延长了《国防教育法》中有关国防学生贷款项目与大学生勤工助学项目的实施时间。与此同时，国会每年都拨款用来补助落后的高校和贫困学生。

《高等教育法》的历史意义极为重大，它奠定了联邦政府后来制定高等教育政策的基础，标志着联邦政府介入高等教育领域迈出了实质性的一步，同时针对学生的资助被赋予了合法地位，开创了平民接受高等教育的新时代。从长期来看，《高等教育法》的颁布和实施改善了美国高等教育的条件，缓和了美国教育危机和美国社会发展中的“人才瓶颈”问题，使得美国迅速成为世界上高等教育最发达的国家之一，同时保证了美国经济科技发展在世界上的领先地位。实践证明，联邦政府对教育的资助得到了丰厚的长期回报。

五、适应形势新变化：进入 21 世纪以来的探索

二战后的几十年里，美国教育改革的脚步从未停息，对教育结构的调整从未中断，对人才培养规律的探索从未放弃。世纪之交，美国教育类型多种多样，实验丰富多彩，成就有目共睹，但存在的问题也不容忽视，仍在继续探索新的发展道路。进入 21 世纪后，世界格局变化很大，美国社会受“9・11”事件的影响也很大，美国高等教育随之发生一些变化。

2001 年 9 月 11 日，笔者正在纽约工作，目睹了世贸中心从遭撞后燃烧到轰然坍塌的全过程。这两栋摩天大楼曾是纽约经济繁荣的象征，突然化为乌有，夺去了近 3 000 名无辜者的生命，震惊了全世界，也成了美国许多对内对外政策的转折点。“9・11”事件中，劫机的恐怖分子，大多以留学签证赴美，即属于留学生身份。这一点让美国朝野突然意识到其经济发展和科技创新在很大程度上依赖外国专家与留学生。于是，美国决意继续加大各级各类教育的改革与发展力度，提高教育质量，努力培养效忠美利坚合众国的、质量较高的一代新人。

“9・11”事件让美国高等教育界对国际安全观进行反思。冷战时期，各国出自自身安全和战略利益的考虑，不断扩充军备，导致美苏两霸剑拔弩张。冷战结束后，随着社会矛盾的空前激化，民族和宗教矛盾日益扩大，暴力倾向和暴力事件有增无减，冷战时期所奉行的扩充军备和核武库战略已经不合时宜。不同文明之间应相互学习，共存共荣。任何文明都是人类集体智慧的结晶，不同文明创造了人类的共同繁荣。人类社会的不同文明不仅使得这个世界丰富多彩，而且相互影响，相互渗透，共同前进，绘成人类社会色彩斑斓的全景图，创造出一个又一个辉煌的人间奇迹。面对不同文明，人类社会只能秉持理性，互相包容，求同存异，学会和睦共处。

2002 年初，小布什（George W. Bush）总统签署《不让一个孩子掉队法》（No Child Left Behind Act），基于教育优先发展的战略考虑，加强教育治理与管控，把教育提升到直接影响美国国际地位高低、国际竞争成败的高度来谋划。当

时，联邦政府的目的是让全社会形成共识，各界参与和支持教育事业，对教育体制进行根本性改革，重塑学习体系，全面提高教育质量。

2006年9月，美国高等教育未来委员会在历时一年的调查研究之后，向教育部时任部长玛格丽特·斯佩林斯提交了一份旨在规划未来10—20年美国高等教育走向的报告：《领导力的考验——美国高等教育未来规划》。报告指出，尽管高等教育一直令美国引以为豪，但是没有做好准备应对学生日益增加的多样性成长需求和越来越激烈的全球经济竞争。美国高等教育正处于盲目自大的危险之中，“当教育对于国家繁荣越来越重要的时候，其他国家正在超越我们”。

总结这份报告为美国高等教育描绘的蓝图，可以用三个词概括，即“进得来”“留得住”“出得去”。“进得来”，是指高等教育敞开大门，撤除对低收入家庭和少数民族学生的入学机会限制；“留得住”，是指让进入大学的学生能够负担得起大学生活所需要的费用；“出得去”，是指大学注重教育质量，让接受过大学教育的学生都能获得良好的教育成果，使其今后能够立足社会。委员会提出了以下六项改革建议。

一是做好学生的入学准备工作，向更多学生提供经济援助，使更多学生能够接受并且负担得起接受高质量的高等教育。

二是整个学生资助体制应该简化、重组，建立激励机制，更好地管理资助经费和对工作进行评估。

三是高等教育系统应大力提倡“清晰化、透明化”，辅以大学各项信息数据的及时更新和公开。应加强对学生学业的重视，发展一套以教育成果为重点的大学评估认证机制。

四是大学应保持持久的创新能力，不断进步。

五是联邦投资应集中用于事关美国全球竞争力的领域，如数学、科学和外语。

六是发展终身教育策略，充分认识和理解高等教育对每一个美国人未来的重要性。

高等教育未来委员会在报告中指出，低收入家庭和少数族裔学生由于学业准备不足、缺乏信息以及一直存在的经济阻碍，其进入大学的机会受到限制，“为了敞开高等教育的大门，我们必须更好地教育我们的学生，帮他们做好接受高等教育的准备，在中学阶段就要有一个高起点”。报告建议：各州应该采用能够让所有学生做好升学准备的高中课程，努力按照大学和雇主的期望培养高中生；大学应与初高中长期合作，帮助学生做好接受高等教育的准备。各大学应该与中学紧密合作，确保中学师资训练有素，中学课程与大学需要保持一致，明确升学考试标准；扩展远程教育和成人教育项目。各州和大学应该共同发展早期评价考试，尽早明确高中学生是否在升学的轨道上；扩展高中生提前接受大学教育的项目、双重注册项目、“成绩分班考试”以及国际文凭项目，让高中的最后一年变得更有价值。大学先修课程（AP）考试和国际文凭项目（IB）都是为高中生提前接受大学教育而设计的，特别是国际文凭项目，系为16—19岁具有强大学习动力的中学生设计的大学预科课程，因其卓越的教育品质，被国际认定为精英教育的典范，其培养出来的学生受到世界知名大学的青睐。

报告提出，学费的增长水平远远超出了通胀率、医疗保健开支以及家庭收入的增长水平。大学通常不能提供清楚、详细、公开的信息，包括大学经费开支及大学发展状况的可比较数据。由于目前的数据系统非常有限，政策制定者很难从教育内部渠道获得有关学生进步的有效信息，而信息的缺乏尤以学生学业成就方面的信息更甚。这反映了美国大学对于学生教育结果和质量的忽视。

报告建议联邦政府在确保隐私不受侵害的前提下，为全国每一个学生建立个人学习档案，跟踪其进步情况。建立用户本位的高等教育信息数据库，让学生、家长、政策制定者通过搜索引擎获取各种可比较的大学信息，如录取信息、费用、毕业率、学生学业成就等。政府应要求美国国家教育统计中心公布各高校年度收支报告。联邦政府应提供资金，以供各州收集公立院校学生学业成就数据，进行跨州比较。鼓励大学通过“学术能力和进步评价”来测量学生的学业成就，并资助各州、高等教育机构共享和交换信息。向学生和公众公布上述信息。将每十年一次的成人读写测试周期缩短到每五年一次。

对于大学的创新能力及教育质量的提高，报告建议，联邦政府应该增加“改进中等教育后教育基金”。基金重点用于对教学和学习方法革新的研究，例如神经科学、认知科学以及组织科学。加强与美国教育部、能源部、国防部、国家科学基金、国家卫生研究院以及美国宇航局的合作，共同促进高等教育的创新。鼓励各大学开放资源和教学内容，各学校、各学科及整个教育领域实现教学资源共享。报告指出，美国应增加对教育和科研的投资，特别是一些重点领域，如科学、技术、工程、数学、教育、保育、生物制药等。美国应努力培养急需的外语人才。改革美国移民政策，让重点学科（科学、技术、工程、数学）的留学生更容易获得绿卡。在签证面试时，取消让学生证明自己毕业后不在美国滞留的要求。

报告还建议，各州及各大学应加强远程教育建设，惠及农村偏远地区学生及接受成人教育的学生。学生资助体制应涵盖转学学生和非全日制学生。统一各大学之间学分转换标准，避免学生因重复修读课程而延误毕业时间。

教育部时任部长玛格丽特·斯佩林斯接受了高等教育未来委员会提交的报告，并在此基础上公布了美国高等教育改革行动计划。

一是加强高中毕业生进入高等教育前的准备工作。将仿效基础教育《不让一个孩子掉队法》的一些做法，推进高中大学预科和预修课程的建设，加强高中教育的绩效评估。

二是增加以需求为基础的大学生财政资助，完善有关制度，简化大学生申请资助的程序。

三是建立大学生学习状况数据信息系统，提高高等教育的透明度，加强绩效评估。为此，教育部将拨专款给学校和地方政府，用于收集和公开数据。

美国教育部曾经寄希望于这份报告的意义可与开创赠地学院的《莫里尔法》以及二战后为退伍军人支付大学费用的《退伍军人权利法》相提并论。实践证明，高等教育未来委员会的这份报告以及教育部的努力，在当时还是发挥了一定的作用，算得上是美国高等教育领域的一次较为成功的改革尝试，但如果说它是美国高等教育的里程碑，则显得有些夸张。

在 21 世纪的第二个十年里，奥巴马（Barack Obama）总统的教育政策亦对美国高等教育起了一定作用。奥巴马将教育视作重建美国经济和改善民生水平的基石之一，并在刺激经济法案中将教育置于相当优先的地位。他于 2015 年 12 月签署了《每一个学生成功法》（Every Student Succeeds Act），淡化及部分地代替了《不让一个孩子掉队法》。他不仅就基础教育的改革提出了一系列方案，而且增加了联邦政府对高等教育的研发拨款，增加了大学生贷款额度，启动了一些高等教育改革项目，取得了一定的成效。

结语

在世界教育史上，美国高等教育是后起之秀，在较短的时间内一跃跨入先进行列。美国高等教育用二百多年时间走过了欧洲国家上千年走过的道路。其历史经验与教训，不仅对美国自身，而且对其他致力于增强高等教育质量与竞争力的国家都是一笔可资挖掘的财富。在早期殖民地时期，教育被看成是家长或宗教的事务，公众并不认为政府应插手教育，人们也并不想设立专门教育机构来领导并管理全国教育事业。然而随着社会发展，这种教育独立于政府之外的传统逐渐不能适应实际需求，越来越多的人认识到要对教育进行目的明确、策略适当、方式有效的政策干预，这是实现教育发展与经济社会发展相协调的重要保证。不过，对大学内部治理，政府依法不予干涉。不仅私立大学按章程自主办学，就连公立大学也依各自章程享有高度自主权。高等教育要获得繁荣，不仅需要适应经济社会发展，还需要遵循教育规律，因此必须不断探索和研究。历史上，美国针对民族、自然、经济等方面的新问题，能够用不同于传统的观点进行分析、钻研、实验，以便发现教育规律，追寻解决方法，推动改革创新。例如，杜威的实用主义教育理论、巴格莱的要素主义教育理论、哈钦斯的永恒主义教育理论等，各树一帜，从不同侧面阐述教育问题，影响深远。而今，美国对教育研究的重视不减当年，专职研究人员聚精会神，兼职研究人员孜孜以求，力图将教育决策建立在科研基础上，将教学实践根植于理论研究中。在高等教育进程中，美国很多大学不唯上、重求是，不尚空谈而重调查，给人们留下了深刻印象。

第二章

美国高等教育的类型与性质

美国高等院校从层次类型上，可以分为二年制专科院校和四年制本科院校。其中，二年制专科院校为社区学院（亦称初级学院或短期大学），毕业生可获协士（副学士）学位，优秀者经一定程序可转入四年制本科院校相应年级。四年制本科院校包括文理学院、研究型大学。文理学院主要开展本科生教育，研究型大学以培养硕士与博士为重点。从性质上，大致分为公立院校、私立院校。其中，在私立院校的大范畴中，有一部分是营利性院校即私营院校。当然，由于美国高等院校普遍实行真正意义上的学分制，加之有一部分学生边学习边工作，故而未见得在二年制专科院校就一定两年毕业，在四年制本科院校就一定四年毕业。

一、美国公立高等教育

公立（public）高等院校除个别的由市设立外，基本上都是由各州创办，以各州政府资助与治理为主。各州政府对高等教育治理的方式主要有管理与协调两类。

第一，发挥管理作用。这类州成立负责教育或高等教育治理的委员会（Board of Regents），由该委员会去管理或指导公立大学的重要事宜。委员会成员一般有 15—19 人，包括州长代表、居民代表、各界名流、教育专家、教育厅厅长。教育厅作为该委员会的日常执行机构发挥作用。在有的州，这种治理责任交由两个委员会分别承担：一个负责四年制高校；另一个负责二年制社区学院。上述委员会及其教育厅负责本州公立高等教育一些公共事务，例如：指导本州所有高等教育机构的法人组织；处理多校区公立院校与地方的关系；制定和实施重要的政策；向州议会和州政府提出新设院校的需求；对本州公立高等院校的主要管理人员进行评价；制定教职工的人事政策，对相关任职进行批准；对教育资源进行分配；制定有关学杂费方面的政策。

第二，发挥协调作用。这类州把高等教育的治理职能委派给一个协调委员会。协调委员会亦由各方代表人士组成。该委员会不直接管理本州高等院校，而是谋划和确定本州公立高等教育的发展方向和优先领域。这些州认为，一所院校办得如何，很大程度上取决于院校自身领导者。因此，协调委员会重视为各校推荐行政人员并对其工作进行评价，当然最终任命还是由州政府或获得授权的大学董事会说了算。对院校自身的日常运作，该委员会则不予干预。依据权力的大小，协调委员会又可细分为：（1）调节性协调委员会，它拥有批准学术计划权，在较大程度上享有调整学术政策的权力；（2）咨询性协调委员会，它仅拥有审查和向教育机构的管理者或立法机关推荐有关学术计划的权力。相应地，有些州的协调委员会对本州整个公立高等教育系统提出预算建议，但对预算审查或建议并无硬性要求，另有一些州的协调委员会仅仅向州政府或州议会就某些重点院校的预算提出建议。

美国公立大学中确有一些办得好的大学。在加利福尼亚州的有效治理下，加州大学系统各院校，个个获得成功。2013 年，笔者曾去加州大学洛杉矶分校参观。但见红墙建筑掩映在绿树之间，莘莘学子穿梭在校园之内。教学楼中，图书馆里，实验室里，都能看到师生们忙碌或专注的身影。这所大学教学水平高，科研能力强，服务人群广，是美国公立大学中的“领头雁”。在纽约州的有效治理下，纽约州立大学系统的石溪分校、布法罗分校、阿尔巴尼分校、雪城分校都发展得颇为出色，笔者均考察过。这些院校在美国公立院校中也都算得上是一流的。

各州举办的高等教育机构中，州立大学是主体，而社区学院是其重要组成部分。

首先，社区学院在招生中体现了美国高等教育大众化的特点。为了满足全民受教育的需求，各地政府将办教育作为政府的重要职能。开办社区学院，可使社区内所有人对高等教育可望可即，使区域社会、经济得到发展，是政府为公民提供平等受教育机会的最重要体现。社区学院面向全社会具有高中毕业文凭的公民，实行开放式招生，突出地表现了高等教育普及化特点。

其次，社区学院面向社会、企业开设应用性和技能性课程，满足了社会就业需求；实行灵活的教学和学籍管理制度，为学生完成学业提供了方便。目前，几乎所有的美国城镇、郊区都根据不同的生活和工作区域设立了社区学院。社区学院开设的各类职业、技术教育课程覆盖了大多数社会就业所急需的职业技术领域，因此学生毕业后不难找到工作。社区学院学籍管理的灵活性，课程开设的广泛性、社会性，不仅使不同程度、不同爱好的应届高中毕业生有就读大学的兴趣和需求，而且使专业不理想、就业后收入低的本科毕业生甚至硕士毕业生，为了改变状况而到社区学院重新学习新的技能。纽约拉瓜地社区学院重视推行合作教育，学院与企业紧密合作，开设“通向企业之门”课程，既安置学生到企业实习，又为在岗职工提供培训，举办与工作有关的研讨班等。这样做使学院、企业实现了“双赢”。对学校来说，通过合作教育，可以得到企业的资助，可以了解企业需要什么，不需要什么，以便及时调整课程；对企业来讲，可以发现合格的雇员，缩短新雇员的工作调适期，并可使在岗职工获得有实效的训练。由于拉瓜地社区学院毕业生找工作比较顺利，近年来报名者越来越多。

再次，社区学院的办学经费有保障，学费低廉。由于社区学院是州政府或地方政府举办的，因此，其教育经费来源主要是州政府或地方政府的财政拨款。此外，学校还可以向学生收取学费，但必须按州政府规定的低标准收取，社区学院每年每个学生一般缴费不超过 5 000 美元。除此之外，社区学院每年还可以得到企业的固定资助，这部分经费来源主要依据社区学院为企业定向定专业培养达成的协议。社区学院还为不能在学校接受教育的 16 岁以上的成年人、没有高中毕业文凭的人、没有受到足够的基本教育的人提供各种基本技能培训，以便使他们能够在区域社会内正常地生活下去。这些培训全部是免费的，培训开支完全靠政府财政拨款和社会捐助。时任总统克林顿在 1997 年初提出的对大学生的家庭实行减免所得税计划已得到落实。该法明确提出在大学生就学的头两年，对其家庭提供 1 500 美元的抵税退款，同时对其家庭在高等教育上所花费的 1 万美元实行 20%的抵税退款。另外，还对大学教育储蓄基金实行适当的减免税。国会还同意将面向低收入家庭的“佩尔资助项目”涵盖社区学院学生，并根据情况调高资助额度。各州教育当局负责审核批准社区学院办学经费申请，帮助社区学院筹措办学资金，并负责与普通大学及其管理机构沟通协调。

笔者曾到纽约布鲁克林社区学院考察。该社区学院同属纽约城市大学系统，受总校的指导和支持。学院有各类学员 2 万人，其中 90%来自布鲁克林区。学院的毕业生，有 15%升入纽约城市大学其他校区的本科或外地大学的本科。学院依据学生家庭收入情况，参考其学习成绩，为 70%的学生提供学费减免或奖学金。

社区学院注重了解社会需要，满足社区需求，受到社区、民众和用人部门的欢迎。社区学院教育安排灵活，每天从早到晚甚至周末都排课，方便各种类型的学生选课；举办中学教师培训班，义务为本地基础教育服务；举办“少年大学”，为中小学生提供暑假感受“高等教育”的机会；举办“老年大学”，其唯一的入学要求就是必须年满 60 岁。交通方便，学生不用住校，也是各社区学院的共同特点，学生因而可节约住宿费。有的社区学院有不同的校区，各校区有自己的领导班子、教师、辅导员，以及图书馆、财政服务系统和各自的服务社区等，同时各校区又可资源共享，取长补短。现代教育技术方便了各校区之间的联系。有的社区学院，如休斯敦社区学院，是一所开放式申请入学的公立高等学府，能授予副学士学位，重点提供当地需要的应用性课程，包括文科、商科、护理学科、会计学科、教育学科和计算机学科。

联邦政府对州立大学既不过多干预，也非不管不问。虽然美国《宪法》没有规定联邦政府对教育管理的权力和义务，但鉴于教育事业对国家发展和民族未来的重要性越来越显现，因而联邦政府在宪法允许的范围内对教育事务进行着积极的干预。尽管不同执政党的政策侧重点和干预方式有所不同，但总的来说，美国联邦政府对教育的政策性干预还是取得了明显的效果。美国历史上的重大教育决策大都是联邦政府通过干预使教育直接服务于国家政策目标，并对社会历史进程产生重大影响的实例。《莫里尔法》促进了农业和工业现代化；普及中等教育的政策提高了美国国民的素质；《国防教育法》推动了美国科技教育的发展，有利于美国在科技研究领域保持世界领先水平。美国历史上这些教育政策和法律为民众及社会带来了巨大的经济效益。美国的经验教训表明，联邦政府对教育的干预必须目标明确而具体，并有强有力的财政手段。由于无法对教育进行直接的行政管理，美国联邦政府对教育的干预主要通过立法和财政手段来实现。其中，财政补助成为联邦政府干预教育、实现其政策目标的最重要手段。从一定意义上说，政策意味着钱，财政干预成为最有效的教育政策。

二、美国私立高等教育

私立（private）高等教育就是私立非营利性高等教育。据 2015 年美国官方发布的统计显示，截至 2013—2014 学年，美国能够授予正规学位的私立非营利性高等教育机构共有 1 365 所，其中四年制本科院校 1 282 所，二年制社区学院 83 所。一般来说，私立非营利性大学的学费普遍高于公立大学，在 2013—2014 学年，公立四年制大学学生的平均支出为 22 190 美元，而同一时期私立非营利性大学学生的平均支出为 44 370 美元，两年制公立学院学生的平均支出为

13 580美元，而同种类型的私立非营利性学院学生的平均支出为 28 290 美元。①尽管如此，美国的高中生在毕业时仍然愿意选择私立名牌大学，这足以看出私立高等教育在美国的地位。截至 2016—2017 学年，美国能够授予正规学位的私立非营利性高等教育机构共有 1 392 所，其中四年制本科院校 1 295 所，二年制社区学院 97 所。② 一般来说，私立非营利性大学的学费普遍高于公立大学，在 2014—2015 学年，公立四年制大学学生的平均支出为 41 074 美元，而同一时期私立非营利性大学学生的平均支出为 54 157 美元，二年制公立学院学生的平均支出为 14 690 美元，③而同种类型的私立非营利性学院学生的平均支出为 20 228 美元④。

（一）文理学院代表着富有传统的本科生教育

文理学院（liberal arts college），又称博雅学院，是美国高校的重要类型之一。它奉行博雅教育，以本科教育为主，其特征是注重全面综合教育，强调发掘学生的思维潜能，课程设置涵盖艺术、人文、自然科学、社会科学等各门类，区别于以就业及研究为主要方向的综合性大学及各类专业学校、技术高校。

美国有相当一部分学生从文理学院获得学士学位。在大部分美国人心目中，文理学院往往代表着经典、小规模、高质量的本科教育。许多文理学院的学术声誉往往不亚于一些知名研究型大学，并且性价比高，因而成为很多美国上流社会与知识分子家庭子女的重要选择。

表 2-1　2016 年度世界大学性价比排名前 40 位的美国文理学院名单⑤

排名	学校	获得助学金学生比例（%）	补贴外平均支出（美元/年）
1	阿默斯特学院	57.7	17 413

① NCES. *The Condition of Education 2015*，http://nces.ed.gov/programs/coe/indicator_cua.asp.2015-11-16.

② https://nces.ed.gov/programs/coe/indicator_csa.asp.

③ https://nces.ed.gov/programs/digest/d16/tables/dt16_334.10.asp.

④ https://nces.ed.gov/programs/digest/d16/tables/dt16_334.30.asp.

⑤ U. S. News & World Report. *Best Value Schools National Liberal Arts Colleges*，http://colleges.usnews.rankingsandreviews.com/best－colleges/rankings＋2.2015-12-15.

续表

排名	学校	获得助学金学生比例（%）	补贴外平均支出（美元/年）
2	波莫纳学院	55.6	18 637
3	威廉姆斯学院	49.6	20 331
4	索卡大学	88.4	17 754
5	瓦萨尔学院	58.4	20 836
6	华盛顿与李大学	41.4	18 612
7	格林内尔学院	69.5	22 164
8	斯沃斯莫尔学院	50.8	22 136
9	哈弗福德学院	48.6	21 810
10	明德学院	42.2	22 122
11	大西洋学院	86.3	19 730
12	鲍登学院	44.5	22 672
13	科尔比学院	38.4	20 665
14	史密斯学院	59.0	23 924
15	科尔盖特大学	34.5	20 977
16	戴维森学院	48.5	23 751
17	韦尔斯利学院	43.7	22 731
18	汉密尔顿学院	46.6	23 508
19	玛卡莱斯特学院	68.8	25 716
20	艾格尼丝·斯科特学院	77.8	21 587
21	克莱蒙特·麦肯纳学院	38.2	23 777
22	科罗拉多学院	35.3	21 944
23	里士满大学	39.9	22 371
24	霍林斯学院	80.2	21 115
25	贝茨学院	44.1	23 849

续表

排名	学校	获得助学金学生比例（%）	补贴外平均支出（美元/年）
26	厄勒姆学院	81.4	25 040
27	蒙特霍利约克学院	66.6	26 339
28	诺克斯学院	78.8	23 684
29	卡尔顿学院	55.3	28 390
30	托马斯·阿奎那学院	70.1	19 951
31	富兰克林与马歇尔学院	50.0	23 805
32	布林莫尔学院	51.5	25 938
33	凯尼恩学院	39.3	24 111
34	里彭学院	84.2	22 187
35	三一学院	38.7	22 572
36	巴纳德学院	39.6	24 378
37	圣奥拉夫学院	65.7	24 906
38	森林湖学院	77.6	23 275
39	劳伦斯学院	65.7	24 679
40	古斯塔夫斯·阿道佛斯学院	71.1	23 689

（二）私立研究型大学代表了美国高校顶尖水准

在美国，绝大多数一流大学是私立大学，目前美国排名前20名的大学大多是私立大学，其校友、教授包揽了全球绝大多数的诺贝尔奖获得者，比如8所常春藤大学以及芝加哥大学、斯坦福大学、麻省理工学院、加州理工学院、约翰斯·霍普金斯大学、卡内基梅隆大学等。私立大学办学历史悠久，办学成就辉煌，其中一些大学的学术排名始终名列美国大学前茅。哈佛大学的教授自治、学术自由、崇尚创新的办学理念被视为美国精神的象征；约翰斯·霍普金斯大学强调大学传播知识与创造知识并重，首创研究生教育与提倡科学研究，开美国研究生教育之先河；麻省理工学院重视产、学、研相结合，伴随美国工业革命一起成长，被誉为“美国现代产业之父”。

私立大学在美国高等教育中居于举足轻重的地位。不过，私立院校之间无论是学术水平与教学质量，还是办学目标与培养模式，都存在着巨大的差异。目前美国私立研究型高校办学模式主要有如下两种类型。

第一，学术排名居于全国前列的一流名牌大学与学院。其中有美国建国前成立的哈佛大学、耶鲁大学、普林斯顿大学等常春藤大学，也有美国内战前后成立的斯坦福大学、芝加哥大学、麻省理工学院等，还有极具办学特色的阿默斯特学院、史密斯学院、韦尔斯利学院、斯沃斯莫尔学院等。这些大学与学院的学费昂贵，入学竞争激烈，学生淘汰率也很高。

第二，属于教会的私立大学与学院。这些学校绝大多数是19世纪20年代后建立与发展起来的，其学生与教师大多是教会成员，办学水平也有很大差异。有克拉克大学、华盛顿大学、波士顿学院等一流大学，也有教会团体办的学院。

（三）所有权私有，经费来源多样

在美国，任何团体、组织与个人均享有出资创办大学与学院的自由；学校可以是营利性机构，也可以是非营利性机构。与此同时，法律还规定，私立高等学校所有权归举办者，不可侵犯。私立大学领衔了美国的顶尖高等教育，因为资金方便活用，且校友及企业乐于捐款，并可享有政府补助。在奖学金的资助下，私立大学往往垄断最优秀的青年生源。

美国私立大学为社会提供学位教育，从事科学研究及其他相关服务，设有董事会负责学校经营与管理。与此相对应，为社会提供职业技术培训的中学后教育机构大多是营利性机构，有的为营利性教育公司所有与经营，有的为学校教学与管理人员拥有与管理。它们通过办学获取利润，依法纳税。美国私立大学的经费有多种来源，主要是学费，科研方面可申请联邦政府的巨额项目经费，而有的大学，其经费中由捐赠、服务、销售、运营所带来的收益占比也很大。这里重点探讨一下捐赠与基金问题。

1. 捐赠与基金的区别

捐赠（donation）是指某个人或某个组织将自己的财物所有权、处置权或使用、享受权转移给他人或其他组织的行为。基金（endowment）是将捐赠进行整合，用其利息。二者有着明显的差异。

一是存在形态不同。捐赠的形态可以有土地、艺术品、遗产、建筑物、股票或其他财物，其使用形态一般就是捐赠时的形态，原来是物就作物使用，原来是土地就当土地使用；如果捐赠形态是货币，一般使用形态也会转化为建筑等物的形式。而基金的使用形态是货币或有价证券，不管捐赠时是什么形态，最终都要变成货币或有价证券。

二是使用方式不同。在捐赠情况下，大学可以在捐赠行为完成以后直接使用捐赠物，在货币形态下的捐赠着眼于当前的使用；在基金的情况下，大学会将受赠的款项或捐赠物转化为款项集中起来管理，进行资本运作，而后对收益进行使用，一般不会对本金直接进行分配。

三是转化方式不同。捐赠一旦完成，捐赠物就由大学处置，大学可以将其变现，归入到基金中，也可以直接使用；但基金不会再转变为捐赠。

四是管理者不同。在实施捐赠时，捐赠人可以把财物捐给大学，也可以捐赠给学院或者研究所，由具体的受赠人受益和管理；而在基金的情况下，虽然某笔捐赠可由学院或研究所拥有，而且可以享受其收益，但需要由大学统一进行管理和资本运作。

2. 捐赠与基金对大学的作用

美国的私立大学在成立之初，规模很小，资金、场地、房屋、教学资源匮乏，没有足够的经济实力去进行资本运作。捐赠在当时起着非常重要的作用，它可以给大学提供急需的物资支持。约翰·哈佛捐赠了一个图书馆，哈佛大学就以他的名字命名。耶鲁大学也是如此。

然而，像哈佛大学这样历史悠久的名校，由于多年的积累，其基金已经具有相当大的规模，因而基金在其发展中具有提供长久、持续、相对稳定的财政支持的作用，特别是在经济低迷或包括政府研究基金在内的外部资金锐减的情况下，基金为大学提供的资金支持是至关重要的。

哈佛大学从 1636 年开始运作基金，当年基金的年收益仅 18 英镑；到 1715 年，可稳定地获得 156 英镑的年收益。2001 年，哈佛大学的总收入约为 22 亿美元，其中从基金运作中获得的收益占了28%，是最大的收入来源，从学费中减去奖学金后的收入与从联邦政府和非联邦政府获得的研究经费各仅占23%。

在美国大学中，拥有基金的私立学校其实并不多，那些建校时间短、名气不大的学校所获捐赠很少。哈佛大学名誉校长陆登庭（Neil L. Rudenstine）在2002年北京中外大学校长论坛上指出：第一，大多数捐款者对于他们的捐款行为都是深思熟虑的，他们只有在了解了大学的明确目的，并且确信大学会有效地使用和管理捐款后，才会对大学捐赠；第二，多数人捐款的目的不是济贫，而是想把钱捐给那些已经做得很好并且今后能够做得更好的机构。有宏大志向并且质量优异的大学比其他大学更容易获得资助。当捐赠者相信他们提供的捐赠有助于发展某项事业时，如对于教育和社会有积极的促进作用，他们就愿意慷慨解囊。

2003年，基金市值最高的10所大学是：哈佛大学、耶鲁大学、得州大学系统、普林斯顿大学、斯坦福大学、麻省理工学院、加州大学、艾默瑞大学、哥伦比亚大学、得州农工大学系统。研究型大学由于通常可以获得大量的研究经费，基金的收益在整个年度预算中所占的比例不大。如波士顿大学的口腔医学院，整个年度预算约为4 000万美元，其中基金的收益仅占5%。而在教学型的大学中，基金的收益是年度预算的重要来源。比如，主要从事本科生教学的韦尔斯利学院，在校本科生一直保持在2 000人的规模，基金总值超过了10亿美元，其2001—2002财年预算约为17亿美元，其中基金的收益占32%以上。如果加上捐赠的市值，捐赠在年预算中占到40%以上，超过了学费收入。平均计算，大学一般将其基金市值总额的4.5%用于分配。至2016年，基金市值最高的前6所大学与2003年的顺序相同，而第7—10名的宝座易主，分别是得州农工大学系统、西北大学、宾夕法尼亚大学、密歇根大学。

3. 大学对捐赠与基金的管理

美国大学普遍对捐赠极为重视，基本态度是：不论捐赠多少，一概欢迎。哈佛大学专门负责寻找或接受捐赠工作的部门是发展办公室，其职员超过了100人，主要目标是动员校友及其亲属或与哈佛大学有关的人士向哈佛大学捐赠。当然，各个院系、所、中心拉来捐赠也是受到鼓励的，其主要做法是以感情投入为主，不断向目标人发出关于大学发展近况和未来打算等信息，宣传捐赠的好处。

对于捐赠人来说，捐赠的动机因人而异，是非常个人化的举动。但对于捐赠后的收益来说，处理办法则是大同小异，主要有：捐赠人可将财产委托哈佛大学管理公司并由专家免费进行投资管理，享受联邦税的减免，避免缴纳20%—28%的财产所得税，避免缴纳难以承受的房地产税，部分收入免税，可以规划捐赠物的用途以及冠名权等。当然，也有人纯粹出于兴趣或出于对母校的感激，捐赠时没有任何名利方面的考虑。

美国大学对基金的管理采用设立专门机构或公司的办法。哈佛大学负责财产管理的主要机构是其完全拥有的子公司，即哈佛管理公司，另有一些财产由其他的公司管理经营。哈佛管理公司成立于1974年，最高权力机构是公司的执行委员会（board of directors）。哈佛大学的司库、校长、主管财务的副校长、哈佛管理公司总裁是该委员会的常务委员；其他委员由哈佛董事会（corporation）和校长任命，主要由富有经验的专业投资人士组成。执行委员会主席是大学司库。公司以年薪100万美元以上的高薪聘请专业理财高手，对基金进行资本运作，投资于股票、债券市场，以获取利润。

投资有风险，基金的资本运作也与整个大的经济环境密切相关。全美高校商务主任协会公布的对660所大学基金状况的调查显示，1992—2000年美国的经济情况较好，许多大学的基金都获得了两位数的投资增长。但“9·11”事件以后，美国经济曾持续低迷，许多大学的基金投资表现不佳，2002年平均缩水6%，是1974年以来最差的表现，最高亏损达19.8%。基金的收益减少，使得大学的财政负担越来越重。比如，曾有报道说波士顿大学明显地勒紧了裤腰带，正在裁减教职工；有的大学则开始削减对各种运动队的支持；还有一些则不得不终止正在执行的教学和科研项目。但总的来说，基金越大的学校损失越小，2002年基金超过10亿美元的学校平均只损失2.1%。哈佛大学虽然历来投资比较谨慎，2002年的表现与其他学校相比相当不错，但也仅仅增加了2.7%。进入21世纪的第二个十年后，随着美国经济状况转好，各大学基金收益趋于可观，总量普遍变大。

美国政府和各大学为学生提供了比较充分的财政支持。在哈佛大学，每年接受各种财政支持的学生达70%以上，麻省理工学院接受财政支持的学生达到75%。美国联邦政府2003年向大学生提供的财政资助达到670亿美元。各州政府也都有自己的大学生财政资助项目。例如，加州的大学生奖学金项目每年资助3万多名加州大学生，奖学金用于支付大学生的学费、住宿费、伙食费、书本费及交通费等。除各种奖、助学金和学生贷款外，政府还对低收入家庭子女上大学实行减免税政策。各大学一方面提供奖学金，奖励学业优秀和有各种特长的大学生；另一方面提供相当多的勤工助学工作岗位，使学生一边学习，一边挣学费。在很多大学，几乎每一个办公室里都聘用了学生助理。正是有了这些资助措施，美国大学生的生活过得不是那么艰难。

美国政府虽然没有直接给私立高校提供经费拨款，但是私立高校学生可以享受政府提供的贷款和助学金。2000年，美国联邦政府高达73亿美元的助学金中有35%以上间接流向了私立高校，351亿美元的政府贷款中有50%以上间接流向了私立高校。此外，名牌私立大学还可以通过竞争获得联邦政府的研究与开发经费，如麻省理工学院每年有70%以上的科研经费来自联邦政府。

（四）自主办学，讲究质量，追求特色

美国私立大学与学院很少获得政府的经费拨款，所以，相对于公立高校而言，它们拥有更大的自主权。学校只要依法办学，可以自行决定办学、招生、学费、课程、标准、人事与经费等，政府部门无权干涉。私立高校自治的重要表现是教师学术自治。教师享有充分的学术自由，可以自由确定课程与教学，可以自由选择科研方向。同时，教师的学术水平及其影响力关系到学校的生源与经费，对学校发展起到至关重要的作用，因而教师也拥有建议权与决策权。

在生源、教师、科研基金等方面，美国私立高校除了相互竞争以外，还要与公立高校开展竞争。对于名牌私立大学与学院来说，竞争是为了学校的荣誉，不意味着一定要搞“大”而“全”，关键是要有优秀生源、杰出师资与独特的教育产品。如达特茅斯学院坚持以本科教学为主，规模相对稳定，其本科教育质量闻名全美。属于宗教团体的大学与学院，重点是向社会特定人群提供独特的教育产品。但对于大多数私立高校而言，招收数量足够的学生，确保学校生存则是基本的目标。

美国私立高校充分自治和相互竞争的办学特点，要求学校必须向社会提供合格的教育产品，否则将难以生存。目前，美国有六个地区性的以及一批专业的教

育资格认证与质量监控机构。这些机构均属于非官方的认证机构，根据自愿原则，对高校办学或专业教育进行资格认证。私立高校只有获得这些机构的资格认证，其颁发的学位或资格证书才能为用人部门认可，美国政府也只对获得资格认证的私立高校的学生提供助学金或贷款等经费资助。美国政府对私立高校施加影响的主要手段是立法与提供经费。如法律要求大学在招生与聘用教师时禁止有种族、性别、年龄歧视；联邦政府在为私立大学提供研究经费的同时，也要求其遵守相关政策法规。

为了保持竞争力，美国私立高等学校力求办出各自的特色。

有大而全的高等学校。哈佛大学、宾夕法尼亚大学、哥伦比亚大学等属于此种类型。它们历史久，人数多，系科全，摊子大，不仅传统学科应有尽有，而且还附设了医学院。当然，私立大学的规模再大也不如一些公立大学，因为后者承担更多扩大高等教育机会、促进高等教育公平的责任。

有小而精的高等学校。如洛克菲勒大学位于纽约曼哈顿，由约翰·洛克菲勒于 1901 年创办，是美国第一所生物医学方面的研究型大学，现仍属私立、非营利性、可授予学位的高等教育机构。该校有如下特点。（1）重视跨学科研究。洛克菲勒大学在生物医学、化学、生物信息学、物理学方面的科研水平和研究生教育享誉世界。具体包括生物化学，结构生物学和化学，分子、细胞和发展生物学，免疫学、病毒学和微生物学，医学和人类基因学，神经科学，数理生物学。目前重点研究的课题有老年疾病、艾滋病、癌症、心脏病、神经错乱、肥胖与营养等。（2）教研队伍水平高。洛克菲勒大学有 75 位研究室主任、200 位研究专家和医疗科学家、300 名博士后研究人员、850 名辅助人员。至 2016 年，该大学教授中就有 24 位科学家获医学、生理学或化学诺贝尔奖，16 位获得拉斯克（Lasker）奖，5 位被授予“麦克阿瑟专家”称号，11 位获美国国家科学奖。这些科学家有的是在洛克菲勒大学从事研究并成名的，有的是从其他单位重金挖来的。（3）办学资金比较雄厚。洛克菲勒大学每年的办学经费为 1.96 亿美元，来源包括：基金（30%），捐资（7%），政府和私人合同研究项目投入（46%），租赁及其他收益（17%）。除上述提及的 7%的捐资外，每年另有 7 000 多万美元的私人捐资被用于招募新的教职人员，其实就是用来挖其他大学或单位的杰出人才。（4）只搞研究生教育。洛克菲勒大学不搞本科生教育，也不单纯培养硕士生，而是招收本科毕业生，经过 7—8 年的教育，培养医学博士或哲学博士。在校生来自美国各州及 30 多个国家，人数却只有 134 名。该校不直接从中国招收学生，认为其英语水平不足以立即应付繁重的学习。洛克菲勒大学注重个性化教学，对每名学生精心培养。学校对学生提供的资助比较多，如给每位博士生提供一个配备厨卫的单间，被其他大学的博士生视为“贵族”待遇。这一居室住房在曼哈顿的月租金在 2 000 美元左右，而学校只收学生 400 美元，其余全由学校补贴。(5) 学以致用，注重实践。洛克菲勒大学以理论研究为主，同时重视应用研究和知识运用。洛克菲勒大学医院于 1910 年开业，该医院注重服务社会，经常开展一些公益活动，如义诊、免费医学讲座等，因此深受周围社区拥戴。

有只招女生的高等学校。韦尔斯利学院以只招女生而闻名。它是全美最好的女子学院，也是美国名列前茅的文理学院之一。它历史较长，建于 1873 年；学费高昂，和哈佛、耶鲁不相上下；师资优秀，大多从常春藤大学获得博士学位；校友出色，希拉里·克林顿、马德林·奥尔布莱特以及中国的冰心、宋美龄都曾就读于韦尔斯利学院。韦尔斯利学院位于波士顿西郊，学校附近的几个镇比较富足，居民家庭年收入均在 10 万美元以上，社会治安良好。韦尔斯利学院在校生通常有约 2 300 人，多是中上层家庭的女儿，95%的学生住校，每年给中国 2 名全奖名额。全校教师 350 人。

笔者曾五次访问韦尔斯利学院，参观了冰心住过的学生公寓“闭壁楼”，领略了校园中冰心笔下的慰冰湖（Lake Waban），参观了校长官邸。学院所在的新英格兰地区四季分明，校园宽阔优美，春天花开遍野，一派明媚；夏天湖水荡漾，绿荫成片；秋天层林尽染，秋高气爽；冬天白雪皑皑，北国风光。学校面积 500 公顷，范围较大，哥特式建筑散落在校园中。

韦尔斯利学院的历任校长均为女性，教师则男女皆有。学生也都是女性，但她们对男生并不排斥，如有男性同学或朋友从校外来访，学校食堂可免费供应午餐。既然不排斥男生，那么为什么只招女生呢？韦尔斯利学院董事会认为，女子学院有以下几个好处：一是学生可以看到她们的楷模都是女性，比如女性担任校长、教务长，大多数教授也是女性，学生便有了身边的榜样；二是在女子学院内部，学生组织的领袖也是女生，便会让学生很自信；三是由于没有男生，女生之间不会发生争风吃醋的事，有利于专注学习，同学之间也可形成终生友谊。近年来，该校与麻省理工学院合作开展教育联姻计划，这是一个跨校教育计划，学生可以任选两校的课，学分互认。两校相距 3 千米，学生骑自行车便可前往，当然也有公交车，比较方便。韦尔斯利学院努力培养能活跃在全球事务中的、积极参与改变现状的新女性，“改变现状”（make a difference）也是其校训。

有立足当地发挥优势的高等学校。笔者曾两次访问丹佛，领略了落基山地区的自然风貌与人文景观，参观过大西洋与太平洋流域之分界线。1864 年创办的丹佛大学就坐落在那里。作为落基山地区最大的私立大学，丹佛大学有学生 1.1 万人，综合排名只在全美列 89 位左右。但其约瑟夫·科贝尔国际关系学院在全国是赫赫有名的，它侧重安全、发展、全球贸易与金融、国际管理、全球卫生、国土安全与人道援助等研究领域。美国前国务卿马德林·奥尔布莱特、康多莉扎·赖斯就是这所学院的毕业生。

有的高等学校宗教色彩比较浓厚。位于犹他州的杨伯翰大学，1875 年由摩门教创办。这所大学公开进行近似军旅式的管理，提倡清心寡欲的生活。校方规定，校园内不得有烟酒与口红，不得吸毒，不能喝茶与咖啡，不能穿奇装异服与超短裙，不能在鼻子、嘴唇上打洞戴环，耳朵上不能超过两个洞，学生之间更不能发生性关系。这样严格的规定，恰是杨伯翰大学的特色。

笔者曾亲往杨伯翰大学考察，这里的校园离城市较远，与一般农村没什么两样。笔者了解到：能够适应学校严格规定的学生，感到没有什么不自在，家庭经济不宽裕的学生还可获得资助，因而衣食无忧，且这里没有暴力，没有枪支，没有毒品，可以夜不闭户；但不能适应学校严格规定的学生，感到处处受限制，人权受到侵犯，甚至有的得了抑郁症。学生不必信教，但要学习一门宗教课程。实际上，学生中 90%以上是信奉摩门教的。学校严格管理的同时，组织或提倡各类音乐或体育活动，其歌舞合唱队多次来华演出，让很多人记忆犹新。

三、美国私营高等教育

私营（proprietary）高等教育就是私立营利性的高等教育。近年来，美国以产业方式运作的营利性高等教育不断发展，是投资人看好、受教育者欢迎的高等教育形式，渐成其高等教育的一个有机组成部分。根据美国国家教育统计中心（NCES）统计，截至2013—2014学年，美国能够授予正规学位的营利性高等教育机构共有1 345所，其中四年制本科院校701所，二年制社区学院644所。一般来说，私立营利性大学的学费处于公立大学与私立非营利性大学之间，在2013—2014学年，四年制的公立和私立非营利性大学的学生每年平均支出分别为22 190美元和44 370美元，而同一时期私立营利性大学的学生每年需要支出29 950美元。① 私立营利性高等教育机构是美国高等教育的重要组成部分，总体而言，美国政府把营利性高等教育机构当成是公司企业，没有直接的税收减免、土地优惠，但在办学上予以指导，在学生申请资助时一视同仁，并根据需要对营利性院校提供一定的支持。

（一）私营高等教育的发展

美国营利性高等教育机构起源于19世纪中期，当时主要开展实用技能培训，通过制订有针对性的教学计划，帮助学生获得专门技能，得到稳定工作，包括秘书、理发师及各行各业的技术人员。20世纪50年代，人们对接受各类高等教育的需求日益增长，营利性高等教育获得初步发展，其中有的院校开始获认可而具备授予学位的资格。1972年《高等教育法》第一次允许进入营利性院校就读的学生申请政府高等教育资助，从而刺激了营利性中学后教育的发展。20世纪末，美国教育产业进一步发展，人们接受多样化高等教育的需求有增无减，营利性院校也不断增多。为了鼓励高等教育的进一步发展，促进高等教育的多样化，满足各种年龄、各类人群、各个工种对进一步学习提高的需要，美国各级政府积极鼓

① NCES. *The Condition of Education 2015*，http://nces.ed.gov/programs/coe/indicator_cua.asp，2015-11-16.

励包括营利性高等教育机构在内的各类高等教育的发展，营利性高等教育机构数量迅速增多。

（二）私营高等教育的特色

1. 类型不一

一是企业性学院（enterprise college）。它约占营利性授予学位院校的一半，一般由个人或小公司拥有并操纵，在某地有单个校园或若干校园。从 2003 年的情况看，单个校园所招学生一般不足 500 人，多址校园可达 3 000 人。这类学院多开设职业预备性专业，重视个性化教学和辅导，使每个学生都得到应有的关照。位于佛罗里达州的大西洋海岸学院（Atlantic Coast Institute）建于 1982 年，重点提供与法院诉讼、商业、保健相关的协士（副学士）学位。南加州技术学院（SCIT）重点提供工程技术方面的学士学位。

二是超级系统（super system）。它们有多个校园，遍布多个州，有的发展到海外。凤凰城大学（University of Phoenix）在办学之初，学校只是向在职人员提供职业培训，后来逐步增加了从学士到博士的学位课程，并把学位课程与职业教育结合起来。该大学从诞生之初就遭到各种非议，被贬以“学历工厂”之称，但经过几十年的艰苦奋斗，现已步入良性发展轨道。现有权授予包括博士学位在内的各级学位，一般每学分 200 美元左右，拿一个学士学位约需 2 万美元，比其他传统意义上的大学稍微便宜一点。凤凰城大学以其独特的办学模式和理念令全美高教界瞩目，甚至有人将它誉为“未来大学的典型代表”。进入 21 世纪后，凤凰城大学成了美国最大的营利性院校。2003 年，该校在 22 个州的在线注册生为 10 万名。其他学校，如卡林学院有限公司（Corinthian College Inc.）在 19 个州有 56 个校区，IIT 教育服务有限公司（IIT Educational Service Inc.）在 28 个州有 70 个校区。这类院校主要提供学位课程，同时还开办教育产业，如非学位培训、证书班、公司集训等。它们有着独特的优势，其学生可方便地在各校区之间转学而不丢失学分。这样的高等教育形式建立在市场研究的基础上，因而可迅速适应市场变化。现在，至少 12 所此类院校的股票在纽约证券交易所上市，投资人比较踊跃，学校不缺资金，渐入良性循环轨道。

凤凰城大学成立于1976年，1978年获美国中北部协会高等学习院校委员会认证，并在1989年成为美国第一批被认可的能够提供网络专业教育的学校。它被视为世界上最会经营的营利性网络大学。凤凰城大学位于美国亚利桑那州菲尼克斯市，现今已有150个校园与学习中心，分布在美国、波多黎各及加拿大等地，是美国在校生规模最大的私立大学。它之所以成立于亚利桑那州，是因为该州的保守力量具有很强的社会影响，公立教育被认为是对于纳税人的负担，因此，政府很难将经费投入到高等教育领域，从而导致其在全美各州的教育生均投入排名长期位于末尾，而学生的辍学率高居首位。正是在这样艰难的生存环境下，凤凰城大学逆势而动，并且逐渐走向成功。凤凰城网络大学在1989年开始正式运行，这所网络大学为网上学习的学生提供24小时在线服务，除博士生课程之外，包括注册入学、缴纳学费、购买资料、图书馆、教学研讨、完成作业、考试与评估、课程实验、毕业典礼等所有环节均可在网上完成。①

一般而言，美国高等教育机构的三大功能是教学、科研和社会服务。有别于传统高校将教学和科研放在最重要的位置上，凤凰城大学更青睐社会服务理念，而且将这一理念进行了延伸，以一种营利的方式向社会提供教育服务。这种设定尽管是以赚取利润为前提，但是因为迎合了大众的普遍需求，所以成为其获得成功的前提条件之一。

凤凰城大学作为一所营利性高等教育机构，是阿波罗集团下属的分支教育机构，从诞生之日起便准确确定了自身的办学理念：面向社会和学生需求，提供最实用的课程和培训。在这种理念的指引下，凤凰城大学将培养对象定位于在职的成人学生，通过利用先进的技术手段向他们提供职业化、实践化、技术化的实用课程，从而达到集中培养社会职业领域的专业人才的目的，整个学校所有的设施、专业、人力资源配置也都为这个目标服务。凤凰城大学独特的办学定位和理念满足了成人学生的职业期望和提升社会地位的需求，从而赢得了学生的信任，其办学规模也在不断扩大。

以成人为主要招收对象。与传统的面向18—22岁青年的普通高校的招生人

① 史静寰等著：《当代美国教育》（修订版），社会科学文献出版社2012年版，第291页。

群定位不同，凤凰城大学将办学对象瞄准了成人学生，力图挖掘这一人数巨大的潜在市场，通过为他们提供私人定制式的服务来扩大办学规模，提高办学效益。就目前情况来说，凤凰城大学的学生主要来自在职成年人群体，这一学生群体普遍属于基础较差、学业失败的人群，他们大多数被正规高等教育机构所拒绝，或是没有机会接受高等教育。凤凰城大学所提供的网上成人教育能够帮助成年人不受时间和地点的限制，方便地进入学习环境和获得学分。同时，凤凰城大学还可以根据学生和社会的实际需要，方便地调整和设置市场欢迎的专业。值得指出的是，在入学时，凤凰城大学并不要求学生提供标准化测试成绩和任何学业论文。凤凰城大学的学生来源极为广泛。根据一份统计，凤凰城大学的学生中男性占37％，女性占63％；白种人占54.7％，非裔占22.9％，拉丁裔占12.6％，亚裔占4.8％，美洲土著占1.2％，其他占3.8％。① 成年人群体之所以愿意接受凤凰城大学所提供的教育与培训，是因为随着社会竞争的加剧，非适龄人群对高等教育和继续教育的需求也在不断增长，这些人一方面难以获得传统院校所提供的入学机会，另一方面又渴望获得实用性技术与培训，而凤凰城大学凭借其鲜明的办学特色与极低的入学门槛和教育成本，无疑赢得了成年人群体的认可。

以兼职教师为教师主体。凤凰城大学在教师选聘上有自身特色，并没有像传统高校一样聘请所谓的专任或终身教职教授，而是由近万人组成了在线兼职教员团队，这些教师中有的已经在其他学校退休，有的是需要调整工作时间的其他学校的教师。凤凰城大学的教授同样大多是兼职人员，他们多半是公司总裁、高级信息主管、财务主管或专业研究人员，大多持有博士或硕士学位，至少具有5年相关工作经验（实际上平均为16年）。这些兼职教师了解社会的需求，同时拥有最新的工业理论与应用技术，能够把产业界的知识和经验带进课堂，保证了教学内容紧跟市场需求，并容易与有工作经验的学生交流，从而保证了学生的学习质量。凤凰城大学的教师队伍中有30％的人已经服务于集团4年以上，这些兼职人员充当了教师、顾问、辅导员和学习事务助理等多种角色。尽管是兼职，但凤凰城大学的在线指导教师在接受指导任务后，首先要接受比大多数美国大学更多的培训，培训的内容多种多样，主要包括熟悉凤凰城大学的教育策略、教学指导

① http://www.phoenix.edu/academic－annual－report－2014.pdf，2015-11-13.

软件等，此外还要在最后接受诊断性评价。在真正开始进入教学岗位前，凤凰城大学的教师要在资深教师辅导下，用两周时间规划教学大纲。首次上课时，校方还会派一位资深讲师协同“新手教师”教学，有些不适宜在线讲课的教师在上完第一堂在线课后就被迫离开了。值得指出的是，兼职教师并非代表教师的教学不负责任，恰恰相反，凤凰城大学强调教师对于学生的支持和帮助力度，要求教师积极参与对学生的指点和反馈，引导学生进行交流和思考，如果教师对学生的请求不予回复或是态度不积极，则会面临随时被解雇的风险。

成本低廉，机制灵活。对于普通高校来说，学校设施、教师工资和福利、学生补贴等是其最大的花销，不过对于凤凰城大学来说，上述开支都极为显著地减少了。这所大学没有传统大学的校园，其遍布各州的中心只是租用的办公室，图书馆也是网络资源或是租借其他大学的公共资源。凤凰城大学没有专职终身制教师，授课教师都是兼职教师，其任务就是授课，并且按照所授课程的数量获得报酬（每门课程 1 000—2 000 美元），这些教师并不需要像传统教师那样必须开展课程设计、课下交流、科研项目和社区服务等。教师每星期上传学习资料供学生下载，然后辅助学生讨论议题，最终根据学生提交作业的情况进行评价。凤凰城大学的网上教育是以市场需求为驱动的，该校的远程教育采用与别的大学相互承认学分的机制。学生如果在别的大学或经过承认的场所接受过教育或培训，其获得的学分或专业培训证书都被承认。在线学习的学生可以根据自己的需要，在网上注册、缴费后学习相关课程，并通过网上考试获得学分。凤凰城大学的在线学习按学分收费，每个学分根据专业的不同收费在 410—500 美元。与传统的面授教育相比，远程教育可以使学生享受更便捷的服务。学生可以不分学期，可以在任何时间和任何地点参加注册、学习和考试。

课程注重实用性。凤凰城大学并不提供传统文理学院所主张的通识教育或自由教育的内容，而是设置了许多迎合成人学生现实需求的专业，这些专业既获得了具有权威认证组织的认可，又紧贴实践。传统大学的课程围绕着教授进行，教授在制订教学计划和确定教学内容上具有最高权威，其课程的随意性比较大，而凤凰城大学则采取统一的教学计划，每门课程都是由团队负责并根据学员反馈进行修改，教师则根据统一的教材和评教标准对学生进行教学服务。“统一”成为凤凰城大学最大的课程特色，这种特色能够为学生转换校园提供便利。所有学分在各州均被承认，另外由于课程几乎每周都有新开班级，所有学生可以随需选学新课程。为了便于成人学生合理分配工作和学习时间，凤凰城大学一般将上课时间安排在周末或是晚上，地点也是距离学生工作聚集点较近的区域。据该校主管技术的负责人介绍，凤凰城大学的软件平台以实用为主，即支持尽可能多的用户访问和提供丰富的实用课程与资料。该校所有网上教育所颁发的证书都得到了美国有关高等教育机构的认可，这对于学生就职、升迁或晋级等都很有帮助，因而成为吸引生源的重要手段。不受传统约束的实用课程计划为凤凰城大学的成功打下了坚实基础。

从运行效果来看，凤凰城大学的成绩斐然，它不仅为成千上万的成人学生提供了享受继续教育的机会，帮助他们更好地参与到就业市场的竞争中，同时也为国家和地区经济做出很大贡献。截至 2020 年，凤凰城大学已经开设了包括商学、教学和教育、护理、卫生行政、刑事司法、心理学和社会科学、艺术与科学、信息技术与人工智能八大专业的相关课程，同时在 40 个州拥有 150 多个学习中心。作为一个营利性教育机构，它很少得到政府提供的公共财政支持，却向所在地区缴纳大量税金。另外，作为阿波罗集团重要的教育分支机构，凤凰城大学和凤凰城在线大学都已经在美国纳斯达克证券交易所成功上市，其名称分别为“APOL”和“UOPX”。目前，两只股票业绩稳定，表现良好，是股民愿意投资的股票。除此之外，凤凰城大学大量雇用兼职教师和行政工作人员，为很多具有高学历的人才提供了就业机会，帮助他们增加了额外收益，实现了多方共赢。凤凰城大学的办学模式无疑为美国高等教育发展提供了一种全新的思路和路径，也为其他国家举办成人教育提供了参考。

三是互联网学院（internet institutions）。这类院校没有专职教师，没有固定校舍，只提供虚拟教室。它们既服务学生，又服务企业，范围常常跨越国界。创立于 1993 年的琼斯国际大学（Jones International University）邀请传统院校的专家为其设计课程内容，保持了较高的课程标准，同时广泛应用信息技术手段，是营利性院校中第一所完全实行网上教学并获认可的院校。

2. 引入网络教育

不管是不是网络学院，各营利性院校为适应新形势都积极推进网络教育，将网络教育的运营从学校传统的教学中相对独立出来，作为产业进行运作，具有一定的营利性。随着家庭网络电脑的日益普及，人们在利用网络进行娱乐、通信之外，常会利用网络接受各大学实施的网络教育。网络所提供的强项、热门专业，如工程、农业、卫生、教育、工商管理、计算机等课程，迎合了学习者的兴趣、满足了他们提高职业技能的需要。当然，在开展网络教育的过程中，各高等院校自身也得到经济收入。我国学者鞠光宇对美国营利性高校的上线时间进行过如下梳理（见表 2-2）。

表 2-2　部分营利性高校网络教育机构成立时间

营利性高校的网络分支	成立时间（年）
凤凰城大学在线（阿波罗教育）	1989
美国洲际大学在线（职业教育公司）	2001
科罗拉多技术大学在线（职业教育公司）	2003
佛罗里达都市大学（克林森学院）	2000
伍德在线（伍德教育公司）	2001
桂冠教育在线（桂冠教育公司）	2000
思德教育在线	1997
环球技术教育服务	2002

3. 根据市场需求灵活组织教学

营利性院校奉行“顾客至上”原则，重视学生的职业取向。专业设置依据雇主的需要和学生的兴趣，衡量成功的标准是学生的在校保持率、学位完成率、就业率及雇主对毕业生的满意程度。作为产业，也作为学校，这些院校必须满足产业和学术的双重质量标准。从一定意义上说，它们比传统的大学更注意教学质量，具体体现为非常重视学生动手能力和服务意识的培养，在专业设置、服务等方面体现时代性，满足各类学生的需要。灵活的安排，方便的地点，可使已参加工作的或有子女的成人参与进来。教师不必考虑是否拿到终身职位，也不看重发表了多少文章，而是一心一意搞教学。实用的教学方法、教师对学生个性化的辅导、规范的课程结构、对个人和学术的支持服务等，对满足学生的需要特别有效，包括对少数族裔学生、基础差的学生以及在传统的大学中曾经失败的学生。

（三）政府对私营高等教育的支持和管理

1. 协助营利性高等教育机构申请学位授予权

营利性高等教育机构多数以职业培训为主，填补市场空缺，在庞大的高等教育体系的夹缝中求得生存。而有的院校则想要努力提高质量，试图在某些领域与传统高等教育一争高低，对此政府也给予一定的回应和帮助。在申请学位授予权方面，营利性院校参照私立中学后院校的办法执行。2003 年，纽约州的 350 个营利性中学后教育机构中，有 40 个已成为可授予学位的院校，其中 3 个具备授予硕士学位资格，其余可授予学士或协士学位。对办学质量较稳定的学校，各州高教管理部门推荐其接受地区学位认定机构的考察评估，成为过硬的学位授予单位。有了较好的办学质量，有了学位授予权，营利性院校就增强了竞争能力。各州先赋予合格的营利性院校以授予协士或学士的资格，然后帮助其申请相应大区高教认定机构的评价认可。对从未有授予学位历史的学校，认定机构是不予认可的。若可授予学位的营利性院校因故易主，则州教育厅不干涉其产权过户，但须重新认定其授予学位的资格。

2. 准许进入可授予学位的营利性院校的学生申请政府资助

一是联邦经济资助。教育部原则上同意全美六个大区高等教育认定机构认可的各类高等院校，包括营利性院校具备让学生申请联邦“佩尔拨款”（Pell Grant）项目经济资助的资格。学生可直接向联邦有关部门申请，也可通过州学生资助部门申请。

二是州学生资助。在经费资助方面，美国四分之三的州对进入营利性院校的学生有某种资助途径。例如，纽约州规定，所有学生都有权申请本州设立的三种类型的补助：学费资助计划、越战退伍军人学费资助项目、非全日制学生资助项目。纽约州高等教育服务社负责办理申请人的资助事宜。州内 40 所可授予学位的高等学校的学生可参加申请，每人每年可申请贷款 5 000 美元。

三是免除与学习有关的赋税。学生缴学费时，无须缴纳学费税。这与在其他营利场合消费是不同的，在商店购物、在餐馆吃饭要纳税。国际学生到美国营利性高等教育机构学习，可免除学习开支方面向美国政府纳税的义务。

3. 地方政府根据需要提供临时支持

有的地方不仅公立高教资源不足，而且其他非营利性高等教育机构在专业设置、人才培养上也不能满足地方经济发展的需要，那么地方政府就会在审批时优先审批举办营利性高等教育的申请。凤凰城大学作为全美最大的营利性院校，得到许多地方的积极配合，现已在多数州建立了面授点。纽约长岛的五城学院（Five Towns College）为地方培养了一些应用型专业技术人才。近年来，纽约各县为刺激经济发展，纷纷划定企业发展区，在这种“特区”中，包括营利性院校在内的企业均可享受优惠用地和地方赋税减免。

4. 鼓励参加高教方面的活动

政府鼓励可授予学位的营利性高等学校参加关于高等教育发展战略、教育与市场、改善管理等方面的会议，和非营利性院校一道研讨共性问题，探索改革思路。教育主管部门还指导营利性院校提高网上教学效益，或参加跨境合作办学。允许营利性院校的教师申请联邦、州政府关于技术改造、教育试验方面的科研项目。

5. 对营利性院校实行宏观监管

为了规范营利性院校的办学行为，帮助它们解决实际困难和问题，各州先后确定了营利性高等教育机构的管理部门，如亚利桑那州由中学后私立教育理事会负责，加利福尼亚州由私立中学后教育和职业教育局负责，科罗拉多州由高等教育委员会统筹，新泽西州由新泽西高等教育委员会负责，纽约州由教育厅高教办公室兼管。这些部门对营利性院校的日常办学行为不予干预，如：允许各校自定收费标准，毫不限制，完全由市场调节；允许营利性院校的学生转入正规的公立大学，前提是公立大学愿意接收。但是，这些主管部门经常对它们的办学进行监督，一旦发现违章，就要明令禁止。

多数州要求所有可授予学位的院校要达到最低的办学标准。如今，10%的可授予学位的营利性院校获得了六个大区教育认可机构之一的正式认可；多数营利性高等教育机构达到所在州、联邦或私立部门的规定和认可标准；有的学校已得到诸如“专业学校和技术学院委员会”这样的全国性机构的认可。互联网院校没有固定校舍，这对以往的认可标准提出了挑战。

在学位授予方面，有10个州没有专门为营利性院校制定学位授予程序和办法，营利性院校参照私立中学后院校的办法执行。通常需经过以下几个步骤：提交申请书并缴纳申请费；教育设施视察；经州当局认可后招收学生；课程具有相关性，教学实施顺畅；达到一定的教学时间总量；管理人员和教学人员具有一定的教育水平和经验；用于专业发展和教学的经费充足；有图书馆和研究设施，或者与已获认可的邻近院校签署了正式的共享协议；有充足的场地、设备、教学材料及教学人员。

（四）私营高等教育的贡献

1. 培养了经济发展所需人才

美国营利性高等教育以其专业针对性强、教学安排灵活、注重实际能力培养等优势，让所有愿意进入的学习者可望可即，已经培养出一批批在金融管理、市场营销、保健服务、信息技术等方面有专长的应用型人才。仅从授予学位的营利性院校看，每年授予协士学位6万个、学士学位2万个、硕士学位5 000个、博士学位500个。这些学位获得者以及更多接受良好培训的劳动者，在工作中发挥作用，施展才干，贡献社会。

2. 满足了一部分人的闲暇需要

在岗位竞争激烈、工作压力渐大的美国社会里，在退休人群增大、人口老龄化问题凸显的现实环境中，营利性院校推出视觉艺术、音乐欣赏、现代舞蹈、儿童教育等专业课程或培训班，颇受人们欢迎。人们在闲暇时，或亲往附近的私营院校，或登录院校网站，学习自己感兴趣的知识技能，交流心得体会，讨论未来发展，人生的意义随之丰富起来。

3. 增加了政府的税收

营利性高等教育机构必须依法缴纳联邦税、州税、地方税。这一点和其他公司企业并无二致。2002 年，纽约州私营院校为该州经济带来 4.27 亿美元的收益，创造了 13 270 个新的工作机会。营利性高等教育持续发展，呈现出朝阳产业势头，实属难能可贵，对地方经济发展具有一定的带动作用。

4. 促进了教育形式的多样化

社会是多元的，高等教育也不应千篇一律。营利性高等教育的存在，说明教育具有产业属性，某些教育可以按产业运作。营利性教育固然是以营利为目的，但要达到这个目的，就必须提供优质教育和培训，否则无法立足生存。可授予学位的营利性院校，“顾客”至上，课程设计周期较短，重视学术的和个人的支持服务，提供方便的就学地点和日程，采用现代化教育技术，以职业发展为取向实施教学，重视动手能力的训练，培养应用型人才，能够满足某些社会需求，因而还会继续存在和发展。营利性院校的存在，说明国家承认某些教育成分具有产业性质，可以营利，但并不表明它一定能赚到钱，如同公司都想赚钱而有的却赔了本一样。不过，可授予学位的营利性高等院校的存在，毕竟有利于美国高等教育的多样化。

（五）私营高等教育面临的挑战

美国社会广泛存在的营利性院校，无疑对美国高等教育的繁荣以及教育大众化与普及化做出了重要贡献，然而受资本市场与逐利动机等多重因素的影响，营利性院校在现实中面临一些重大的挑战，其中包括以下几个方面。

首先，如何平衡追求现实利润与保证学生培养质量之间的关系，是所有营利性院校要优先考虑的重要问题，是攸关其生死的战略性问题。利润与质量、市场与学术之间如何取舍是营利性院校所要面对的重大问题。

其次，营利性高等教育的培养策略主要是面向市场，能否盈利是其考虑的主要问题。学生就像一个纯粹消费者在不同的商家之间进行消费，如何对学生的教育质量进行质量评估与监督管理是另一个极为重要的问题。

再次，如何平衡营利性院校之中的学术自由与市场趋利的关系问题。是坚持以学术立校还是主动面向市场，这是营利性院校的价值观念问题。而这一问题不仅是理念层面的问题，也深刻地影响其现实经营。

最后，营利性院校所代表的新型高校运行策略与实施模式既是一种挑战，也是一种变革，其对于传统的美国高等教育体制的冲击无疑是巨大的，如何调整美国社会中的教育政策及其思维模式以应对营利性院校的挑战，是未来这一模式能否持续的关键问题。

四、私立高等教育与私营高等教育的比较

私立高等教育与私营高等教育的比较，也就是私立非营利性（not-for-profit）高等教育与营利性（for-profit）高等教育的比较。二者有共同点，都是独立法人，自筹资金，自主办学，追求特色，努力保持竞争力。但它们又有不同之处，最大的不同是私立高等教育系非营利性高等教育，不能营利，而私营高等教育是营利性高等教育，可以营利。具体而言，两者有以下不同。

从校产归属看，营利性高等教育的校产归举办人所有，举办人有权进行校产转移，利润分配，甚至停办学校。营利性高校确立了明确的法人财产权，界定毫不含糊，在营利性高校正常运转时拥有盈余回报权和相应的决策权，如果高校解散，拥有最终的剩余财产分配权。而非营利性高校则不同。按照美国法律的一般规定，非营利性私立高校的捐资人在捐资后即失去对所捐赠财产的所有权。非营利性高校的校产不属于个人，而归董事会拥有，面向全社会提供教育与服务。即便是董事会，也只是行使对学校财产的管理权，董事会成员并不拥有这些财产的所有权。假如学校解散，校方也不享有最终的财产分配权。一旦学校解散，财产的处置方式会因教会学校或非教会学校而不同。非教会学校停办后，财产一般进行拍卖，收益由法院处置，用于其他私立学校或社会公益事业。教会学校举办的私立学校的财产归教会所有，停办后其校产由教会处理。

从管理部门看，营利性院校和教育机构在工商部门注册，经州高教管理部门批准，接受州高教管理部门的视导；非营利性院校由高校设置委员会审定通过，执行董事会制度，完全按正规学校教育运作。

从法人性质看，营利性院校和其他商业性企业一样须照章纳税，包括所得税和财产税，社会对其捐赠不能用作捐赠人冲抵所得税；而非营利性院校则可申请免去所有税费，捐赠人对其捐助享受50%的税前抵扣。

从运作方式看，营利性院校由举办者主管，或由教育公司承办，完全按企业方式运作，经证券行会批准后可上市发行股票，较多考虑经济效益；非营利性院校由校董会决策，按公益事业单位运作，不能发行股票，较多考虑社会效益。

从收益分配看，营利性高等教育机构不受太多约束，收益可比照企业进行处置，国家对举办人、承办人、参与者的分红未做限定；非营利性高等教育机构所受法律限制较多，举办人或参与人可以获取报酬，但办学收益不得作为红利分给出资人。

从发展速度看，营利性高等教育规模增长速度快。营利性高校采取新建、兼并和授权等发展策略实现校园规模扩张。环球技术教育公司在美国各地拥有 135 个校园，授予学位的营利性高校学生从 1970 年的 1.83 万人，增长到 2012 年的 151.36 万人。凤凰城大学 1976 年成立时只有 8 名学生，到 2014 年已拥有学生 23.35 万名。① 非营利性私立大学则普遍具有较长的发展历史，稳扎稳打，规模增长缓慢。1970 年非营利性私立大学注册本科生为 173.01 万人，到 2012 年增长到 274.51 万人。营利性高校注册学生数的增长速度是非营利性私立高校的 52 倍。②

从专业设置看，营利性高校以学生为中心，视学生为顾客，以为学生提供职业导向的教育服务为使命，集中开设社会需求量较大的专业。一般来说，商业、教育、健康教育与护理、刑事司法、安全、人文学科、社会、信息系统和技术，是营利性高校普遍提供的学习领域。而非营利性的私立高校则高扬通识教育的旗帜，保持传统，追求学术。

结语

美国的公立高等教育都是州立大学或学院，联邦政府没有直管的高等院校，联邦政府通过专项投入、购买服务、科研项目、学生资助等方式对其提供支持。美国私立高等教育是美国高等教育的标杆与旗帜，尽管多数学生是在公立高校读

① 参见 www.nces.ed.gov/，2015-04-01。
② Apollo Education Group Annual Report 2014。

书，从规模上公立高校已经成为美国高等教育的主流，然而私立高等教育院校特别是一些优秀大学，仍然是人们心中向往的神圣的“学术殿堂”。虽然美国私立高等教育面临着一系列极为复杂深刻的现实挑战，但是它取得的成就有目共睹。可以预计，在未来社会中美国的私立高等教育还将为满足人们的需求而继续发展。美国联邦政府至今都没有制定出针对私立高校的专门法律，也没有对其提出特殊的质量要求，对于美国的私立高校来说，它们的教育目的也和公立高等院校一样，即传递知识与培育人才，开展科研与追求真理。同时，随着知识经济的发展和人们对于高等教育传统观念的改变，私营高等教育获得了发展空间。

第三章

美国大学的招生录取

美国公众普遍认为，提供充分的高等教育入学机会，是联邦政府和各州政府的重要责任，没有规模的扩大，就谈不上教育公平的实现。在这种理念指导下，美国高等教育在过去50年里获得了迅速发展。在2013—2014学年，美国所有具备学士（及以上）学位授予权资格的高等教育机构共招收1 700万名学生，这一数字相较于1980年（1 200万名）增加了近42%。同一时期，各类高等教育机构共招收290万名研究生（包括硕士生和博士生），其中包括170万名女性。①18—22岁适龄青年的高等学校毛入学率以2000年的35%增加至2018年的41%。② 美国的私立高等院校享有高度自治权，招生规模和实施策略由各校自定，联邦政府和各州政府也通过法律或资金手段，鼓励其多招新生。而对公立大学，政府则通过法律、政策、资金、认证等多种方式，要求其扩大规模，走出“象牙之塔”，面向平民百姓。多年来，18—24岁的适龄青年有42%以上在各类高校学习，实现了高等教育的大众化。

---

① NCES. *The Condition of Education 2015*, http://nces.ed.gov/programs/coe/indicator_chb.asp，2015-10-17.

② NCES. *The Condition of Education 2020*, p. 124.

美国高等院校按录取标准或政策，大致可分为四类。第一类实行竞争性的招生政策，这类院校约有一百所，每名符合条件的申请者必须与其他五六名乃至十几名符合条件的申请者竞争。第二类实行选择性的招生政策。此类院校大约有三百所，它们重视学生入学考试中反映出的潜能，而不只看学业成绩。它们通常挑选到的是SAT、SATⅡ成绩中等以上，高中总平均分数也在中等以上的学生，因此，其新生的成绩一般高于全国新生平均成绩。第三类实行“最低限度筛选”的招生政策。这类院校占美国高等院校的大部分，它们接纳符合最低入学标准的学生。入学考试旨在弄清学生水平，以便因材施教。第四类实行开放性的招生政策。这类院校录取所有申请入学者，并且为不合格的学生补课。大多数社区学院实行这一政策，2017—2018学年，27%的四年制院校也对所有申请者来者不拒。①

一、美国“高考”力图衡量学生的潜能

（一）美国“高考”是一年多次举办的标准化测试

美国“高考”主要指“学术能力评估测试”（Scholastic Assessment Test，SAT）。它始于1901年，由大学理事会（College Board）负责，所属教育考试机构（ETS）组织实施。1994年，SAT测验内容只有英语和数学两门，每门满分为800分，两门合计1 600分，考试时间共3小时。

“学术能力评估测试Ⅱ”（SATⅡ）也由ETS举办，系学科考试，原称学业成绩测验，之所以改为现名，意在强调考生运用知识的能力。SATⅡ开考的科目包括写作、文学、美国历史与社会研究、欧洲历史与社会研究、数学（Ⅰ）、数学（Ⅱ）、物理、化学、生物、法语、德语、西班牙语、拉丁语、希伯来语、俄语和汉语。学生可以根据自己的情况任选其中3门。

大学理事会所辖各考试中心不断改进大学招生考试运作，允许学生多次考试，选最好成绩作为升学依据，避免“一次考试定终身”。例如，2016年的SAT

① NCES. *The Condition of Education 2019*, p.xxxiv.

考 7 次，分别安排在 1 月、3 月、5 月、6 月、10 月、11 月、12 月。SATⅡ每年共有 6 次考试，考试日期和 SAT 的考试时间相同，但是 3 月只有 SAT 考试，两个考试安排在同一天，因此考生不能同时报考 SAT 和 SATⅡ。每一个考试日，一个考生可报考 1—3 个科目的 SATⅡ。

除此之外，美国“高考”还包括“美国高等学校测验”（ACT），由美国高校考试处组织实施，主要考查学生在英语、数学、自然科学和社会研究四个部分的知识和潜能。ACT 与 SAT 相似，由考生视报考院校的要求选考。

ACT 每年也举行 6 次左右，考生可选择时间应试。另外，学生还有多次选择机会，不会因误报了志愿而遗憾终生。例如，大学低年级一般无明确专业，学生可逐渐确定自己的主攻领域，且可跨系、跨校选课，并有转系、转校机会。有的学生即使最初只上了社区学院，日后经努力也有机会转入研究型大学。

SAT 的影响比较大。21 世纪初，曾有一些微调，英文部分取消反义词测试，增加了类比题和逻辑阅读的分量，数学部分增加了独立运算的难度，试图反映学生潜能。但加州大学系统仍抱怨无法真正测出学生的实力，扬言不再采用。在这种压力下，大学理事会于 2002 年表决通过决议，改革 SAT，从 2005 年起实施改革的方案。

2005 年开展的测验呈现以下几个改变。

第一，新增写作能力测验部分，包括 25 分钟的论说文，另有 5 分钟仿照现行 SATⅡ写作测验的多选题，以测验语法。作文由两名阅卷人员评分后发至网络中，供日后大学招生录取人员参阅。

第二，英文部分改称重点阅读，并删除单词类比问题，增加更多的短文，内容涵盖科学、历史和文学等科目，以测验学生的阅读能力。

第三，数学测验在未来几年将提高难度，逐渐增加高中第三年的数学题目，尤其是高等代数。新测验时间延长了半个小时，变成三个半小时，总分从现在的 1 600 分调至 2 400 分。

美国专家指出，2005 年改革后的 SAT 考试将引导学生重视阅读能力的提高，重视数学水平的提高，使考试进一步反映学生的潜能。

（二）美国"高考" 2016年后的变化

从2016年春季开始，SAT内容又有重大调整。当然，这些变化不仅会影响美国本土的高考毕业生和家长，而且会影响各国想留学美国的人们。

那么，2016年美国SAT考试有哪些变化呢?

一是学生必须在他们的答案中使用证据。在过去的考试中，学生会从多个选项中选择答案来支持他们对文本的理解。现在，学生会被要求使用证据或者引用特定的段落来支持他们的答案。

二是词汇变得更加实用。以前，SAT的有些词汇在日常生活中不是特别有用，2016年后，SAT的词汇关注学生在大学和工作时很可能会碰到的单词。之前SAT主要分为19个单词填空题和48个篇章阅读题，19个单词题主打的就是那些晦涩难懂的、考试之后基本很少再用的词汇，篇章阅读范围更多涉及文学方面。2016年后，SAT更注重全面考查，例如，加入了与美国政治精神相关的文献资料、时事要闻、历史社会分析和科学等，涉及词汇更趋近于日常化，注重单词在语境中的综合运用以及问题答案的有据可依等。之前，SAT是语法和一个作文（essay）放到一起，共占800分的分量，而改革后的语法直接合并到阅读中成为阅读的一部分。目前SAT将大部分的考点以及新加的图表融入阅读中，考查学生的阅读能力、逻辑思维能力、时间掌控能力以及图表分析能力。

三是数学部分减少内容。以前，SAT的数学部分对于每个数学科目（代数、几何等）仅设计几个问题。2016年后，SAT的数学部分关注的科目更少，但学生必须了解得更深。改革前的考试出题范围比较广，相对比较简单，可以用计算器计算，即使不用计算器也能计算出答案来。改革后的数学范围缩小，更注重阅读能力、分析图表和实际应用的能力，主要表现在题目长度增加，加入复杂图表等，而且有些题不用计算器很难做出来。

四是限制学生对计算器的使用。2016年后的SAT对数学考试某个部分规定不允许用计算器，以测试学生对于数学概念的理解。

五是广为传颂的与建国纲领相关的文章和演讲稿也会被加入。2016年前，SAT里的文章常是学生之前没有读过的文章。2016年后，SAT里可能会包括一篇来自《独立宣言》《葛底斯堡演说》或者是马丁·路德·金的《我有一个梦想》

等的文章。

六是不再因为答错而扣分。学生以前会因为答错一个题扣分，但是不答题却不扣分。新的评分规则不会因为学生错题扣分，鼓励考生回答每一道题。

七是学生可以选择是否写作文。这是一个非常大的改变：SAT 作文以前是必须写的，但现在是可选的，成绩成了参考。

八是总分制。2016 年后的 SAT 由满分 2 400 分改回到 2005 年以前的 1 600 分，由读写、数学两大部分构成，每个部分各占 800 分。

九是 SAT 数字化考试将成为现实。

学生可从大学理事会设在普林斯顿的教育考试中心（ETS）免费索取各种考试简章、报名材料，可直接向该中心或附近考点报名。这样一来，便淡化了大学招生与考生所在中学的联系，减少了中学的升学压力，有利于避免大学只盯“重点高中”而带来的不公平。此外，残疾学生可单独报名，使用特殊考卷，受到特别照顾。各大学都利用网站介绍本校情况，指导学生填写各种表格。加州大学洛杉矶分校、纽约州立大学石溪分校、哈佛大学、哥伦比亚大学等每周都有固定的接待日，中学生可前往参观，双方相互了解，避免因误解而造成的不公平。

二、美国大学本科生招生录取标准

如上所述，美国第一类大学招生的竞争性强，第二类大学招生也认真挑选。它们只有要求程度不同，并无根本区别。这里将两类大学的招生录取标准一并进行介绍与评析。

（一）“高考” 分数

虽然各大学宣称，无论男生还是女生，无论信仰如何，来自哪个州、哪个种族，也无论来自世界上的哪个国家，都欢迎进入本校。实际上，这只是善意的客套话，实力和考试成绩才是最重要的。在美国，没有完全意义上的高考，因而 SAT 可权且叫作“高考”。SAT 主要反映考生在英语和数学方面的素质与潜能，SAT Ⅱ 则反映其他三门单科成绩。SAT 分数是全美多数大学录取新生的最重要依据之一。部分大学在录取时，既看申请者的 SAT 分数，又看其 SAT Ⅱ 分数。

当然，加州大学系统倾向于拿 ACT 作为录取依据，而只把 SAT 分数作为一般参考。

（二）高中成绩

大学要考虑学生在高中学习的全面情况。首先看的是选课质量，也就是对最主要的五科（英语、社会研究、数学、科学和外语）选了多少、成绩如何；其次看某学生在高中阶段的平均分数；再次看其在年级中的排名。大学招生与高中阶段的衔接比较自然。美国中学不进行针对考试的大规模重复性训练，高中生不必专门花大量时间备考，在高中最后一年，学生的时间和精力主要花在对大学及其学科的了解和申请材料的准备上。美国高中普遍采用走班制，并且一些高中还开设了大学先修课程，这让学生进入大学后比较容易适应。各高中都设有学生顾问（counselor），其工作内容主要是指导学生选课，联络家长，开展心理辅导。特别是，学生顾问帮助学生了解自己、了解大学，指导学生申请适合自己的大学和专业。

（三）论文写作

有的学校只要求写一两篇自我介绍的短文，但一些名牌大学则要求学生提交一篇论文。论文不但要做到文字优美，还要风格、内容独到，甚至能够从一个新颖的角度来分析老生常谈的问题。

一般来说，受认可的论文包括四部分内容。一要反映个人信息。写作人要问自己两个问题：我想告诉招生人员关于我的什么方面，我想向他们展示什么样的品质和价值观。写作人要反映出自己的特长和弱点，就是说，确定自己究竟要向招生人员传达怎样的信息。二要做好哲学构思。论文要有层次，体现出写作人的灵感，显示出写作人思维的清晰与有序。三要提炼情节例证。论文的情节应精练而有趣，反映出写作人的过去、现在和将来，即如何从过去的努力成长为现在的状态，又能憧憬展望未来。四要注意修辞语气。如果文章的语气坚决，招生人员会认为你具有追求目标所需要的执着与毅力；如果写作的口气细腻、乐观，招生人员会觉得你是一位富有同情心、性格友善的人。但是，如果你使用了悲观厌世的笔触，可能会被认为在生活中过于消极。

招生人员希望从论文中发现考生的热情、智力、创造性和写作水平。大学可以通过作文来考察学生的思维和看待问题的观点，也以此来了解学生在真实世界中的生活，特别是他们如何克服生活中的实际困难。经验丰富的招生人员往往善于从作文中发现适合的学生，并有能力判断出真假。由于作文在大学招生中的重要作用，美国学生从很小的时候就开始训练自己独立表达观点的能力，因而他们的阅读和写作水平相对较高。

（四）推荐信函

教师或辅导员的推荐信须对学生的态度、能力做出准确评价，对其在团体中的重要角色进行定位，把他的与众不同之处写出来。通常情况下，大学只要求每个学生有两封推荐信。至于由谁来写推荐信，并没有一定之规。有一年，普林斯顿大学收到过以下比较特殊的推荐信：16 个父亲给自己的孩子写的推荐信，其中一封来自墨西哥，还有一封来自中国；10 个母亲给自己孩子写的推荐信；11 个姐姐给自己的弟弟或妹妹写的推荐信，其中一个是普林斯顿大学的学生；10 个哥哥给自己的弟弟妹妹写的推荐信，其中两个是普林斯顿大学的学生；5 个祖父写的推荐信；2 个姑姨、1 个叔舅、1 个舅妈给自己晚辈写的推荐信；26 个普林斯顿大学的校友给不是自己亲属的学生写的推荐信；2 个美国众议员、1 个美国参议员写的推荐信；印度驻德国大使写的推荐信；萨摩亚群岛的司法部长写的推荐信；4 个普林斯顿大学的教授写的推荐信；2 个其他大学的校长写的推荐信；1 个其他大学的招办写的推荐信；9 个高中校长给不是自己学校的毕业生写的推荐信；4 个老师给不是自己学生的毕业生写的推荐信，其中一封来自斯里兰卡；1 个美国教育部的官员写的推荐信。①大学招生人员在对学生进行综合评价时，普遍重视高中阶段学生顾问的意见，一些大学要求推荐信中应有一封来自学生顾问。

（五）面试情况

许多大学要求申请人来校进行面试，有的委托当地或就近的校友进行面试，

① ［美］黄全愈著：《你离美国大学有多远——高考在美国》，中国人民大学出版社 2010 年版，第 118—120 页。

写出面试意见。通常的问题有：你为什么选择这所大学？你的兴趣和业余爱好有哪些？你在中学阶段主要学过什么，从事过什么，有哪些收获？什么经历最让你难忘，有什么启示？你曾有什么出国经历？面试时，实施面试者会注意学生的言谈举止、对问题回答的深度和敏锐度，顺便核实学生此前所提交材料的真实性。

（六）体艺特长

在许多申请者都符合智力条件的情况下，非智力因素显得非常重要，许多院校偏爱有体育、音乐或戏剧专长的学生。哈佛大学一度青睐会拉提琴的申请者。加州大学明确提出，除重视考分外，对学生的毅力、天赋、音乐修养予以重视。宾夕法尼亚大学每年约有 40 人是在满足了基本学术要求之后，因在篮球、足球、橄榄球、曲棍球等方面具有特长而被录取。当然，也常有一些大学呼吁，要提高所有学生的文化素养，不可为招收运动员而过于降低文化成绩要求。它们说，大学毕竟不是体育运动队，在这方面要拿捏住分寸。

（七）社会实践

考生在中学阶段是否参加过社会实践活动，参加了什么样的活动，参加了多长时间，这些都是大学招生人员要仔细了解的。招生人员希望从中判断学生是否具有责任心、同情心，是否具有领袖才能。为了积累实践记录，高中生利用暑假到非洲国家做义工，到南美做调研，到灾区参加力所能及的工作；利用周末或其他课余时间到教堂、社区图书馆、敬老院去帮忙，或参加各类科学调查体验活动。一些大学在录取时，为便于操作，会把学生社会实践分成 5 个等级，其中 1 级或 2 级是一流大学所要求的。在美国大学看来，学生社会实践可反映其品德状况、动手能力以及未来作为领导者的潜质。

（八）先修课程

从 1955 年起，大学先修课程（即 AP 课程）旨在为具有天赋的学生提供机会，允许他们在高中阶段完成大学级别的课程。对学生来讲，学习 AP 课程，可提前体验大学阶段的学习，挑战自我，开阔视野，进入一个崭新的学习领域。到 2014 年，美国高中已经能够提供 10 多个学科近 40 门课程的服务，开设 AP 课程的高中达到 14 000 所。① 通过 AP 课程的测试后达到每所大学的要求，学生可以换取大学学分甚至提前毕业。

另外，部分美国大学在招生时，也会参考申请者特别是外国高中毕业生申请者是否参加过 IB 课程考试以及所取得的成绩。②

（九）种族因素

多数公私立院校有意招收来自不同种族、不同文化背景的学生，以丰富校园文化，培养负责任的公民和社区领导者。但对此做法，一些人颇有微词。2001 年 12 月大辛辛那提地区的一项民意调查显示，81%的人认为大学录取不应考虑种族因素，12%的人认为应予以考虑，其余 7%的人不置可否。2016 年，笔者曾询问一些美国朋友关于大学录取中对种族的看法，得到的回答是：美国大学是多元的，且不说私立大学各行其是，连公立大学各州之间的做派也不同，所以，随它们去吧。据笔者观察，长期以来，美国的非裔、拉丁裔学生，在基础教育阶段的学习成绩明显低于同龄人的平均程度，故而大学录取为体现公平，在同等条件下会给予一定照顾。但是对于亚裔学生，则没有什么照顾。这不能简单地说美国大学不欢迎亚裔甚至歧视亚裔学生，实则亚裔学生从小刻苦，家长要求严，在同辈学生中成绩比较好，因而在大学录取时没有得到什么照顾。

（十）身体状况

要求考生身体健康，能适应紧张的学习生活，没有传染病。不过，对残疾学生，不但不歧视，反而会提供种种方便和照顾。很多一流大学，为本校有一些坐轮椅的学生穿梭于各教学楼之间而感到骄傲。当然，这些建筑物之间均铺设了无障碍通道。

---

① 熊万曦：《美国高中国际文凭课程发展研究》，《比较教育研究》2015 年第 3 期。

② IB 课程的全称为国际预科证书课程（international baccalaureate diploma programme），是由国际文凭组织为高中生设计的为期两年的课程。IB 课程不以世界上任何一个国家的课程体系为基础而自成体系，广泛吸收了当代许多发达国家主流课程体系的优点，涵盖了其主要的核心内容。IB 课程被全球教育界认可为具有较高学业水准的教育项目，是国际学生考取国外大学的理想选择。

在美国社会中，不仅各高中会设置专门机构开展升学辅导，而且许多社会中介组织、咨询机构也向考生提供大量大学招生的书面或网络信息，帮助学生了解不同大学的办学特色和招生要求。例如，设在伊利诺伊州的埃文斯顿大学招生中心，设在纽约州的大学招生辅导中心和设在华盛顿特区的天主教大学招生和信息中心，它们不但提供各类咨询，而且接受申请材料并向那些尚有招生名额的院校转交和推荐学生。《美国新闻与世界报道》杂志社在网上设立了模拟录取系统，学生只需输入相关变量，即可大体了解自身的位置，得到报考建议。有关机构还举办大学招生展示会、大学招生节，发布信息，解答疑问。招生信息让学生周知，使其尽量选择自己喜欢的大学，这是一种公平性的表现。

三、美国大学招生录取公平的措施

美国素来标榜自己为自由与平等理念的贯彻者，这种精神同样贯穿于其高等教育领域之中。在大学招生方面，美国联邦政府和各州政府、社会中介组织、高等院校等机构采取诸多措施，力求实现公平，但由于受到种种因素制约，这种公平性仍然有局限性。在美国社会之中，公众对于教育公平性问题的讨论长盛不衰，甚至成了美国教育理论界、法学界辩论不休而实际工作者莫衷一是的最大难题。美国近些年已经在教育领域中采取了多项措施，这些措施出台的目的都是要减少高等教育领域内的种族、性别和阶层差异，从而尽量维护高等教育的底线公平。

（一）用立法手段保证机会公平

美国《宪法》标榜“人人生而平等”。自二战以来，美国颁布的《高等教育法》等一系列法律，要求积极发展高等教育，为人们提供更多均等地接受高等教育的机会。教育部负责执行联邦法令，确保接受联邦经费者不因种族、肤色、性别、残疾或年龄而受到歧视，其方式则主要是提供政策指导、员工培训及技术协助等。20世纪60年代，美国平权运动风起云涌，《反歧视法案》（Affirmative Action）应运而生，不仅要求各级教育机构为黑人、少数族裔及其他受歧视的社会人群提供均等机会，而且要求大学在招生时应把种族因素考虑进去。从此之后，黑人和其他处于不利地位的人群受益颇多。如在公立院校加州大学，4%—6%的新生是考虑了上述因素才被录取的。哈佛大学虽为私立学校，却也是《反歧视法案》的有力支持者。多年以来，哈佛大学始终力排众议，在招生时明确给少数族裔的学生以适当照顾，认为这种做法对丰富校园文化、培养未来社会领导人的办学理念有所助益。

不过，20 世纪 90 年代以来美国社会对《反歧视法案》的抵触情绪日益强烈。1996 年得州“霍普伍德决定”（Hopwood Decision）和加州的“209 提案”（Proposition 209），1997 年教育部公民权利办公室和 1998 年个人权利中心的法律声明等均提出，对一部分人的照顾就意味着对其他人的不公平，因此反对给予少数族裔照顾，主张取消录取照顾，完全一视同仁。

2001 年，一名白人青年状告密歇根大学法学院的招生政策违反了宪法，偏袒不合格的少数族裔学生。激进分子还组织人群上街游行，闹得沸沸扬扬。但校方仍然坚持原来的做法。2003 年初，官司打到联邦最高法院。总统小布什认为白人青年言之有理，但社会各界强烈支持密歇根大学的做法，认为该校是在坚持平权政策，真正让处于不利地位的人们获得接受良好高等教育的机会。当年 6 月 23 日，联邦最高法院 9 名法官以 5 票赞成、4 票反对，裁定密歇根大学依据平权措施，在条件相同的情况下优先招收少数族裔学生是合法的，但划出一定数量的名额，专门招收成绩较差的有色人种青年入学的做法是违法的。

（二）用行政手段促进入学公平

美国政府还经常采取一系列行政手段来促进高等教育的机会公平。第一，照顾弱势群体，降低招生门槛，照顾残疾人入学；第二，采取特殊措施，关心特需人群，如纽约州拟对“9·11”事件中遇难者的子女，在今后进入大学时全免学费；第三，督促大学认证机构加强对全美高等院校的审定，政府承认这些认证机构的认证结果，同时关闭不合格学校，停止其招生资格。政府还及时提醒考生应当查阅美国高等教育认证委员会的网站，及时核查拟报考的院校是否通过了认证，以防止不合格学校滥竽充数，误人子弟。

（三）用会商机制保障录取公平

各院校都成立了招生委员会，每年更换三分之一的成员。招生前新老成员都要接受40小时的培训。对每位申请人的情况，委员会中的3—7名成员要分别审读有关材料。在决定是否录取时，委员们先议论，后投票表决。针对每年遇到的申请人条件稍差但家长愿意捐款的情况，为保录取公平，一般不予满足。

对于数以万计的申请表和申请材料，招生人员需要拆封、归类、分档，然后阅读、审核、筛选。一般要经过以下六个步骤。①

第一步，由20个“第一读者”将所有的申请材料通读一遍，然后填写自己的审核意见。“第一读者”一般包括退休的招生人员、本校的教职工、有招生经验的校友、在读的研究生等各方面的“临时专业人员”。

第二步，每一名招办的专职审核人员按照地区划分自己的“势力范围”，就是其负责的区域。他负责阅读、审核、筛选所有本区域的申请者的材料，并出具审核意见。

第三步，从这些申请材料中选出5%—8%的最佳候选人，交给负责招生的院长最后定夺。通常来说，如果两轮审核者都在申请材料上用绿笔签署了录取意见，那么院长一般也会首肯的。当然，有时部分院长可能会有不同意见，则拿到筛选委员会去讨论。

第四步，把25%—30%的最弱申请者剔除出来，作为落选者，交给副院长审定。这些被拒者，如果两个审核者都用红笔签署了拒收意见，则副院长常常也会签署拒收意见，这样的申请者就彻底没希望被录取了。如果前面两位审核者有不同意见，就必须交筛选委员会讨论。

第五步，除了5%—8%的最佳申请者和25%—30%的最弱申请者，剩余的则全部交由筛选委员会讨论。筛选委员会的组成人员，一般包含各院的教授、招办资深工作人员，有的大学还邀请在校学生代表参加。为了避嫌，各区域官员不再参加这个委员会。组成这个委员会的人数为奇数。

---

①［美］黄全愈著：《你离美国大学有多远——高考在美国》，中国人民大学出版社2010年版，第125—127页。

第六步，筛选委员会成员坐下来逐个讨论这些有争议的申请者，如果意见还达不成一致，则会参阅原始材料。这是整个招生工作中比较困难与复杂的环节。

（四）用经济手段支持贫困学生

美国教育部每年还会对家庭困难学生提供大量的无息和低息贷款，准备上大学的学生需要按要求提供个人资料和家庭经济状况，填写书面表格或电子表格，直接进行申请。各州教育部门或所委托的中介机构亦向家庭经济困难学生提供资助，贷款利息依据申请人的家庭状况而有所不同，而这些贷款将会在学生就业后偿还。此外，美国教育部还设立“全国优异成绩奖学金”（National Merit Scholarship），对各州“学术能力评估预测试”（Preliminary SAT）中成绩名列前茅的学生提供奖学金。许多州设立了类似奖学金。

曾任新泽西州高等教育资助局局长的伊丽莎白·王女士向笔者介绍，作为美国首富州，新泽西州不会让一名青年因家庭经济困难而失去接受高等教育的机会。新泽西州的资助类型多种多样，主要包括：州政府及联邦政府贷款（loan）、优秀学生奖学金（scholarship）、特困生无偿赠予（grant）等。新泽西州高等教育资助局每年经手的资助金额达10亿美元以上，启动资金多来自州政府，资助资金则多数来自联邦政府的补助、部分家长给子女的教育储蓄、往年贷款的回收，增值则依靠证券运作和投资收益。新泽西州高等教育资助局内设人事部、法律部、收贷部等40个部门，雇员多达250人。联邦政府赋予了各高教资助部门以权力，对违约的借贷者（占4%—5%），通过社会保障系统（social security）直接从其工资中扣除，或吊销其医生、律师等执照。

四、美国大学招生录取公平的局限

尽管美国大学招生录取力争做到公平公正，然而在具体的运行过程中仍然存在着一些不公平现象。

（一）透明度低，缺乏监督

各校录取原则上是公开的，但对如何考量录取中的各因素，考生哪个条件占多大权重，则甚为保密。大学之间互不通气，神秘兮兮，更谈不上受外界的监督。在美国高教界，有一个比较著名的为争夺好生源而不正当竞争的丑闻。2002年，普林斯顿大学录取办公室的工作人员，不惜当“黑客”侵入耶鲁大学新生录取的计算机系统，偷看了11位被两校都录取的学生的档案。这一偷窥行为，无非是想了解耶鲁大学方面开出了什么条件，本校可以拿什么筹码把这些学生争取过来。这件事被媒体曝光后，引起了轩然大波，十几年来一直是人们茶余饭后议论的话题。2019年，美国多所名校又曝出惊人消息，称一些学生是通过其家庭高额捐款才得以录取的，舆论再次哗然。

（二）AP课程作参考，偏远地区不沾光

2016年，全美有53%的高中参加“AP计划”，如芝加哥的公立高中共开设80门大学预修课程，鼓励高中生先行修习。但处于较边远地区的高中生，较少有机会修习此种课程。虽然网络AP课程可以有所弥补，但是他们与有机会在教师面授下直接修习这些课程的同龄人相比，似乎不在同一起跑线上。

（三）“提前决定”存在弊端

近年来，许多院校在高中生毕业前一年即进行预选，即“提前决定”（early decision），物色本校新生候选人。通常，纽约大学提前决定的学生有34%得以录取，而正常申请者只有28%被录取。事实上，很多学生不可能在离高中毕业还有一年的时候就明确了将上哪所大学，那些生活在大学社区周围的学生往往有较大的可能被“提前决定”。这种录取形式最主要的问题是，从大学角度来看，一名好学生可能同时被多所大学录取，到头来造成很多学生不去学校报到的现象。所以，用提前录取的方法，让申请者承诺一定要来，甚至还需要缴纳保证金，大学则答应在录取上给予优惠。这样，录取一个来一个，大大提高了录取接受率。具有讽刺意味的是，再好的大学，即使知道一些高中毕业生不够格，也希望他们申请，以求用被拒绝的学生人数压低自己的录取率，向外界炫耀本校多么吸引人。还有一些大学，感到自己不够一流水平，遂常常拒绝录取最优秀的学生，因为这些学生左摇右摆，往往会拿自己当候选，即使录取了他们也不会来。

（四）SAT 等标准化测试存在负面影响

宾州州立大学教授科恩哈伯（M. L. Kornhabor）撰文分析了标准化考试的弱点，并向笔者进行了介绍。他认为标准化考试的弱点包括：测验编制几乎完全使用多重选择题，缺乏对复杂学习能力的考查；测验本身可能带有文化、语言、种族或性别偏见，导致测验成绩的群体差别，对穷人、移民和少数族裔学生不利；缺乏对未来工作和生活成败的可靠和准确预测，成绩与一个人日后在社会上的发展并无密切关系。这种观点得到许多人的赞同。

（五）未能摆脱家庭背景的影响

大量实证研究结果显示，学习成绩往往和学生的家庭背景及成长环境密切相关。大学必须在招生录取过程中，针对那些家庭经济条件较差的弱势群体设计出对他们有利的项目。大学招生不仅要看学生的成绩，还需要了解这些成绩是在何种条件和环境下取得的。① 一些新移民、边远地区居民和一些少数族裔，由于受教育水平低，其子女接受的基础教育往往较差，家庭的学习环境不利，以致他们的子女在争取大学入学资格的竞争中处于不利地位。教育部的统计数字表明，1999 年，父母具有学士以上学历的高中毕业生中，有 82％当年升入大学；父母只具有高中学历的，有 54％当年升入大学；父母连高中学历也不具备的，只有 36％当年升入大学。这可以说是一种不公平，但也是美国社会长期以来难以扭转的现实。“用捐款交换入学”也是时常发生的事情。当然，捐几十万美元，一流大学是不为所动的。但是，如果捐一两百万美元，则很多大学难挡诱惑。即使这样，大学也要对学生的情况认真了解一番，若太差则会放弃，因为学校会感到得不偿失，校内各部门也通不过，更担心社会舆论炒作。

结语

在美国，高校招生录取也是“指挥棒”，中学排名、“高考”成绩、综合素质

① 秦春华：《美国大学招生综合素质怎么评》，2015 年 1 月 19 日《中国青年报》。

评价、录取方式等对于其基础教育走向产生着重要影响。美国大学在招生录取时注意衡量申请者多方面的情况，因而没有出现片面追求升学率的现象。在美国，大学招生被许多人看作一门学问，是融心理学、教育学、统计学、测量与评价等多学科为一体的交叉学科，招生人员必须具备相关学术背景，不是什么人都能参与招生录取。在每年招生季开始之前，各大学会对招生工作人员进行为期 2—3 周的集中培训，以便招生人员能真正做到根据申请者的全面素质和发展潜能来开展工作。当然，随着时代发展，一些一流大学对申请者的素质要求也在发生变化。如 2016 年，哈佛大学提出，通过本科生录取工作，“让关爱他人之心在年轻人心中普及”。该校称，不再一味强调未来领导者潜质，而更加看重学生的良好品德、合作精神和社会责任感。其他一些大学表示支持这一招生理念改革。它们表示，以后将更加看重学生在家庭以及自己生活的社区中的义务服务，而不指望他们去参加“轰轰烈烈”的大活动。当然，招生人员会更严格地审视学生做义工所花费的时间。蜻蜓点水式的志愿服务不再被考虑，坚持开展一年以上的社区服务才有意义。总之，考试评价是指挥棒，与每所学校、每位校长、每位教师、每名学生息息相关。指挥棒用得好，科学合理，张弛有度，则国家意志得以体现，大学诉求得以顾及，让校长教师服气，让家长学生满意。指挥棒用得差，则会让社会不公平，教育入歧途，学生受损害。

第四章

美国大学的本科生教育

美国研究型大学是以德国柏林大学为模板而建立的。许多大学在长期发展过程中形成了集教学、科研和服务于一体的办学模式，并创造性地建立起具有重要意义的美国研究生院制度。然而，在大学内部，本科生教育与研究生教育之间的矛盾问题却一直潜藏着，并在20世纪中后期爆发。自此，美国本科生的培养质量问题日益受到关注，20世纪80年代之后，许多研究型大学纷纷开展了本科生教育改革。改革的目的，一方面是提高教育质量，努力培养适应时代需要的本国人才；另一方面则从全球范围内挖掘人力资源。本章在简要回顾美国本科生教育存在问题的基础上，分析美国本科生教育的改革措施及其现实特色。

一、美国本科生教育一度存在的问题

美国是世界上率先实现高等教育普及化的国家，其高等院校招生数量居世界领先位置。高等教育普及化带来的质量问题，自20世纪80年代以来就受到美国政府与社会的广泛关注。1983年4月美国高质量教育委员会出台的《国家处在危险之中：教育改革势在必行》报告，虽披露的主要是中小学教育质量问题，但也迅速延伸到高等教育领域。该委员会在随后成立了“提高美国高等教育质量研究小组”，并且发布《投身学习：发挥美国高等教育潜力》报告，进一步引起人们对本科生教育的讨论。

1985年前后，美国教育科学院、全美社会科学基金会、美国大学与学院协会、卡内基教学促进基金会和美国州长协会等机构纷纷发表报告，断言本科生教育质量堪忧，高等教育基础受到动摇；认为高等教育必须由重视数量增长向重视质量提高转变；呼吁以本科生教育为重点，采取措施深化改革，建立高质量与高效益的高等教育体制。自此，一场史无前例的本科生教育改革从政府与学校两个层面逐步推开，渐渐深入。1998年，由博耶（E. L. Boyer）任主席的美国研究型大学本科生教育全国委员会发表了《重建本科生教育：美国研究型大学发展蓝图》（又称《博耶报告》）。该报告对于美国大学本科生教育进行了全方位的评估，并且指出其诸多问题。

（一）重科研，轻教学

尽管传统上美国研究型大学坚称教学和科研并重，然而在实际上，许多研究型大学大都会把主要资源和精力放在研究生教育和科学研究上，对于本科生的教育和教学极为轻视。更为讽刺的是，本科生需要缴纳高额学费，这些学费成为许多大学的重要收入，有的转而变成科研经费。人们感到，相较于研究生群体而言，本科生们付出多收获少。同时，按照现有的管理模式，学校在领导职务任命、晋升、加薪或任命终身教授时，均以教师发表科研论文的数量与质量为主要依据，忽视教学水平。

（二）一流师资与本科生教育相隔离

在许多美国研究型大学中，知名教授一般不给本科生上课。尽管各校在招生广告上极力鼓吹各自拥有专家名流，但是学生在四年中难得见到他们。许多课程的教学由缺乏经验的博士生担任，而知名教授热衷于课题研究或只给研究生授课。根据《博耶报告》里的统计数据，只有8%的研究型大学的教师每周愿意花费11小时左右的时间从事本科生教学，26%的教师从来不参加本科生教学活动。①

（三）系科划分过于狭窄，综合素质难以培养

在部分美国大学中，本科生教育中的学科壁垒现象普遍存在，跨学科和跨专业的教学与活动难以进行，从而无法实现学校优质教学资源的共享。特别是文理科分割现象较严重，受学校管理机制等诸多因素影响，各院系侧重本专业学生的技能培养，忽视从其他学科中获取知识营养，尤其是理科学生缺乏基本的人文素质，其逻辑思维和书面与口头表达能力均有待改善。学生解决实际问题的能力下降，由于缺乏对知识的整体把握，学生很难把所学到的诸多课程内容进行整合并运用到实际中去。

（四）本科生缺乏机会参与科研活动

有效参与科研，是本科生获得一定专业成长、初步掌握研究方法的重要途径。在许多大学，由于本科生规模大，加之学校和教师并不将本科生看成是科研的有生力量，所以本科生长期游离于科研活动之外，他们使用仪器设备和参与实验的机会少之又少。同时，教学与科研活动互不贯通。各大学设立专门从事研究工作的岗位，这些研究人员几乎从不关心教学问题。这种教学与科研泾渭分明的状况，影响了学生对学科前沿和发展方向的了解与掌握。

① 参见吕达、周满生主编：《当代外国教育改革著名文献（美国卷·第一册）》，人民教育出版社2004年版，第145页。

（五）本科生教育质量有所下降

教育质量是衡量本科生教育水平高低的根本性指标。本科生教育质量的下滑是美国高等教育领域面临的一大难题，如哈佛大学本科生院院长在致 800 名教员的公开信中表示，全国教育标准都在下滑。① 之所以造成这种局面，在《博耶报告》看来，是由于学校在争夺学生和市场需求的驱使下失去了原有的目标和理念，不再热衷于传播高等教育所依赖的高级知识和价值观。如根据宾夕法尼亚大学的一份调查，对 8 所美国常春藤大学3 000名学生的问卷显示，只有 25％的学生知道林肯的贡献，44％的学生不知道谁是时任美国众议院议长，34％的学生表示不知道时任英国首相是谁。同时，过于专门化的学科分类也妨碍了学生的发展，大学就像知识超市一样，只要是对获利有益的，便可以纳入课堂之中，从而导致质量滑坡。

二、美国文理学院的本科生教育

文理学院是美国高等教育体系中独具特色的部分，其开设目的是培养学生广博的知识结构与能力。这些学院大都集中精力办本科生教育，其培养质量为美国社会所公认。据介绍，美国有至少 32 位总统的本科生教育在文理学院完成。长期以来，文理学院坚持人文教育与科学教育相统一，促进学生主动、和谐与全面发展，近年来成为美国高校本科生教育改革的重要方向。

（一）人文教育与科学教育相融通

文理学院的学业要求较高，学生不仅要主修一个诸如化学、生物学、文学与政治学等学科专业，而且要广泛学习从道德、伦理、哲学到数理逻辑，从人类文明到天文与地理，从历史学到其他文化研究，从社会科学到自然科学等不同学科。对学生的学分要求，通常前者占三分之一，后者占三分之二。文理学院的办

① ［美］德里克·博克著，乔佳义编译：《美国高等教育》，北京师范学院出版社 1991 年版，第 55 页。

学理念强调，本科生教育的主要任务是训练与发展学生智力，使学生学会从不同的角度比较、联合与纠正，形成善于观察、勤于思考和敢于探索的品质，具备可持续性学习与发展能力。

（二）坚持适度规模与小班授课

关心每个学生的成长是文理学院共同的办学理念。无论是在精英教育时代还是在大众教育阶段，这类学院始终坚持办学规模与班级授课小型化发展策略，注重塑造教师、学生、校友与家长相互关心的校园精神。文理学院在校学生一般都不足 3 000 人，一些排名前列的文理学院在校生只有 120 人左右，60％的课程教学班级不足 20 人。当然，由于美国高校均实行选修制，未免造成有的课听课人多，有的课听课人少的情况。“小型化”不仅有助于教师教学更有针对性，而且有助于融洽师生关系，还为每个学生参加课外活动与社区服务提供了机会，使学生身心获得全面发展。

（三）坚持独具特色的办学理念与校园文化

美国是一个移民国家，不同文化背景的移民兴办文理学院，其办学理念与校园文化也浓缩了相应的人生与社会理想并得到继承与发展，成为构建在不同文化基础上的美国优秀民族精神的重要组成部分。如提倡和平与诚信的基督教贵格教会创办的哈特学院至今坚持不接受任何来自军方的经费，在学校各项考试中不设教师监考。这些做法对学生形成相应的人生信念与理想产生了巨大影响。此外，学生还自发组织道德法庭，审判有欺骗行为的学生。

三、美国研究型大学的本科生教育

进入 21 世纪以来，受制于学校内外的现实压力，许多美国一流的研究型大学一改过去不重视本科的做法，纷纷对本科生教育给予更多的关注。2013 年，在总共 300 万名高中毕业生中约有 200 万人进入了各类高等教育机构，大学录取率达到了 66％，其中四年制本科院校的录取率为 42％，二年制社区学院的录取率为 24%。① 研究型大学是美国培养创新人才的重要基地。据卡内基教学促进基金会统计，全美有 125 所研究型大学，约占高校总数的 3%；但是，全美有 33%的硕士生和 56%的科学与工程类博士生的本科生教育阶段是在研究型大学完成的。

近年来，美国研究型大学根据其教学与科研紧密结合、本科生教育与研究生教育有机衔接的特点，培养学生的创新精神和实践能力，成为美国本科生教育改革的重要方向之一。

（一）建设培养创新能力的课程体系

研究型大学的教学计划为发挥学生学习自主性提供了空间。由于许多学校并没有适用于全校本科生的统一教学计划，因此其所称的教学计划是一个由各类必修课、限选课和任选课所组成，具有很大弹性、适应本科生各种学习需要的庞大课程体系。大致而言，一所大学的教学计划主要包括低年级本科生所必修的核心课程计划、高年级学生应当主修的专业课程计划以及其他供学生任意选修的课程计划。有的大学还有不占学分的课程计划、培训课程或活动计划，由学生自愿参加。各大学的核心课程计划通常都包括人文与社会科学、自然科学等几大基础学科领域的数十门课程，学生根据不同学科领域课程选修的规定，在有关教师的指导下，根据自己的学习基础和兴趣爱好，选择规定学分或门数的课程，作为自己的核心课程计划。

斯坦福大学要求本科新生在人文入门计划、自然科学、应用科学、工程科学与数学、人文与社会科学、世界文化、美国文化与性别研究等领域修满九门课程。在自然科学、应用科学、工程科学与数学领域选修三门课程，但其中两门课程不得同属一个学科领域；在人文与社会科学领域选修三门课程，其中必须在人文科学和社会科学各选一门课程。这样一来，即使同时入学且在相同学院或学系的学生，所修的核心课程也都是各不相同的。各大学的专业课程计划一般是为三、四年级本科生开设的，通常分为初级专业课程和高级专业课程两类，学生选

① NCES. *The Condition of Education 2015*，http://nces.ed.gov/programs/coe/indicator_cpa.asp，2015-11-15.

修高级专业课程之前，必须修满初级专业课程所要求的学分或课程门数。有的大学要求学生在选修高级专业课程后应写出本科毕业论文，或在专门组织的高级研讨班上发表自己的见解。有的大学在专业课程计划中也列出专业核心课程或课程组合，要求学生必修或限选。纽约市立大学别出心裁，允许修习“双主科”(double majors)，让学有余力的学生有事可做，奠定宽厚的知识基础。

对于任意选修课，学校一般不做具体要求，凡本校开设的课程都可以选修。当然，有的课程本身附加了选修的条件，学生如果任选，也要达到相应的要求。任选课一般供学生在大学一、二年级选读，为学生拓宽视野、增长知识、培养兴趣服务，也为高年级学习专业课打基础。因此，可以说大学没有针对某一个年级或某一个专业大学生贯通整个本科四年学习过程的教学计划，每一个大学生的教学计划都是在一定原则指导下由学生自由选择的各类课程所组成的，具有对学生个体的适应性，但不具有普遍适用性。所以，在一届学生毕业时，同一个专业的毕业生所修的全部课程可能是五花八门、各不相同的。

研究型大学的教学大纲在本科教学中发挥着引导和规范的作用。每门课程都有充分详细的教学大纲。教学大纲不仅是备案存档的主要教学文件，而且是教师教学的基本依据和学生进行课程学习的主要指南。有的大学将各门课程的教学大纲录入学校的教学资源库，在学校网页上公布。教学大纲的主要内容包括课程教学目标、教学方法、考核要求、教材、参考书目、参考资料和本门课程每一次课的教学内容与要求等。教学大纲由担任课程教学任务的教师编写，在上第一次课的时候发给学生。教师按照教学大纲授课，学生按照教学大纲预习和复习功课。在教学过程中，教师一般不得随意更改教学大纲所列出的教学内容和教学时间安排；否则，在学期结束时的课程评价中，教学组织或完成教学任务情况就可能难以得到积极的评价。不同课程的教学大纲尽管在编写体例上大致相同，但详略不同。由于每一位教师对教学要求的理解也不一样，所以不同教师所编的教学大纲都有自己的特点。有的课程的教学大纲只有五六页纸，有的达十多页；有的对教学内容只列出每次课的主题及必须阅读的主要文献，有的则不仅列出每次课的主题，而且列出要讨论的各种具体问题，甚至列出通过教学所要达到的教学目的。教学大纲是变化的，有的教师每一轮授课的教学大纲都不一样，都要根据自己的研究和学术界的新进展，对教学内容进行增删或调整。

研究型大学的教材不是一种固定的教科书，而是一些学习的基本素材。通常一门课程教师都要列出至少 2—3 种专业图书作为教材。在教材之外，教师还要列出数目不等的教学参考书和数十篇或更多的学术论文。有的教师将重点论文或一些著作中的重点章节编辑成册，通过书店或院系办公室向学生出售，收回成本。有的教师还在教学过程中印发一些新的论文或资料，确保教学能够跟上学术的新发展。教师在每次上课时还要为学生带来一些下次课要用到的复印的阅读材料，一门十几次课的课程却要求很大的阅读量。因此，美国大学生的学习压力是很大的，课后大量的时间都用在阅读教材和教学参考资料上，如果不读完全部或大部分的阅读材料，就很难在课堂上参与讨论，很难完成每次课后的作业，也不易通过期中和期末的课程考试，即使勉强通过了，也拿不到好成绩。

（二）鼓励学生参加创新实践教育

研究型大学注重通过构建研究性学习模式来发挥学生潜能。各校帮助学生发现自己的兴趣，挖掘自身的潜能，培养学生适应未来学术或职业发展所需的分析与研究能力。例如，加州大学伯克利分校的本科生课程计划中有五门是特别研究课程，学生通过参加科研可以获得六分之一的学分。本科生参加科研的方式主要有两种：一是学生参加以教师为主导的课题研究小组，担任课题研究助理；二是学生自行提出研究性项目或创造性设计，在教师指导下独立开展研究。学校为此设立专项资金支持本科生参加科研，成立专门机构负责管理与组织本科生的科研活动。此外，学生还独立创办诸如《人文与社会科学》和《自然与技术》之类的杂志，供本科生发表科研成果。

研究型大学重视培养本科生的创业精神和实践能力。它们鼓励学生在校期间参加创业活动，培养学生敢于冒险与承担风险的企业家精神，为学生毕业后创业奠定基础。例如，麻省理工学院成立了创业教育中心，开设十余门课程，向全体学生开放，主要课程有新企业家、创业试验室、企业市场、企业财务、新经济时代的企业等，教学方法以案例研究为主。学校举办每年一度的学生创业策划竞赛，请企业、商业与风险投资领域的专业人士评比，优胜者可以获得奖金。

（三）师生双向评价，增加考试次数

研究型大学与文理学院是美国本科生教育的旗帜，然而多样化与大众化、普及化的结伴而行才是美国高等教育发展的基本趋势，因此其本科生教育呈现多样化与个性化的格局。经过 20 世纪 80—90 年代的改革与发展，美国人逐步认识到：全面推动高等学校深化改革，关键是建立考评激励机制，调动大家的改革积极性。

考试仍然是美国大学检验学生学习成绩的重要手段。有人认为，美国大学的考试过多，让学生疲于应付，不仅有例行的期中、期末考试，有的课程还举行月考，有的即使不举行月考，教师也会布置一些需要上交的作业，且这些作业的好坏都会影响最终成绩。考试的方式有当堂闭卷考试、课后开卷答题或撰写课程论文等，在课程考试中采用口试的较为少见。学生一门课的最终成绩往往由平时作业、期中考试和期末考试成绩等几部分构成。不管是平时作业还是期中、期末考试情况，教师都要将评阅意见及时告诉学生，以便学生了解自己的学习情况。由于美国大学在一些主要宗教节日和政治性节日都停课放假，有的课程遇上节日就要停课，所以，各门课程的期中考试时间有先有后，但期末考试时间则是统一的，通常利用一学期最后一周的课时进行。采用当堂闭卷考试的，当堂答题，当堂交卷；采用课后开卷答题或撰写课程论文的，往往在一周前公布题目或要求，最后一次课时交卷。学生对考试成绩非常重视，因为各门课程成绩综合后的优劣将决定学生能否评优，能否享受某些特殊的待遇。比如，有的学校允许高年级学生修第二学士学位课程，波士顿学院还允许学习优秀的学生在三年级时选修研究生课程。

课堂教学的最后环节除了考试以外，就是课程教学评价，由全体修课的学生对教师的课堂教学情况进行评价。美国本科课程教学评价一般在最后一次课的前一周上课时进行，教师在完成当堂教学任务也就是完成全部课程教学内容后（因为最后一次课是考试时间），留下 5—10 分钟，发给学生统一印制的课程教学评价表，由学生填写。评价表既有选择题，也有填空题，但都简明扼要，便于学生填写。教师发完评价表和填表铅笔后，即离开教室。学生独立填写评价表，互不讨论，互不交流。最后由一名学生收齐评价表后，装袋密封，连同填表铅笔一并

交到系主任办公室。

（四）奖励教学工作，提升教学地位

为调动广大教师的教学积极性，针对普遍存在的重科研、轻教学倾向，哈佛大学与斯坦福大学校长呼吁重新反思大学使命，将教学置于大学核心地位；建议加强对教师的课堂教学评估，将结果作为教师晋升学术职务的重要依据。近年来，卡内基教学促进基金会还强调教学研究也是科学研究，应成为大学教师的基本职责。1998 年，该基金会拨款 600 万美元，设立五年期项目，用于支持大学教师教学研究。目前，美国高校正在大力开展课堂教学质量评估的理论与实践研究，以期实现教学成果像科研成果一样可以测量评定。对此，联邦政府中学后改进教育质量基金拨出专款，给予大力支持。

为推动高等学校教学改革深入发展，各州教育部门或专业协会定期开展高校教学绩效评估，并与经费拨款挂钩。评估主要内容有：高等学校招生数与毕业率；学生中获得学位的比例与时间；学生巩固率与保留率；学生从二年制学院转到四年制学院，或从四年制学院转到二年制学院的比例；毕业生参加职业资格考试通过率；师生比与教师用于教学工作的时间；等等。有的州还在其下属公立高校推行统考制度。南卡罗来纳州还通过立法，规定根据每年的评估结果决定高校经费年度拨款数额。

（五）拓宽国际视野

极力拓宽学生的国际视野是研究型大学在本科生培养时普遍采取的措施之一。伯恩曾指出："一个学科如果只注重美国的经验，而排斥其他文化的经验，就是欺骗学生和反映一种愚蠢的沙文主义。"① 因此，对于研究型大学来说，要想获得更大的发展，就必须参与全球性人力资本市场和智力资本市场的争夺和竞争，同时要注重培养学生的国际眼光和全球意识。

许多研究型大学在教学目标上要求学生会讲一门外语并通晓别国文化，以利于增进不同国家、民族、文化间的相互理解，同时帮助学生能够以国际社会和全

---

① 陈学飞著：《当代美国高等教育思想研究》，辽宁师范大学出版社 1996 年版，第 96 页。

人类的广阔视野来鉴别事件、判断形势、决定价值取向和行为方式。同时，研究型大学还注重培养学生在国际舞台上的竞争和合作能力，使培养出来的学生除了具有一定的专业知识外，还具有宽广的知识面，对来自其他国家的人们保持善意，善于与不同文化背景的人打交道并合作共事。

国际化的视野在许多一流研究型大学的本科生培养目标中都有所体现。如哈佛大学通过举办很多国际性的课程与活动，来增加学生的国际知识，形成以全球观点来考虑问题的习惯和能力。学生可以从60多种语言中选学若干种，并可研究全球每一地区的文学、历史和经济政策。法律系的学生可选修研究多种国际法的科目，学工商管理的学生可研究跨国公司，学教育学的学生可研究世界各国的教育制度，学神学的学生可潜心思索全世界的各种宗教，公共卫生学院的学生则广泛研究可应用于发展中国家的各种卫生知识。在该院的教学计划中，无论是关系到乡村地区和经济贫穷地区的卫生问题，或是关系到城市工业地区的卫生问题，都显示出国际性的特征。① 在经济和人类活动越来越趋向全球化的今天，高等教育的国际化也变得日益突出和重要，美国研究型大学为了能培养在国际竞争和合作中立于不败之地的优秀人才，非常注重在本科生教育中体现和贯彻国际化的教育思想。

四、美国本科生教育改革案例

随着高等教育普及化的推行，美国本科生的培养质量不可避免地有所下降，然而开展本科生教育改革又不是短期可以奏效的。为了解决这一难题，美国人开始思考如何总结与整合已有的改革经验，进一步发挥高校的创新与育人功能，力图提高本科生教育的质量。

博耶在《重建本科生教育：美国研究型大学发展蓝图》中指出：对于每个学生，大学应该竭力为他们提供智力和创造性发展的机会，引导学生通过探索进行

① 许迈进、杜利平：《美国研究型大学本科教育的变革与创新》，《浙江大学学报（人文社会科学版）》2004年第4期。

学习，而不仅仅是简单传授知识；给予学生必需的口头和书面交流与沟通的训练，使他们既可适应在大学的学习，又能适应研究生专业学习和个人生活需要；提供欣赏或学习艺术、人文科学、自然科学和社会科学的机会，让学生在力所能及的情况下体验这些学科；为学生毕业后的发展做认真的、全面的准备，不论他们是就读研究生院、职业学院还是开始他们人生的第一次职业。①

该报告还认为，研究型大学的学生有以下权利：有机会与优秀的高级研究人员一起工作，得到他们的帮助和指导；有机会使用一流的科研设施，包括实验室、图书馆、工作室、计算机、演艺厅等；有权选择多样性的学习和研究领域；有机会与和自己有不同背景、文化和经历的人交流；有机会与处于不同水平的知识探求者，包括从一年级新生到高级研究人员交流。世纪之交，各校纷纷根据这一报告的指导精神，结合本校实际，加大了本科生教育的改革力度，下面选取几所有代表性的美国研究型大学的本科生教育改革来加以审视。

（一）哈佛大学本科生教育改革

哈佛大学历来具有教育改革的传统。自 2002 年 10 月起，哈佛大学启动了新世纪首次本科生课程体系改革。因为许多哈佛人认识到，原来的课程体系标准有点模糊不清，核心课程数量不足，同时教师对学生指导不足。为了改变这种状况，时任哈佛本科生教育主任的贝内迪克特·格罗斯（Benedict H. Gross）在调查了在读本科生的教育体验之后，组织并召开一系列座谈会，从而掀起哈佛大学教育改革的序幕。

2003 年 4 月，贝内迪克特·格罗斯被任命为哈佛学院院长。2004 年 4 月 26 日，作为哈佛大学唯一的本科生学院，哈佛学院正式对外公布了其新一轮本科教学改革的建议报告《哈佛学院课程改革报告》，引起美国高等教育界普遍关注和强烈反响。② 这份报告重申了通识教育决心，指出改革目标是培养学生具备更好

---

① 参见吕达、周满生主编：《当代外国教育改革著名文献（美国卷·第一册）》，人民教育出版社 2004 年版，第 145—147 页。

② 吕培明：《国际化背景下的通识教育——哈佛大学本科课程改革综述与启示》，《社会科学家》2009 年第 4 期。

的知识、技能和思维习惯，帮助其能够终生学习，适应不断变化的环境。哈佛大学将秉承传统，继续致力于将学生培养成能够独立思考、知识丰富、敢于创新的人才，培养学生的社会责任感，使他们在国内国外都能够过上富有成果的生活。同时，哈佛大学将进一步拓宽通识教育的范围，为学生提供更多的选择。通过实行改革，哈佛学院的教学大纲减少了对学生的硬性要求，同时采取措施，努力为学生提供具有哈佛传统的通识教育。①

1. 注重教育国际化

哈佛大学此次课程改革立意高远，强调要注重课程国际化，努力培养学生成为知识丰富、思维敏锐的世界公民，为哈佛学生生活在不断变化的未来世界做好准备。报告指出，作为美国引领潮流的高校，哈佛大学必须高度重视国际化研究和学习，并且有责任通过教育将学生塑造成为能够为整个世界利益服务的国际公民与世界公民。作为哈佛大学的学生，不仅要具备理解他人的才能，而且要具备理解自身和祖国的才能。报告建议，哈佛大学本科生课程应该更加注重设置新的制度以使更多哈佛学院学生有机会到国外学习研究。

为了实现国际化的培养目标，哈佛大学的国外学习常务委员会正在努力把出国学习的学生人数增加两倍，并且期望每个哈佛大学本科生能够在求学阶段完成一次国外工作、学习、研究的经历，要求所有学生继续学习与掌握外语。目前，哈佛大学正在积极推进“世界性的教育和世界中的教育”（Of the World and in the World）项目。

2. “学院课程”取代核心课程

核心课程项目历来是哈佛大学的特色课程之一，而在新世纪首次本科生课程改革中，哈佛学院对于核心课程的设置做出了某些调整。在 2004 年 4 月公布的《哈佛学院课程改革报告》中，哈佛大学首次引进所谓的“学院课程”来替代过去的核心课程，这是改革的亮点之一。“学院课程”的显著特征就是跨学科的综

① 张家勇、张家智：《新世纪哈佛大学本科生课程改革及启示》，《比较教育研究》2006 年第 1 期。

合性，它是综合性、选择性、基础性与灵活性相统一的普通教育课程，能够帮助学生在毕业后继续在学术领域内保持开放进取的能力，从而取得进一步发展。

在“学院课程”中，教师负责确定学生必须掌握的知识，这种课程提供有特色的课程材料，使哈佛大学师生开阔视野，通过介绍知识、概念和最主要的文本，加强培养核心技能，如推理、写作、口头表达等。①在现行分类结构的基础上增加人文社会科学、生命科学和物理科学等必修课。“学院课程”更重视教师认为学生有必要知道的事实性知识，这一课程不是任何单一学科本身的导论，也不在任何单一学科的“保护伞”之下。“学院课程”是革新性和合作性的教学良机，能促进学院内外相关领域的教师走到一起，跨越学科界限，进行相互之间或与学生之间的对话交流。

“学院课程”的教学方法是跨学科与跨专业的，可能是联合教学，也可能是由一位具有广博兴趣和才能的教师教学。哈佛大学不倾向于把“学院课程”作为满足通识教育要求的唯一手段，允许学生选修系里的或其他部门开设的课程或者横跨宽广知识领域以满足学习要求。现有核心课程可以作为系里课程或者作为“学院课程”的基础，“学院课程”的知识领域比现行核心课程的范围要宽，有助于学生掌握更多的跨学科知识。

3. 改革本科生教育的教学方式

尽管哈佛学院已经在本科教学上走在世界的前列，然而对于过往取得的成绩，哈佛人并不满意，他们希望彻底改革过往的教学方式，通过建立长效的教师指导学生机制来增加师生之间的互动。为了达到这个目的，哈佛大学注意控制师生比，重视课堂小班教学，要求本科生在校学习期间参加小组教学，从而扩大学生和教师互动的机会，积极鼓励教师不仅与学生在课堂内外互动，也要评价学生的学习、学术论文、实验结果等。学生不仅是坐在讲堂里听教师讲演，还应该直接和大师们产生思想碰撞，在研讨班（seminar）或更小的班里向他们发起挑战。博雅教育（liberal education）是师生共同的努力。博克教学中心、哈佛写作项目

① 史静寰等著：《当代美国教育》（修订版），社会科学文献出版社 2012 年版，第 311—312 页。

以及哈佛计算机辅助小组都成为教学法改革和培训的重要基地。改革目标应该是为哈佛学院学生增加更多的课程选择，包括其他学院的课程。传统上属于哈佛文理学院的细胞生物学、生物物理学、社会学、经济学、哲学、宗教学等核心学科领域的学者，现在也越来越多地出现在其他专业性学院里。

哈佛学院帮助学生在全校范围寻找受教育机会，带头规划增加和兄弟学院的教育合作，让哈佛学院的学生和教师从中受益。哈佛学院坚持课程高标准，吸引了最聪明的学生，鼓励他们进行广泛探索，尝试不同专业课程以培育广泛的才能。哈佛学院再次减少了专业必修课数量，把确定专业的时间推迟到第二学年中期，赋予学生更多机会在专业学习之前进行学术性探索。每个专业的目标和结构应该由教育政策委员会评估检查核实。由于现代科学和人文探索经常是跨越传统学科界限的，公共政策决策者需要具备从多学科视角看待问题的素养，故哈佛学院鼓励学生探索跨学科的主题，支持学生接触不同学科间存在的文化冲突。哈佛学院为学生提供更充实的“巅峰体验”课程，鼓励学生通过跨越传统学科界限的高级主题学习，面对当代主要的认知冲突。《哈佛学院课程改革报告》还认为，为了建设性地理解、批判和改造人类世界，学生有必要了解自己的不足及所缺的专长。

4. 注重科技因素的参与

未来的时代就是科技领衔的时代，科技的发展对于人才提出更多的技术与知识要求。为了适应科技时代的教育诉求，哈佛大学正在花大力气补充科学方向的教师，增加科学课程的研究设施与项目，从而使得本科生成为最直接的受益者群体。今后的哈佛大学不仅要培养科学专业的学生，也要培养能够欣赏科学技术及在现代社会与公共政策中发挥重要作用的人文社会科学专业的学生。为了实现这一目标，哈佛大学实施的一项新计划就是让学习人文社会科学的学生学习物理科学、应用科学和生命科学，并将其作为广泛共享的教育基础。

通过一系列的改革，哈佛大学努力让每个本科生的科学教育，在深度和广度上都要和传统的人文和社会科学方面保持一致。改革过的课程应该提高哈佛大学毕业生的科学素养。科学技术教育委员会建议，开设生命科学和物理科学导论课为专业学习者提供必要的基础，并为不打算在科学领域学习更多课程的非专业学习者奠定有益的知识基础，既应该为专业者提供必要的工具箱，也应该让其探索学科之间的联系。

总体来看，哈佛大学的本科生培养与课程改革更加注重文理科通识教育，鼓励不同学科交融；强调教学方法和师生互动；鼓励本科生参与科研；打破学科专业之间的藩篱；强调校内合作互动；注重对科学课程的引入等。通过改革，哈佛大学增加了课程广度，培养了学生的综合思维与思辨能力，改进了学业辅导机制和教学方法，丰富了学生的学习体验，使得学生具有全球化视野，成为世界公民，取得了较好的改革效果。

（二）斯坦福大学本科生教育改革

斯坦福大学始建于 1891 年，是一所注重理、工、医等自然科学且社会科学和人文科学同样成绩优秀的综合性私立大学。2014 年，该校的地球能源与环境科学学院、商学院、人文与科学学院、工程学院、医学院、法学院和研究生院共招收学生 16 136 人，其中本科生 7 018 人，研究生 9 118 人。①斯坦福大学自建校之初便重视本科生教育。“世界日益增长的社会政治、经济、生态的相互联系已经向我们发起了严峻的挑战，我们必须以更宽广的视角来看待受过教育的公民应具备的素养，重新审视这些变化如何影响我们的本科生教育，我们究竟想让学生在本科生教育中收获些什么，如何才能更好地为学生扮演地方、国家乃至世界公民的角色做准备。”② 为了能更好地适应社会经济发展的需要，斯坦福大学在 2010 年成立了由教务长领衔的本科生教育改革研究小组，从而开启了新一轮本科生教育研究与改革工作，2012 年，改革小组出台了具有重要影响的《斯坦福大学本科生教育研究报告》（即《SUES 报告》）。这一报告明确提出了 55 项具体的改革建议，其内容涵盖了教育目的、毕业要求、课程设置、机构改革等多个方面。③

---

① Stanford's Mission，http://exploredegrees.stanford.edu/stanfordsmission/，2015-12-10.

② Kathleen J. Sullivan. Global Changes Spur Comprehensive Reviews of Undergraduate Education，http://news.Stanford.edu/news/，2015-02-05.

③ 刘海燕、常桐善：《能力、整合、自由：斯坦福大学 21 世纪本科教育改革》，《清华大学教育研究》2015 年第 4 期。

1. 教育目标："适应性"学习

斯坦福大学改革的初衷是相信没有一种教育能够完全培养学生未来需要的全部知识和能力，要真正使学生具备持久的活力，本科生教育就必须融入一个非常重要的元素，这个元素就是学生的"适应性"学习能力。所谓"适应性"学习能力是学生能够运用所学的知识和能力创建新的连接，并且从教育经历中整合不同的元素去适应各种新环境，从而为不可预期的挑战进行准备。① "适应性"学习的目标正是基于这种理念，努力促使学生将"广博知识""基本能力""社会责任感"相统一，从而拓展学生的迁移和适应能力。《SUES 报告》认为，学生只是把选择课程看作"勾选框"，他们完全不清楚选择这些课程的意义。"但是如果学生选择课程很少考虑目的性，那是因为我们没有和他们充分交流为什么这些课程是重要的，我们希望他们能从这些课程中获得什么，这些课程是如何与斯坦福大学的本科生教育目标相互联系的。"因此，这次课程改革就是要使斯坦福大学的本科生教育目标真正得到学生认可并内化到学生心中，进而成为学生积极主动探索、追求的目标。

2. 通识教育："学科"与"能力"之间

斯坦福大学传统的通识教育课程体系主要包括人文导论、学科宽度课程、公民教育、写作与修辞、外语五个部分。学科宽度课程要求学生在工程和应用科学、人文科学、数学、自然科学、社会科学等学科领域中各完成一门课程，公民教育课程要求学生在道德推理、全球社区、美国文化、性别研究等领域中完成两门课程。② 斯坦福大学认为，上述通识教育课程体系是坚持了传统意义上培养知识广度的模式，让学生涉猎更广泛的学科，但这种模式已经不能适应当前学科和社会发展的诉求，因此必须改革"学科"式的通识教育模式，走向"能力"式的跨学科通识教育课程结构。

---

① The Board of Trustee of Stanford University. *The Study of Undergraduate Education*, 2012.

② 刘海燕、常桐善：《能力、整合、自由：斯坦福大学 21 世纪本科教育改革》，《清华大学教育研究》2015 年第 4 期。

经历改革后，斯坦福大学的通识教育课程体系包括思考问题课程、思维与行为课程、写作与修辞课程和外语课程四部分。其中思维与行为课程改变了原有的学科分类必修组织形式，要求学生发展美学与审美、科学方法与分析、社会调查、形式推理、融入多元化、道德推理、应用量化推理、创造力等能力，学生在上述领域中选修 11 门课程。通识课程管理委员会表示，出台这项改革是想通过关注“能力”而非“学科”，促使学生积极地“创造教育”而非消极地“接受教育”。同时，新的跨学科模式在理论依据上更加连贯与透明，更能回应学生的需求和目标，从而有助于学生涉猎更广泛的学科。

3. 学习选择：从“单一”到“多元”

在斯坦福大学原有的通识教育模式中，学生被限定在五个学科领域中进行选择。改革后的通识教育模式，学生可以在主修、新生必修课中满足通识教育的要求，从而打通思考问题课程、思维与行为课程与主修课程之间的关系。新的课程管理模式拓展了学生的选择空间，满足了他们在全部的主修领域中去实现其通识教育的需求和兴趣。目前，斯坦福大学为本科生提供超过 80 个专业主修方向和跨学科主修方向。

4. 整合学习：课程与现实的结合

斯坦福大学课程改革的目标之一，就是要“为学生创造机会整合不同方面的经历，这种整合、适应能力具有有力、持久的教育价值，是装备学生继续前行的最重要的礼物……整合、适应能力能够保护斯坦福学生免于专业过时，为不可预见的未来做更充分的准备”①。为了实现整合的功能，斯坦福大学努力实现课程内在的一致性与连续性，让学生发展有价值的教育路径。为此，大学开设了教育自我塑造项目、斯坦福螺旋课程、方块学期课程等，都是促进课程整合的创新尝试，这些尝试通过聚集不同学科的教师、集群式的课程组合、密切的生师互动，

① Give Undergraduates the“Gift” of Adaptive Learning, Committee Tells Senate, http://news Stanford.edu./News/2012/January/faculty-senate-sues-012712.html，2012-01-27.

促进学生跨越学科和领域边界，进行自由探索，整合内在的学术经历。① 另外，斯坦福大学还注重促进学习与现实生活的整合，将教育与生活相互结合，不仅重视学生学什么、怎么学，还重视学生在哪里学。宿舍是学生经常出现的地方，因此在斯坦福大学的本科生教育中受到特殊重视，通过打造宿舍文化，斯坦福计划将本科生在宿舍中的生活和学习相融合，进一步增加学生检验课堂获得的知识、技能和价值的机会。按照斯坦福大学的设想，学生在一种优越的宿舍文化和教育中能够获得锻炼领导才能的机会，也可以以实践的方式探索社会责任感的意义，从而实现教育的培养价值。

（三）加州大学伯克利分校本科生教育改革

加州大学伯克利分校（以下简称伯克利）是一所位于美国旧金山的世界著名公立研究型大学。伯克利在学术界享有盛誉，其世界排名长期位居前列，堪称美国公立高校的领导者，其在2015年US News世界大学排名中位居第三，在ARWU世界大学学术排名中位居第四。伯克利是加州大学10所校区中历史最悠久的校区，也是美国最自由的大学之一。伯克利以多元文化著称，在1990年2月15日，加州大学董事会任命华裔教授田长霖为伯克利校长，这是全美著名公立大学的第一位华裔校长。田长霖上任之后提出的第一个办学方向就是“致力于维持伯克利在师资和学术上的杰出地位”，同时坚持“多元而卓越”的治校理念，不断吸引美国最有才华的学生来伯克利。

伯克利为了满足公众及受教育者对高等教育质量的诉求，自20世纪90年代以来提出了一系列改善本科生教育的报告和建议，其中最具影响力的是《马斯拉奇报告》和《本科生教育委员会最终报告》。两份报告凝聚了伯克利师生的集体智慧，既对本科生教育存在的问题提出了务实的建议，也对未来一个阶段的本科生教育改革做出了系统规划。在这两份报告的指导下，伯克利对本科生教育进行了较为系统的改革，取得了一系列成绩。②

① 刘海燕、常桐善：《能力、整合、自由：斯坦福大学21世纪本科教育改革》，《清华大学教育研究》2015年第4期。

② 潘金林：《加州大学伯克利分校20世纪90年代以来本科教育改革理念、举措及成效》，《复旦教育论坛》2014年第2期。

1. 建立“支持性”教学文化

伯克利认为，最好的大学教学文化应该体现在学校和院系对教学活动的支持上，建立一种“支持性”的教学文化对于伯克利的发展具有重要意义。《马斯拉奇报告》发表后，伯克利设立了专门分管本科生教育学术规划和教学资源的副教务长以及文理学院的本科部主任，并由他们全面协调和推进全校的本科生教育工作。学校成立“教学、学习和技术中心”（后更名为“教学与学习中心”），这一中心通过提供个性化教学咨询、校长讲座教师研修班、课程教师研修班、教学委员会论坛等服务，为伯克利教师开展教学改革和研究提供全方位的指导与服务。

除了在理念和制度上支持教师的教学外，伯克利还通过设置大量实际项目激发教师的改革热情。学校进一步完善了本科教学奖励制度，设立了多项本科教学奖励与资助项目。（1）教学类资助：为课程改革、开发新课程、教学评价、课程需要评估等小型教学改革项目提供 3 000 美元以下的资助，为对教学和学习产生重大和直接影响的重大改革项目提供 1 万美元以上的资助。（2）本科生学习资助：为实施改革和发展本科项目的院系部门提供最多可达 1 万美元的资助。（3）教学奖励：每年在全校范围内评选获奖教师 3—5 名，获奖教师不仅可以获得学校提供的 1 万美元奖励，还可从校友会获得额外的物质奖励。（4）教育改革项目奖：学校每年将该奖专门授予为本科生教育做出突出贡献的院系或部门，以褒奖它们创设出对本科生教育有着持续影响并可对其他校园提供有效借鉴的改革项目，获奖单位可以获得 2 万美元奖励。①

2. 改革通识教育课程

传统上，伯克利在课程设置上采取宽口径原则，将本科生课程分为低年级课程和高年级课程，同时采取分阶段培养的模式。在低年级阶段，同一科系的学生的课程基本相同，而后两年高年级的课程中，学生的课程就会分化，增加了专业课程。近年来，伯克利对通识教育的改革方式主要是引入了“研讨课”（seminar）的形式。2000—2001 学年，其开设的研讨课数量增至 219 门，许多

① Center for Teaching and Learning. *Annual Report 2014—2015*，https://teaching.berkeley.edu/sites/teaching.berkeley.edu/files/AnnualReport2015rev.pdf.

研讨课实现了小班化教学，每班约为 15 人。2002 年后，学校启动了面向大二学生的研讨课项目，研讨课变成了面向全体大一、大二学生，覆盖全校的通识课程组织形式。

为了充分挖掘研讨课的优势，伯克利文理学院设立了一批“文理学院课程”以满足部分学生学习深度课程的需求。2005 年，文理学院设立了更具挑战性和吸引力的“发现课程”（discovery courses）项目，由伯克利最杰出的教师授课，为学生探索迷人的知识世界提供了良好的机会。2006 年秋季，学校创设了“精神食粮”研讨课（food-for-thought seminars），目的是为一年级新生提供在课外非正式场合可以与教授讨论问题的机会。近年来，伯克利在研讨课的基础上开发了“伯克利网络联系”研讨课（connections at cal seminars），通过这门课程，师生可以通过为研讨课而设的特殊社交网站保持联系：网站成为师生共享资源与发出活动邀请的地方，课程结束后，教师通过共享网络与学生继续保持联系。研讨课的设置促进了伯克利师生之间的教学相长，师生经常在一起探讨共同关心的话题，双方因理念上的差异与冲撞而彼此受益。

3. 加强本科生的科研训练

科研在伯克利占有相当重要的地位，让本科生参与科研是伯克利培养创新人才的一项重要措施。在伯克利看来，研究型大学不仅应该具有杰出的学术大师和科研成果，还应为本科生提供与学者共同参与研究的机会，帮助其快速成长。根据《马斯拉奇报告》的提议，伯克利于 1997 年成立了本科生研究办公室，为学生提供各种研究机会和项目申请信息，组织本科生项目申报、审核及验收工作。办公室还承担一定教育职能，如组织各种研究方法讲座和讨论会来帮助学生了解什么是研究、如何撰写项目申请书、如何拟订预算等，帮助学生亲身实践作为一名科学工作者如何进行研究工作的全部过程。① 为帮助本科生参与科研活动，伯克利目前设有“本科生科研学徒计划”“校长本科生研究奖学金计划”“本科生研究经验计划”等 20 多项本科生科研计划，每年多达数千名本科生参与到科研活动中来，享受科研带来的紧张感和成就感。

---

① 史静寰等著：《当代美国教育》（修订版），社会科学文献出版社 2012 年版，第 308 页。

另外，伯克利每年有数千名本科生利用暑期在全国各地的大学、研究所、企业以及博物馆等机构从事研究工作。为鼓励学生进行科研成果交流，学校每年至少投入 15 000 美元的经费来资助《思想者》《伯克利科学》《伯克利本科生杂志》《加州工程师》等学生杂志，为本科生发表研究成果提供阵地，促进了学生之间的学术性对话，参与科研成为本科生在伯克利学习的一段重要经历。

结语

本科阶段是高等教育最基础、最重要的阶段。强调教育质量、培养创新精神与打造国际视野始终是美国大学本科生教育的题中应有之义。在坚持通识教育与人文精神的基础上，美国高校更加重视构建本科生教育考核奖励机制。随着科学技术与经济的迅速发展，劳动力市场格局也随之发生巨大变化，一个人终身从事一种职业的时代已经一去不复返了。这就对未来就业者的知识结构、胜任多种职业的能力提出了更高要求。因此，各大学在安排大学生课程时，要求每人修读一定数量的人文与自然学科课程及技能课，确保学生全面发展。有的大学规定，大学低年级学生须修满文学与艺术、历史、自然科学、社会分析与道德观、外国文化等核心课程。许多著名院校设立了专项资金，成立跨学科教学研究中心，鼓励文理学科交叉渗透，积极推进边缘学科发展，为学生营造了广阔的发展空间。为调动广大教师的教学积极性，针对普遍存在的“重科研轻教学”问题，哈佛大学与斯坦福大学校长呼吁重新反思大学使命，将教学置于大学核心地位；建议加强课堂教学评估，将其结果作为教师晋升学术职务的重要依据。康奈尔大学等一些院校设立了“优秀教学奖”，鼓励资深教授从事教学工作。卡内基教学促进基金会还提出教学研究也是科学研究，应成为大学教师的基本职责。许多美国高校正在大力开展课堂教学质量评估的理论与实践研究，以期实现教学成果像科研成果一样可以测量评定，使教学成果成为学校教师晋升学术职务的重要依据，从而调动一流教授的积极性，愿意给本科生上课。同时，多措并举，综合施策，共同为提高本科生的教育质量发挥作用。

第五章

美国大学的研究生教育

研究生教育的规模和水平是衡量一个国家高等教育发展水平的重要指标。美国的研究生教育在世界上备受关注，二战以来一直占据全球高等教育的领导地位。根据美国教育部下设的国家教育统计中心（NCES）2020年发布的报告，截至2018年，美国各级高等教育机构共招收300万名研究生，其中全日制研究生为170万人，非全日制研究生为130万人。他们中间48%的研究生在公立教育机构中就读，42%的研究生在私立非营利性教育机构中就读，而10%的研究生则选择了私立营利性教育机构。至2029年，美国研究生总数预计为310万人。① 美国的研究生教育规模大，类型多，水平比较高，特点比较鲜明。

① NCES. *The Condition of Education 2020*, p. 132.

一、美国研究生教育概述

1876年，约翰斯·霍普金斯大学的建立通常被视为美国现代研究生教育出现的标志，这所大学曾提出“只招收研究生”的口号并且宣称把研究作为大学的主要功能。在约翰斯·霍普金斯大学倡导科学研究与研究生教育相结合之后，其他一批大学在随后的几十年中纷纷建立起自己的研究生院，从而使得美国高等教育的结构更为完善。许多研究型大学成为包含学士、硕士、博士等多种培养层次的综合性教育机构，另外也加强了大学与社会、学术机构与生产部门之间的联系。

从渊源上说，美国的研究生教育缘起于欧洲，是在充分借鉴英德等国研究人才培养模式的基础上建立起来的。美国把殖民地时期的学院制和从德国大学借鉴的研究所制度相结合，形成了建立在学院制基础上的研究生院制，这种体制被后来许多国家所效仿，成为风靡世界的研究生教育模式。研究生院模式一改德国研究生教育模式的个体化、非正规化特征，形成了正规化、专业化的人才培养模式。研究生院是美国研究生教育的管理机构，负责研究生招生和培养的总体指导。20世纪是整个研究生院制度在美国迅速发展的时期，也是取得丰硕成果的时期，这一制度目前已经形成了较为成熟的体系。

尽管美国高等院校设置的学科与专业名目繁多，加之新兴学科和边缘学科层出不穷，使得与学位相对应的专业领域五花八门，但是总体来看，美国高等院校的学位按性质主要分为学术学位和专业学位两种，按层次分为协士（副学士）、学士、硕士、博士。从学位结构看，美国研究生专业学位的比重远超学术学位，不同类型和不同层次的学位，其培养目标和教育过程存在较大差异。

博士后教育不是博士学位后的一级学位，而是对博士学位的一种补充，它是为取得博士学位者在相关科研机构继续从事研究工作而设置的一种过渡性职位。博士后教育无严格的教学结构和形式，博士后研究人员在某处完成一个阶段的研究后，即转到适合自己工作的地方就职或到另一处继续进行博士后研究，但不授予学位。按照专业水平不同，博士后人员又分为三个等级：取得博士学位后，最初2年为初级博士后人员，3—5年为中级博士后人员，5年以上为高级博士后人员。博士后教育有助于人才培养和学术研究工作的开展，作为缓冲，也减轻了博士毕业后寻找正式工作的压力。博士后教育已经成为美国高等教育的一个重要组成部分。

二、美国的硕士研究生教育

硕士学位在美国众多不同类型的院校以及这些院校的不同系中有着不同的意义。在多数院校中，学生用1—2年时间完成规定学分便可获此学位。而在另一些院校，硕士学位被视为一种研究性学位，学生须通过资格考试，提交学位论文，还须选修1门外语。还有一些院校则视硕士学位为通向博士学位的阶梯，具有考察性质，硕士学位被视为博士学习的基础阶段。

硕士研究生一般需要本科毕业生通过GRE或GMAT考试才会被录取。在日常教学中，硕士学位课程包括一组相互连贯的课程组合，并且在最后需要通过一系列的考试。硕士学位课程导向主要有两种：学术学位，一般而言，主要是文科硕士（MA）或理科硕士（MS）；专业学位，即某些实践性很强的专业领域内的职业性学位，如公共管理硕士（MPA）、法学硕士（ML）与工商管理硕士（MBA）等。专业硕士学位的目标主要不是培养从事学术研究的高层次人才，而是侧重服务社会。在实践中，美国大学通常会与工、农、商、法等社会生产部门密切协作，对于那些以获得专业教育培养为目标的研究生而言，其毕业时往往并不需要提交学位论文，而是需要通过相应的综合测评或是达到学校规定的相关学分要求即可获得学位。

文理科硕士学位一般要求修24—30学分的研究生课程，其中大部分为本专业领域的课程，并且一定限额的研究生课程学分还可以从别的学校转来。这种学位的修业年限最短1年，一般2年，最长5年左右，其长短取决于硕士生选课的密度。

专业硕士学位的定位比较明确，在学位头衔前需注明所学专业。其课程设置较紧凑，管理较严格，声誉也较高，如工商管理、工程、美术等专业硕士学位。由于许多州的教育当局把硕士学位规定为中学教师执教和晋升的先决条件，因此硕士学位与教育专业的关系日益密切，近年来所授予的半数左右的硕士学位为教育专业硕士。

目前，一些院校教育专业硕士的数量激增，此种专业学位主要授予那些准备从事基础教育的文科学生。他们既无须专修教育学，也无须提交学位论文，但需要有在学校授课的实践。教育专业硕士的培养大大加重了各高校研究生院的负担，降低入学标准和粗制滥造的现象也不时出现，致使整个硕士学位的声誉有所下降。

在美国，随着高等教育普及化趋势的推进，硕士学位已经逐渐趋于大众化，只要学生有求学的愿望，大多可找到获取硕士学位的途径。硕士学位已不再是高深学问的象征或高学历的标志，用人单位更重视雇员的学习能力和实际工作能力，而不太在乎雇员获得的是硕士学位还是学士学位。换言之，硕士学位已经“贬值”。

在美国的很多学校，当学生通过了博士生资格考试后，就会授予他们硕士学位。这既是对学生付出努力的一种回馈，也是对其学业水平的一种认可。尤其对于那些通过了博士生资格考试，但因各种原因而无法顺利攻读博士学位的人来说，无疑是一种慰藉和补偿。

三、美国的博士研究生教育

在美国，博士学位也分学术博士学位和专业博士学位两种。

学术博士学位，无论在什么领域获得，几乎均授予哲学博士（Doctor of Philosophy，PhD)，代表着被授予者有了一定的基本理论素养与研究水平。哲学博士学位强调研究者独立从事学术研究的能力，在性质上有别于侧重应用领域的专业博士学位。

专业博士学位则五花八门。例如，常见的有教育博士（EdD)、法学博士(JD)、医学博士（MD)。

各院校对博士学位的要求既存在差异，又有一些共同点。从选定要攻读的某个专业方向，到最后顺利通过博士论文答辩，其间博士生要完成学校规定的一系列任务，其中主要包括所规定的课程学习，两场大型的考试，博士论文的写作及答辩等。

（一）课程学习

博士生通常须修两年的专业课程，在此期间，学生不仅增加了对所学专业的全面了解，同时也接触并初步掌握了学术研究的方法。一些院校的研究生培养计划要求博士学位候选人首先取得硕士学位，而另一些院校则允许他们直接攻读博士学位。

美国一般大学对博士的修课要求是50—60个学分，大约要修完至少15门以上的博士课程。正因如此，课程设置就显得至关重要，它直接决定了博士生培养的规格与水平，自然也就成为博士点申报中的核心内容。一般来说，博士课程可以分成几个不同层次、不同系列的课程模块，包括基础课程、研究方法类课程、其他相关课程等。

博士生通常要修习法语、德语和俄语这三门外语中的两门，也有的从汉语、日语等东方语言中选择。有的院校已对必修两门外语的要求做了某些修改，仅对学生所熟练掌握的一门外语进行更严格的考试，或以专业课程来取代一门外语等。例如，经济系学生可通过加选数学或统计学而取代一门外语学习。

攻读博士学位除了要完成全部课程并达到规定的外语要求外，还必须通过一组专业领域的综合性考试，这组考试采用笔试方式或口试方式，有时两者兼而有之。博士生的考试成绩由本专业的教授委员会来审核，以确定该生是否具有撰写博士论文的充分条件。学生直到通过被称为资格考试的综合性考试才正式取得博士候选人资格，这就是所谓的ABD（All But Dissertation）。通过资格考试后，博士候选人通常还要向教授委员会做一次开题报告，以取得委员会对博士论文选题的认可。

（二）确定导师

从博士生培养的具体流程来看，任何一名博士生的培养都不是某个导师或教授的个人行为，而是由教授委员会或者教授团队共同指导完成的。① 这不仅让博

① 本部分参考严文蕃：《美国博士研究生教育》，见王定华主编：《透视美国教育》，北京大学出版社2012年版。

士生享受了更多的优质教育资源，也避免了家族式的、垄断式的或封闭式的培养，为真正提高博士生的培养质量提供了机制上的保障。从课程的开设到论文的指导，都是由教授委员会集体合作来完成的。不同教授，其授课内容与风格有所不同，对学术问题的看法及其角度也存在分歧。但正是这种多元特色，更容易拓展博士生的视野，使他们在学术争鸣中更为客观地、深入地思考问题。即使博士生在做论文时要选择某个导师作为自己的委员会主席，无论是论文写作还是答辩，他都要与教授委员会的所有成员保持着密切的联系。确实，由于委员会成员的构成比较多元，观点不易统一，这对博士生而言，无论是学术上还是人际交往上，无疑都是挑战。

博士生培养不是单向选择过程，而是多方互动的过程。学生面对的不是一位导师，而是导师团队；学生选修的课程不是导师开设的某个方向的课程，而是所在博士点开设的该方向的系列课程。学生可以选修课程，也可以根据研究兴趣选择导师。同样，导师也在选择学生。学生通常是在修完课程、通过资格考试后，在准备毕业论文时再去选择指导教师。在选择指导教师以及教授委员会的成员时，需要注意以下三个问题。

第一，先选定导师。博士生邀请某位教授做自己的导师时，如果教授委婉拒绝，他通常可能会说他很忙，自己的学生已很多，无法承受这么多指导工作，等等。遇到这种情况，最好另选他人。一般来讲，所选导师应该在教授委员会中具有一定的权威性。

第二，向导师咨询，了解由哪些成员组成委员会。通常情况下，导师对所选定的委员会成员了解较多，易于沟通。由导师协助确定委员会成员，将有助于将来论文修改及答辩时的多方协调。

第三，如果在论文写作过程当中，博士生和导师磨合不顺，摩擦不断，则需要考虑更换导师。但是，博士生做出这种决定时往往是非常慎重的，因为这不只是学生与导师之间的关系问题，还涉及能否找到另一位愿意做导师的教授。如果是教授本人的特殊原因，如离校或生病等，中途改换导师则另当别论。从上述介绍中不难看出，毕业论文的完成不仅有严格的学术方面的要求，其中还涉及人际关系的因素。

（三）开展研究

在美国，大部分博士论文都是必须做研究的，都是要通过实验室研究或社会调查等多种形式来收集信息、数据，寻找证据，通过分析之后，形成自己的观点。博士生的研究通常都是围绕论文撰写来展开的。在研究中确定选题，在研究中收集数据。

在研究过程中选题要避免三点：其一，课题奇难，当今的技术手段无法实现，即使是处于该领域前沿的高手专家们也无力研究；其二，该选题是个死问题，但凡涉及该问题的研究，都无功而返；其三，该选题根本不是值得研究的问题，只是博士生自己的偏好而已。

但鉴于学科之间的差异，闯关难度各不相同。例如，大部分理工科类的博士论文是与导师或者研究所的科研项目联系在一起的，其选题大多是从正在研究的相关领域中选定，甚至由导师“命题”。而教育或者人文学科类的博士论文大部分是自己定题。

选定了题目并具备一定的研究支撑后，要通过论文开题的环节。开题的目的不仅是探讨选题的意义何在，更主要的是探讨如何实际去做、怎么做。从教授委员会成员的角度来看，如果只是在面上泛泛评论博士生选题的意义，甚至因导师的名气与权威而爱屋及乌地“惠及”学生，粉饰选题的价值，回避存在的问题，那么，开题的意义又何在呢？庆幸的是，这种情况在美国的博士生开题中少有发生。从博士生的角度来看，除了认真准备、详尽阐述自己的研究构想与实施方案外，“闻过则喜”的心态是必须有的。开题的目的就是让专家们挑刺，哪怕是鸡蛋里面挑骨头。问题越多、越尖锐，可能的隐患就越容易排除，后续论文答辩的通过概率也越高，论文质量也就越高。讳疾忌医、掩盖问题的心态，实际上是自欺欺人，最后也只能是自食其果。

（四）撰写论文

攻读博士学位的最后阶段主要是撰写博士论文。过去对于博士论文的要求是要对知识和专业领域有重大和创造性的贡献，而现在则强调训练全面学术研究能力以及论文中有独到的见解。当然，创新是一直被提倡的。博士论文也许在一年之内便可完成，也许要花数年之久，这取决于各校的标准、选题的难易、博士候选人的勤勉程度和功力深浅等多种因素。

如何撰写一篇优秀的博士论文？对于从事学术研究的人来说，撰写论文无疑是表达自己的观点、展示自己的思想与实力、扩大自己的影响力与知名度的最佳方式。要遵循通用的论文撰写格式，并言之有物。博士论文通常包括导论、文献综述、方法、结果与发现以及讨论等章。

第一章是导论（introduction）。主要包括以下内容：陈述拟研究课题，即界定课题；为什么要研究这个课题，研究意义何在；要探讨的具体问题是什么；对拟探讨问题中的关键术语进行定义，包括理论定义和操作定义，以便聚焦于所探讨的核心问题，合理地限定论文所涉及的范围；坦诚地提出论文存在的局限性。

第二章是文献综述（review of the literature）。首先，陈述有关研究问题的历史背景，即详细介绍研究课题的来龙去脉。至于历史背景需要追溯到哪个年代，这要视具体课题而定。其次，阐述该研究的主要理论依据及理论框架。论文必须对各种相关的理论进行详细、准确的综述与评价，并阐述各种理论观点是如何用于支持、指导本研究的。再次，在此基础上，构建出自己的理论框架。该部分内容显示了博士生的理论思维水平，也是区分博士水平与硕士水平的重要指标。最后，就是提出研究假设。研究假设要有理有据，合情合理，不宜演绎太多。

第三章是研究方法（methods）。介绍论文研究中所做的设计，或采用的方法或手段。一般而言，首先要按照从大到小、从整体到部分的顺序来陈述研究设计及其对应的方法，阐明论文采用的方法是量化的还是质性的。如果是量化方法，则具体说明是实验方法还是调查方法，或者兼而有之；如果是质性方法，则具体说明是人类学的方法、语言学的方法、心理学的临床方法，或者是历史的方法、个案调查法。对于所选定的每种研究方法，都应该给出合适的理由。一篇博士论文可以根据所研究内容的具体情况，从量化研究或质性研究二者间选其一，也可根据需要，将两种方法结合。一旦确定了所采用的基本方法，接下来就需要结合研究内容，具体描述如何使用每种方法。比如，若选用实验的方法，则需要准确描述实验分组的类型、人数及其依据、所使用的实验材料、实验流程等。如果选用问卷法，则要准确描述问卷编制的依据、问卷的信度与效度、问卷的使用过程、问卷可能出现的问题以及如何评分等。

第四章是结果和发现（results and findings）。主要是博士生通过运用自己的研究方法和技术所发现的结果，得到的初步结论。如果是量化研究，那么这一章中就会有大量的数据图表；如果是质性研究，那么这一章中就会有大量的素材或案例描述、各种形式的对照结果等。

第五章是讨论（discussion）。对大部分博士生而言，这一章是最难啃的硬骨头。作者需要对文献及自己的研究结果进行梳理，解释现有结果，提出某种观点，得出相应结论。这一部分主要涉及以下几个方面的内容。一是对本研究的发现进行简要总结。二是具体阐述研究发现，可以通过与前人研究的对比来说明本研究结果的理论意义和实践意义。无论是与前人研究结论一致，证实其可靠性或正确性，还是推翻前人研究结论，发现新结果，都是有意义的尝试，关键是要用事实说话，实事求是。三是对将来研究的建议。作者可以将论文中尚未解决的问题或者存在的不足总结出来，作为将来研究的课题。

撰写论文是一个反反复复修改的过程，其间必然涉及与导师及其委员会成员的多方、多次沟通。每个导师的指导风格不尽相同。有的导师不喜欢学生经常咨询，而是希望学生自己先写，完成之后再给予点评；有的导师则喜欢学生写一章他改一章，甚至学生写一节他改一节，全程监控学生的论文进程。作为学生，摸清导师的指导风格并尽量与之配合，对于建立融洽的师生关系甚为必要。从论文完成的质量及效率来看，学生最好不要等到论文写作结束以后再去请教导师，假若导师对论文不满意，那么学生就前功尽弃。最好每完成一部分内容就咨询教授的意见，不必过于在乎教授的脸色，毕竟这是他的工作，况且大部分教授都是非常敬业的。

除了与导师沟通，博士生还需要与教授委员会其他成员保持密切联系，听取他们的指导意见。但是，委员会成员们的指导风格通常有很大差异，博士生要想让自己的论文迎合所有教授的观点几乎是不可能的。那么怎样与这些观点不同、性格和风格迥异的教授们进行沟通呢？博士生通常有两种做法：第一种就是写完一章内容，给教授委员会的每位教授发封电子邮件，向他们征求修改意见；第二种就是将写好的内容呈交给导师，按照导师的意见修改，直至导师满意，然后由导师发送给相关教授。两种做法孰优孰劣？按照第一种做法，同时向每位教授征求修改意见，博士生可能节省了时间，并听取了多方宝贵意见，但有时众口难调，很难取舍。尤其当教授们的观点对立时，更是难以取舍。有些学生将A教授的认同观点转发给持有相反意见的B教授，试图以此为自己找到某种辩解的证据。这种做法易造成教授之间的矛盾，有搬弄是非之嫌疑。相比之下，第二种做法较为可行。

旅美学者严文蕃讲述了他自己经历的这样一个过程。写作的过程断断续续，这不是因为心智阻断，而是因为心绪不宁。每每将辛苦耕耘完的论文稿子呈交给导师时，心中忐忑不安。每每收到被修改得花红一片的论文时，心存感激之余，也伴随着强烈的自我否定。直至后来的一次经历，才让他感到每位博士生的学习过程都不容易。在导师的50岁生日聚会上，每位博士生都带去小礼物以示祝贺。其中一个同学的礼物包装得极为精美，而且被里三层外三层地包裹着。当导师层层揭开时，里面就是一瓶用于修改论文的红墨水。大家都会心地笑了。真正的博士是在考试熔炉中锤炼出来的，是在不断地否定中寻找生机的。不过，对于大多数博士生而言，只要努力钻研，终能修成正果。

论文写好、改好后，博士生将根据校方安排参加博士论文答辩。从某种意义上讲，如果前面几关都能顺利闯过，那这一关基本上就是稳操胜券。如果前面几关危机四伏，侥幸混过，那么答辩这一关也只能孤注一掷了。胜败虽然在此一举，但其真正的决定因素不是答辩本身，而是前期修炼出的内功。

四、美国研究生教育的主要特点

美国研究生教育是社会经济发展的产物，是高等教育对高水平人才需求不断增强做出反应的结果，研究生院的建立使得美国大学成为内含不同培养层次的教育体系，同时也加强了大学与社会、学术与科研之间的联系。在多年的演变过程中，美国研究生培养呈现出一系列极为清晰的发展特征，这些特征值得人们思考和借鉴。

（一）注重培养科研能力

科研能力的培养是美国研究生教育的根本出发点和实施宗旨。美国采取多种方式相结合的模式来提升研究生队伍的科研能力，如担任助教、撰写论文与参加或组织科研活动等。具体而言，为培养研究生的科研能力美国人坚持以下四个原则：

一是注重培养学生独立思考与质疑的能力，鼓励学生勇于探索未知领域，敢于打破常规；

二是培养学生丰富的研究想象力，培养其对所从事的专业有浓厚的兴趣和献身科学的精神；

三是善于赋予研究生独立研究的空间与责任，使其处于适度的科研压力之下；

四是让理论学习与科研实践相结合，同时加强导师指导与个人努力相统一。①

研究生教育是未来与现实的联结点，研究生教育的最终目的不是要让学生掌握所有的知识，而是要提高学生对人类学术真理追求的兴趣，以便使他们能做出最大的贡献。这就要求青年人对社会的变化有批评的思维能力，有想象力，但必须是对社会有益的而绝不应是漫无边际或一时的感情冲动。只有这样，研究生才能受益于智力培养，善于为了社会的需要而从一个领域转向另一个领域，甚至改变专业，以此来发展国家的生产和建设。②

美国许多著名的研究型大学已经在研究生新生录取环节中加强了对科研能力的要求和审核，并将这一工作作为培养创造性人才与塑造新一代研究人员科学精神的重要手段。在许多大学里，对于研究生申请人的考核，不仅重视其本科阶段的成绩、学历与学位、教授推荐意见和社区服务经历等硬件条件，同时也极为重

---

① 谢安邦主编：《比较高等教育》，广西师范大学出版社 2002 年版，第 327 页。

② 参见陈学飞主编：《美国、德国、法国、日本当代高等教育思想研究》，上海教育出版社 1998 年版，第 280 页。

视通过面试、加试、复试等方式来考查求学者的创造性思维能力、分析表达能力、应变适应能力等素质。对于研究生新生的考核过程往往有多名教授参加，同时也会引入高年级研究生的意见以增强评估的准确性。由于对（学位）申请者科研能力的严格要求，美国一流大学研究生（特别是博士研究生）的录取率一直较低。

为了保障研究生的培养质量，美国的研究型大学在制订研究生学习计划与安排研究生的学习活动时，总是会把培养研究生的科学探索精神、创造性研究的素质作为研究生教育优先考虑的问题。而在日常的课程学习和教学过程中，教授们的教学总是富含启发性，往往采用引申方式用问题来引领学生思维的展开，以求引导学生去独立思考或讨论。

> 研究型大学的教授们非常注意把自己的最新研究成果或科技界近期的研究进展及时补充到课程的讲授中，而有些选修课程的教材就是由相关领域正在发生的有代表性的学术观点、科技动态等内容以活页的形式分期汇集而成的，这样一些思路和实践是与研究生教育的本质要求相吻合的，对于养成研究生的学术敏锐性、科学探索精神有着特殊的作用和意义。①

美国研究型大学的研究生教育以追求卓越为目标。建立校内研究生教育评估制度，在分析成功的经验与存在的问题的基础上调整和完善研究生教育，保证研究生教育的科研质量和可持续发展。

（二）注重倡导学术自由

美国在研究生培养中坚持按照培养创造性人才的教育模式来进行，注重研究生个体的独创力塑造，这种培养理念与其坚持学术自由的研究风气相得益彰，同时也是后者在现实教育过程中的真实展现。从历史渊源上说，美国的研究生教育继承了德国现代大学的模式与理念，洪堡对于柏林大学的改造成为美国大学的学习典范和灵感来源，其中最为重要的就是美国高等教育始终坚持学术自由的研究理念，同时美国社会将学术自由理念与本国倡导民主与保护个性的传统文化相结

① 许迈进：《美国研究生教育模式的特征分析》，《教育发展研究》2013 年第 1 期。

合，使得这一思想在美国特定社会环境中得到快速发展。这种发展不但成功地避免了德国导师负责制的刻板与保守，而且在研究生培养上实现了教育与科研的深层结合，从而出现了美国式的“学术自由”。

美国大学注重创造宽松适宜的学术研究环境，为研究生的学习和科研提供适当的内外条件。教师大多鼓励学生勤于学习并超越自己，一方面允许学生根据自身实际情况选择课程，发出自身声音，另一方面则鼓励学生大胆向“权威”挑战，坚决反对并力图避免压制与打击学生的研究行为。这种自由的研究氛围使得美国高等教育始终能够造就世界一流的研究人才，保持大学的活力与竞争力。以哈佛大学文理研究生院为例，该院允许学生在入学时同时申请两个学科项目，学习期间如果发生兴趣转移便可以转换科目。学生在完成规定科目外，可以自由地选择校内外课程，此外如有需要，可以自由选择课题和实验室与导师，甚至可以对资格考试委员会提出自己的建议与要求。① 在日常学习过程中，学生可以根据自身爱好与知识基础来确定符合自己需要的个人学习计划，有的课程是本系内部开课，有的是跨学科和院系甚至是跨校的，有的课持续一学年，有的则只需要学习其中的几个章节。

（三）注重招收各国英才

随着经济全球化的迅猛发展，各个国家之间的教育服务与人才交流的方式更加便捷，规模更加庞大。作为世界上科研能力最强的国家，美国在研究生教育中不断采取措施引进国外人才来充实研究生队伍，从而实现了利用国际资源服务于国内的目的。为了大力引进国际人才，美国从 20 世纪中期以来，不断出台法律法规为国外留学生进入本国研究队伍创造条件，从 1958 年的《国防教育法》到 1961 年的《共同教育与文化交流法》，再到 1966 年的《国际教育法》，可以说，美国越来越注重强化研究生教育的国际化。

美国研究生教育不但努力吸引世界上最好的人才资源进入本国，而且在世界各地建立培养基地，通过文化传播与教育影响，使得美国研究生的质量得到优秀国际人才资源充分供给的保障。美国一些大学既非常重视招收海外优秀学生到校

① 参见谢安邦主编：《比较高等教育》，广西师范大学出版社 2002 年版，第 327 页。

学习，攻读学位，又努力创造条件派出本国学生到海外学习。其中，俄勒冈大学在此方面做得较为出色，2003年美国全美学习委员会主席赞扬该校是美国西北部最具国际化的大学。这是因为该校不但在校生留学生数量多，而且派出海外的学生也多，因而开设了众多的外国语课和国际化课程。目前该校约有1 300人是海外生，包括为数众多的研究生，约占在校生总数的7%。学校为使留学生能够尽快适应学习环境、顺利完成学业，努力提供多种学业咨询服务，还对他们进行10天的入学教育，帮助安排他们住在当地人家中，以提供更好的语言环境。在对外合作交流中，该校派出的学生数量平均每年增长142%，合作项目包括语言学习、文化交流、专业学习等。此外，学校还按用户需求调整其海外教育的服务内容，特别是提供师资培训、远程教育、商务英语培训等。根据美国国际教育协会（IIE）的统计，2014—2015学年，美国各类高等教育机构共接受362 228名来自其他国家的已获本科学位的申请人，这一比例相较于上一年上升了9.8%；2013—2014学年，共有304 467名美国各类型的学生到世界各地求学，这一比例相较于上一年上升了5.2%，其中大部分人都在攻读研究生学位。①在探索研究生培养的国际化道路上，美国已经形成了一个多层次交叉体系，包括直接聘请国外著名专家加盟本国科研机构，从事研究生的指导教学，或与国外名牌大学联合开设课程，共同培养研究生。

（四）注重三位一体模式

美国的研究生教育极为重视教学、科研与社会生产相结合的三位一体式培养体系建设，推动研究生教育向着实践方面不断强化。在近些年的发展过程中，美国的研究生教育呈现出一些新的变化：一是课程设置上加入新知识、新理论和新思想，尤其是大量引进学科最新成果，始终坚持将科研作为研究生培养的重心和目的；二是倡导研究生培养要面向社会，及时把生产中所出现的新需求补充到研究项目中，同时根据社会生产领域中的新旧更替来不断调整研究生教育的专业设置以及招生规模和学位授予；三是大力拓展直接为社会服务的途径和方式，主要

① IIE. *Open Doors: Report on International Educational Exchange*, http://www.iie.org/Research-and-Publications/Open-Doors, 2015-11-16.

通过有偿提供研究成果和咨询服务，实行技术转化等方式与社会领域建立更为直接通畅的联系，同时与优质企业合作，联合培养研究生。美国的研究型大学是国家科研力量的主体，承担着绝大部分的基础性研究工作，这种独特的地位能够保证研究生有机会参与科研项目，实际上每年许多项目都是由研究生特别是博士生完成的。

美国许多研究型大学都极为看重与企业的合作，许多知名企业也对大学进行了数额庞大的科研赞助，与此同时也利用大学里强大的人才力量和研究设施为自己创造了丰厚利润。就目前美国科研项目的研究过程来讲，许多大型项目都是通过企业式的运作进行的，许多理工科研究生导师不仅是科研项目带头人，也是企业家。在这种情形下，各大学不仅在理念上重视让研究生参与科研活动，同时也在实践上尝试让研究生进入并承担科研任务，甚至是国家急需的重大科研项目。如麻省理工学院的德雷珀实验室多年以来一直坚持吸引研究生参加“阿波罗”导航与控制系统的尖端研究任务。其研究生教学计划为：明确列出参加科研工作的领域，研究生经导师批准提出研究题目并立项；研究生在整个学习期间，都必须参加科研工作，并有一个学期专门进行科研活动；设立研究生科研专家小组，由一名有威望的教授领导并进行指导。① 通过教育、科研与社会服务相结合，美国研究生教育培养模式既保持了学术研究的深刻性与严密性，又契合了社会对于研究成果的现实要求。

结语

美国大学创造了研究生院培养模式，建立了比较健全的研究生培养制度。对导师有职责限定，对培养环节有基本规范。导师与研究生之间体现出一种合作研究关系。美国研究生教育的亮点在博士生培养阶段。其博士生培养的一些做法值得借鉴。第一，训练时间较长，注重独到见解。通常需要五年以上时间，导师指导相当认真，让博士生经历独立钻研、共同讨论、给本科生上辅导课等多个环

① 参见周叶中、程斯辉著：《研究生培养模式改革研究》，人民教育出版社 2013 年版，第 155 页。

节，使之功底扎实，见解独到。导师往往不是一位教授，而是若干位教授，是数位导师轮番对博士生进行指导和训练。第二，强调理论学习，兼顾实践环节。美国的博士生课程设置旨在使他们获得宽广、扎实的基础理论知识，以便日后更新知识，完善素质，适应科学技术迅速发展的形势。博士生在学习过程中，很难预料将来社会对他们的要求，在这种情况下，打下宽广而坚实的学术基础是最好的应对手段。另外，同生产企业广泛合作也促使学校不断新陈代谢，按照实践的需要，设置新专业，淘汰旧专业。事实也证明，大量参加科研对培养学生的研究实践能力很有帮助，大大提高了科研人员的质量。这样做也有利于学校申请到来自企业的课题经费。第三，参与科研项目，培养科研能力。美国自从有研究生教育以来，便一直遵循着教学与科研相结合的原则，一方面是正常的教学活动，另一方面又让学生大量参与科研活动，培养他们的科研能力。如此，培养出来的博士生在尖端领域和实践中发挥了重大作用。对于文科博士生而言，大量阅读本专业及相关领域的书籍文献，掌握研究方法，是各校所强调的，旨在让博士生站在前人肩上前进。第四，经费比较充足，科研设备先进。为了更好地培养人才并提供有利条件，美国采用高度集中的方法分配科研经费，优先照顾重点大学的需要。除了政府拨款外，各学校通过多种途径自筹经费，如私人赠款、基金捐赠等，保证了充足的科研资金。

第六章

美国大学的留学生教育

全球留学生近半数分布在美国高等院校中。根据美国国际教育协会（IIE）统计，到 2017 年美国各类高等教育机构共有 1 078 822 名外国留学生，这一数字较上年增长了 10%，创 37 年来最高水平，同时美国各类高等教育机构通过虚拟形式招收了各国 450 万名网上留学生。在这 1 078 822 名外国留学生中，有 350 755名来自中国，占 32.5%。

一、美国留学生迅速增加的原因

（一）美国院校踊跃招生

美国高校希望通过招收外国留学生丰富校园文化，造就杰出人才。留学生毕业后，无论留在美国还是回到祖国，在事业上获得了成就或占据了要职，都能为母校争光，提高母校的知名度。美国高校把招收留学生的多寡及与外国进行教育、科技交流合作的规模，作为衡量知名度和办学成绩的重要指标。有的院校生源不足，把留学生视为扩大招生规模的潜在生源，积极主动地招生。有的名校尽管国内申请者已门庭若市，却也愿拿出一定比例招收留学生，旨在增强本校的多样性。美国高校招收留学生促进了学校国际教育交流，扩大了师生的知识视野，增加了学校的注册学生数和学费收入，有利于提高教育质量。

留学生是美国高校科研的有生力量。美国研究型大学既是教育中心，又是科研中心。学校科研设施先进，每年从联邦机构或各种基金会、大公司获得巨额科研经费。每位教授除承担一定的教学任务外，大都有自己的科研项目。美国教授彼此间虽也有研讨与协作，但基本上各抓一摊。教授的任务是把握科研方向，提出课题，撰写立项报告，争取经费。一旦有了科研经费，就吸纳、资助一些硕士生、博士生或博士后科研人员，指导其奋力完成科研任务。若干得不好，教授可随时撤销资助。不少研究型大学理工科研究生有一半以上是留学生，他们成了美国高校科研第一线的有生力量。美国高校如果没有留学生这支力量，就很难承担如此多的科研任务，很难获得如此丰硕的科研成果。

（二）美国政府鼓励支持

从教育上看，美国政府把招收外国留学生作为招徕全球英才，补充其科技、经济等方面人才的不足，保持科技领先和经济不断增长的重大措施。美国基础教育过分强调学生个性的自由发展，以致中学生的数理化基础较弱，大学新生良莠不齐。加之许多美国青年多以待遇好作为未来的求职标准，从而选择法律、金融等专业，而不愿去读数理化等基础要求高、读起来艰苦而毕业后待遇平平的理工类专业，不愿去攻读花费时间长、学习难度大的理工类博士学位。从外国尤其是从那些教育质量高的发展中国家招收留学生，可以广纳外国人才，继而利用美国移民法中对专门人才的优先配额，加上美国相对较高的工资待遇，将这些拔尖人才纳入麾下，补充到美国高校、研究部门，有效地弥补了美国自身教育的不足。

从经济上看，美国幅员辽阔，资源丰富，要持续发展，就需要大量人才。人才从哪里来？美国在建国后的相当长时间里，除了培养本国年轻一代外，很大程度上是靠移民。尽管这些移民后来成了美国人，但是，为保护既得利益，防止外国人分享资源或抢夺饭碗，美国人常呼吁国家限制移民涌入。然而，为了自身事业的发展和扩大，为了在国内和国际市场竞争中居于有利地位，他们又要求国家从外国吸引受过良好教育的专门人才和富有潜力的留学生。目前，经济全球化趋势越来越明显，各国经济之间的联系更加密切，相互依赖性更强，谁也不可能闭关自守地发展本国经济。只有开放门户，加强与国外的交流，才能更快地发展本国经济。美国重视贸易立国，但劳动力昂贵，附加值低的劳动密集型产品主要依赖进口才能满足国内需要，而那些智力密集型的高科技产品，如飞机、电脑、军械、汽车等又必须依赖向国外出口才能支撑其生存和发展。因此，美国的进出口市场是面向全球的。要开辟和拓展全球市场，就需要大批既了解美国又熟悉外国的各类人才。所以，美国重视通过招收各国留学生造就大批双向人才。这些人无论是留在美国就业还是学成归国，都将架起美国与世界各国经贸联系的桥梁，有助于美国面向全球的经济发展。大批留学生涌入，为美国社区带来直接经济利益，还增加了美国大学的收入。

从政治上看，美国希望通过为各国培养人才，造就各国亲美势力，在全球推销美国的政治、经济模式和价值观念，扩大其在世界的影响，为美国利益服务。所以，广招各国留学生，已成为美国全球战略的一个组成部分。美国向全世界开放自己庞大的高等教育体系，招收和接纳各国的留学生和访问学者，这已成为它从全世界范围内发现、培养和聘用优秀人才的有效办法。事实上，许多留美归国人员在心理上或多或少地会受到美国政治和民主的影响，客观上会发表一些对美国有利的言论，做一些对美国有利的行动。不过，“9·11”事件后的一段时间，美国国会中的某些人对外国人产生了抵触情绪，提出要减缓对部分留学生的签证，对少数留学生实行跟踪，限制一些留学生涉足敏感学科。奥巴马政府时期，美国放松了留学生赴美限制。特朗普上台后，认为留学生可能偷盗美国高科技，遂着手制订相关限制政策。对此，很多美国大学嗤之以鼻。

（三）世界多地主动派遣

美国是世界上唯一的超级大国，经济发达，科技先进，集中了全球70%以上的高新技术。所以，无论是发达国家还是发展中国家，都希望加强与美国的联系和经贸往来，希望学习美国的先进科技和管理经验。加之美国高校历史悠久，规模庞大，设施先进，教授水平高，科研力量强，在许多领域都代表着世界科学前沿水平，因此，各国都优先考虑派人到美国留学深造。赴美国留学人数较多的是中国、印度、日本、韩国、马来西亚、印尼、泰国等亚洲国家。

（四）外国学生首选美国

外国学生认为到美国能学到世界上最先进的科技和管理经验，能使自己与世界最发达的国家建立密切联系，这样学成回国后可能会大有作为。另外，美国优厚的工资待遇、理想的工作条件、优美的自然环境，对很多留学生有着巨大吸引力，而其博揽人才的国策，专门人才优先移民的规定，又为部分留学人员立足美国发展提供了较大空间。留学生感到美国社会包容性强，到美国留学受到的歧视较少。加上美国缺乏劳动力，不难找到临时工作，留学生可半工半读。因此，外国学生往往优先选择赴美留学。

二、美国留学生分布情况

（一）生源分布

几十年来，在美留学生人数有了巨大增加，其生源构成也发生了显著变化。亚洲留学生的总数从1954—1955学年的10 175人增加到1992—1993学年的260 670人，所占比重从29.7%增加到59.4%。近40年中，亚洲留学生总数增加了25倍，所占比重恰好翻一番。尤其是20世纪80年代中期后，亚洲留学生人数的增加更为迅速。亚洲留学生人数的迅速增长，是与在此期间日本经济腾飞、亚洲“四小龙”“四小虎”崛起以及中国改革开放密切相关的。2014—2015学年，在美留学生前五位的生源国及占当学年来美留学生比例分别是：（1）中国304 040人，占31.2%；（2）印度132 888人，占13.6 %；（3）韩国63 710人，占6.5%；（4）沙特阿拉伯59 945人，占6.1%；（5）加拿大27 240人，占2.8%。①

留学生的数量及其位次并非一成不变。这种变化是由多种因素决定的，如生源国与美国的关系，生源国的经济实力、高教规模与质量、开放程度等。伊朗的例子最为明显，20世纪70年代中期后，伊朗大量人员迁往美国，伊朗留学生人数迅猛增加，1974—1975学年跃居第一，1979—1980学年达51 310人，竟占全美留学生的17.9%。后由于伊朗与美国关系变得紧张，2014—2015学年在美伊朗留学生仅11 338人，居第十一位。②中国自20世纪90年代初起一直是在美留学生的主要生源国，这种状况一直保持到现在。中国赴美的留学生人数较多，他们学习刻苦，业务优秀，研究成果卓著。另有越来越多获得博士学位的中国人加入到美国教授行列，整体影响日益扩大，中国留学生对美国高等教育的影响也越来越大。

（二）学科分布

在美留学生选学专业的变化，与国际经济的发展和经济结构的变化密切相关。留学生专业分布反映了各国对不同专业人才的需求程度和待遇高低、个人发展前景以及社会上对不同专业价值取向的变化。凡一段时期内社会需求量大、待遇高、个人发展前景好的热门学科，就读的留学生人数就会增多。

1. 选学商业和管理的外国留学生越来越多

1964—1965学年选学商业和管理的外国留学生仅有7 116人，占留学生总数的8.7%，处于学科领域第五位。此后，攻读商业和管理的留学生越来越多，在留学生中所占的比重也不断提高，位次不断前移，1989—1990学年达到75 570

①② IIE. *Open Doors*: *Report on International Educational Exchange*, http://www.iie.org/Research-and-Publications/Open-Doors, 2015-11-16.

人，占 19.5%，第一次超过攻读工程学科的人数，跃居第一位。到 1992—1993 学年，该学科留学生达 88 120 人，占 20.1%。至 2014—2015 学年，该学科留学生达到 197 258 人，继续保持学科第一。上述变化反映了当今世界的一种潮流，即各国以发展经济为首要任务，积极拓宽国际市场，国与国之间的经济联系越来越密切，因此，对管理和经贸人才的需求量急剧增加。特别是一些以发展外向型国际经贸为立国基点的亚洲国家由于经济发展，在美学习商业和管理的留学生人数大大增加。

2. 工程学科一直是留学生的热门学科

美国科学技术一直处于世界领先地位，高校尤其是研究型大学的工程实验室装备精良，拥有最新的仪器和实验手段，承担着许多重大的科研任务，是新发明、新技术的摇篮。因此，有志于献身工程学科的各国留学生，历来都希望到美国学习本领。从 20 世纪 60 年代到 80 年代末，工程类一直是留美的热门学科，尤其是 70 年代，工程学科的留学生增加最快，10 年间从 29 731 人增加到 76 950 人。1979—1980 学年工程学科留学生的比重达 26.9%。进入 80 年代，随着商业及管理学科留学生的急剧增加，工程学科的留学生有所下降，到 1989—1990 学年，工程学科让位给了商业及管理学科而退居第二位。2014—2015 学年，修习工程的外国留学生为 196 750 人，继续保持学科第二位。

3. 数学和计算机科学领域的留学生数有升有降

数学和计算机科学领域留学生在 20 世纪 60 年代中晚期所占比重很小，分别仅为 3.2%和 3.3%，在所统计的 11 类学科中分别位于倒数第一和第二的位置。从 20 世纪 70 年代起，随着计算机科学的迅速发展和广泛应用，软件人才的需求急剧增加，这一学科的留学生也急剧增加。20 世纪 80 年代初期，平均增长率达到 16%，所占比重也不断提高。到 1984—1985 学年，该学科留学生达 35 630 人，占 10.4%，在所统计的 13 类学科中跃居第三位。20 世纪 80 年代中期之后，该学科留学生的人数增加甚微，平均增长率仅为 1%，到 1992—1993 学年，仅为 36 980 人，占 8.4%，降为第五位，但到了 2014—2015 学年时，回升至 112 950人，跃居学科第三位。

4. 人体和生命学科所占比重时起时伏

20 世纪 60 年代中期，此学科的留学生比例较高，约占 14.2%，但进入 80 年代，所占比例下降到 7.6%。从 80 年代末开始，由于社会对该学科人才需求大大增加，该学科留学生所占比例又开始回升，到 1992—1993 学年达 9.0%，超过了数学和计算机科学留学生所占的比例，居第三位。2014—2015 学年有 73 838人主攻人体和生命学科，位居学科第五（社会科学人数为 75 951，居第四位）。人体和生命科学留学生所占比例的上述起伏，恰恰反映了社会对该学科需求热度的变化。

（三）州际分布

美国地域辽阔，各州的发展很不平衡。不同的州在人口、面积、自然资源、气候环境等方面差异悬殊，在移民早晚、经济发达程度、经济门类的重点、科技的先进性等方面差异也很大，在高等教育规模和水平上，在留学费用（学费和生活费等）、求职机会等方面也不一样，这些因素都决定了留学生在各州的分布是极不均衡的。美国东北部是欧洲移民进入北美洲最早开发的区域，尤其是纽约州、马萨诸塞州、宾夕法尼亚州、新泽西州等，经济发达，人口集中，高等教育历史悠久、规模大、水平高，名校集中，因此，留学生也比较集中。靠近五大湖的美国中西部，尤其是伊利诺伊州、俄亥俄州、密歇根州，经济发展较早，高校也比较集中，因而也是外国留学生较集中的区域。加利福尼亚州濒临太平洋，面积大，人口多，经济发展后来居上，高新技术产业比较集中，州内高等教育体系健全，有斯坦福大学、加州大学伯克利分校等著名高校，因此成了接收外国留学生最多的州。近 30 年来，南方经济蓬勃发展，就业机会增多，高等学校发展很快，学习费用低，因此，得克萨斯州和佛罗里达州的外国留学生也迅速增加。

（四）院校分布

不同学科的留学生在不同类型学校中的分布比例也是不同的。1992—1993 学年，64.4%的留学生就读于公立学校，35.6%的留学生就读于私立学校。不同专业的留学生在公私立院校分布的比例也是不同的，如农业学科的留学生有 91.5%集中在公立院校，因为美国的农业学科基本上集中在公立院校。相反，人文学科和艺术类留学生有一半以上集中在私立院校，这说明私立院校在这些学科方面力量较强。

留学生中，有86.8%集中在四年制院校，只有13.2%在二年制院校。其中除英语强化、卫生保健、艺术及商业和管理学科中占总数10%以上的留学生分布在二年制院校外，其余基本都在四年制院校。对学生而言，美国二年制院校和四年制院校间并不存在一条鸿沟。美国高校实行学分制，二年制院校的合格毕业生可以直接转入四年制院校的三年级继续学习。由于二年制院校的学费大大低于四年制院校，所以，有的留美学生先在二年制院校学习两年，取得协士学位后，再转入四年制院校继续学习。

外国留学生就读学校是按照双向选择原则决定的。外国学生可自由申请美国学校。一般来说，那些知名度高、教育质量好、科技水平高、录取机会大、提供资助概率大、毕业后找工作相对容易、校园环境安全、学习费用不太高的大学，吸引的申报者就多。学校能录取多少外国留学生，主要取决于学校的培养能力，包括教授、校舍、设施、预算、科研等。究竟录取谁，主要是依据申请者个人的成绩、经验、能力、国别和毕业学校。正因为如此，美国各高校拥有的留学生数差异很大。2014—2015学年，留学生数居全美前10位的美国高校依次是：(1) 纽约大学；(2) 南加州大学；(3) 哥伦比亚大学；(4) 亚利桑那州立大学；(5) 伊利诺伊大学香槟分校；(6) 东北大学；(7) 普渡大学（西拉法叶）；(8) 加利福尼亚大学（洛杉矶分校）；(9) 密歇根大学；(10) 华盛顿大学。这10所学校平均留学生人数接近1.1万人。①

三、在美留学生经费来源

留学生在美的花费是很大的，不仅要支付昂贵的学费、杂费、书本费、健康保险费等，还要支付房租、水电费、交通费、伙食费等。上述费用因所学专业、就读学校类型和学校所在地区的不同而有巨大差异。就学费而言，21世纪初叶，

① IIE. *Open Doors*: *Report on International Educational Exchange*, http://www.iie.org/Research-and-Publications/Open-Doors, 2015-11-16.

公立大学留学生每学年所缴学费约为 8 000—12 000 美元，私立大学的留学生所缴学费约为 3 万美元。学费是留学支出中的大项。房租与学校所在地区和房屋的条件相关，一般每年需 2 000—6 000 美元，也是支出中的大项。总之，一个在美留学生一年的全部费用约为 1 万—3 万美元。如此昂贵的留学开支主要来自以下渠道。

（一）个人和家庭

从西欧、日本、韩国、中国来美的留学生，主要靠其家庭供给学习费用，也有少部分人靠其在美国工作的亲友资助，还有很多留学生是靠自己在美国打工挣钱支付留学费用。一般来说，美国许多行业尤其是餐馆等服务行业和季节性强的农业等，需要很多临时工。许多留美学生利用三个月的暑假集中打工，挣够全年学费；利用周末假日或晚间打工，挣得平时生活费。也有配偶打工资助对方读书，待对方拿到学位、找到工作后，再资助其读书。2014—2015 学年，在美留学生经费的 63.6%是个人或家庭筹款。

（二）派出国政府

很多国家或地区为培养自己的高级专门人才，纷纷采用了国家出资支持留学的公费留学形式，其数量视国家对急需学科人才的需求量和财力而定。2014—2015 学年在美留学生经费的 7.7%是由派出国政府资助的。

（三）工作单位

一些公司出钱送自己的雇员到美国深造。如日本公司出钱送雇员到美国培养，这些留学生在学成后更加为公司出力。2014—2015 学年，工作单位资助占在美留学生开支的 5.0%。

（四）美国院校

美国院校资助外国留学生的方式因校而异，通常有如下几种。

一是奖学金。一般是奖励学业优秀的留学生，如大学成绩十分突出，TOEFL 和 GRE（或 GMAT）分数高，或留学期间成绩拔尖。这种奖学金除抵缴学费外，还可供生活之用。

二是助研。从教授的科研项目经费中得到资助，除可代缴全部学费外，还要维持学习生活。受资助的留学生要参与教授的科研项目，一般每周要完成20小时的工作量。这类资助主要由拥有科研经费的导师决定。资助时间的长短和资助的多少主要取决于导师拥有可供资助的科研经费、留学生从事科研助理的实际业绩和所修课目的考试成绩。显然，留学生和导师的师生关系也是一个重要因素。助研一般只有研究生才能担任，理工科尤其是应用学科的研究生获得此项资助的机会要大一些。

三是助教。系里根据教学任务的需要，聘请一部分学业优秀的研究生担任对本科生的辅导答疑、批改作业、指导实验等教学辅助工作。助教的工作量是每周20小时。助教除免缴全部学费外，还能获得维持正常学习生活的费用。助教名额是根据系教学任务确定的。受资助者从全系研究生中择优选出，导师有推荐权，但决定权往往在系主任手里。一般来说，物理、数学、化学等基础学科需要的助教数量要多一些。

四是业余工作岗位。院校为部分外国学生提供了若干校园内的业余工作岗位，如在图书馆、食堂、俱乐部工作，还有宿舍管理、草坪修剪等。外国学生可和其他学生一样，自由申请，报酬按工作小时计算，每小时工资因校、因工种而异。除上述几种主要形式外，有的院校还对部分外国学生给予减免学费等形式的补助。学校的上述种种资助都需由留学生个人按学校规定进行申请。2014—2015学年，在美留学生经费的20.9%是美国院校资助的。

除此之外，就2014—2015学年的情况看，在美留学生的经费来源还有：美国政府（占0.5%），美国私营部门（0.4%），国际组织（0.3%），其他（0.7%）。

在美留学生经费来源构成的最显著变化是本国政府的资助逐年减少，而就读院校的资助比例明显增大。1981—1982学年受本国政府资助的外国留学生占13%，1985—1986学年降到11%，其后降到10%以下，1992—1993学年降到5%左右。在本国政府资助比例显著下降的同时，美国院校资助比例显著增加。20世纪90年代初，受美国院校资助的学生达到19%左右，这个比例几乎比80年代初高出一倍，其主要原因是20世纪80年代美国高校科研力量迅速扩大，理工类研究生明显增加，学校提供了更多的助研和助教岗位，支持外国留学生学习，并扩大了学校科研规模。

四、美国对留学生管理的变化

（一）网络监控外国留学人员

“9·11”事件后，美国国会和移民局以恐怖分子中有人持学生签证为由，对留学生和外国人的信任大打折扣。尤其是来自阿拉伯地区的留学人员，普遍受到怀疑和监视，有的连租房都困难，只好半途而废，收拾行囊，返回祖国。一些较为敏感的实验室或专业领域已停止招募新的外国留学人员。外国学生申请入美签证时，需接受签证官的面试和背景调查，申请者还要缴纳95美元的留学生电子资料费。根据有关反恐法律，联邦政府有权随时调阅留学生的资料档案，对于拒绝提供的大学或工作人员，可提起公诉。对此，许多大学教授表示反对，认为有碍学术自由，但波士顿、纽约、洛杉矶等地区的名校率先行动起来，建立留学生数据库，并表示愿向政府随时提供数据，其他大学遂不再说话，纷纷动手建库。2002年普渡大学成功地完成了对外国留学生监督系统的数据整批传输与更新。这所位于印第安纳州的大学，当年有留学生5 015名，包括2 101名本科生、2 914名研究生和职业培训学生。该校是最早与移民局合作研讨留学生监督办法的学校之一。从2003年起，美国移民局进一步对外国留学生在美国的身份进行了界定，规定留学生从一个项目结束到另一项目开始，间隔不得超过5个月。从事实习后到找到工作或继续注册学习也不得有超过5个月的间隔。

美国移民局曾要求3 000多所高等院校从2003年起启动留学生监督网，利用以网络作为平台的外国学生追踪系统，用电子方式取代过去多年来一直采用的纸张记录，以建立外国学生及交换学者的资料库，否则，学校不得招收新的留学生。许多学校抱怨该系统工作不灵，常出现错误，但胳膊拧不过大腿，此项工作还得进行。美国政府为了加强各职能部门在反恐方面的协调，于2003年将移民局并入国土安全部。移民局归属不同部门，反映了国家看待移民和涉外事务态度的变化。移民局在历史不同时期先后归属过财政部、商务部、劳工部、司法部。

移民局过渡到国安部，反映了美国政府把移民和留学生政策上升到事关国家安全的地位。随着时间推移和外部形势的变化，美国又调整了签证政策。例如，从2014年起，美国开始对中国公民给予10年多次的旅游及商务签证，对留学生给予5年签证或与学习期限相应时间的签证。中国对美国公民亦予对等。这大大方便了两国民众。特朗普当政期间，对中国在美国高科技领域的学生、学者进行无端跟踪、限制，则反映出一定的冷战思维。

（二）继续招揽外国优秀人才

虽然对外国人才的审查加强了，但是，美国并未关闭接受留学生及招揽外国人才的大门。目前，美国主要瞄准四个地域的高科技人才。

首先，从印度、中国等亚洲国家招纳人才。2001年，美国移民局发放了20万个H1B签证（用于招聘科技人员的签证）。其中印度占46%，中国占10%，菲律宾占4%。其次，从东欧国家吸引人才。再次，从澳大利亚、加拿大、新西兰等发达国家吸引人才。最后，招募英国、德国、法国等发达国家的人才。

美国历史上曾出现过两次大规模的移民高潮。第一次移民高潮发生在19世纪末20世纪初，来自欧洲的移民给美国带来了许多杰出人才，其中有德国工程师、英国律师、法国手工艺者、意大利雕塑家和歌唱家等。第二次移民潮出现在20世纪70年代，印度、中国、韩国、日本等亚洲国家给美国输送了大量的科学家。外来人才是美国经济和科技发展的重要因素之一。近年来，科技人才移居美国的现象不多，而留学生学成不归、为美国效力并谋求个人发展的现象则比较多见。

那么美国又是凭借什么长久地留住人才的呢?

第一，高薪诱人。第二，逐年增加H1B签证的数量。2001—2003年，美国每年增加H1B签证发放数量，从11万个提高到20万个。第三，设立大学科研奖学金。第四，提供充足的科研经费。近几年，美国科研经费不断增加，约占国民生产总值的2.52%。良好的科研环境使外籍科研人员申请“绿卡”的人数逐年上升，其中包括中国留学生。第五，设立各类奖励。为了鼓励中青年科研人员投身创造发明，美国科学基金会设立了各类奖励，如总统青年科学家奖、工程创造奖、国家技术奖等。如果获奖者是外国人，美国政府会主动为其办理“绿卡”

或入籍手续，劝说获奖者继续留美效力。除上述因素外，美国优美的自然环境、大致公平的发展机会，也是吸引留学生留美的重要因素。

从来源国的角度看，人才流失当然是令人惋惜的事。不过，凡事都有两面性。发展中国家的留学人员留在美国工作后，促进了祖国与美国的联系，成了带动祖国科技发展的重要因素。风物长宜放眼量。面向未来，人们会更多地谈论国际性人才，较少抱怨留学生流失问题。

五、旅美中国留学人员专业社团考察

（一）留学人员专业社团成立的背景

翻开中国驻美使馆教育处的档案，可以看到，1978 年是中国恢复向美国派遣留学人员的第一年。是年，73 名国家公派访问学者抵美。1979 年，中国到美国留学的国家公派访问学者是 531 人，攻读学位的留学生为 235 人。根据美国国际教育研究所 2001 年公布的统计资料，中国当年在美注册留学生（本科和研究生）为 59 939 人，访问学者、博士后等 14 772 人（不包括在专门研究机构、医院、公司中的人员）。中国留学生中，男性占 58.1%，女性占 41.9%。1997 年以来，中国在美留学生数量每年平均以 6%左右的幅度增长。至 2016 年，中国在美国的留学人员，在校的超过 30 万人，历年毕业后留在美国的亦达数十万人。

在美中国留学人员衣食无忧后，普遍注重追求精神生活的丰富、人生价值的实现、社会地位的提高，并希望为曾经养育他们的祖国做些贡献，于是成立了这样或那样的专业团体。近年来，在为祖国服务方面，他们确实做了许多实事。留学人员专业社团是我国全面建设小康社会的宝贵人力资源。但是，也有一些专业社团在一定程度上存在着自我吹嘘和不团结的情况，需要我驻美使领馆做些引导和化解工作。

自 20 世纪 80 年代中期特别是 90 年代以来，数以万计的我国留学人员先后在美国学校、公司、科研机构等参加了工作。以下几点值得注意。

首先，他们中越来越多的人认识到，在美国定居并初步立足后，如何长远求生存、图发展便成了必须正视的问题，而加强与专业同仁之间的联系，增进友谊，互通信息，开展合作，对进一步成就个人事业和提高社会地位极为重要。

其次，纽约等国际化大都市，公司遍布，商号林立，机会众多，竞争激烈。各行各业历来有五花八门的社团组织、协会行会。这种运作方式对我国留学人员产生了直接的启发作用。

再次，美国经济发展不稳定，有时会不景气，留学人员要在美国做出成就并非易事，而中国经济则迅速发展，令世人瞩目，对留学生有吸引力。

对留学生而言，在加强与祖国的联系、为祖国服务的同时，依靠中国背景，利用对中美两国都比较了解并有一些社会关系的优势，建立专业团体，方便与外界联系，发挥整体优势，发展自己的事业，恰是现实的和可能的。

20 世纪 90 年代初，美国《中国留学生保护法》生效后，一大批我国留学人员拿到了“绿卡”，生活和工作基本稳定下来。自此，以留学人员为主体的各类新的协会相继成立，并不断有二级学会诞生。总的来看，20 世纪 90 年代处于“协会热”时期，而进入 21 世纪后，则属于追求实效和稳定发展时期。

（二）中国留学人员专业社团发展近况

留学人员专业社团总的来看是健康发展的，但良莠不齐。经大浪淘沙，十几年前成立的社团，有的已不复存在，有的名存实亡，而目标明确、按章办事、成员团结的专业团体则得以存续和发展。

1. 专业社团组成

一般而言，专业团体的最高权力机构是会员代表大会，理事会为协会的执行机构。会长和理事由代表大会民主选举。理事可以连选连任，会长和副会长任期多为 1 年，有些社团为 2 年。会长频繁更迭，有发扬民主、轮流坐庄之意，也可让更多的人具备“前会长”“某届会长”的头衔，提升与各方面打交道的规格。他们大多是已在美国工作的专业上或政治上的活跃人物，不少人过去是大学里中国学生学者联谊会骨干。规模大的协会按地域或专业下设二级学会或专业委员会。

2. 专业社团类别

中国驻纽约总领事馆负责联系美国东北部 10 个州。纽约领区现有以我国留学人员为主体的大小各类专业团体42个。这个数字未包括校友会、同乡会、学生学者联谊会。其中比较成规模或坚持举办活动的专业团体有30多个，含异地设立、独立活动的二级学会。主要包括以下几类。

一是科技类，如旅美科技协会、旅美工程协会、旅美专家教授协会、美国中西部科技文化交流协会、中国旅美农学会、大波士顿地区华人科技协会、波士顿生物技术协会、费城信息技术协会、旅美科技协会匹兹堡分会、旅美科协俄亥俄分会、旅美科协化学化工学会、旅美科协电子信息学会。

二是经济类，如旅美商业协会、旅美金融学会、中国留美经济学会、美中证券协会、旅美投资家协会。

三是法律类，如美中律师协会。

四是医药类，如美国华人医师会、美中医药开发协会、诊断细胞防癌协会、旅美科协生物医学学会。

五是人文类，如美中文化教育协会、中美文化教育交流协会、全美中华文化促进会、旅美社会科学学会、全美中文学校协会、华夏中文学校联合体、大纽约地区中文教育协会、长岛华社。

上述各专业团体均在纽约领区注册。在纽约领区会员达4 000人，其中约四分之三拥有博士学位。这些海外学人是我国落实科教兴国战略、全面建成小康社会的宝贵资源。

3. 专业社团活动形式

中国旅美专业社团主要的活动形式有以下几种。

一是研讨。举办年会或各种专业及专题研讨会，为会员交流信息，寻求合作伙伴提供方便。2002年11月，纽约领区留学人员最大的专业团体旅美科技协会召开成立十周年庆典暨科技、经贸研讨会，500多位留学人员与会。他们畅谈祖国巨变，对国家发展前景充满信心。会议还邀请科技部、清华大学、广州市科技局等国内单位的代表参加，介绍情况，回答问题。

二是组团。组团回国访问，加强与国内有关部门的联系，为国内的经济发展出谋划策。例如，旅美专家教授协会组织会员到西部省区讲授生物制药的发展情况，各专业社团注重介绍和推荐会员回国访问、短期讲学或工作，旅美科协组团参加由教育部等单位主办的广州留交会、深圳高交会等。

三是牵线。与中美两国有关公司企业建立联系和合作，为中美双方在引进资金设备、转让技术、开发市场等方面牵线搭桥。旅美投资家协会与北京、上海、山东、广东等地联系密切，创造机会让纽约投资人与中方企业或主管部门接洽。

四是接团。协助中国学者和管理人员来美合作科研或进修培训，协助接待国内访美团组。

五是联谊。举办各种聚会和文体活动，为会员提供交流、联谊的机会，丰富他们的业余生活。旅美专家教授协会、美中医药开发协会定期组织联欢活动，骨干会员轮流做东，参加者又唱又跳，好不热闹。

六是办学。创办中文学校，为会员的子女学习中文和接触中国文化创造条件。例如，华夏中文学校联合体自1995年成立以来，已获得迅速发展，至2016年已有20所华夏中文学校成立于大纽约地区。这些学校使用简体字和汉语拼音进行教学，帮助留学人员子女掌握中文，了解中华民族的历史文化。

七是出版。出版通讯或会刊，及时传递信息。如旅美科协主办的季刊《海风》，现已公开发行；各专业团体设立自己的网站，以便会员交流信息，或让外界了解本社团。美中律师协会的《律协通讯》有印刷版和电子版，供会员阅览。

广大留美学人社团和留美学人的主流无疑是好的，参加专业社团的学人都是各自领域的骨干。但是，一些社团也存在着不足。

首先，活动局限在华人圈内，游离于美国主流社会之外。多数留学人员专业社团未能真正与美国主流社会打成一片，很多活动局限在一个圈子里。因多未正式办理“非营利性机构”的注册手续，因而也很难吸引到美方企业的捐款。有时，留学人员专业社团虽有意请美国主流人士讲话，但这些人要么不来，要么讲完就离开，对社团的帮助不大。

其次，与国内交往时，通常会有意无意地夸大自己的影响力。受利益驱动，部分留美学人社团成员在与国内单位打交道时，自吹自擂，抬高自己。名片好几种，VP（Vice President）满天飞，助理教授统称教授。有的人光说不练，眼高手低，国内部门对此持不同程度的负面评价。

再次，有的学会之间、会员之间文人相轻，不团结现象比较普遍。

以上情况虽有，但瑕不掩瑜，不能求全责备。

结语

美国是世界上留学生最多的目的国。其发达的高等教育系统和世界一流大学吸引着各国青年慕名前往。他们走出国门，离开生长于斯的熟识环境，与熏陶、培育自身成长并给自身安全感、信赖感的文化背景分别，投身于异国他乡，生活和学习于完全陌生的甚至与自己业已形成的价值观、信仰、习俗观念体系相矛盾的社会之中，其心态和行为方式所承受的冲击是巨大的，个人体验十分复杂，既有喜悦，也有悲哀，抑或两者轮流转换。他们是连接祖国与美国最直接的人文纽带。留学生对外部文明的学习从一开始就带有强烈针对性，并以振兴本民族为终极目的。他们对外部知识的吸收过程是一个学习、消化、筛选、传播和运用的过程；而外来文明唯有在对本民族文化的学习和消化的基础上，结合实际情况加以充分运用之后，才能对本民族的现代化产生实质性作用。

中国留美学人数量多，学科范围广，学位层次高。留学生资源对于实现中华民族伟大复兴中国梦具有特殊意义。对于中国在美留学生，祖国人民希望他们学成回国或以多种方式为国服务。对于选择在美工作定居的留学人员，祖国对他们有着期许与祝愿。一是希望他们积极融入美国主流社会，推动当地经济社会发展。发扬中华民族勤劳善良的传统美德，通过自身努力实现人生价值。遵守驻在国法律，尊重当地习俗，同各族裔人民和睦相处，共同发展，为当地经济社会发展贡献智慧和力量。二是希望他们发挥学贯中西、融通中美的优势，为中美互利合作牵线搭桥。抓住中国经济发展的战略机遇，利用自身资金、技术、管理、人脉等有利条件，促进中美各领域务实交流合作，为中美关系加油，为中美友谊大厦添砖加瓦。三是希望他们积极主动宣传介绍中国优秀传统文化，讲好中国故事。每一位旅美侨胞都是中华文化的使者，身体力行体现中华文化魅力，介绍一个真实的中国，消除由于不了解而产生的误会，增进美国人民对中国的认识，促进中美两国人民的友谊，夯实中美关系民意基础。中国和美国都是伟大的国家，中国人民和美国人民都是伟大的人民。中美携手合作，可以产生一加一大于二的力量。新形势下的中美关系，应该应时而动、顺势而为。中国在美留学生是两国交流与合作的民间大使。支持留学、鼓励回国、来去自由、发挥作用，这是中国对于出国留学的基本政策主张。

第七章

美国大学的通识教育

通识教育（general education）是高等教育阶段的一种素质教育或普通教育，即对全体学生所进行的基础性的语言、文化、历史、科学知识的传授，个性品质的训练，公民意识的陶冶，以及对不直接服务于专业教育的人所共需的一些实际能力的培养。通识教育是美国高等教育界一个非常重要而敏感的课题，围绕着通识教育与专业教育（professional education）的论争，贯穿于整个高等教育发展过程。研究它，有助于我们把握美国高等教育发展的来龙去脉和内在逻辑。

美国学者对通识教育的探讨从未停止过。例如，美国高等院校协会（AACU）的首要宗旨是推动各院校通识教育的开展。该协会设立专门网站，发布通识教育研究成果，召集通识教育研讨活动。① 它在一定程度上引导着21世纪初叶通识教育问题研究的方向。博耶研究型大学本科生教育委员会在纽约长岛石溪大学设立了本科生教育复兴中心，② 并于1998年发表了著名的《重建本科生教育：美国研究型大学发展蓝图》的报告，2002年发表了《重建本科生教育：三年来的进展》的报告。其核心都是用通识教育精神统领美国本科生教育。笔者曾前往石溪大学参加了全美有关专家的一次研讨会。包括杨振宁教授在内的与会者表示：通识教育在美国存在着"钟摆"现象，时盛时衰；国家过于强调发展经济的时期，院校往往追求培养应用型人才，于是容易忽略通识教育；而不重视通识教育，常会导致不良后果，例如学生知识面窄、目光短浅、品质下滑等，到头来，还得费力弥补这曾被忽略的一课。

一、美国通识教育的渊源

在早期，通识教育与自由教育（liberal education）是同义语，它与北美高等院校相伴而生。从17世纪至19世纪末，通识教育有起有落，屡有波动。对此进行历史探索，有助于鉴古知今。北美早期的通识教育主要是从欧洲移植而来的，当时为适应北美新大陆的社会环境，因时因地制宜，因而具备独特的面貌。

（一）欧洲传统的影响

1. 古希腊

希腊先哲们的许多教育主张是相当精辟的，其中包括对通识教育的认识。苏格拉底提出"知识即德行"，其哲学本身就是一种朴素的伦理学，认为：人应当追求道德完善的生活，教育目的在于培养处世明智、行动得体、品德高尚的人；道德的完善比掌握职业技术更为重要。苏格拉底要求加强道德训练，重视人文教

① http://www.aacu.edu.org.

② http://www.sunysb.edu/reinventioncenter.

育，而且在教育史上首次指明了德育与智育要有机地融合。继苏格拉底之后，哲学家不断阐述智慧和道德的追求实质上是做人的理想，而教育乃是建立在做人的理想之上的。智者派的代表人物普罗泰哥拉提出“人是万物尺度”的著名论点，旨在抗衡贵族思想家对绝对真理与绝对理念的推崇，表现出对人的巨大关怀与尊重。与之相似，苏格拉底探寻了有关人类的真实（真）、美好（美）和正义（善）的普遍原则，认为人是理性的造物，要教导青年认识自身价值，发挥自身理性和创造性，从对物质世界和形而上学的玄妙世界的关注，转为对人和人内心世界的重视。

对人和人性的探讨在教育学上的表现，就是由亚里士多德首先阐明的关于德智体和谐发展的教育思想。亚里士多德认为，教育作为“自由人”所享有的特权，应当致力于发展高贵的人性，谋求智慧、道德和身体的和谐。他指出：自由教育以受教育者具备闲暇为前提，以充分利用闲暇为目的；它是非功利的，要通过对高、深、纯理论知识的探索来发展人的理性。亚里士多德把人的灵魂分为三个部分：植物部分，即身体的生理部分；动物部分，即非理性的本能、欲望、感情等；理性部分，即真正的人性部分。针对灵魂的低、中、高这三个部分的特性，应实施体育、德育和智育。三者并非彼此排挤，而是互相联系，只不过体育应服从德育，德育应服从智育。亚里士多德把课程分为两类：有用的与自由的。“有用的”学科是不高尚的、不自由的，因为它服务于实用；“自由的”学科是高尚的与理性的，因为它服务于闲暇。亚里士多德提出“自由教育”的概念，开了重视人的全面发展、进行广泛的通识教育的先河。

古希腊关于人的和谐发展的教育思想是当时社会发展的产物。较发达的经济、文化生活和城邦民主政治，要求公民具有多方面的修养和能力。这种公民教育的需要与贵族教育的思想相结合，要求把统治阶级的子弟培养成身心和谐发展、能履行公民职责的人，具有文化修养和多种才能的政治家、军人和商人。由智者们所奠定的前“三艺”（文法、修辞、逻辑）和柏拉图致力的后“四艺”（算术、几何、天文、音乐）到中世纪时发展成著名的“七艺”。作为欧洲学校的既定学科，它们兼顾文科和理科，又顾及知识和艺术，兼容并包，博而且雅，一直沿用到文艺复兴运动之前，始终贯彻自由教育的总目标。自由教育每每被译为“博雅教育”不是偶然的。

2. 文艺复兴

教堂的钟声和骑士的马蹄声相伴，回响在漫长的中世纪。基督教用思想意识统治人民，而骑士靠武力镇压群众。人们失去了思想自由，教育乃是教士的特权；人们失去了政治自由，阶级压迫异常残酷。14—15世纪，随着工商业的发展，城市和新兴市民阶层崛起，地中海沿岸国家出现了资本主义萌芽，欧洲封建制度开始解体。新兴的市民阶级和资产阶级竭力复兴自由而刚健的希腊、罗马古典文化，以反抗中世纪的神学、经院哲学、禁欲主义等封建文化，高高举起了以人为中心的人文主义大旗。当人们从神的奴役下站起，仰视苍穹，俯瞰自然万物时，人的眼界陡然扩大和提高了，一代新人的理想出现了。拉伯雷的《巨人传》通过对中世纪封建统治、宗教和经院主义教育的揭露、抨击，淋漓尽致地表达了人文主义的教育主张，提出了培养“全能的人”的教育理想。这是一种“器宇轩昂、体格魁梧、秉性温良的男人”和“容貌端庄美丽、身体合度、秉性温良的女人”，他们的行为准则只有一条：“想做什么就做什么。”当然，这些新时代的人要学习人文科学和自然科学的广博知识。在拉伯雷开列的理想课程表中，包括希腊文、拉丁文、希伯来文、阿拉伯文、数学、几何、天文、物理、博物、音乐、历史、法律、医学、解剖学等等。拉伯雷设想大家都受高尚的教育，人人能读、能写、能唱，能吹弹各种乐器，能讲五六种语言，而且能用这些语言写诗、做文章。在文艺复兴时期，源自古希腊的“身心既善且美”以及和谐发展的教育思想，随着古希腊文化一起得以复兴；自由教育的重要思想基础——人的全面发展理论，在人文主义大潮涌动下，比之在压抑人性的中世纪，达到了一个新的高度。对“全能的人”的追求意味着“自由”概念的拓展、丰富和充实，其结果是在理论和实践两个方面促进了自由教育的发展。如果说出于骑士的教育和军事训练的需要，对体育的重视即使在中世纪也从未衰减过，那么这一时期的自由教育的真正发展是文科教育传统的复兴和智育领域的扩大。文艺复兴时期的人文主义教育家致力于从古希腊、古罗马的经典中去发现和弘扬人性，作为反对封建神权的精神武器，这是对古典文科教育价值的一次重新发现。人文主义教育家在恢复教育的“人性”面目，以及确立各门学科的独立地位的同时，还重视文科教育在道德教育上的重大作用。虽然他们未能超越历史的局限，其道德理想大多是古典德行与基督教道德的混合物，但沿着这一发展方向，道德教育终于彻底越过了灵魂拯救之类的纯粹精神课题，日益与文科教育融为一体，而文科教育也从此取得了在道德教育方面的不朽价值。

（二）英国教育的移植

如果说欧洲的哲学家、思想家和教育家关于自由教育的论述对北美通识教育的萌芽有着间接的影响，那么，英国的自由教育对北美通识教育的产生则有着直接的影响。哈佛学院的课程是 1642 年由邓斯特（Henry Dunster）提出来的。此人毕业于英国剑桥大学麦克达林学院，深受英国自由教育的影响。他把欧洲教育发展的三种倾向归结在一起，即中世纪的七艺，文艺复兴时期所强调的希腊文、拉丁文等古典作品，以及体现宗教改革思想的宗教教育。他提出哈佛学院应开设如下科目：文法、修辞、逻辑、算术、几何、天文，以及亚里士多德的道德哲学（伦理学和政治学）与自然哲学（物理）。当时，哈佛学院注重对学生头脑的训练，其校训是："以柏拉图为友，以亚里士多德为友，更要以真理为友。"

北美随后建立的其他殖民地学院，如 1693 年建立的威廉玛丽学院、1701 年建立的耶鲁学院和 1747 年建立的普林斯顿学院，也主要采用沿袭自欧洲特别是英国的古典主义课程，训练学生的虔诚、忠实和负责任的公民意识，以及语言和思维能力。当时的人们普遍认为人文学科是自古代经过中世纪、文艺复兴和宗教改革运动延续而来的，是一种自古便有的知识体系，体现永恒不变的绝对真理。掌握古典知识，提高思维能力，对所有学生都是重要的，对从事宗教、法律和医生职业是不可缺少的，同时它也是有教养的象征和阶级地位的标志。

殖民地学院还特别重视宗教教育，这是北美早期通识教育的重要内容。英国大学教育传统对殖民地学院的影响主要通过宗教团体势力来实现。移居到殖民地的宗教派别不一。国教派代表大英政府的势力，而基督教新教教派特别是清教徒在一些殖民地是政治上的统治力量，这些教派在发起创办学院，在决定学院教育目的、教学内容、教学方式等方面起着关键性作用。早期通识教育遂构成了殖民地时期北美高等教育哲学与实践的主体。

（三）美国通识教育的早期设想

北美早期通识教育的种子来自欧洲，却根植在这块与欧洲迥然不同的新大陆上。全盘照搬是不现实的。美利坚合众国成立后，因时顺势，通识教育有所更新。

早在建国以前就有人说，北美的社会状态和自然环境与欧洲相去甚远，所以不应像欧洲那样推崇希腊文和拉丁文。但更多的人认为，搞自由教育，没有希腊文和拉丁文，简直是不伦不类。当然，为了继续教授这些古典语文，必须找出一种新的理由或目的。这个新的目的，就是心智训练。教育与其说是把知识贮藏在记忆中，不如说是练习和增进学习的心智与官能。这种官能训练如达到锋利程度，日后就能较深刻地进入人类知识的任何领域。而且，心智的训练适宜和身体的训练结合起来进行。

独立后的美国百废待兴，急需大批实用型人才，过去那种培养目标及课程设置与时代的基调不太合拍。一些有识之士呼吁改革陈旧的传统大学模式，减少大学中宗教和古典科目的比重，增加物理、化学、地理等学科。拉什（Benjamin Rush）是最早倡议办联邦大学的人之一。此人是著名医生，积极参加独立运动。他地位高，眼界宽，颇具号召力。他主张，只有毕业于联邦大学的人才能担任公职。不过，拉什的理想未能实现。从华盛顿往后的六任总统都提倡办联邦大学。他们考虑到，在欧洲，教会和大学矛盾重重，纠纷难解，所以在美国举办联邦大学既能使新生一代信仰宗教，又不涉及种种难题。在这个问题上美国国内曾有过激烈争论。一派极力主张开办联邦大学，并引入法国的大学区制，首任总统华盛顿生前立下遗嘱，愿在死后捐献所有财产，以支持这项事业；但另一派担心国家权力太大，会导致教育上的中央集权制。最终，联邦大学之设想化为泡影。不过，回味一下当时拉什的话依然令人鼓舞。

或许有人认为，我们应该先还清债务，恢复公众信任，建立海军以保护和扩大商贸，此后我们将利用闲暇和资金去建立一所大学。这是错误逻辑。事实上，在消除无知和偏见、改变公民旧习惯以前，无法达到上述目的，因而必须首先让公民掌握联邦国家的基本原则，这可以通过青年们在联邦大学两三年的接触和学习来实现。①

怎样着手此事呢?

首先，拉什认为在联邦大学里应开设广博科目：政府组织、原则、宪法，让人明法；古代史、现代史及编年史，使人明智；各分支农业，让人务实；工业制造原则和实际，让人有功；商务历史、原则、目的和渠道，帮人赚钱；应用性数学，助人明理；应用性自然哲学和化学，使人敏捷；自然历史，包括动物、植物及化石演进，使人聪慧；语文，使人善于表达及雄辩；德语和法语，让人开阔眼界；各种体育训练，让人健康而优美。

其次，拉什不仅强调教育对国家的作用，还强调教育对社会繁荣和人类幸福的价值。他说："我们的联邦大学教导美国青年增强生活信心，减轻人类痛苦，改善我们的国家，提高人口素质，增进人际理解，致力于国内的社会及政治幸福。"拉什希望民众通过接受教育，变得更加团结一致，彼此融洽。例如，在宾夕法尼亚州，居民有着不同的历史渊源，更应消除偏见，相亲相爱。拉什还主张通过有效的宗教教育，让青年人养成良好品性。在他看来，没有宗教，就没有善；没有善，就没有自由，而自由是合众国的灵魂。拉什对能揭示事物属性的各种宗教推崇备至，他宁肯向青年一代灌输孔子和穆罕默德的思想，也不愿目睹他们对宗教原理一窍不通。当然，拉什真正强调的宗教还是新约教义。拉什号召基督教徒：效忠国家，严于律己，宽以待人；认识美国政体实质，了解公民权利和义务。

再次，关于自由教育所要求的高深学问，拉什认为，对儿童进行高深教育不宜过早，12 岁之前应利用足够的时间学习读、写、算。在大学阶段则适合开展一些高深学术研究，可以说，自由教育主要体现在大学阶段。拉什不仅强调语言和文化，还要求进行自然科学的教学。例如，他认为化学揭示热、化合物的作用，可以帮助人们认识自然的玄妙和艺术的神奇，因而化学在欧洲常被当作自由教育的一个部分；在美国这个年轻国度里，更有必要大力强调化学，让它既为工

① R. Hofstadter & W. Smith. *American Higher Education: A Documentary History*. The University of Chicago Press, 1961, p. 153.

农业生产服务，又提高人的认识能力。

总之，就整个大气候而言，美国建国初期是非常务实的，表现在教育上，就是极力培养大量实用人才。为此，就必须更新教学内容。杰斐逊在威廉玛丽学院进行了一系列课程改革，主要是在古典课程基础上增设现代外语、政治学、法律、经济学及其他一些实用科目。但在已有学院进行课程改革困难重重，于是杰斐逊晚年集中精力创办了新型的弗吉尼亚大学。在该大学中，杰斐逊认为应开设植物学、动物学、解剖学、天文学、生理学、化学、神学、医学、政治学、自然哲学、农业、数学、商务、历史、伦理、法律、音乐、美术。这已是自由教育或通识教育所期望的课程了。至于拉什关于创办联邦大学的论述，实际上是想把自由教育与实用人才培养结合在一起，培养有修养、有能力效忠新兴国家的新型人才。

二、美国通识教育的启航

美国独立建国后直至19世纪初，其高等教育注重开设实用科目，培养实用人才，虽有人呼吁实用教育要与通识教育兼顾，但还是出现了向实用教育一边倒的倾向，毕业生往往仅获得某种应用性职业技能，缺乏渊博的基础知识。

（一）《耶鲁报告》的出台

耶鲁学院不愿随波逐流，认为必须改弦更张。1827年9月11日，该学院决定组织精干的五人委员会，调查学院教学情况，尤其对现代语言和古代语言教学效果进行调查，要求于翌年提出报告。

五人委员会充分考虑了学院有关情况，广泛征集了教职员对学院发展的意见，并着手起草报告。报告共分两部分：前一部分主要对学院教学计划进行考察分析，由院长戴（Jeriemiah Day）撰写；后一部分主要对古典语文教学的必要性和可行性进行了论证，由资深教授金斯利（James L. Kinsley）执笔。1828年，报告正式问世，产生了强烈的反响。这个报告最初发表于《美国科学与艺术学刊》，题目是《一份关于自由教育课程的报告》。后来，人们习惯称之为《耶鲁报告》（The Yale Report）。它标志着美国通识教育的启航。

1. 关于学院之目的

学院之目的，其实也就是通识教育之目的，正如《耶鲁报告》所言：“对学生的官能（faculties）进行经常的生动的训练，以便规范和完善学生的心智（mind），发展他们的潜能。”为此，《耶鲁报告》认为，要确定一些有益的学科，采用一些有益的教学方式，激发学生的兴趣，引导他们的思想列车向前，冷静地分析有争议之学科，有效地处理各种情况，并保持清醒、高昂的精神状态。《耶鲁报告》指出，为求对于学生心智训练卓有成效，不能靠学一门无足轻重的匆匆忙忙的课，不能靠读几本书或听几场讲座，或在某所学院待上几个月。思维能力的提高须经过长期不懈的努力，须经过思维器官的反复磨砺。科学之矿，须从地表下很深的地方去开采，不然就不能掘出宝藏；同样，智力训练更需要主动地、系统地、持久地努力。

2. 关于学院教学内容

《耶鲁报告》认为：古代的优秀文化遗产是教育的重要内容，同时还是教育的重要手段；经典科目建立在“训练”和“装备”心灵这两条重要原则之上；经典科目的学习，可以奠定学生正确情趣的基础。例如，在向学生传授近代文学中的一些观点时，用什么教材都不如用这些观点的原始出处，即用经典原著直接教学更好。同时，经典科目又是心智训练的重要工具，它不仅可以训练青少年的心智，也适合于心智已高度成熟的成年人，它可用于心智发展的任何一个阶段。《耶鲁报告》认为，经典训练是职业的最好准备。语言的解释和正确运用对神职和法律职业尤为重要。现代语言虽可作为一种技能或造诣，但不能取代古典训练的作用。如果因为世界上某些地方的人使用现代语言，就认为它比古代语言更实用，则是错误的。应该考究的是，什么学科能提供最好的智力修养，并蕴含美国文学中最透彻的知识，以及奠定职业学习最扎实的基础。当然，《耶鲁报告》并不反对学习现代语言，而是主张先学好古典语言及经典著作。《耶鲁报告》断言，那些谙熟古典文学并同样掌握了现代某种非英语的欧洲语言的人，是最富有潜力和发展优势的。学院要选择有效的内容训练学生的各种感官，进而发展精神力量，并让精神力量按照人的意志从一种学科迁移到另一种学科，从一般的学习迁移到生活中的各种职业。当然，训练心智的学科不限于古代语言。耶鲁的教授们认为，要求未来律师学习物理或要求未来教师学习圆锥曲线并没有什么不合适，因为这些学科都有助于心智之训练。于是，学生通过数学掌握推理艺术，通过自然科学学习演绎，通过逻辑学习思维艺术，通过写作获得系统精确的表达能力，通过有效的讨论课变得敏捷、灵活。《耶鲁报告》是反对死读书的，并设想在学院教学中，在学习不同的文学及科学分支之间，保持一个合适比例，以便使学生获得平衡发展。

3. 关于实施全面教育

《耶鲁报告》认为，全面教育是与片面教育相对而言的。全面教育只能通过全面的心智训练来完成；如果只采用片面的或职业性科目来进行教育，那么带来的一定是片面教育。心智训练课程与那些职业训练的课程并不是完全对立和水火不容的，只是有两点需注意：一是学生在有限的三四年大学生活中，不可能什么都学，只能是抓住主要科目，奠定必要基础；二是职业训练应以通识教育为先导和基础。前一点是个轻重问题，后一点是个先后问题。《耶鲁报告》所倡导的全面教育其实就是一种通识教育。它要求开设广博课程，反对过早专业化；要求以经典的和基础的科目训练学生心智，反对传授杂乱无章的经验。在当时，如此提倡全面教育是切合美国实际的。从政治上看，学生接受了全面教育，变得头脑清醒、判断准确，在日后投票选举中能够恰当取舍，并对重大国事有较深认识，以便庞大的国家机器有效地运转。从经济上看，未来务工者、经商者、务农者接受了全面教育，变得思维正确、分析周到、明察秋毫，并能够更好地理解和运用科学原理，大量财富会因此而落到他们手中，整个社会物质文明也将向前迈进。从文化上看，学生接受全面教育，心智得到训练，有助于提高文化素质和理论水平，从而成为良好公民，因为公民需要科学的思维方式，需要品尝理论的甘露。社会航船驶向远方，离不开指路明灯，离不开理智的灵光。

耶鲁学院认为，学院之间的竞争是教学质量的竞争，而不是学生数量的竞争。耶鲁力图在内在价值方面赶超其他学院。当时，有人曾提出疑问：难道不能使耶鲁更接近学生生活，以扩大生源，增加收入吗？耶鲁教授回答说："我们何尝不愿增加收入？但耶鲁是学院，不是职业学校，我们必须办出特色，办出水平，按照学院自身逻辑，实施全面教育，训练出高水平人才。况且，如果我们的学院徒具一块牌子，没有高质量，那么便无法吸引家长送子女来。”

（二）《耶鲁报告》的影响

《耶鲁报告》是19世纪美国影响最大的高等教育文献，在美国整个高等教育发展史中也有着显著位置，是美国高等教育一次与众不同的、深思熟虑的尝试。以前，对《耶鲁报告》的理解过于简单化，认为这份报告只是一个反对在美国西进拓边时期杰斐逊所倡导的仅重视机会均等而忽视文化陶冶做法的方案，是坚持高等教育必须服务于社会上层和造就精英的。所以，有人把它当成了保守主义的象征。对此，我们应该从当时的特定历史背景，从美国高等教育发展脉络中去把握这份报告的精神实质。

回顾早期美国历史可知，建国前一些明智的教授就曾希望学院为新社会培养急需的领导者，并且认为采用牛津和剑桥的教学科目可以满足北美当时宗教的及世俗的目的。事实上，在早期殖民地时代，学院培养的教师既做布道者，又做管理者，还是公共秩序和社会稳定的保障人。1701年耶鲁学院的特许状更好地表达了清教徒的有关思想：耶鲁既强调人文，又强调科学；培养学生既能在课堂上课，又能在社会部门就业。可以说，通识教育在北美从一开始就未轻视毕业生从事各种职业。虽说殖民地时期自由教育从未丢掉其宗教传统，但由于受欧洲启蒙运动影响，以及北美与英国的矛盾加剧，美国革命先行者从一开始就形成了一种新思想和新观念，这就是后来历史学家所谓的旧共和思想。这种思想认为，共和的存在不是仅靠武力去战斗，还要靠人民和领袖的精神特征，人人要准备为了大多数人而牺牲个人利益。就是说，旧共和论者已将公众利益作为新思想和新观念的核心了。于是，他们发现传授古典课程的自由教育或通识教育乃是培养共和国合格领导者的要津。各种古典名著既具有教化功能，又具有让人模仿的功能；古典名著是道德教育的源泉，是善良行为的典范。

随着岁月的流逝和时代的变迁，旧共和论者的某些观点受到挑战。时代更要求发挥青年人的个性和创造精神。过去提倡牺牲个人为大众，这时主张个人利益和社会利益兼顾才能相得益彰，这是新共和论思想。新共和论者崇尚个人抱负、个人利益和个人行为，而这些原本是旧共和论者所摒弃的东西。独立建国后，美国商贸和工业迅速发展，不仅向这种新共和思想开了绿灯，同时还有赖于个人的志向和努力。等到美国后来生产力得到进一步发展，社会走向繁荣时，旧共和论者的价值观就只好向新的现实妥协了。当然，这种转变与妥协也经历了一个艰难历程，因为思想观念的冲突是最剧烈的冲突。但不管怎么说，在那个年代，抽象地号召人们为社会献身，而不顾及个人利益，这样的号召就会失去影响力。克拉姆尼科（Isaac Kramnick）对此颇为感慨。

看一个人是否有德有善，不再听其冠冕堂皇的话，而要看其从事经济活动的才能。人的义务依然是为公众利益服务，但最好通过经济活动来实现，而经济活动的直接目的是个人得实惠。自我中心的经济活动，成了善人的标志。①

19世纪20年代，席卷美国社会的文化变革冲击着自由教育的传统观念。基于旧共和论观念上的自由教育认为：知识是美德的女仆，人类本性和社会习俗的研究应与道德联系在一起。这种观念已与不断兴起的经济活动不相适应。鉴于此，一些教育家，例如，纳什维尔大学的林斯利（Philip Linsley）、哈佛大学的蒂克纳（George Ticknor）、佛蒙特大学的马什（James Marsh）都试图进行一些改革，以便适应当时出现的社会文化的变异。为了这种需要，学院要面向广阔的社会部门，创建不同的系科，采用新的考试方法，用讲座、讨论、调查取代过去那种背诵课本的教学方法。改革者还期冀在传统的通识教育中加入英语、现代外国语和一些新科学知识。对于这种变化，耶鲁学院既不漠然视之，也不人云亦云。1827年，耶鲁学院教授会提议考虑取消古典科目并代之以新的课程计划的必要性。这个举动触及了一个重要的问题，那就是自由教育在现实条件下是否能对新兴国家起作用。争议中，曾有人认为自由教育不能适应现实的文化转变和社会发展。对此，耶鲁学院院长戴承认，持不同观点者所提出的自由教育确实有某些缺憾，因而学院的变革是必然的，也是应该的，毕竟现在的耶鲁不是刚刚创办时的样子，也不是健在的校友就学时的状态，学院在变。但是，变革应是主动调整（response），而不能是被动反应（reaction），因而争议不应该是就课程论课程，而应考虑自由教育的广阔目的，使之逐渐过渡为通识教育。戴希望社会相

① Isaac Kramnick. *American Historical Review*, June, 1982, p. 629.

信，通识教育不仅是有用的，而且恰恰符合社会的需要。戴的看法是有道理的，我们可以从对《耶鲁报告》的分析中来断定。

其一，当时的社会崇尚个人奋斗，建功立业，而通识教育也是如此主张。《耶鲁报告》提倡训练学生的心智，丰富他们的知识，开阔他们的视野，就是例证。这样，《耶鲁报告》便将通识教育从古典教育转变为培养学生争取个人成功的过程。它肯定，面对一个具有很多机会的世界，学生只有在学院接受合适的心智训练，方能取得成功。在当时，心智训练成了一种最有效的职业准备。

其二，当时的社会致力于经济迈进，《耶鲁报告》虽不主张设商务、技术、农业之类的科目，但通识教育为学生掌握实用技术奠定了基础，而且，耶鲁还帮助毕业生安排商务计划和掌握工艺流程。《耶鲁报告》并不排斥专业教育，也不反对知识的实用价值，只是主张在特定阶段进行心智训练，这比在这个阶段进行实用训练更为必要。在耶鲁教授会看来，通识教育是心智训练的工具，而不仅仅是道德养成。通识教育既然具有社会道德目的，它自然是对社会有用的。

其三，《耶鲁报告》在借鉴欧洲经验时，顾及了美国状况。《耶鲁报告》指出：要办好美国的学院，就有必要学习外国的长处；虽说欧洲高等教育并非完美无瑕，但毕竟有其成功经验，应对其分析研究，汲取其对美国有益的东西；学习借鉴不能一味照抄，应根据美国的实际情况而做出修改，试图不加分辨地模仿欧洲的全部成规，必然会招致失败。可见，美国的通识教育虽说源于欧洲，具有其古典主义传统，但已受美国环境的制约，在某种程度上乃是斟酌取舍的。

三、美国通识教育的波动

（一）《耶鲁报告》至南北战争期间的通识教育

1828 年《耶鲁报告》的发表是美国高等教育发展中的一个重要事件，而次年杰克逊（Andrew Jackson）当选总统一事也不应忽视。杰克逊力倡拓边精神，即敢于与天斗、与地斗，向荒原索财富，变荒野为金山的意志和智慧。在历史上，英国殖民者曾将美洲人民分而治之，居民多集中在东北部及阿巴拉契亚山脉以东地区。到此时，杰克逊连任两届总统，大力推行西进政策。西进不是田园诗篇，而是艰苦事业。西进垦荒，需要大批新型人才，欧洲式的教育难以满足当时之需。在杰克逊号召下，各州高等院校纷纷建立起来，从而成为一场“学院运动”。这类院校多数因地处边野之区，生源和师资极为缺乏，纳什维尔大学校长林斯利在1829年就职演说中曾揭示，在当时的田纳西州，获得挂牌牧师或医生资格比获得制作马车或钉马掌的资格更加容易。1829年，伊利诺伊学院开办时只有九个学生，他们中没有一个曾学过英语语法。然而与此同时，有些院校致力于较为正规的专业教育。也是在1829年，在最高法院法官斯托里（Story）领导下，哈佛重建了四年制法学院，并把课程重点由对地方性法规研习改为以学习法律原理为主。同时，医科教育内容也得到了扩展。著名医学家摩根（John Morgan）在费城富兰克林学院医学科创立时曾强调，学生不仅应当精通拉丁文、希腊文和法文，还应通晓数学和自然科学。联合学院（Union College）院长诺特（Eliphalet Nott）主张拓宽工程专业教育的内容，把工程教育与通识教育结合起来，这样工程教育才能收到最佳效果。1837年，埃默森（Ralph Waldo Emerson）在哈佛学院发表了题为“美国学者”的著名演讲，强烈要求教育适应个性，要求对学生的智力开发应显出美国特色，不能对从其他国家和时代沿袭下来的必修课程亦步亦趋。埃默森演讲之后不久，要求课程改革的呼声在哈佛再度高涨。到1839年，教师们已原则上同意允许学生在一年级以后用自然科学、现代外语和历史取代原来规定必修的拉丁语和希腊语。但由于讲授古典学科的教授们坚决抵制，加上缺乏资助选修课教学的经费，这个尝试收效不大。1846年，哈佛又决定，三、四年级选修课减少到三门，其余恢复为必修，足见在当时一下子取消必修课或古典语言并非易事。

从另一个角度讲，传统的东西并不必然是过时或反动的东西，它之所以能存在和发展肯定有其适宜的土壤或必然性。这个时期，布朗大学等校也进行了改革。1850年，布朗大学威兰德（Francis Wayland）校长要求教师制定一套对所有学生都有益的课程，允许学生全部自由选修，并降低入学标准以扩大生源。结果，学生质量不断下降。公众对威兰德的实验不再热心，实验宣告失败。威兰德于1855年被迫辞去校长职务，布朗大学又重新恢复了传统的课程计划。看来，教育有其自身规律，不能完全被主观意志所左右，必须遵循规律，稳步改革和发展。凭一时热情从事，未必能达到预期目的。

（二）南北战争至一战前夕的通识教育

南北战争铲除了歧视黑人的奴隶制度，使美国从农业国变成了工业国。1862年，为了促进农工学院（A&M College）的发展，林肯总统签署了具有历史意义的《莫里尔法》。该法规定由联邦向各州拨付公有土地，发展农工学院，面向现实培养人才。该法的实施，极大地刺激了美国专业教育的发展，为美国社会培养了大批应用型人才，同时对学术事业发展也做出了重大贡献。美国高等教育学者考利（W. H. Cowley）指出，《莫里尔法》最有意义之点，是它在资助创建教授农业、机械或其他实用学科的高等院校时，并没有规定这些院校不教授其他自然学科或古典学科。的确，作为研究组织，这些学院注重应用科学，而作为教学组织，它们将应用学科与传统学科一并开设。

在赠地学院和州立大学迅速发展的过程中，逐渐形成了两种占有支配地位的教育观念：一种称作“全备目标课程”（all purpose curriculum）计划，以康奈尔大学为代表；另一种主张大学要忠实地为社会需要服务，以威斯康星大学最为著名。

康奈尔大学于1865年创办于纽约州的伊萨卡市。首任校长怀特（Andrew D. White）曾就读于法国巴黎大学、德国柏林大学和美国密歇根大学，受欧洲大学传统和美国学院教育思想影响颇深。怀特在1864年出任纽约州参议院教育委员会主任时，大富翁康奈尔（Ezra Cornell）则担任参议院农业委员会主任。按照1862年《莫里尔法》规定，当时纽约州议会正在筹建农工学院。于是，怀特说服康奈尔出资50万美元，加上联邦赠地所得，建立了一所新型大学。怀特在1868年就职演说中强调：康奈尔大学没有等级制度，所有学生和所有学科都将受到同样尊重；学生将参加手工劳动以获得资助和生活经验；科学研究和学习方法在所有知识领域都是重要的；教育的真正目的将是促进个人发展，并促进社会进步。兼顾个人和社会这两个方面就是康奈尔大学“全备目标课程”的基本含义。该校的最大捐助者康奈尔甚至宣称该大学要使任何人都可以获得任何学科的教育。于是，“康奈尔计划”（Cornell Plan）形成了，内容包括：（1）提供通识教育；（2）致力于提供全面的教学内容；（3）开展科学研究；（4）通过对商业、行政管理和人际关系的探讨来为社会服务；（5）面向高中毕业生及社会优秀分子招收新生。康奈尔大学的成功实践极大地鼓舞了约翰斯·霍普金斯等后建大学进行新的试验。

1876 年，约翰斯·霍普金斯大学在巴尔的摩诞生，吉尔曼（Daniel Colt Gilman）为首任校长。这是学习德国经验而创办的大学。此时，德国大学的水平已超过英、法，尤其是 1810 年成立的柏林大学以学术自由、教学与科研相统一而著称。约翰斯·霍普金斯大学的成立，标志着美国现代大学的形成，说明美国已注意培养学术人才，从而开始多条腿走路，齐头并进，相互补充。该校着重提供高水平教学，即根植于美国土壤的学术型大学教育。吉尔曼认为，科学研究和高深学问教学应作为本校树立声望的基础，其中，高深学问也包括古典科目的教学。当时，该校聘任了希腊语和拉丁语教授莫里斯（Charles D. Morris）负责 1876 年注册的第一届本科生。他曾在英国接受教育，在约翰斯·霍普金斯大学讲授古典科目时，认真负责，深入浅出，深受学生欢迎。在约翰斯·霍普金斯大学，有的教师既擅长讲本科生的课，又对讲授研究生课程得心应手。吉尔曼称之为“宝贵的鹦鹉”。但有不少教师不能做到这一点。对此，吉尔曼允许那些不愿从事本科生教学的教师发挥其他优势。于是，1889 年，55 位教师中有 15 位分离出来，专司研究生培养。

由于权威学者济济，约翰斯·霍普金斯大学设置了多种授予学位的系科，开设了许多内容高深的新科目，自然科学受到推崇，古典学科和社会学科也颇受重视。此外，由于师生比例高、接触多，以及广泛采取发挥学生主动性的研讨式教学，学生的个性得到了多方面陶冶，治学的独立性、主动性和创造性得到了训练。这些方面都与通识教育的宗旨不谋而合。但是，吉尔曼认为：大学的首要任务并不是开展通识教育，而是致力于更高深的教学和从事科学研究；全力开展通识教育是学院的中心任务，这也正是大学与学院的不同之所在。他的见解在美国得到不少人重视。

当时，主张大学应忠实地为社会需要服务的代表是威斯康星大学。该校成立于 1848 年，后因受益于《莫里尔法》规定分配的资金而得到发展。南北战争后，威斯康星州的主导经济由种植小麦向发展牛乳业转变，急需生产技术和经营管理人才。于是，该大学便着手科技研究与攻关，开设多种培训班，其结果竟帮助州民增值了大量财富。群众看出办大学有利可图，便竭力支持。1904 年，范海斯

（Charles R. Vanhise）担任了威斯康星大学校长。他把英国的寄宿学院和德国研究型大学的优点结合起来，使人文科学、应用科学和创造性的研究共同发展，以便志趣各异的学生均可从这些密切相关的学科中得到益处。尽管威斯康星大学不反对通识教育，但它追求直接服务于该州的社会与经济，客观上削弱了通识教育。有些做法，如推崇短训班的教学形式，与通识教育精神是不无出入的。当然，通识教育并不完全排斥为现实服务，与现实隔绝的通识教育必然没有生命力。大学发展既要遵循其自身逻辑，又须适应周围环境。

还有一个事件与通识教育有关。1869 年，埃利奥特（Charles W. Eliot）在就职哈佛大学校长的演说中，要求结束必修古典课程的做法，实行全面自由选修。他开宗明义地说：到底是语言、哲学、数学还是科学能够提供最好的智力训练，通识教育应该主要是文化性的还是科学性的，这种无休止的争论对我们今天没有任何实际意义。他认为：在文化与科学之间不存在真正的冲突；哈佛不赞成要么是数学，要么是古典语言，或要么是科学，要么是形而上学这种狭隘的选择；哈佛需要所有这些学科，并且要使其充分发展。埃利奥特在宣布了课程开放以后，哈佛迅速走上了选修制轨道：在 3 年之内取消了四年级必修课；7 年后取消了三年级必修课；又过了 5 年，二年级学生也获得了选修自由；到 1897 年，必修课只剩下一年级的修辞学了。哈佛大学的自由选修制影响很大，其他许多院校纷纷步其后尘，以至于在一定时期内减少或废除必修课、增加选修课成为时尚。遗憾的是，1903 年哈佛教授会关于自由选修制的调查发现，学生选课往往不是根据课程本身的内容和自身志趣，而是看听课时间是否方便，特别是某课程是否容易拿到学分。这样，一些必要的科目被冷落了，通识教育遂受到明显削弱。对此，在洛厄尔（Lawrence Lowell）于 1909 年就任哈佛大学校长时，曾试图加以扭转。他采用了所谓“分配必修课”的方法，以减轻古典核心课程的刻板性与选修课的随意性，希望学生既掌握必要的基础知识，又满足个人爱好和掌握实际本领。多数学者认为这是较为恰当的安排。人们还认为，通识教育之所以能存在和演进，是因为它在一定程度上契合了教育发展的内在逻辑。

四、美国通识教育的复苏

从一战开始至二战前夕，美国社会发生了巨大的变化，人们的思想观念和价值体系受到了猛烈冲击。这个时期的通识教育主要围绕着有关人、人类、人性的问题展开。哥伦比亚大学的“当代文明”计划、米克尔约翰在阿姆赫斯特学院的课程改革、哈钦斯的教育理念等，都是对通识教育的执着追求，体现了美国通识教育的复苏。

（一）哥伦比亚大学的“当代文明”计划

1. 开设目的

位于纽约曼哈顿的哥伦比亚大学闹中取静。世界各地的莘莘学子荟萃此地，在名师指导下，切磋琢磨，孜孜不倦地探索真理。哥伦比亚大学有热爱和平的传统。第一次世界大战是人类的一场大灾难，许多国家的经济遭到了破坏，成千上万的青年葬身于战场。战争成了牵动每个人神经的话题。为了帮助民众尤其是退伍军人按美国的价值观和政治观来认识战争问题，哥伦比亚大学按美国国防部的要求，于 1917 年一战即将结束之际，设计了“战争问题”（war issues）课，并在国内各院校学生军训中心推广，旨在帮助受训人员更深刻地理解战争的影响及意义。同时，哥伦比亚大学一批教师产生了开设“和平问题”（peace issues）课的想法，为的是把学生从战争的阴影中尽快解脱出来。1919 年秋，“战争问题”与“和平问题”合并而成为“当代文明”（contemporary civilization）的学科。该课在哥伦比亚大学的开设，也是美国高等院校为扭转通识教育专业化倾向所采取的措施之一。“当代文明”课程的设置，按《哥伦比亚 1919—1920 学年课程计划》所述：旨在让学生明了自然环境和社会环境中更重要、更有影响的因素，了解当代学术的、经济的、政治的和生活的新特点，将各国的重大历史事件与当今国际关系联系起来分析各种问题，并能以史为鉴思考当代现实问题，从而使学生在大学生活一开始，就利用客观形势来形成自己的判断，既奠定进一步学习的基础，又真正理解和理智地参与当今的文明生活。

“当代文明”课程具有下述特点：

其一，它不死守古典知识，而是强调发展学生的能力，以使学生面对当代问题，做出有效判断；

其二，它强调研究当前事件和问题，而不是仅仅介绍西方文化遗产；

其三，它采用高度跨学科方法，由很多学科的教师特别是由历史系及哲学系的教师共同主持。

2. 开设过程

“当代文明”课程在哥伦比亚大学的开设，是与当时的校长巴特勒（N. M. Butler）的观点与追求分不开的。1902 年出任校长的巴特勒，十分关心课程问题，还十分关心教师培养及培训。他亲自创办的哥伦比亚大学师范学院在全世界享有盛誉。例如，美国著名教育家杜威就曾在此任教。巴特勒信奉人文主义理想，如同哈佛大学的埃利奥特一样，他特别看重学生的个人兴趣；不同的是，巴特勒反对选修制，认为那样“就像牛儿在草地里吃草”随意挑选，巴特勒的课程观既有文化主义或传统主义成分，又有改革精神。他的教育哲学集中体现在反映了古希腊以来三个基本的人类价值观的学科上：伦理学，即行为或服务的准则；经济学，为收益而就业的准则；政治学，为前两者相和谐的准则。1919 年，他写道：“这三种价值观必须在有效的教育中处于中心地位，与之相比，其他教育都是介绍性的、从属性的，或解释性的、评论性的。”①

巴特勒校长的上述态度创设了一种对“当代文明”有益的环境，使这门课在哥伦比亚大学得以较为顺利地开展。1929 年，“当代文明”计划变化较大，学习时间增加了一年。这样，它就不仅成了一年级学生的必修课（CC-A），也成了二年级学生的必修课（CC-B）。CC-A 主要讲授当代社会的形成，加强学生对西方文明与风俗的观察和体会。CC-B 集中探讨美国当代经济和政治问题。1919—1946 年，“当代文明”至少经过了六次大的调整，每次都是根据形势的变化，增加一些新的内容。后来因本科生的教育分成了初级、高级两个阶段，哥伦比亚大学便采取不同的方法来重组课程。在初级阶段，对一、二年级学生进行必修课教

① Gary E. Millar. *The Meaning of General Education*. Teachers College Press，1988，p. 37.

学，无须过多地顾及学生的职业兴趣。在高级阶段，以自由选修体制取代了旧日规定大量修习必修课的体制。在初级阶段，“当代文明”在一个教学委员会的管理下，由哲学系、历史学系、经济学系、政治学系和社会学系协同实施教育。它着重两个方面：一是讲授当代文明的来龙去脉和现实特色；二是帮那些有志于投身社会科学的学生打下扎实而广泛的基础。但是，“当代文明”毕竟是时代性很强的课程，当时主要是适应一战后及二战后的形势而设立和讲授的，随着岁月的变迁，它逐渐失去了原有光彩。CC-B 于 20 世纪 70 年代停开，CC-A 后来成为规模较小的讨论课。

3. 影响至今

1920—1940 年，至少有 30 所院校受哥伦比亚大学“当代文明”的影响，实施了各自的计划，哥伦比亚大学的许多主题及阅读材料被广为采用。“当代文明”闻名遐迩的是它的手段和方法。

当时，“当代文明”计划围绕着三个主导性问题展开：

第一，人类如何维持生计；

第二，他们怎样一起生活；

第三，人们如何解释自己赖以生存的世界。

为了回答这些问题，“当代文明”采用了历史方法，并同时采用了哲学分析方法。对方法的重视以及将方法直接与课程目标相联系，这是“当代文明”与传统的自由教育计划的不同之处，是通识教育新观念的一个特点。“当代文明”的另一个特点是采用学生中心的方法，认为学生是教育设计的重要参与者，他们不缺乏经验及智力，不缺乏新颖观点及自觉性。基于这种考虑，哥伦比亚大学欢迎学生对“当代文明”计划提出修订意见，学生有机会参与有关讨论。哥伦比亚大学这种提倡文明与和平的传统延续了下来。

2003 年，美国对伊拉克动武期间，哥伦比亚大学教授尼古拉斯·迪格诺瓦在一次反战集会上讲道：“现在，美国国旗在伊拉克已经变成战争机器的象征，只有那些找到办法挫败美国军队的人才是真正的英雄。”此话引起主战者不满。亚利桑那州共和党众议员 J. D. 霍沃斯写信要求哥伦比亚大学开除这位教授，103 名众议院共和党议员在信上签名。哥伦比亚大学校长博林格回应道：“在任何大学内，没有比思想和表达自由更加可贵的，这是宪法第一修正案的宗旨，也应是哥伦比亚大学奉行的原则。”① 2007 年 9 月，博林格邀请伊朗总统内贾德来校演讲，遭到国内一些人的强烈抨击，但博林格未予理睬。但在那次演讲会上，当内贾德为伊朗的人权状况、外交政策以及曾发表的有关屠杀和消灭以色列的言论进行辩护时，博林格则走上台说：“总统先生，你所展现出来的，让人觉得你是一个漂亮而又残酷的独裁者，一个无知的人。”②

（二）米克尔约翰与阿姆赫斯特学院的改革

1. 阿姆赫斯特学院

阿姆赫斯特学院（Amherst College）位于马萨诸塞州西部的阿姆赫斯特镇，创设于 1821 年，最初以培养牧师和教师为己任。极负盛名的语言学家韦伯斯特（Noah Webster）是创办者之一。韦伯斯特是耶鲁的毕业生，他最有名的贡献是编著了《美国英语辞典》。创办者都希望阿姆赫斯特学院更能体现宗教的正统，更能造就出色的人才，而不赞成当时很多人唯哈佛马首是瞻。哈佛大学对阿姆赫斯特学院的创办很是反对，担心它会争夺州政府的教育拨款。阿姆赫斯特学院花了几年的工夫，才冲破哈佛大学设置的阻碍，于 1825 年从马萨诸塞州议会取得建校授权状。③ 阿姆赫斯特学院发展很快，1830 年的注册人数在新英格兰地区仅次于耶鲁而位居第二。1854—1876 年，斯特恩斯（William A. Stearns）任该院院长，聘用了一些德籍学者担任教授，并且设立与宗教课程平行的科学学位课程。1876 年，曾在德国受过教育的学者西利（Julius H. Seelye）出任院长，将德国大学的某些做法移植至阿姆赫斯特，如实施奖学金制和选修制。到 1885 年时，已有 75%的三、四年级课程及 20%的二年级课程可供学生自由选修，这个比例仅次于哈佛。1889 年，即西利离任的前一年，他招聘了若干从德国归来的学者，并将选修制向前推进一步，力求将学院办出特色。他告诫继承者不能因慕名而步别校后尘或臆想其他不切实际的方法；学校的工作是教育，这是一项有内在规律

① 参见 2003 年 4 月 9 日纽约《侨报》。

② 朱幸福著：《美国大学教育写真》，清华大学出版社 2010 年版，第 76 页。

③ 舸昕编著：《漫步美国大学——美国著名大学今昔纵横谈（续编）》，哈尔滨工业大学出版社 2000 年版，第 257 页。

的事业。1890 年，盖茨（Merrill Edwards Gates）继任阿姆赫斯特学院院长，1899 年哈里斯（George Harris）接替了这一职务。他们都试图将学院的宗教传统与学术现实融为一体。哈里斯任院长期间，更多强调学术，宗教不再是第一重要的东西。人们主张教育要塑造“完人”，否定了神学的主导地位，强调教育服务于人比服务于上帝更重要。这种尊重学术的思想并无不妥，但是由于学院的课程大部分供学生自由选修，甚至也不再要求什么主修方向，乃使得学院的教学工作显得松松垮垮。

1910 年，1885 届毕业校友在回校参加阔别 25 年的联欢会时，接受了对母校进行评估的任务。他们组成了“评估委员会”，首先对发生在 19 世纪后半叶高等教育中的大变革以及阿姆赫斯特在美国众多院校中的位置进行了分析评价，继而又对教师工资、入学标准、学院规模进行了评议。该委员会得出结论：阿姆赫斯特若想立于不败之地，则不应与其他院校硬拼，而应提供一些其他院校不曾提供或不能提供的东西；应该全身心地开设经过精心修订的古典课程；用高薪吸引优秀教师；严格入学考试和增加课程特色。这种主张被称为“阿姆赫斯特思想”（Amherst Idea）。1911 年，阿姆赫斯特学院采纳了评估委员会关于增加课程特色的建议，但没有接受那种带浓厚古典色彩的课程，不过对于评估委员会关于加强逻辑严密的科目和采用较高学术标准的建议他们是乐于接受的。这些努力给米克尔约翰（A. Meiklejohn）的改革创造了基础。

米克尔约翰于 1889 年进入布朗大学学习，他学业优秀，体育出众。获得学士学位后，米克尔约翰继续在该校攻读哲学硕士学位，师从塞思（James Seth）教授。接着，米克尔约翰又跟随塞思去了康奈尔大学，并获得哲学博士学位。1897 年，米克尔约翰回到布朗大学任哲学讲师，两年后升任助理教授，1901 年当上系主任，1906 年晋升为教授。米克尔约翰在布朗大学很受爱戴，他被认为是出色的教师和精神饱满、关心学生成长的系主任。同时，他还关注着其他院校的发展。在读了阿姆赫斯特学院 1885 届毕业生评估委员会的报告后，他非常激动，萌发出去阿姆赫斯特成就一番事业的想法。

2. 米克尔约翰的课程改革

1912 年，米克尔约翰出任阿姆赫斯特学院院长。在就职演说中，米克尔约翰为阿姆赫斯特确定了一种办学方向。他认为，阿姆赫斯特不应随波逐流，而应像1885届毕业生评估委员会所建议的那样，致力于通识教育。他说："阿姆赫斯特应着重的，既非单纯的研究与学术工作，又非技术或职业教育，我们的教学应不受任何特别兴趣或利益驱使，也不受人们某一方面任务的限制。应把人类的活动作为一个整体看待，通过人与人之间的关系和我们称之为人民生活的总体经验，去理解人民的行动。"① 米克尔约翰并不反对专业训练，但他认为这种专业训练应在完成通识教育之后进行。他说："通向成功的学术之路是相当漫长而曲折的，但是有能力并乐于沿着这条道路攀登的人，势必达到比行走在平坦直行道路上的人更高的境界。"

米克尔约翰认为有五个方面应是任何学生都必须学习的：

一是本种族传统所曾有的伦理道德、学术行为、审美体验，此属哲学科目；

二是现实的社会结构、财产、法典、家庭、工厂情况等，以及它们与人类福利有关的内容，即社会或人文科学；

三是揭示人类自然环境及状况的知识，即自然科学；

四是揭示各种事物的发展及来龙去脉的知识，即历史；

五是反映人类情感和表现人类身心美好的学科，即文学和艺术。

米克尔约翰认为，上述每个领域或知识都应积极勾勒出人类生活的清晰图景，同时避免陷入具体的或职业的狭小圈子。他所强调的是使学生学习广博的知识与开阔胸襟和眼界，而不仅仅追求实用的或职业的技能。

1914年，米克尔约翰提出了第一次课程修订案，并获得教授们及董事会的支持。主要内容包括：(1) 在一年级讲授社会和经济制度选修课。(2) 学生只需必修一门现代语言。(3) 一年级学生必修的科目有英语、数学、一门古典语言，并在下列三组课程中选两组：外语；社会和经济制度；物理、化学、生物。(4) 二年级学生必须学习一门古典语言，此外在下列科目组中选一组：英语、一门现代外语、音乐，数学、物理、化学、生物、历史和哲学。(5) 如果一门现代语言在一年级时未取得满意的成绩，可二年级再学。(6) 不再搞副科。(7) 要求学生选习两个主科，其中一个要在二年级所开设的学科中选出，并继续学习至

① A. Meiklejohn. *Freedom and the College*. Ayer Co Pub, 1923, p. 172.

三、四年级；另一个可以是同一性质的学科，并可以与三、四年级的研究相一致。每个主科须修习两年或更长的时间。在上述科目中，“社会和经济制度”是为一年级学生新开的选修课。这门课名称笼统，意在让讲课教师发挥特长，讲出特色。米克尔约翰解释道：“社会和经济制度，不管采取哪种形式，都将作为人文科学的导论。如果可能，我们希望学生在其大学学习伊始，就了解道德的、社会的和经济的概况。”①

同年，米克尔约翰提出了第二次课程改革设想：一年级开设社会和经济制度、数学和形式逻辑、科学、英语及一门外语；二年级开设欧洲历史、哲学、科学、文学；三年级开设美国历史、思想史，并要求学生预选两门主科；四年级开设学术和道德问题，并正式选修两门主科。米克尔约翰相信，学生了解社会和经济制度后，就可较快地掌握美国及欧洲的历史。再通过思想史、学术和道德问题的学习，四年级学生会形成自己对人类的看法。

1918 年，米克尔约翰向董事会提出了第三次改革课程的建议，这是他在阿姆赫斯特期间所提出的改革计划中最重要的一个。他认为，无论是自由选修还是学科的细化，都将破坏教育机体的完整性。他指出，通识教育有两个基本功能或目的：一是使学生总体把握种族文化；二是使学生感触和体会深受文化影响的心智运行过程。为此，一所院校实际上用不着分这个系或那个系，而只需两个学院：初级学院满足第一个目的，高级学院满足第二个目的。初级学院，也就是学院的初级阶段，课程着重基础知识，包括对学生本民族的文化进行集中分析考察，帮助学生具备从事学术活动方面的基本技能，使他们能够清楚地表达自己的思想，洞悉别人的思维，进行有批判的分析。初级学院将不再由其他部门或团体举办各种测试。测试将由本院自行实施，而且在学生两年的初级学院学习活动即将结束时举行，避免让学生过早地为考试疲于奔命。高级学院招收对本民族文化有一些了解并掌握了一些学习技能的学生，允许他们致力于某些知识领域或课题的具体研究。高级学院虽然也是以一个考试而结束，但考的是学生本人的学习成果，基于本人提出的问题，以及与其学习相关联的内容。

米克尔约翰本人对上述改革及设想满怀信心，试图通过更长一段时间的努

① A. Meiklejohn. *The Liberal College*. Marshall John Company，1920，p. 135.

力，使阿姆赫斯特成为让人向往的学府。他的改革试图为学生提供广阔的知识领域，强调知识的完整性和逻辑性，反对因追逐现实的经济利益而一味提供实用技能。他认为，如果只教会一技之长而不能培养出掌握完整知识、具备较深见识的人，那么学院就降为造就手工匠的作坊了。可见，米克尔约翰的思想就是通识教育思想，他的改革就是通识教育的尝试。

阿姆赫斯特学院董事会对米克尔约翰的前两次课程改革是首肯的，但对第三次课程改革颇有微词，认为这次改革设想与阿姆赫斯特的一贯做法相去甚远，纯然出于理想的骤变是难以保证其效益的。在这一办学方针的纷争中，反对者吹毛求疵，说米克尔约翰坚持一些不能为校友普遍接受的观点，例如，他不主张大学卷入战争，不主张院校间因热衷体育竞技而忽视多数学生参与体育锻炼。对于当时米克尔约翰非常重视用高薪聘用资深教授的做法，一位校友质问："你是否会聘请布尔什维克当教授?"对此，米克尔约翰毫不含糊地说："我愿聘请任何人，只要他是好教授。"①

当时，米克尔约翰组织了学生七人委员会，负责管理所有课外活动及学生纪律。而多数教师和校友反对学生自治，并对米克尔约翰的这种改革表示不安。于是，校友对学院的资助减少了，舆论界对阿姆赫斯特的内部失误大加渲染，学院董事会遂不再与米克尔约翰及其改革计划保持一致。由于得不到广泛的支持，1923 年，米克尔约翰被迫辞职。在辞职晚会上，他感慨地说："近些年阿姆赫斯特在通识教育方面的努力是非常有益的，大家本应一致支持这项事业，但我现在成了少数派，我只好离开；我也不知去往何方，但我无论到哪里，我都将继续同样的事业。"

3. 对米克尔约翰改革的评价

通识教育需要有适宜的环境方能生根开花。米克尔约翰急于求成，他于 1914 年两次实施课程改革，仅过了四年，在未达成广泛共识的前提下，他又推行第三次改革，显得急躁冒进，忽视了教育改革通常是渐变的道理。这是后人应记取的教训。

---

① *History of Education Quarterly*, Vol. 28, No. 4, 1988, p. 588.

尽管如此，米克尔约翰高扬通识教育的办学改革，使学生扩充了知识，增强了智力，拓展了眼光。他把阿姆赫斯特学院看作是一个“塑造心智”（make minds）和训练智力的地方。基于这种认识，他对课程计划做了较大修改，并增加了“社会和经济制度”这门新课；组织了学生自治委员会；鼓励学生广泛参与体育项目，不再只为比赛而训练少数人。通过种种努力，阿姆赫斯特取得了很大成就，在全美享有很高的知名度。很多去过该学院的人，都称赞其学生的智力水平确比其他院校高。

1923 年 6 月 24 日《纽约世界》（New York World）发表了署名李普曼（Waltes Lippmann）的文章，称“阿姆赫斯特是我所见到过的最有意义的学术机构”。同年 7 月 25 日，《新共和》（The New Republic）载文道：“这些年来，人们已经看到阿姆赫斯特学院的毕业生能够展示其非凡的智力、高尚的人格及道德境界。”

哈佛大学法学院院长庞德（Roscoe Pound）对他的学生讲道：“在过去的五六年里，阿姆赫斯特每年都为我院输送一批毕业生，他们在法学院的成绩遥遥领先。这种奇迹是如何产生的，我不得而知，但我知道的是，阿姆赫斯特给我们输送的是懂得如何思考的人。”①

奥尔兹（George Olds）在米克尔约翰辞职后，出任阿姆赫斯特学院代理院长，不久后正式就任院长。他曾是米克尔约翰的忠实支持者，尤其对聘用年轻教师的做法大为欣赏，也同意他的前任院长在教育目的上的看法。1920 年，奥尔兹写道：“米克尔约翰院长对学术的推动是明显的，在我 29 年与阿姆赫斯特的交往中，从未发现以往哪个时候有比今天对心智更为重视的了。”②

1978 年历史学家、阿姆赫斯特学院院长沃德（John William Ward）写道：“亚历山大·米克尔约翰，阿姆赫斯特学院的第八任院长，在这个学院的历史上确系重要人物，因为他所提出的‘塑造心智’，道出了学院目的之精髓。”③

由上可知，米克尔约翰在阿姆赫斯特学院的通识教育改革虽在当时遇到阻碍，但在经受历史考验后最终得到了公正评价。应该说，他大刀阔斧的改革，重

①③ *History of Education Quarterly*, Vol. 28, No. 4, 1988, p. 594, p. 596.

② G. Olds. A Chapter Ends at Amherst, *The Nation*, July 4, 1923, p. 5.

视心智训练的做法，矗立了美国通识教育的一个里程碑，也为阿姆赫斯特学院后来的发展创造了条件。

2003 年的一个春日，笔者从纽约驱车向北 3 小时到达阿姆赫斯特小镇，试图追寻一下当年米克尔约翰在阿姆赫斯特学院改革的踪迹。在纽约，正值美国针对伊拉克战争的反战派和主战派分别大规模游行、闹得沸沸扬扬的时候。而阿姆赫斯特这个群山环抱的小镇，远离城市喧嚣，一派田园风光，显得和平、宁静。无怪乎当年的米克尔约翰要反对战争，提倡和平。这里除阿姆赫斯特学院以外，还有史密斯学院、麻省大学等，是文人学者荟萃之地。阿姆赫斯特学院至今是美国本科院校中的佼佼者。它不求大，不发展研究生教育，却致力于推进本科教育和通识教育，似美国高等教育领域的一棵不老松。

（三）哈钦斯的通识教育思想

1. 哈钦斯其人

哈钦斯（Robert Maynard Hutchins），1899 年出生，家世小康，久居纽约市的布鲁克林区。幼年时曾发愤学习希腊文及拉丁文。这种古典语文的熏陶对他以后的治学及博览西方古典名著甚为有益。1915 年，16 岁的哈钦斯进入俄亥俄州的奥伯林学院就读。这是美国著名的实施通识教育的学府之一，对希腊文及数学特别强调。但当时该院有规定，凡精习希腊文者，可不必再修习数学。哈钦斯致力于前者，而对后者所知甚少。

1914 年，第一次世界大战爆发。三年后，哈钦斯出于好奇与冒险心理，从军而至欧洲战场。这次选择使他更有机会接触到欧洲的文明渊源，并学习法文及意大利文。战后，哈钦斯进入耶鲁大学，进行了为期两年的历史学研究，接着又热衷于钻研法学。这段时间的法学研究开拓了他的心智，使他理解了“个案教学法”。他从法律个案的研究方法中，领悟到文字教育乃是一切通识教育实施的先导。在研究和处理法律案件时，文字的斟酌，意义的辨明，推理的确凿，逻辑的合理，都依赖于人是否阅读仔细、表达正确。只有做到认真，在答辩时方可批驳对方的推论。所以，研习法律的人，离不开文字表达的严谨性、正确性和实证性。个案教学法在使用上要求学生具备文法、修辞与逻辑的必备知识。这种严谨的治学方法，使哈钦斯日后对通识教育充满殷切期望，他将严密的思维能力及实用的读、写、算视为通识教育的重要目标。

哈钦斯结束在耶鲁大学的研修后，曾在一所大学预科教授英语作文及历史。1923年他重返耶鲁大学，一边担任学校秘书，一边继续深造。1927年，他升任法学院教务长兼法学教授。1929年，哈钦斯转任芝加哥大学教授。1945—1951年，哈钦斯任芝加哥大学校长。他最具代表性的著作是《美国高深学问》（*The Higher Learning in America*，1936）、《为自由而教育》（*Education for Freedom*，1943）。

2. 哈钦斯论通识教育目的

哈钦斯认为，通识教育应致力于全人的形成。人之所以为人，是因为人具有理性。他指出，通识教育的目的在于发展理解与判断的能力。就青年而言，无须教会他们知道一切，但要帮助他们获得继续教育自己的习惯、观念及方法。教育目的并不是人力（manpower）的形成，而是全人（manhood）的发展。故在通识教育的实施上，须扩充人的理性，使之琢磨，使之锻炼，使之辨认事物演变规则与原则。通识教育过程是心智陶冶历程，也是养成心智良好习惯的过程。所谓良好习惯，是指：思维具有逻辑性；道德具有判断力；可以自由地进行心智表达；心灵的活动受着道德规律支配；心灵具有较强创造性。哈钦斯认为，智性乃是理性中最主要的因素之一。通识教育是培养智性的唯一有效途径。个人一切行动表现，都蕴含着心智的指导与约束。人的行动如果摆脱了物质因素的约束，不仅能提高心智活动价值，而且能使人的活动有利于个人心智陶冶与教养的形成。他认为，通识教育包括思辨素质的发展和多种理性的培养，其中思辨分为直觉、科学知识和哲学明智。

哈钦斯认为，通识教育要强调思维训练。大学应该以学生智力的训练、思考的锻炼为首要任务。学生具备了较强的思维能力，就能够把零碎资料与零散事实整理出一个头绪，找出各种资料之间的相互关系，以及事实与事实之间的关联性，最终得出一些原理或原则来。形成这种原理或原则的能力，是人的智力及思考的结果。他指出，与思维有关的能力包括理解能力、判断能力、批评能力、推理能力、评价能力。这些能力的获得须经过通识教育来实现。

3. 哈钦斯论通识教育内容

哈钦斯所主张的通识教育是面向全体学生的、不具有职业色彩的智育陶冶和心智训练。哈钦斯为通识教育制定了一套课程标准：(1) 教学内容应是“永恒的知识”，还须侧重完整知识之获取；(2) 教学内容不应限于知识的资料，而应顾及知识的内在联系；(3) 教学内容与教学方法比较而言，应更强调内容的价值；(4) 应着重鉴赏、批判、分析、理解的知识内容；(5) 教学内容应承袭欧洲自由教育传统。

哈钦斯认为通识教育课程主要有三类。

第一类，“永恒的学识”。哈钦斯制定的“百本名著计划”将思想史上许多最出色人士的著作包括在内，如希腊三哲（苏格拉底、柏拉图、亚里士多德）的代表作，西塞罗、弥尔顿、伽利略及亚当·斯密的代表作都在其中，这些作品被视为传授知识的核心与课程选择的基础。哈钦斯认为，西方伟大著作中包含了多种门类的知识：柏拉图的《理想国》是了解法律的基础，也是了解教育的基础；亚里士多德的物理学讨论自然界的变易和运动，是自然科学与医学的基础，对于任何人来说，研究自然界中的变易和运动都是同等重要的。

第二类，语文。哈钦斯认为，语文最有助于探索人的本质。其中，文法对语言进行科学分析，我们通过它才能了解所写的东西的意义和力量。而且，文法可以训练心智和发展逻辑能力。古典作品是崇尚优秀的典型，而文法、修辞和逻辑是表达优美素材的工具。进而言之，文学就是人学，优秀的文学作品是敏感的心灵在悲与喜的交织中碰撞出来的火花，是深思熟虑的头脑对社会和人生反复思考的结晶。因此，优秀的文学作品是作家对生活的深刻分析，所体现的思想和哲理让学生受益终生。

第三类，数学。哈钦斯设想，数学应包括几何及算术，所有学生都应学习。数学的价值不在于应用到各个学科，而在于启发学生的智慧和能力。有了智慧和能力，就可以追求真理。他认为，教育意味着教学，教学意味着知识，知识是真理，真理处处都一样。

4. 哈钦斯论理想的大学

哈钦斯心目中理想的大学是一所有250名左右学生的小规模大学，且致力于对学生的心智训练。大学教育的真谛是追求真理，并无其他工具价值。哈钦斯在批评美国学院迁就社会一时之需而妨碍学术发展时曾讲道："大学所应做的最伟大的服务，国家所最需要的服务，社会服务站所不能做而只有大学才能做的服务，乃是学术领袖。"他说，大学如果失去学术这个中心，迎风飘荡，随俗浮沉，从而流为非理性主义，则是人间悲剧。

另外，大学教育应与专业学校区分开，大学教育绝对不能满足于职业技能的预备。哈钦斯当时估计，50％的大学工科毕业生在离开大学之后并未成为工程师，原因是他们缺乏广泛知识和理论修养。哈钦斯主张大学教育的目的应放在智能的陶冶上，也就是实施通识教育以促进智能发展。根据这种标准，哈钦斯曾严肃批评在当时美国高等教育发展中三种与他的理论相悖的观点。

其一，名师教育论。哈钦斯生活的年代正处于高等教育发展即公立大学兴起的阶段。为提高学校声望，各校在争聘名教授方面挖空心思。哈钦斯批评说，放松对学生的理性训练，以为有了名人支撑门面便可高枕无忧，则势必偏离航向。

其二，学生品格修养论。有些大学十分看重学生社交场合的雍容华贵、宿舍建筑的舒适美观、膳食的讲究、校园的幽雅；与此同时，还过分强调大学生活水平的提高及物质环境的改良。人们希望以此培养学生的品德。哈钦斯不同意这种做法，断定上述言论徒使大学生在学习与生活上步入反理性的方向。

其三，工作能力储备论。有些教育家及社会上的人士认定大学应该提供给学生一些工作训练，积累实际经验，养成应付诸事的能力，以期他们步入社会后能出色地工作。对此，哈钦斯说，适当学习如何工作是必要的，但当时的做法只能让学生养成琐碎的技能。

总之，哈钦斯主张大学的发展要遵循自身的逻辑，应以追求真理为崇高理想，不能一味迎合社会暂时的或短期的需要。比如，有人想致富，大学便赶快教他们如何赚钱，就是急功近利的错误办法。他认为：大学的真正目的似应返回到中世纪大学初创之时，即成为一个追求真理、从事学术研究、为知识而知识的学术组织；大学的设立及其存续，不应由外在及工具性价值驱使，而应坚持为知识而研究知识的宗旨，坚守探究知识之岗位始终不渝；大学若以通识教育课程为主，则自然不会沦为职业预备学校，也不会有专业主义及非专业主义之争了；大学的课程，若以整合的形态为主，则各专门知识之间便有了交流，知识的发展就不会支离破碎了。以智性发展为大学旨趣，学生所获的是真知灼见，而不是现实问题的资料。

哈钦斯的大学教育思想中有一个重要原则，即教育须由广博到精微，由一般到专门，由整体到个别。因此，在担任芝加哥大学校长期间，哈钦斯把原有的学院分属于三个学部，即哲学、自然科学与社会科学。在各学部下成立系别，同时将各种课程重新加以统整。但无论哪个学部的学生，在一、二年级时均要学习通识科目，须以名著为其教学中心，语文、数学居其次，文法、逻辑、修辞学及科学方法又其次，自然、实用科目及艺术科目殿后。哈钦斯并不完全排斥专业教育，只是认为它和通识教育相比，处于从属地位。他更不反对科学教育，认为它乃是通识教育的一部分。

哈钦斯认为大学有三项功能：一是学者养成；二是心智陶冶；三是专业教育。通识教育直接服务于前两项功能，并给第三项功能打下根基。其中，心智陶冶不完全是被动地承受固有文化，也不只是发掘以往先哲先贤对这些人类尚未解决问题的意见与看法，而是运用社会文化与传统，以使现在与过去相衔接。哈钦斯认为，现在是过去的延伸，也是通往未来发展的必经过程。大学要协助并培养青年人的心智发展，使心灵成长，尽量避免思想上的经验主义和学科上的专精主义。

5. 哈钦斯教育思想简评

哈钦斯所主张的通识教育，就其内涵而言，是所谓使个人心灵免于无知的自由教育，也是开启个人心智的一种教育。他的这种思想是建立在美国的所谓民主政治哲学基础上的。教育要培养公民，而每个公民都要接受同样的内容，因而教育的科目、课程及组织，均趋于经验的统整，而非经验及认识的分析。从这个意义上讲，哈钦斯算得上是一位有独到见解的教育家。他的理论在美国通识教育发展中居重要地位。首先，哈钦斯早在20世纪30年代，就已经领悟到工业极端发展的结果，必然会对教育产生无与伦比的影响，使其感染上实用主义、经验主义及功利主义的偏差价值观，陷入过度地追逐物质欲望的满足中，因而他明确反对过分专业化，积极提倡通识教育。其次，哈钦斯也似乎早已体验出：大学教育的效用不仅在于正确价值观的维护与建立，还应传递先圣先哲的智慧结晶，继承人类文化遗产。最后，哈钦斯具有一定的人文主义思想，非常重视人的教育，主张知识、技能、习惯、态度等均应以达到人的发展为归宿。

但是，充满着幻想色彩的哈钦斯试图以返回昔日西方传统道路为美国教育寻求出路，与时代潮流不符。所以，虽然他提出的关于美国大学教育改革的意见曾轰动一时，但是这种主张曲高和寡。毕竟，社会的客观存在需要各种各样的毕业生，特别是物质生产既需要发展，又需要不断更新，尤其要求学生掌握多种知识和技能，仅仅埋首于“百本名著”显然远远不够。哈钦斯过于要求学生集中学习这种古典内容，不利于他们兴趣和个性的发展，也未必能实现其本人所倡导的提高学生心智的初衷。

五、美国通识教育的深化

（一）现代通识教育

二战后，人们将通识教育当作发展民主、明确新时代公民责任以及适应科技高度发展和提高文化水平的教育而予以重视。战后至今，哈佛大学的课程改革体现出通识教育的不断深化。1945 年，哈佛大学负责课程改革的委员会发表了题为《自由社会中的通识教育》的报告书，即《1945 年哈佛报告》，这是美国通识教育发展史上的一座里程碑。该报告提出了通识教育的如下目标。

1. 有效思考

通识教育要教会学生思考，使其具备逻辑的、联系的和想象的能力。所谓逻辑思考能力，是指能从前提进行逻辑之推断，且将此推理法则应用于日常生活中。这种能力也指人能从特殊个案中归结出普遍真理，或从普遍法则中推论特殊的问题。也就是能辨识事物间各种关系，发现问题之实质。所谓联系思考能力，是指个人能了解历史及社会的各种因素以及人际关系，从各种不同的方面、角度、关系来分析问题、解决问题。所谓想象的思考能力，指不因循守旧，敢于打破惯例，善于创造发明。

2. 思想沟通

即帮助学生具备听、说、读、写的能力，善于表达自己的思想，以易于他人理解。有效的沟通建立在清晰的思考、雄辩的表达、率真的品德之上。公民与公民之间、政府与大众之间建立有效的沟通相当重要。

3. 恰当判断

恰当判断的能力无法从理论教学中获得，必须靠示范、练习来发展和养成。因此，教材内容应尽可能与学生的生活联系起来。教师必须就生活中所遇到的事件与学生互相讨论，并鼓励学生寻求解决问题的方法。

4. 分辨价值

价值有多种，例如：品德之价值，包括勇气、自制、善行、仁慈；知识之价值，包括热爱真理、探索未知的精神；美学之价值，包括美的鉴赏、美的气质。人文学科可促进学生道德及美学价值的发展；自然科学可帮助学生加深对各种价值的认识。历史学者或社会学者担任教师时，不但能告诉学生有关人类的历史和制度，而且可促使学生了解各个不同社会阶段的生活状况。

战后哈佛大学的通识教育努力培养“全人”（whole man）。全人不是抽象的，而是指善良的人（good man）、善良的公民（good citizen）和有用的人（useful man）。以人的全面发展为逻辑起点和理想目标的通识教育，要求建立一种新的人才观和教育价值观，主张从单一的、片面的培养目标转向完整的、全面的培养目标，从相互脱节和对立的教育体制转向完整的、统一的教育体制，从割裂的、残缺的知识转向广泛的、全面的教育内容。

根据《1945 年哈佛报告》的精神，哈佛大学学生必修六种通识教育学科，其中人文学科至少一门，社会学科至少一门，自然学科至少一门。大学前两年须修完这些课程，以便获得广博的学识。到了三、四年级，学生除研习专门学科之外，仍须选习普通学科。

《1945 年哈佛报告》建议，人文学科应开设文学名著、外国文学、哲学、美术、音乐，社会学科应开设西方思想与制度、美国民主政治、人际关系，科学课程应有科学概论、数学、物理原理、生物原理等。英文作文是共同必修科，每周两学时，着重写作技巧的训练，要求上下学期各修一次。

哈佛大学认为，广泛的、全面的知识只有在一种科学的结构中才能成为有序的、完整的、系统的而非散乱的、庞杂的、零碎的知识，从而取得教育上的合理性。每一门类的知识，按其深入程度均可分为基础知识和专业知识，按其抽象程度可分为理论知识和应用知识。

与通常只涉及特殊技术的直接应用的专门知识相比，理论性的基础知识更具有普遍性、一般性。作为知识和文化体系的一般基础，相对地讲，它们更为稳定不变。教育的重点应转到基本原理和带普遍性的主题上来。学生学到的概念越是普遍而深刻，对新知识和新问题的适应性就越强。通识能力主要来源于深厚扎实的基础理论根基。

自 1955 年起，哈佛大学要求一、二年级学生须在人文科学、社会科学、物理科学、生物科学四类中各选一门基本学科。三、四年级学生，须在这四类中选习高级学科六种。其中，社会科学的基本学科有西方文化导论、西方思想及社会制度、欧洲社会、政治、经济变迁、现代社会中的自由主义和极权主义、人类行为的心理学观等。高级学科有远东文化发展史、德国文化、社会思想和社会问题、美国社会组织特征等。

美国 20 世纪 50—60 年代的教育改革是在激烈的国际竞争背景下进行的，尤其是 1957 年苏联首颗人造地球卫星发射成功，使美国大为震惊，成为其教育改革的直接刺激力量。美国突然意识到自己在科学技术中的领先地位开始动摇，国家安全似乎失去了保障，于是，全国上下无不对各级教育进行审视。许多人认为，美国教育的失败在很大程度上应归咎于通识教育未能被普遍重视，教育过于专门化。科南特等一批科学家、教育家认为，加强高等教育中的基础性教育是通识教育的重要方面。语言、文学、哲学、历史以及数学、生物学、化学、天文学等理论科学的文理科基础知识，作为人类科学和文化的一般基础，向人们提供了认识主观和客观世界的基本方法论和共同价值观。以此实施教学，有助于学生的个性发展和人格养成，并有助于他们发展推理、判断等能力以及适应性、应变性和自主性等素质。因此，文理科基础教育是通识教育的稳固核心。在政府号召及科南特等人的倡导下，许多高等学校加强了通识教育计划，增加了基础科目教学的比重。1961 年对 322 所大学本科课程设置进行的调查表明，这些大学对学士学位的要求是：基础课占 37%。1967 年调查发现，各类高等学校本科基础课所用的学时大体占总学时的 40%以上。哈佛大学对通识教育方案加以修订，鼓励各科教学采取讨论方式进行。1959—1963 年，哈佛共举办了 130 场专题讨论会，其中约二分之一是社会学科方面的，四分之一是科学及人文学科的，参加的学生达1 132人，主讲教师共 107 人。这样一来，教学内容的综合性增强了，学生的参与意识也得到了提高。1965 年 11 月，哈佛大学教育政策委员会在文理学院院长福特（F. Ford）领导下，对实施多年的通识教育方案加以评估、改革，主张每个学生至少要修习三门通识教育科目，即从社会科学、人文科学及自然科学中各选修一门学科。不同以往的是，低年级学生若已掌握有关概论性课程，可直接跳级修习高级课程。就是说，课程有些灵活性了。这项举措增加了学生对通识科目的兴趣。本来，通识教育并不意味着一刀切和千篇一律，应提倡因材施教，鼓励捷足先登。

（二）1978 年《哈佛核心课程报告》

进入 20 世纪 70 年代，美国社会变动很大，教育改革迅速推进，哈佛大学通识教育面临一些新情况、新问题。例如，美国经济上的繁荣与道德水准的下降极不相称，崇尚技术而忽视社会责任感和正义感导致社会混乱。当时的哈佛大学校长博克（D. Bok）在考察西方道德教育发展轨迹的基础上，提出自己对道德教育与社会发展关系的看法和改进大学道德教育的一系列措施和建议。他认为，一个社会要想达到真正的繁荣与稳定，一要增强经济实力，发展科技，改善管理，二要使整个社会包括政府、学校、社区都充满生机活力。这样的社会不仅要鼓励社会成员的个性自由和市场竞争意识，更要关心他们的责任心和合作精神。博克认为，通识教育的主要功能之一就是培养学生的责任心和义务感。1973 年夏，博克任命教育专家罗索夫斯基（H. Rosovsky）担任哈佛大学文理学院院长，负责更新规划并确定哈佛大学的教育目的。1974 年春，罗索夫斯基组织七人工作组，对包括核心课程在内的大学教育各主要方面进行了深入调查研究。1974 年 10 月，该工作组发表《致教职员的一封信——谈大学教育》，指出已实施多年的通识教育存在不少缺憾，如课程多片断、零碎，不系统，因此呼吁哈佛教职员同心协力探索通识教育的目的与方法。此信引起强烈反响，100多位教授及更多的学生赞同这一主张，纷纷献计献策。1976年，七人工作组组长威尔逊（J. Q. Wilson）提交《威尔逊报告》，建议实施非专精（non-concentration）科目。1978年，此报告经教授评议会讨论通过，并易名为《哈佛核心课程报告》。

2003年，笔者曾两次与罗索夫斯基相遇，接触中了解到罗索夫斯基本人对昔日报告的看法。他认为，报告明确了哈佛大学的教育理想或目的是培养20世纪有教养的人。这样的人必须具备下列条件：（1）清晰、有效的思考及写作能力；（2）在某些领域中具备广博的知识与基础；（3）对于所获得及应用之知识具有正确批判及理解能力，并了解宇宙、社会及人类自身；（4）勤于思考道德与伦理问题，具有明智的判断力，能做出恰当的道德抉择；（5）具有丰富的生活经验，对于世界各种文化及时代深感兴趣，努力探究。

为了造就符合上述标准的有教养的人，每个哈佛学生必须修习下列五个领域的课程。（1）文学与艺术：熟悉人类重要的文学与艺术成就，进而发展艺术创造与表达。（2）历史研究：以历史的眼光，了解现代社会的主要趋向，以及在过去历史中和特殊情况下人类事务的复杂性。（3）社会分析及推理：了解一些社会及道德方面的基本概念，以发展系统思考现代社会及个人问题的能力。（4）科学：熟悉物理学、生物学及行为科学之基本原则，并以科学之眼光正视人类及世界。（5）外国文化：扩大文化经验，并对本民族文化传统形成新的理解。

哈佛大学新生在第一学年必须修习上述每一领域中的1—2门科目。要获得学士学位者须修习32门科目（以每学期为单位的课），其中16门为各领域的专门科目，8门系通识教育科目，另有8门为自由选修的专业科目，通识教育在整个课程中约占四分之一。具体说，此时哈佛本科教育的核心课程要求所有学生必须用四分之一的时间来修习下面七个领域的课程：外国文化、历史研究、文学与艺术、道德逻辑、科学、社会分析、数学推理。应使每个哈佛学生都受到广泛的教育，并在特定的学术领域中得到训练。要达到这种目标，必须给学生以适当指导。教师有责任帮助学生获得知识，发展智力技能和科学的思维方式，向学生介绍获取知识的主要方法，阐明这些学术领域里有哪种知识，用什么方法去探索，怎样得到不同的分析方法，怎样使用它们，它们的价值是什么。核心课程所介绍的领域，诸如道德原理、外国文化、数学推理、音乐和视觉艺术等，在以往的科目中是得不到的，甚至原有的科目如文学、历史、社会和自然科学也已变化，它们在核心课程中以不同的方式组织起来，强调思维方式的重要性。

此外，哈佛学生还必须修读写作、外语、数学。哈佛的计划逐年增加了通识教育的科目，如 1980 年入学的新生必修前述五大领域中各 4 个科目的通识教育课程。1981 年，要求在每个领域至少必修 6 门通识教育课程。1983—1984 学年，核心课程计划罗列了通识教育五大领域拟开设的具体科目。其中，在文学及艺术方面，开设 54 门科目，在历史研究领域，开设 27 门科目；在社会分析及道德推理方面，开设 19 门；在科学领域，开设 19 门；在外国文化领域，开设 17 门。总共开出 136 门。内容有古有今，十分广泛，供学生选择学习。

从上可知，哈佛大学的通识教育课程涉及的领域非常广阔，适应现代多元文化和社会，要求学生掌握社会、自然、人文三种核心学科。在一个日益专业化的时代，哈佛在全面辩论之后仍然肯定了通识教育的价值；在大学越来越以学系为壁垒的氛围下，哈佛仍然有勇气冲破学系的樊篱而设计跨系的科目，且这种教育思想与哲学观点能够为哈佛多数教师所接受，的确是一个值得称赞的现象。事实上，1978 年哈佛报告书并不是一套放之四海而皆准、适合于任何“知识人”研读的经典或核心课程。哈佛大学提出的核心课程，旨在让教师有所遵循，为他们提供一个内容广泛的教学纲领。

（三）加强学院之间的联系

陆登庭博士 1991—2001 年担任哈佛大学校长，致力于把哈佛大学相互独立的学院变成较为统一的大学，以推动通识教育的实施。陆登庭认为，世纪之交的哈佛面临的具体情况多有改变，为了适应新形势，必须调整策略，把哈佛的学院，包括法学院、医学院、商学院等变成较为统一的大学，一改过去较为分散的状况。为何这样做呢？首先，哈佛和多数美国大学一样面临着削减预算的问题。把学院变成一个较为统一的实体可以更好地控制成本和分配资金。其次，这样做，可扩充学生的知识和视野，使他们具备较丰富的学识。再次，这种做法使教师能把注意力放到环境研究、公立学校教育、保健、职业道德和价值、职能和人类行为之间的关系等重要学科领域。陆登庭认为，主攻前述五个领域可增强美国在世界舞台上的竞争能力。陆登庭的做法赢得了哈佛多数师生的好评与认可。他们认为，强调相对统一管理和把学术工作重点放在当代一些重大问题上，将有助于维护哈佛作为国家一流大学的威望。如今，哈佛各学院之间的合作增多了，本科生的教育改革也在继续推进。在教学上，哈佛更多地采用了个案教学，注重因材施教，启发学生的创造性思维，强调一个问题可以有不同的答案。

例如，哈佛大学商学院没有沉湎于昔日的荣耀，而是对自身几十年来的办学方针、目标、教学内容、教学方法以及教学管理等进行了深刻的反思，将目光投向更为广阔的空间。哈佛商学院主要开展了以下几个方面的改革：(1) 强调哈佛校风，崇真求实，勤奋自信；(2) 在案例教学法的基础上，引进其他科学的教学方法，使其多样化；(3) 适应形势发展需要，对教学内容进行调整和更新，增设国际商务环境与各国文化背景分析、高新技术创新与管理、商业伦理道德、质量管理等课程；(4) 建立与壮大师资队伍，鼓励教师到竞争激烈的公司中兼职管理咨询工作，以编写教学案例，丰富学生的知识结构；(5) 改进教学计划及行政管理。

在谈到哈佛的教学理念时，陆登庭说过，哈佛大学给予学生的是一种学习的方式和解决问题的方法。解决问题的方法不仅局限在学习上，也同样适用于生活。哈佛大学的来自世界一百多个国家的学生在一起共同学习，他们有着不同的宗教信仰、不同的生活习惯、不同的政治观点，因此学校必须教会他们解决问题的方法，帮助他们在出现分歧时加强沟通，相互理解，达到和睦共处。在知识学习方面，学校应该教学生一些知识、理论，作为他们开展研究的基础，教会学生采用合适的学习方式解决自己的问题。学生在哈佛有很大的自由度，自由选课，从事不同的研究。学校提供给学生的应该是研究的课题和方向，以及大量的信息资源，指导学生做出自己的决定并坚定地朝着目标努力。哈佛并不过于关注当下学习与今后工作的关系，如主修法医学的学生不仅要学习专业课程，也要涉猎人文科学和社会科学，并从中得到一些启示。而离开哈佛法律系的学生，有的进了大学，有的去了公司，有的成为社会机构的成员，只有 30%的学生进入了自己的专业领域。

（四）进入21世纪以来的新提法

进入21世纪以来，哈佛大学修正了一战后确立的培养“全人”的目标，也不再强化1978年报告书中关于培养“20世纪有教养的人”的提法，而是倡导为新世纪培养“新人”。过去人们普遍认为，通识教育是在四年制学院前两年或前三年内进行，现在哈佛大学认为各个阶段的教育都应包含通识教育；通识教育不仅仅是一种课程，还是一种态度、一种学习方式、一种终生的追求；通识学科的教学更加符合通识教育的目的，更加积极主动，富有生机，不仅要满足闲暇，发展个性，更要顾及现代社会之需要，让更多的人受到有益教育；标志通识教育含义的传统科目，如哲学、历史等，其价值更受人瞩目；在通识教育目标中，更加重视对学生主动性、创造性、想象力的培养。

2001年出任哈佛大学校长的劳伦斯·萨默斯，于2002年5月14日在北京大学的讲演中表述了自己的观点。他说，大学面临五大挑战，它们也是大学要做的五项工作。

第一，要努力设法解决全球化的问题，把最优秀的东西传播出去。从很多方面来讲，世界与从前相比已经变得越来越小了。我们需要调整大学教育来促使学生不仅了解他们所居住的社区，而且了解全世界。我们应该保持一种社会感，这会极大地促进大学成功。

第二，保持大学的社区感和大学的自治感。因为知识已经变得越来越有用和实际，而且被更广大的社会所需要，人们对一流思想的需求为大学创造了巨大的、充分发挥作用的机会，同时也产生了巨大的挑战。

第三，重视那些现在看来不很实用的知识的价值。萨默斯说，人们无法预测未来什么知识领域会很有价值，适当的思考会使我们的探索范围更大、更广。但是，当人们急急忙忙地处理一些被每一代人再度提出的问题时，又会遇到一个挑战，那就是：人们不应该忘记一些永恒的问题，如人性的本质、人类的冲突、人类家庭以及许多传统文学名著中所描述的一些进退两难的困境。如果人们决心要变得更精明、目的更明确，就不应该牺牲培养学生博学睿智的机会。这是大学非常重要的义务。如果大学在管理方面的训练做得少一点，社会上其他的机构会在这方面做得更多一点。如果大学不全面考虑未来商业的行为准则，其他机构会考虑这一点。但是如果大学不研究古代的手稿，如果大学不寻求对历史的理解，那么这些东西很可能失传，这将会是人类悲剧性的损失。

第四，大学必须适应不断变化的知识结构。没有任何知识是永恒不变的。以前，据说有一些人可以掌握所有的知识；后来，据说有一些人可以掌握某一学科如物理学和经济学中所有的知识；今天，要掌握一个学科中的一个分支学科，如宏观经济学的知识，都已经变得越来越难了。但同时，很多非常重要的发现都是跨越传统学科界限的。我们必须准备利用这些重要的边缘学科领域的研究成果。

第五，大学需要适应不断变化的世界所带来的新情况。在未来，教育将会变成一个终身需求。我们已经看到被称为“燃料箱”的这一教育模式的终结。在这种教育模式下，人们年轻时用知识来给自己填充燃料，接下来在其一生的工作中逐渐消耗所学的知识，直到退休。现在，通过因特网向数千英里①以外的人传送知识的机会大大增加。因此，教学本身、教学对象和教学方法都要改变。

六、对美国通识教育的思考

（一）通识教育的含义

通识教育是培养人的教育，是高等教育阶段的一种普通教育、素质教育或养成教育。在这里，通识教育与人们平常所说的旨在造就无所不能、多才多艺匠人的“通才教育”是有很多不同之处的。美国学者所论述的通识教育有狭义和广义之分。狭义的通识教育也即现代通识教育；广义的通识教育则既包括现代通识教育，又包含传统自由教育的基本要素。本书所采用的是广义的概念，即通识教育是指在高等教育阶段面向全体学生所普遍进行的基础性的语言、文化、历史、科学知识的传授，个性品质的训练，公民意识的陶冶以及不直接服务于专业教育的人所共需的一些实际能力的培养。“通识教育”是一个发展变动着的概念，教育史上一直没有统一的表述。本书作如上定义，旨在探讨在这个意义上的教育理论和教育现象，包括自由教育和现代通识教育。

① 1英里=1.609 344千米。

自由教育，亦称文雅教育或博雅教育，源自古希腊的自由人教育，最初指以培养博雅的和有教养的贵族为目的的教育，后在英国得以发展，主张教育的唯一目的是获取知识和发展智慧本身。美国的通识教育主要是从欧洲传统移植而来的，在二战前它和自由教育几乎系同义语。美国新托马斯主义哲学家、教育家艾德勒指出，自由教育的目标对一切人在任何时间和任何地方都是相同的，因为人性在本质上是理性的。在通识教育的实施上，必须扩充人的理性，使之琢磨，使之锻炼，使之辨认事物演变的规则和原则。通识教育过程是心智的陶冶过程，也是养成心灵良好习惯的过程。自由教育不仅仅是读书，也不仅仅是学习数学、科学、历史和文学。自由教育只有在这种阅读和学习使思想达到自由之境时才得以产生效果。除了有所收获，还必须有所理解。

二战后的通识教育更强调掌握现代基础科学知识、基本能力和道德规范，更着重于受教育者在品行、人性、基础知识和基本技能等方面得到全面而严格的训练。传统通识教育基于理性主义的假设，采取逻辑学的方法和要素主义的取向，关心抽象观念、宇宙真理和理智发展；现代通识教育基于工具主义假设，采取心理学的方法，关心社会及个体问题的解决。在现代通识教育的氛围中，人们试图对传统的自由科目进行彻底审视，使其与当代种种问题建立更直接的联系。人们通过注意各个科目在接受社会实践检验时出现的结果来决定它们是否有价值。因此，通识教育课程中不再侧重永恒真理和经典名著。在当今时代，让人们掌握全部知识是不可能的，而只能让其掌握基本的、重要的知识，养成不断学习的态度。原任普林斯顿大学校长而后任美国总统的伍德罗·威尔逊认为，不能把知识割裂开来，专业人员所获得的自由教育绝不能只是他们接受技术训练之前的教育，而必须与技术训练同时进行。现代通识教育对广大青年是一视同仁的，并不为上层社会所独享。在接受一定的通识教育之后，人们以一定的知识领域为基础，向外迅速汲取各种文化领域的营养，用一种适应时代的文化内容来充实自己，扩大自己的知识范围，使心灵的内涵不断加宽加深，生活的意义及价值也变得丰富多彩起来，因而能在自身所受的专门教育中保持自由，在精神上不至于成为被专业束缚的奴隶。

通识教育不等同于自由教育，但是涵盖了自由教育；它不等同于道德教育，但也涵盖了道德教育。通识教育是在一个巨大的历史跨度之间滚动的概念，同时在不同的教育空间被赋予不同的特定含义。在人类自身的活动性质上，通识教育可区分为两个层次。在第一个层次上，人们进行与物质利益有关的各种活动和斗争，包括劳动的、职业的、社会的、政治的、法律的等各个方面。为反映该类目标，教育要告诉人们如何做事（how to do）。在第二个层次上，人们处于自由、想象的精神境界，通过充分发挥个人才智的创造性活动，使生活变得丰富充实，并造就出名副其实的人的价值，超越人的存在本身。为反映此类目标，教育关心的是如何生活，怎样做人（how to be）。这正是职业教育、专门教育与传统的自由教育、人格教育的对立统一之处。只有在一种新的观念中，它们才是统一而不可分离的。没有人格的世界不过是一架无生命的危险的机器，而处于真空中的人格不过是一些幽灵而已。这正是将人视为一个统一整体的现代通识教育的出发点和方法论。

（二）通识教育的特点

概括起来，通识教育有如下特点。

1. 通识教育具有解放性

广义的通识教育包含自由教育，而“自由”（liberal）与“解放”（liberate）原本是一脉相承的。通识教育要解放两点：其一，使人从狭隘的人才观中解放出来，从而变得视野广阔；其二，把人从眼前利益中解放出来，从而变得眼光远大。通识教育是教育的基础，各专业都离不开普通知识。大学培养的是人，必须培养其具有较强的理性，弄懂深刻理论，大学绝不能为追逐一时的经济效益而疲于奔命。通识教育是一种理性教育或称智力教育，引导人从获取信息到掌握知识，最终叩开智慧的大门。受过教育的人应该掌握获取信息的本领和读、写、算的本领，并且具备应对周围世界的基本知识。

2. 通识教育具有目的性

通识教育有着明确的目的，它所陈述出来的目的意图指导着课程的各个方面。1938 年美国教育协会教育政策委员会在其研究报告中，将教育目标分为四类：自我实现目标、人际关系目标、经济效益目标、公民责任目标。这四类目标中有三类主要靠通识教育来实现。二战后的通识教育是作为一场课程改革运动而发轫的，旨在去掉那种太专业化、职业化，离学生个人需要和现代社会需要太远的课程。通识教育的发展受益于教育心理学及发展心理学，它们鼓励自我学习和对目标与步骤的评估。自我意识、自我评估对通识教育来说不啻是一项根本原则，它保证了其他原则不致降为纸上谈兵，保证了为实现目标而采取所需的行动和步骤，确保了通识教育着眼于学生的需要和他们的未来。这种广泛目标与狭隘的职业教育目标显然不同。

3. 通识教育具有综合性

通识教育的综合性也是相对于专业教育的狭隘性而言的。通识教育不仅与知识相联系，而且与学习的整个环境相联系，它关注课程的目的、过程、方法和内容。首先，通识教育的课程内容是综合的。20 世纪 30 年代，米克尔约翰称通识教育是“知识体系”。20 世纪 60 年代，贝尔说通识教育是一套方法，并对整体背景非常关注。其次，通识教育的实施步骤是综合的。通识教育的实施不局限于学校之内，而是与整个学术环境联系着，整个社区都被当作通识教育的资源。课外活动、学生管理、业余咨询、宿舍生活等都被视为通识教育的组成部分。再次，通识教育的目标是综合的。通识教育的倡导者从各自时代出发，提出通识教育目标，尽管描述不尽相同，但都主张培养学生多方面的素质，引发学生的学习动机，使之有能力继续他们的学习过程。

（三）通识教育的未来

美国通识教育的未来走向如何，需要我们从过去、现在的延长线上找答案，需要我们着重分析促进和制约通识教育发展的因素。

其一，过去人们普遍认为，通识教育是在四年制学院前两年或前三年内进行的，以后人们将认为各个阶段的教育都应包含通识教育。通识教育不仅仅是一种课程，还是一种态度、一种学习方式、一种终生的追求。

其二，通识学科的教学将更加符合通识教育的目的，更加积极主动，富有生机，不仅要满足闲暇，发展人性，更要顾及现代社会之需要，让尽量多的人受到有益的教育。

其三，标志通识教育含义的传统科目，如哲学、历史等，其价值将更受人瞩目。

其四，师范教育将更加注重对未来教师进行通识教育，进而对更多学生产生影响。

其五，在通识教育目标中，将更加要求培养学生的主动性、创造性、想象力。

综观外部世界，下列因素促进了通识教育的发展。

一是科学技术飞速发展。现代社会的发展和繁荣，要求高等教育培养受教育者具有良好的素质、较强的能力，不宜培养仅具备一技之长的劳动者。现代社会日新月异，知识陈旧周期在缩短。一项新科技的兴起会淘汰许多旧产品、旧工艺，并随之而产生大批前所未有的新产品和新工艺。对此，专才势难适应，而通才却可大显身手，成为推动社会迅速发展的动力。进而言之，新科技革命促使边缘学科和交叉学科大量涌现，许多学科之间已失去原有的严格界限。新的科学技术的生长点，理论上的重大突破，技术上的重大发明，越来越多地出现在学科之间的空白地带上，出现在学科间的渗透和转移之中，而交叉学科的兴起使得许多学科你中有我、我中有你。这就要求当代人和未来人既专精于某一学科，又有深厚扎实的人文、社会和自然科学的基础，因为知识广博、视野开阔的人更易于产生灵感，触类旁通，迭出新意。

二是社会生活不断变动。现代社会改变着人们的劳动方式、职业生活，同时还改变了人们的生活方式、行为方式、思维方式、心理状态、价值观念等各个方面。高度紧张的职业生活，激烈的生存竞争，社会多极化、城市化、国际化，文化和价值观多样化，人口老龄化，大家庭瓦解等，造成日趋严重的社会道德和精神问题。如何形成健全人格，树立正确的伦理标准，建立和谐的人际关系，使个人与社会协调一致，保持愉快心境，恰当处理各种感情、生活问题，这些问题又摆在了教育面前。培养能够在不断变化的环境中有效生存、发展的新人，应当是教育更高层次的追求。就美国而言，有的时期由于偏重物质文明的发展，忽视了人的心灵和理性的培养，导致美国社会问题日趋严重，许多青年缺乏理想，精神空虚，人们企盼通识教育能够为改变这种状况助一臂之力。

三是全球性问题逐渐增多。随着人类改造自然能力的加强，科学技术在给人类社会带来巨大繁荣和进步的同时，也造成了人类生活状况的恶化，出现了一系列影响人类生存的全球性问题。例如，人口急剧增长对自然环境造成巨大压力和严重破坏，工业化发展造成了日益严重的环境污染和生态危机。这种“困境”的造成有着深刻的社会、政治原因。教育水准的低下，急功近利的浅见，对人类能力的迷信和对科学技术的滥用，对科技发展缺乏高瞻远瞩的预见等，都是造成这些问题的重要原因。而解决这些问题，更是对人类智慧、良知和尊严的真正考验。因此，必须大幅度地提高人类自身素质。与此同时，在当今社会，国际交流日益频繁，人们对相互沟通和彼此理解充满了渴望，这就要求通识教育培养学生具有国际意识和远见卓识，应对上述挑战。

当然，在美国有一些因素制约通识教育的发展。美国通识教育的发展始终困难重重，难以尽如人意，以后的发展也不会一帆风顺。究其原因，主要有三个。

其一，美国社会的实用主义。美国是一个竞争激烈、极其务实的国家，人们为寻找所期望的职位，争先恐后地修习一些在现阶段直接用得着的热门专业或课程。而通识教育课程难以收到立竿见影之效，被视为长线课程，对一般人而言，犹如远水不解近渴，因而不少人对通识教育缺乏兴趣。

其二，美国大学重术轻学。美国大学为了迎合劳动力市场的需要，寻求企业管理者的垂青，力求使大学的运行贴近经济和社会，因而面向社会有余，追求高深文化和探索学术理论不足。在教学中，重术轻学、重应用轻理论的情况一直比较普遍，往往使得通识教育的开展困难重重。

其三，通识教育实施中存在不足。一是管理不善。许多院校忽视通识教育，设专人负责通识教育工作的院校很少。二是指导不力。通识教育好比院校的餐厅，学生可选择食物解除饥饿，但缺乏平衡饮食的指导，结果往往令人失望。三是教师平庸。在某些院校中，通识教育课程被看作是二流课程，优秀教师不屑于去教授，致使通识教育计划成了平庸教师的避难所。如此恶性循环，使学生失去兴趣，望而却步。四是评估主观，对通识教育计划缺乏客观评估标准和有效评估程序。

结语

通识教育是高等教育的主要任务之一，在任何条件下都不能无视通识教育对人的发展和专业学习等方面的巨大作用。因为如果只实施专业教育，不开展通识教育，那么高等院校就会成为培养普通工人的职业学校乃至训练手工匠师的作坊。其实，通识教育和专业教育相辅相成：通识教育犹如奠基，专业教育好似建楼；通识教育让人有灵魂、有眼光，专业教育使人有能力、会动手。作为一种理想的教育和教育的理想，通识教育被许多人视为教育的最高阶段和最高境界。在经过基本教育和为职业生活做准备的专门教育之后，人们以一定的专门知识领域为基础，向外迅速汲取各种文化领域的营养，用一种适应时代的文化内容来充实自己，扩大自己的知识范围，使心灵的内涵不断加宽加深，生活的意义及价值也变得丰富多彩起来，因而能在自身所受的专业教育中保持自由，在精神上不至于变成专业的奴隶。就总体而言，美国的大学还是比较注意将通识教育和专业教育同时开展的，但在大力发展生产及经济腾飞的热潮中，对通识教育容易漠然置之。过了一定时期，学生流于过分专业化、目光短浅、品德下滑，美国的大学又不得不加强通识教育。这种左摇右摆的现象曾造成难以估计的损失。美国著名大学和有远见的教育家正在设法汲取历史经验，以期通识教育获得充分保证。

美国大学的通识教育坚持人文教育与科学教育相融通，重视学生智力提升。学生在本科学习期间，除侧重学习一个诸如化学、生物学、文学与政治学等学科专业外，更要广泛学习从道德、伦理、哲学到数理逻辑，从人类文明到天文与地理，从历史学到其他文化研究，从社会科学到自然科学等不同学科。对学生的学分要求，通常专业类占三分之一，而后者占三分之二。本科教育的主要任务是训练与发展学生智力，使学生学会从不同的角度分析问题，形成善于观察、勤于思考的品质，具备可持续学习与发展的能力。批判性思维是美国通识教育所强调的方面，它贯穿于所有课程。通过强化批判性思维，培养学生分析问题、解决问题的能力，培养学生的创新能力。

美国大学的通识教育坚持适度规模办学与开展学生指导相结合，重视学生健康成长。关心每个学生成长是文理学院的共同办学理念。无论是在精英教育时代还是在大众教育阶段，这类学院始终坚持办学规模与班级授课小型化发展策略，注重塑造教师、学生、校友与家长相互关心的校园精神。文理学院在校学生规模一般不超过 3 000 人，60%课程的教学班级不超过 20 人。“小型化”不仅有助于教师教学更有针对性，而且有助于融洽师生关系，还为每个学生参加课外活动与社区服务提供机会，使学生身心获得全面发展。对于公立大学而言，招生规模自然是比较大的，难以像在文理学院那样，教授可对每位学生耳提面命。但在本科阶段，公立大学也开始重视采用导师制、社团组织或其他灵活多样的形式，让学生受到关注，得到指导，获得发展。

美国大学的通识教育坚持传统理念与现代意识相结合，树立学生理想信念。美国是一个移民国家，不同文化背景移民兴办的学院，浓缩了相应的人生与社会理想，成为构建在不同文化基础上的美国民族精神的重要组成部分。各院校努力发挥传统优势，营造良好育人氛围。例如，有的院校对本科生的考试不设教师监考，培养学生的自律与诚信品质。学生则自发组织道德法庭，审判有欺骗行为的学生，提出处理建议。美国院校的通识教育还鼓励学生关注社会现实，关心国际社会变化和全球环境问题。在丰富的校园文化中，学生懂得了善待生命、认识自我、关注他人，学会了先做人再做事。

第八章

美国大学的科技策略

人类社会进入21世纪后，高等教育改革与发展的机遇更多，挑战更大。面对变幻莫测的现实挑战，科技已成为人们最有力的应对工具。同时，科学技术深刻改变着人们的生产方式、生活方式与学习方式。一个国家科学技术的发展水平与教育的关系密不可分，教育在时刻促进着科技的进步。作为全世界科技最为发达的国家，美国教育与科技之间的联系更为密切。本章将着重阐述美国大学与科技发展的关系、美国大学的科技成果转让、慕课的特点与应用情况。

一、美国大学与科技紧密结合

（一）美国科技发展特色

美国是世界上科技最发达的国家，想要认识美国教育与科技的深刻关系，首先必须认识当前美国科技的主要特征。这些特征包括以下几点。

1. 迅捷化

在古代悠久的岁月里，科技演进是非常缓慢的。到了近代以后，科学技术以革命的形式迅猛而彻底地改变着。第一次科技革命的标志是牛顿力学和蒸汽机的应用，第二次科技革命时期电磁理论向电机工程转化，第三次科技革命则是相对论、量子力学向原子能的应用转化。而今世界正经受着第四次科技革命的洗礼，控制论、系统论、信息论被广泛运用，计算机、互联网和机器人正日益深入人们生产和生活的各个角落，协同论、突变论和耗散结构论这“新三论”异军突起，世界知识总量急剧增长、成倍上升，科技进步周期也在缩短。科技进步周期包括两个方面：一是科学发明与技术发明之间的周期；二是技术成果转化为生产力并产生经济效益的过程。当代科技发展趋势之一就是这两个周期日益缩短，技术转移和传播并产生效益的速度不断加快。例如，19 世纪科学发现与技术发明之间的周期长达半个世纪以上，而 20 世纪以来这个周期的时间缩短到一二十年，甚至只有几年。这是由于当代高技术的发明创造所包含的科学因素比以往大为密集，日益以基础科研为依托，这样一来，技术开发与基础研究之间的距离就非常近了。同时，科技成果转化为商品及经济效益的周期也在不断缩短。这个周期在 18 世纪约为 100 年，19 世纪约为 50 年，第一次世界大战前为 30 年，20 世纪 20—30 年代为 16 年，二战后为 7 年，而 21 世纪初叶在一些发达国家，更新科技型产品一般只需 3 年左右的时间。

2. 网络化

现代科技内容日益复杂，而且相互之间的联系愈益紧密，呈现出网络化特点，其主要表现如下。

一是交叉学科不断增多。当前，边缘学科不仅在相邻学科之间产生，而且产生“远缘杂交”现象。于是，新的交叉学科不断问世，如技术经济学、工程心理学、功效学等。学科大量分化与交叉融合，使得分离的领域相互沟通，弥合了原来学科之间的空隙。

二是综合学科的出现。现在，学科之间的联系更广泛、更紧密了。例如，研究环境科学，须同时运用化学、生物学、物理学、地学、医学、工程学、社会学、教育学等学科的知识，并且只有通过对它们的综合而系统的研究，才能见成效。随着综合学科的发展，“学科群”式的研究方法显得越来越不可或缺。进而言之，当代科学研究已不是少数人的工作，而成为一种规模性的事业。进入21世纪后，美国对综合性、协作性的研究进一步加强。大规模的、社会化的知识生产，已成为当代科学发展的特点，也是当代社会的特点。在信息社会中，更多的人将从事这种知识生产工作。

三是自然科学与社会科学相互渗透。学习自然科学的人也需要学习社会科学，具备人文精神。科学的概念与方法作为一种特殊信息，在自然科学和社会科学之间往返转移，交互为用。今天，任何社会、经济问题的解决几乎无不依靠自然科学和工程技术所提供的基础理论与技术手段，由社会科学提供理论依据、价值观念和真实情况。在上述领域交叉结合的基础上出现的系统工程、技术经济、数量经济等一大批交叉学科，为决策科学化和管理现代化提供服务。

四是军民科技一体化。冷战时期，国际上军备竞争激烈，科学技术的许多重大创新首先在军事工业中应用。然而，由于近年来世界格局的变化，各国都在加快军转民的步伐。美国将一些涉及作战的技术问题委托一些大学来研究，以发挥大学的科技优势，同时将原来军事上一些独享的高科技广泛投入民用，军民科技相互交叉的态势已经形成。

3. 信息化

21世纪是信息革命的时代，信息科技是形态最活跃、发展最迅速、影响最广泛的科技领域。信息社会的首要资源是信息。信息是一种极为特殊的资源，它通常看不见摸不着，却几乎无处不在，作用十分广泛。在信息社会中，制造、存储、发送和使用信息显得异常重要。如果说工业社会使得人类活动扩展到了地球的各个角落的话，那么知识革命的主要特点则是能够大幅度扩展人类的思维空间。在美国，知识的信息载体迅速扩展，虚拟形态的知识铺天盖地，数字化资源大受欢迎，计算机和互联网走进寻常百姓家。

据有关方面的调查统计，目前美国就业岗位的大部分是与信息服务业有关的，显示出信息产业在整个国民经济中起着非常重要的作用，而且这种趋势近年来呈持续发展态势。1992年亿万富豪排名榜首次由微软公司创始人比尔·盖茨以65亿美元的个人资产荣登榜首，到1997年其个人资产已达到510亿美元，2016年其个人净资产为750亿美元，仍居《福布斯》全球富人排行榜第一名。过去美国的亿万富豪要么是钢铁大王，要么是汽车大王或石油大王，他们依靠钢铁或石油这类“硬件”，经过整个家族几代人的努力才积累起巨大的财富。而比尔·盖茨则是在人类历史上第一个依靠“软件”，在较短时间通过个人奋斗坐上首富这把交椅的。之后谷歌（Google）、苹果（Apple）、亚马逊（Amazon）、特斯拉（Tesla）、脸书（Facebook）等信息技术企业的创始人也取得了巨大成功。当然，除了他们本人的天才因素以外，还有美国政府创设的、引领工业化社会向信息化社会过渡的得天独厚的环境，所以盖茨的成功可以看作是信息产业成为国民经济主导产业的重要标志。

4. 计量化

所谓计量化，是指数学方法进入各门科学的研究领域，包括进入一些似乎与数学毫不相干的领域，使得科学研究进一步数学化、形式化和公理化。例如，在美国，现代地质学正在运用数学运算和计算机模拟研究复杂的地质过程，出现了一门数学地质学。数学地质学采用数学分析的方法研究地质问题，它根据地质学的某些假设，建立初步的数学模型，通过计算机的计算或模拟，不断对模型进行修改，使其和地质观测、实验分析的新数据保持一致，从而使地质假设在定量的基础上升华为理论。社会科学的研究也更加广泛地采用了数学语言、数学分析和数学测量。完全采用定性研究而没有一点定量研究的社会科学将失去市场，难以再为人们深信。定量与定性是矛盾的统一。社会科学各领域都有自己的量化研究方法和理论。在大学里，各社会科学系科都开设统计课程。美国学者认为，在教育科学的研究中，也应将定性研究和定量研究二者结合起来进行。好比登山，定量让人拾级而上，准确到位；定性让人高屋建瓴，把握方向。没有定量的教育科学是空洞的，缺乏定性的教育科学是盲目的。

5. 国际化

地球在“变小”，人们的视野在扩大，科技成果与科技人员的跨国交流正日益频繁，国际化正成为现实。可以说，科技越向前发展，国际合作也越广越深。由于经济贸易的国际化使得各国经济构成中你中有我、我中有你，于是任何国家的科技政策都会影响和牵扯别的国家。美国为了继续领先世界的科技发展，一方面不断采取加快国际交往和革新的措施，另一方面广泛招揽外国科技人才为美国所用。另外，科学越发展，研究风险越大，越需要组织各国力量联合攻关。美国航天局（NASA）的很多航天科研项目主动邀请俄、中、法等国参与，合作攻关，化解风险。轰动一时的激光干涉引力波天文台（LIGO）探测到双黑洞碰撞产生的引力波，开启了探索宇宙的新窗口。引力波的研究工作由引力波科学合作组织（LSC）完成，这一合作组织成员来自美国和其他 14 个国家的 1 000 多名科学家，其中包括我国清华大学、北京师范大学的师生。还有一些地区经济集团也要求加强科技合作，共同解决关系全球利益的问题，如人口爆炸、粮食缺乏、资源枯竭、环境污染、生态恶化等。不过，2019 年美国总统特朗普出于所谓“美国优先”的考虑，发起与中国的贸易战，打压中国科技企业，则与国际化趋势背道而驰。

（二）科学技术对教育的作用

科技与教育的关系至为密切，信息技术对教育发展具有革命性影响。随着云计算、物联网、增强现实等技术的迅速发展，教育系统内的诸多要素都产生了巨大的变化。如利用信息技术可以构建智慧型的教育环境，形成“主导—主体”结合的双主型教育结构，实现丰富的教育内容、多样化的教育手段等，这为推动教育变革和创新，构建网络化、数字化、个性化、终身化的教育体系，建设“人人皆学、处处能学、时时可学”的学习型社会提供了重大的历史机遇。

1. 营造智慧型教育环境

2008 年 11 月，IBM 首席执行官彭明盛在《智慧地球：下一代领导议程》报告中首次提出智慧地球的理念。报告指出，随着经济全球化和网络技术的迅速发展，智能技术正应用于生活的各个方面，世界将变得更小、更平、更智能。IBM 将智慧地球的理念融入各个行业，衍生出一系列智能化的行业解决方案，其中也包含了智慧教育。IBM 认为 21 世纪教育的五大特征为：学生的技术沉浸；个性化的学习路径；知识技能；资源的全球整合；教育与经济的紧密联合。与这五大特征相对应，IBM 提出智慧教育变革的五大对策：使用任何设备进行学习；向以学习者为中心转变；建构学习共同体；专业化的学习服务；系统化的教育。在智慧教育理念的带动下，很多学校纷纷升级无线网带宽来创建"智慧教室"，支持网络会议和其他形式的远程协作交流。大型显示器和屏幕被用来实现针对数字化项目的合作以及开展日常演讲和报告等活动。随着高等教育逐渐从传统的讲授式教学转向更注重实际操作的学习，大学课堂将开始模拟真实世界的工作与社会环境，促进有组织的交互活动以及跨学科的问题解决。

2. 丰富教育内容

一是促进新知识的教学。在科技进步过程中，尤其在当今科技革命时期，新情况、新问题、新思想不断涌现，新兴学科、交叉学科、边缘学科以及多学科的研究成果层出不穷。这就向教学内容注入了大量新知识。从各国情况看，教学内容与科学技术联系最密切的是高等学校，高等学校的教学内容是科学技术发展的一面镜子。科技先进的国家总是把最新成果引入高等学校；科技不发达的国家也是力图掌握世界科技发展的信息，以便在高校教学内容中加以反映。

二是在各专业的教学计划中设置新课程。

三是在原有科目中增加新内容。美国高校的教学内容深受科学技术的影响。例如，由于电子计算机的广泛运用，美国在高校教学中增加了相应的课程，并指导学生普遍使用计算机解决学业上的问题，开展科学研究。由于当代科技发展迅速，知识陈旧率加快，教学内容中的知识更新就显得十分必要。知识的更新，如同生物的新陈代谢一样，时刻进行着。

四是强调学生智力开发。面对潮水般涌来的新知识，教学内容无论怎样广泛和更新，都只能涵盖新知识的一小部分。更何况，知识陈旧率不断加快，今日的新知识或许若干年后就不再新了，甚至过时了，任何学习者都不可能一劳永逸。因此，美国教育注重学生智力的开发和能力的培养，帮助学生获得打开未来知识宝库大门的“金钥匙”，引导学生具备一套有效的学习方法，以收到事半功倍之效。从生理和心理角度看，智力主要是指脑力。大脑有四种主要功能：观察或感受，储存与记忆，判断与思维，想象与创造。左半脑的主要功能是记忆和思维，右半脑的作用是创造和想象。为适应未来速变时代竞争的需要，美国教育不仅重视开发人脑左半球，更重视开发人脑右半球，大力培养学生的想象力和创造力，让他们形成科学创新意识和能力。所谓科学创新，就是创造新的知识，发现新规律，丰富科学知识的新体系，形成认识世界和改造世界的新观念、新思想、新方法。创新，无论对科学和技术本身的发展，还是对于社会进步和繁荣来说，都是至关重要的。创新是一个民族进步的灵魂，是一个国家兴旺发达的不竭动力。

五是开展通识教育。通识教育是一种素质教育，它是相对于专业教育而言的。它强调基础知识，反对过分专业化；主张培养学生的个性品质，反对片面发展；提倡遵循教育规律，反对主观行事；提倡放眼长远利益，反对追逐短期利益。美国是一个务实的国家，专业教育是其长项，但对通识教育基本上未敢放松。为什么通识教育重视基础知识呢？因为当今知识急剧增多并快速老化，而基础知识是相对稳定的。从知识结构看，基础知识应包括三方面内容，即文化基础知识、科学基础知识、技术基础知识。为适应科学技术新情况，各国教育均重视传授给学生相对稳定的基础知识及学科基本结构，以不变应万变。在这里，通识教育有其特定的含义，它不是指包医百病的混杂知识，而是一种传授基础知识，培养完善人格，训练迁移能力，适应科技时代进步的高层次的普及性教育。

六是影响高校科研取向。科学研究是高等学校的一项基本任务和重要职能。高校科研已成为当代教育的重要内容。在不同的国度里，科学与技术的比重是不同的，因而各国高等学校的科研工作呈现不同风格。例如，英国长期存在着重科学轻技术的倾向，英国科学家的社会地位、生活待遇很高，而工程技术人员受重视不够。于是，英国的大学热衷于科学原理的研究，而对市场需要的技术开发，对新技术的工业应用问题，则有所忽视。美国在发展科学技术的初期，基础科学几乎全是从欧洲引进的。美国较早建立的州立大学几乎都是培养工程技术人才的基地。1862 年《莫里尔法》颁布之后，威斯康星大学等一批农工技术院校得以迅速发展。这些学院致力于应用技术的研究。于是，联合收割机、棉花脱粒机、电灯、电话、电报、缝纫机、打字机等，如雨后春笋般出现，推动了经济发展。到 1890 年，美国工业年产值超过了英国，跃居世界首位。二战以后，美国认识到一味重术轻学，势必影响科技发展的后劲，遂将足够的力量放到基础科学的研究上，采取了一系列行动来发展科学。1946 年成立了国家原子能委员会，1950 年成立了国家科学基金会，同年通过了发展科学与技术的法令，1962 年提出要在十年内把人送上月球的庞大空间探索计划。从此，美国高等学校开启了科学探索与技术开发并重的时期，例如，在实施 1983 年启动的“星球大战计划”、1986 年开始的“2061 计划”和 1993 年提出的“信息高速公路计划”过程中，美国的各级学校都发挥着科学探索与普及的重要作用。

七是加速高技术成果转让。随着知识经济时代的来临，高等院校对美国经济、科技的发展起着日益重要的作用。美国高等院校承担着全国 80%的基础研究与 28%的应用研究，其中 21 所著名大学承担着全美大学 50%以上的重要科研任务。进入 21 世纪以来，美国高校通过技术发明、转让，不仅为社会创造了大量就业机会，输送了大批优秀人才，推动了当地社会与经济发展，同时也增加了学校收入，促进了自身教学与科研的不断进步。笔者在访问麻省理工学院时了解到，该校科技研究与发明，每年可为美国新建 150 家高科技公司，新增就业岗位 15 万个，增收 200 多亿美元。

3. 改善教育结构

科技发展促进了教育结构的调整，使教育结构呈现出新的特征。

一是普通教育和职业教育相互渗透。普通教育职业化，职业教育普通化，这是世界性的趋势。普通教育职业化是指：在开办普通教育的同时，开办一定数量的职业技术学校，并使二者保持经常性联系；在普通学校里，除主要传授普通文化知识外，还传授一定的职业技术，并帮助学生养成理论联系实际、热爱劳动的习惯，具备较强的动手能力。所谓职业教育普通化，就是进行职业教育时，注意帮助学生掌握宽广的科学文化知识，打下坚实基础，防止过早专业化，并且像普通教育那样，重视学生的个性培养。这种趋势在高等教育领域，体现为通识教育与专业教育的并重与渗透。

二是更加强调基础知识。科学知识是一种潜在生产力，只有将其转化为现实生产力，刺激经济迅速增长，引起产业革命，才算真正发挥了威力。在促进科学技术经济化、商品化、大众化方面，教育能够发挥无可替代的作用。因为科学技术大规模转化为商品生产是世界性趋势，一个国家要取得迅速的经济增长，固然需要较强的科研和技术开发能力，但更需要把技术转化为商品的能力，而后者只能靠全民族文化素质的提高，靠国民教育的普及和提高。

三是终身教育应运而生。终身教育（lifelong education）虽然早已有之，但是，直到20世纪60年代之后才在美国形成潮流。在科技革命形势下，知识量急剧增大，知识陈旧周期迅速缩短，因而人们必须“活到老，学到老”，否则就跟不上时代前进的步伐。于是，终身教育概念正式形成并被提到重要位置。终身教育指个人在一生之中所有阶段接受的不同层次、不同形式和不同内容的教育总和。从组成上看，它包括学前教育、基础教育、高等教育、成人教育、继续教育等部分。终身教育有其特点：其一，教育被视为贯穿人生的活动，生命不息，学习不止；其二，教育方式、时间、内容重在知识和技能的更新与提高，不只看重文凭；其三，体现“大教育”观念，办学渠道及形式不拘一格。

4. 更新教育手段

在科技不发达的漫长岁月里，教育手段主要是口耳相传或粉笔加黑板。随着科学技术的发展，人类在教学活动中所使用的各种教学设备也在不断更新。19世纪后半叶，幻灯机问世；20世纪初，出现了无声电影；20世纪20—30年代，出现了无线电收音机和有声电影；20世纪40—60年代，电子计算机、卫星通信诞生了。而今，随着平板电脑、智能手机等移动智能设备的普及，以及云计算、物联网、大数据等信息技术的飞速发展，为构建适应所有学生个性化发展、全面发展的课堂创新教育模式提供了海量的、多样化的文字、图片、声音、动画、视频等多媒体信息资源。近年来，美国作为科技发达国家，其教育领域也发生了翻天覆地的变化，新型教育手段层出不穷。主要表现在以下几点。

其一，已有视听教学工具向智能化、微型化方向发展。自20世纪80年代以来电子计算机的小型化，使得教育领域内使用计算机更为方便。自人类社会进入

21 世纪第二个十年以来，计算机进一步微型化，手机俨然具备了计算机的各种基本功能，成为学生学习、通信、娱乐、交友的最重要工具。而且，人工智能异军突起。人们的学习方式、生活方式发生了重大改变。

其二，现代化教育手段使教育活动更加有趣有效。现代化教育手段提供更多机会，让学生充分利用各种感官去学习。研究表明，人们通过视觉获得的知识占 83%，听觉占 11%，嗅觉占 3.5%，触觉占 1.5%，味觉占 1%。学习同一教材，单用口授方式，学生听 3 小时只能记住 60%；只让看，学生 3 小时后能记住 70%；如果各种感官并用，3 小时后能记住 90%，3 天后 3 种学习方法的记忆率依次为 15%、40%、70%。用现代化手段调动学生多种感官，不仅有利于他们的记忆，而且有利于启发他们的智慧。另外，还可利用现代化手段设计教学游戏，让学生生动活泼地学习。

其三，慕课更加广泛地应用于教育，促进了远距离、大规模教育的发展。网络教学为更多人提供了更加灵活的受教育机会，增强了他们的科技能力和多方面素养。反过来，众多科技能力更强的人不懈地勤奋工作，又推动了整个国家科学技术的进步。相应地，计算机互联网的广泛应用，加速了美国高等教育信息化和国际化的进程。

美国特别关注推进信息技术与教育融合，教育部教育技术办公室（OET）于 2010 年 11 月发布了美国国家教育技术规划（NETP），内容包括学习方式变革、评估方式变革、教学方式变革、基础设施升级、教育体系重构五部分。该规划提出了一种技术革新教育的 21 世纪模型，即强调技术与教育服务的融合、人与技术的融合、实体空间与虚拟空间融合，形成一个技术完全融入“学习”的和谐教育信息生态。① 另外，该计划强调教育系统必须进行由技术支持的重大结构性变革，以信息化为主要手段推动美国教育整体变革，助推教育生产力显著提高。

（三）教育对科学技术的作用

教育是科技进步的动力。教育通过培养科技人才、参与科学研究和技术开发

---

① 余胜泉、赵兴龙：《基于信息生态观的区域教育信息化推进》，《中国电化教育》2009 年第 8 期。

等途径间接或直接地推动科技发展。

1. 教育能够培养科技发展所需人才

第一，教育是培养科技精英的摇篮。科学技术的发展需要杰出的科学家和工程师，每一次重大的科技革命都靠这样的人才去推动。牛顿创立的力学三定律标志着古典力学的最高成就，爱因斯坦的相对论开创了现代物理学的新纪元，哥本哈根学派创造了量子力学的辉煌业绩。但是，科技骨干人才不会从天上掉下来，像其他专门人才一样，他们是教育的结果。基础教育能够及时发现和培养有才华、有潜力的早慧少年儿童，并做好科学启蒙教育。许多优秀的科学家正是在少年儿童时期得到教师的启发、引导，从而立志攀登科学高峰的。现实生活中，许多学生因为参加了航模小组、气象小组等，从而对某一门科学产生了兴趣，以后走上了科学道路。高等学校特别是名牌大学对培养科技行家里手至为重要。高校应成为培养科技精英的摇篮，不失时机地培养年轻一代的科学态度，帮助他们掌握基本的科学研究方法，具备从事科学事业的勇气。

第二，教育可以造就大批复合型人才。科学技术通常具有综合性特点，为此，教育就要培养既具有某项专业知识又具有广博知识、基础扎实、能适应科技发展的复合型人才。美国许多大学在文科专业中广泛开设了各种自然科学和工程技术的科目，也要求理工科学生学习经济学、历史学、社会学、法学、教育学等科目，还设有文科和理工科双重学位制。一些大学甚至跨校开展联合培养，发挥各自学科优势，造就视野宽广的人才。例如，哈佛大学的商学院和麻省理工学院的工学院各选一些学生，对他们进行跨学科训练，力图培养科技型的企业家。为适应科技发展形势，美国高等教育重点推进的工作包括：(1) 继续改革高校现有的系科结构，有计划地办好综合性大学，文、法、理、工、经、贸等并重，鼓励学生跨系科选课；(2) 办好反映新兴产业发展的跨学科专业，如环境科学、信息科学、系统科学和材料科学等；(3) 采取多种学制，灵活多样地进行智力开发；(4) 推广和完善双重学位制或主副修制，努力扩大学生的知识面，增强其对新科技革命的适应性和促进能力。

第三，教育是训练智能型劳动者的手段。每一次重大的科技进步都会引起社会生产力发生质的飞跃，从而促进经济腾飞、社会进步。只有通过教育不断提高劳动者科技水平，才能不断提高劳动生产率。世界银行对亚非拉十几个国家的调查表明，受过教育的劳动者要比单纯体力型劳动者更能发挥作用。国际上一些关注中国的经济学家调查表明：在中国农村地区，每一个农户的成员多接受一年教育，其作物产量增加约8%；每个农户的户主多接受一年的科技知识教育，其农作物产量可增加3%。如果接受了高等教育，那么劳动者素质会更高，对产业升级和科技进步可以做出更大贡献。

2. 教育是发展科学的重要阵地

教育具有直接的科学研究功能，集中体现在高等教育阶段。欧洲在古希腊时期就出现了教育和科学研究相统一的学院。1775年，法国把巴黎科学院改组为法兰西学院的一个部门，使法国的科学研究集中于高等学校，与此同时，又创建了由400多位著名科学家组成的师资队伍，从事科学研究工作。这一创举使当时的法国科学技术跃居世界首位。德国从1809年洪堡创立柏林大学起，就提出“研究必须与教学相统一”的原则，认为大学不仅要传授知识，还要使学生了解科学研究，并积极参加科学研究。约翰斯·霍普金斯大学的创立成为美国大学教学和科研并重的开端。从此，美国高等教育不仅能够传递科学，还能通过科学研究有所发明，从而发展科学。在大学里，教育与科研犹如鸟之双翼，缺一不可。一般来说，美国研究型大学教师阵容整齐，功底深厚，从事基础研究颇具优势，美国高校承担着本国60%左右的基础研究项目。

3. 教育是科技成果转化的中介

教育是科技成果转化为现实生产力的一个重要中介。

第一，高校的专职、兼职教师，正规、非正规学生，来自四面八方，活动范围广，是社区中巨大的科技信息载体。他们可以把本校以及其他能够接触到的科技新成果介绍给周围的人，介绍给企业界。

第二，高等教育、成人教育、中等职业技术教育设有流通、促销、信息、公关、外贸等专业，专门培养流通领域的人才。这些人才可以为科技成果的转化和“嫁接”牵线搭桥，寻找“婆家”。

第三，企业职工教育可以帮助广大在职技术人员和工人尽快适应和采用新技术、新方法、新设备、新工艺，搞好产品的更新换代。

第四，基础教育尤其是义务教育向所有青少年传授科技新知识，使他们养成理论联系实际的作风，训练他们的动手能力。这样，在未来的实际工作中，他们一般乐于并善于钻研、学习和使用科技新成果，提高劳动生产率。

第五，高等学校以及一部分其他学校还直接参与应用研究和产品开发，这或许是教育作为科技成果转换中介的最突出的表现。

在美国，大学已经成为新知识、新技术的“孵化器”。更为重要的是，作为这种新知识、新技术的集中体现，科研成果和科技发明能够通过政府、高校与产业的有效合作迅速进行产业化，真正成为经济繁荣的“发动机”。科研成果产业化与商业化不仅能够促进科学知识的发现，刺激技术创新，提高生活质量，培养下一代科研人才，而且为美国经济繁荣做出了重要贡献。美国政府、企业和高校十分重视技术转让并已经取得显著成绩。在美国高校技术转让过程中，政府从宏观上进行控制，创造宽松的政策法规环境；高校则不断调整自身，努力开拓与外界的联系，共同推进科研成果产业化的进程。

4. 教育是改善科技环境的必由之路

教育改革的一个重要任务就是理顺教育与科技之间的关系，在改革时期较之在平衡发展时期，教育对科学技术的作用更为重要。教育改革带来了新的教学观念。传统教学以“填鸭式”为主，学生被动地接受知识；教育改革要求在传授知识的同时，大力开发学生的智力，培养学生对科技知识的兴趣，增强他们开展科技活动的能力。教育改革要求培养学生的参与精神，鼓励他们立志攀登科技高峰。教育改革要求进行全民教育，要求人们树立大教育观。在时间上，教育应包括从胎教、幼教直至临终前教育；在空间上，包括家庭、学校、各个部门的教育；在对象上，包括尽量多的公民；在目的上，提高全民族的素质。只有国民素质普遍得到提高，才能更有效地促进科技成果的普及与转化；只有广大民众产生了科技进步的获得感，才能形成全社会尊重知识、尊重人才的良好风气。

二、美国大学的科技成果转让

（一）政府在技术转让中的宏观作用

1. 建立完整的技术转让法制体系

在美国高校技术转让的历史进程中，1980 年是一个分水岭。在此之前，因为联邦政府缺乏产业联系，不能将技术成果商业化，又不愿意将许可权授予私营企业，加之当时许可权和专利权政策互相冲突，使得大学不愿涉足技术转让领域。此前在美国联邦政府拥有的三万多件专利中，大多数是大学的研究成果，但仅有极少部分实现了商业化。1980 年 12 月 12 日，美国国会通过了《贝都法》(Bayh Dole Act）并随后被总统签署生效，统一了联邦政府专利政策。该法鼓励大学与企业界合作，转化由联邦政府资助的科研成果，许可权优先授予小企业并制定统一的许可权授予规范。此后一直到 1985 年，美国先后又出台了四项有关法律，进一步放宽了技术转让政策，为研究成果技术转让创造了更为宽松的环境，极大地调动了政府、学校、产业以及小企业的积极性。

1987 年美国商务部将《贝都法》及相关法规条款汇编成册并公布实施，主要内容包括四点。(1）规范与统一政策规定。明确政府出资是指政府通过研究合同、科研基金和合作研究所支付的科研经费；科技成果指科技发明、专利技术和著作等受知识产权保护的研究成果，适用范围包括非营利性组织，如大学、研究机构、从事研究与开发的规模在 500 人以下的小企业和联邦政府各个机构。(2）联邦政府的义务和权利。联邦政府原则上将其出资的科技成果的知识产权交给大学，但有权保留涉及国家安全或敏感领域的科技成果的所有权；有权为维护国家利益无偿使用和开发政府出资的科技成果；有权采取措施确保政府出资的科技成果得到有效的开发利用。(3）大学的义务和权利。大学应向出资的联邦政府机构报告相关科技发明情况；将联邦政府出资开发的专利技术优先转让给小企业和参与资助的大企业，并定期向出资的联邦政府机构报告其科技发明开发与利用的情况。大学也有权通过专利制度获得联邦政府出资的科技成果的转让收入，并与发明人分享。(4）企业的义务和权利。企业利用联邦政府出资的专利技术开发的专利产品，如果在美国国内销售，则必须在美国国内进行生产，但企业有权获得这些专利技术的独家使用、生产与经营权，并受法律保护。

2. 联邦政府注重大学需求并调整政策

联邦政府不定期地对大学与联邦政府、地方经济之间的关系进行评估，改进政府在技术转让方面的不足，提高了大学参与地方经济建设以及技术转让的积极性。美国国家科学技术委员会认识到加强政府与大学之间关系的重要性，专门成立了负责审查评估政府与大学关系的常务工作组，并极力建议总统科学技术顾问委员会成立同样性质的专门小组，一方面为大学提供咨询服务，另一方面就政府与大学合作关系向总统和科学技术委员会提供政策建议。

美国联邦政府对大学技术转让非常支持，表现在以下几个方面。一是继续向大学提供巨额科研经费。据统计，联邦政府各部门每年设立的科研项目，有140亿—200亿美元被大学申请到，占大学所有科研经费来源的60%，占联邦政府用于基础研究所有支出的一半，占用于所有研究（包括基础研究和应用研究）经费的三分之一。二是联邦政府机构继续与大学保持科技合作关系，并向大学提供或推荐尖端研究设备，这些设备改善了有关学科的科研条件。

3. 地方政府利用多种渠道支持技术转让

除联邦政府外，地方政府也尽可能地为高校技术转让提供便利条件，并卓有成效地根据各地特点设立服务机构，专门从事促进高校与企业合作，为技术转让提供服务。例如，华盛顿州于1983年通过立法成立了“华盛顿技术中心”，其宗旨就是建立企业与大学良好的合作关系，为科研成果的商业化提供帮助。该中心以企业需求为导向，通过各种资助项目帮助大学科研工作者与之建立联系。它已经与华盛顿州的众多科技公司以及华盛顿大学、华盛顿州立大学等高等院校建立了长期合作关系。

（二）研究型大学重视科技成果转让

美国大学素有重视应用的传统。早在1925年，威斯康星大学（麦迪逊校区）就在全美率先成立了“技术许可办公室”（Office of Technology Licensing），负责本校与工业界的联系，促进科研成果投入应用。随后，艾奥瓦州立大学于1935年、麻省理工学院于1940年也先后成立了类似的机构。不过，各研究型大学普遍设立技术转让机构是在20世纪80年代之后。

第一，1980年的《贝都法》一改传统做法，决定将利用联邦经费取得的多数科研成果授权给取得成果的大学支配，而研究型大学60%以上的科研成果是依靠联邦资助取得的。以此法为契机，科研成果应用和市场化成为大学的一项重要工作。为此，大学纷纷开始内设技术转让部门或专职人员以司此职。

第二，20世纪80年代后，生命科学、生物技术、电子技术等领域飞速发展，使得有关应用性科技成果层出不穷。而这些成果投入生产、服务社会、获得回报后，又进一步刺激和加强了研究工作。

第三，20世纪70—80年代，美国传统工业处在向现代工业转型时期，企业为了在激烈竞争中立于主动地位，非常重视技术密集型产品的开发与生产，主动与研究型大学联系，表示愿意购买科研成果或专利，或吸收大学的技术入股，并希望大学有专门机构负责此事，便于联络和协商。

第四，20世纪80年代初，一些大学由于重视技术市场化，收入颇丰，成为其他大学眼中的“大赢家”。当时，密歇根大学靠转让两个治疗癌症专利，获得1.6亿美元；佛罗里达州立大学为名叫Gatorade的运动饮料提供了改进配方，获利3 700万美元；斯坦福大学由于转让一种DNA结合技术，获利1.43亿美元。于是，各研究型大学无不心驰神往，纷纷效仿，设立技术转让机构，推动科技成果的市场应用。

技术转让办公室一般的工作程序是：向学校的科研人员收集最新的成果，将科研成果通报给资助人，办理专利申请，向产业界推销专利，谈判签署并管理许可证协议。除此之外，技术转让办公室还负责专利诉讼纠纷、收入分配记录以及对政府的年度报告。美国高校均要求技术转让办公室在促使科研成果商业化的同时，不能一味追求商业利益，还要坚持大学的教学、科研和服务宗旨。

美国大学大力开拓横向及纵向联系，为科技转让创造条件，主动出击，而非守株待兔。它们为了加强与社区的联系，发挥科研优势，便在毗邻地区或校内设立研究园或创新园，吸引高科技产业。这些以学校科研为基础建立的公司或者企业可以最大限度地利用大学的学术资源，同时大学也可以分享研究园中的先进设备和应用成果。两种因素互相作用，促进了新技术的传播、转让与商业应用。美国大学进行技术转让对自身而言具有十分积极的意义，不仅促进了大学科研水平的提高，而且为大学科研提供了充足的经费支持。

在此，笔者介绍若干研究型大学的技术转让机构。

哥伦比亚大学科技发展办公室（Office of Science & Technology Development）于1982年设立，1994年更名为“哥伦比亚创新企业”（Columbia Innovative Enterprises，CIE）。该办公室直属一名副校长主管。CIE有24名专职人员，由三部分人员组成，即科技专家、工商管理人员和律师。他们多数获有MBA或专业博士学位。CIE负责哥伦比亚大学知识产权的评估、申请与保护，为技术发明人寻找风险投资公司，支持创办高技术公司；提供技术咨询服务，发布和转让新技术成果，吸引风险投资公司、大企业前来合作开发。此外，CIE还关注教授的科研课题，引导他们就当前企业亟待解决的重大技术问题提出解决方案，寻找新的增长点。1982—2000年，哥伦比亚大学在科技成果转让方面获得的收入超过6.36亿美元，其中主要归功于生物技术和生物医学，以及电子工程、计算机科学等方面的研究成果。1999—2000年，该校通过签订144个技术转让合同和137个研究合同，其收入高达1.66亿美元，在全美大学中首屈一指。至2004年，世界上有228家企业是以该校转让的技术为支撑的，但该校未直接经营这些企业。

麻省理工学院研究项目和研究成果让世界瞩目。它于1986年成立技术许可办公室（Technology Licensing Office），共有27人编制。该校每年取得专利100多项，转让专利使用许可80个左右。不过，麻省理工学院仍坚持学校不直接办企业的立场，认为学校的特长不在运营企业。

斯坦福大学技术许可办公室（Office of Technology Licensing，OTL）成立于20世纪70年代末期，有19名工作人员。1997财政年度，通过技术转让，该校获得5 200万美元的收入，相当于整个科研经费的13%。当年，OTL掌握着248项发明的公布事宜，处理了128件新的专利，支持成立了15家小型科技企业，管理着272项可以回收利润的转让技术，转让出1 044项技术。

哈佛大学于20世纪80年代初期设立了技术与商标许可办公室（Office for Technology and Trademark Licensing，OTTL）和技术许可办公室（Office of

Technology Licensing)，前者服务于全校，后者只服务于医学院。它们旨在：(1) 促使大学的智力成果尽快投入使用，同时保护学术自由，并为大学、发明人及所在系谋求经济回报；(2) 充当教授与工业界联系的纽带；(3) 对合法商品授权其使用哈佛大学的名称、徽章、标识等本校商标，其收益主要用于资助本科生教育。

卡内基梅隆大学于1993年建立技术转让办公室，共有11位工作人员，均具有大学科研与企业管理经验，有的还创办过公司，十分了解新技术的潜在市场。多年来，卡内基梅隆大学全年科研经费不过两三亿美元，在全美大学科研经费排序中名列在40位左右，但该校的教师人均技术转让所得收入却名列第三，仅次于哥伦比亚大学和斯坦福大学。

研究型大学技术转让部门有一些共同特点。

第一，机构多设立于20世纪80年代。如上所述，美国少数大学很早就设有同企业联系的机构，但是，作为以专利技术转让为主要职能的技术转让机构的普遍设立，则是在1980年《贝都法》通过实施之后。目前，大学技术管理者协会的会员来自全美近三百所大学的技术转让部门，差不多涵盖了所有研究型大学。各校所设的技术转让机构尽管名称不一，规模有别，有的设立了专职机构，有的在科研管理机构或基金管理机构中增设了若干专职人员，但基本职能是相同的。

第二，机构的职能比较明确。一般而言，各研究型大学的科技成果转让机构的主要职能是：寻找新技术发明，评估其潜在市场价值；保护知识产权，为学校新技术发明申请专利；负责与具有能力、资源和兴趣的企业进行联络，根据本校某专利的技术类型、开发程度、市场前景及可能风险，与企业讨价还价，并签订技术转让合同；提供技术孵化站和部分启动经费；为创建的高技术公司寻找管理人员，协助组织产品开发与营销；向政府有关部门报告经费使用及为社会所做贡献的情况。与上述职能相对应，人们通常认为，关于研究型大学技术转让所获的效益主要有六个衡量指标：大学每年的科技发明数；美国专利申请数；一次性转让出的专利数；以技术入股并带来收益的专利数；支持教授成立的公司数；技术转让的毛收入。

第三，人员结构较为合理。研究型大学技术转让部门的工作人员，有的来自企业的产品或市场开发部门，对新技术的商业开发有丰富经验；有的来自大学或科研部门，具有学术、管理或法律知识背景；也有特聘的校外人士，他们是某些领域或部门的行家里手。几方面人才分工协作，互相补充，在各个岗位上发挥作用。

第四，专利技术转让形式灵活多样，收益颇丰。从形式看，有专利使用产品销售额提成、专利技术转让总付和专利技术入股等；从时间看，有阶段成果的授权，有每项研究的持续授权；从范围看，有的只授权给美国公司或限于美国使用，有的则面向全世界。由于成功地进行了技术转让工作，许多大学受益颇丰。

第五，收入分配合理，调动各方面的积极性。技术转让办公室在分配专利技术转让所得收入时，照顾各方面的利益和积极性。例如，麻省理工学院的技术转让收入15%用于事业发展，其余归专利发明人、所在系和学校，各三分之一。

在实地访问中，笔者了解到，哥伦比亚大学对转让收入不超过10万美元与超过10万美元的项目，采取了不同的分配比例。获利10万美元以下的转让收入，发明人拿40%，专利代理人、研究项目、大学各20%；10万美元以上的项目，发明人拿20%，专利代理人、研究项目提成各20%，大学26.4%，学院6.8%，系6.8%。

第六，大学及其技术转让部门不直接办公司和企业，不承担经营风险。美国研究型大学重视与企业的联系，促进科研成果的运用，但一般并不直接出面创办公司，而是采取以下几种形式：技术转让，收取转让费；技术入股，收取红利；提供必要条件，扶持教授以个人名义创办公司等。有些学校也会拿出少量资金，进行投资或金融运作，扶持有前景的小型科技企业的发展。对这类企业，大学一般希望能资金增值，即使公司倒闭，损失也很有限。总之，大学通常不承担企业经营的风险，尤其不承担重大经营风险。对于教授参与公司运作，大学要求他们：处理好教学与为公司做事的关系，规定教授的教学工作量和最少在校时间；处理好利用学校资源为本校教学科研服务和为公司服务的关系，兼顾公私利益；处理好专利权归学校与发明人提成的关系，以调动各方面的积极性；处理好以专利技术入股与大学利益的关系，大学通过合同获得应得的收益。

（三）美国波士顿128公路地区科技发展考察

环绕波士顿的128公路两侧拥有3 000家技术密集型企业，每年创造大量产值，成为闻名美国乃至世界的知识创新和科技开发基地。

1. 发展概况

第二次世界大战和随后的冷战重绘了美国经济发展的蓝图。联邦政府通过引导资源流向大学实验室，发展军工技术，刺激新的行业和地区的发展。麻省理工学院作为国防和航天研究合同的主要承担者和受益者，成为波士顿地区经济转型的先锋。128公路始建于20世纪40年代。1951年，政府对128公路进行了扩修，把大波士顿地区的二十多个城镇连成一线，为方兴未艾的研究和工业活动开辟了新的空间。随后，各种不同性质的实验室、新型中小企业和老牌公司的分支机构纷纷在此落户。1965年，该地区已有574家科技型公司。到1970年，波士顿128公路地区已经成为美国首屈一指的电子产品革新中心。当地一些公司专门研制需要不断创新较高技术水平的产品，如雷达发射管、远程通信光缆、工业控制及导弹控制设施、导航系统等，经济效益明显。然而，随着越战的结束和太空竞赛的趋缓，国防与太空市场合同一度大幅下降，该地区曾经历了一场严重的经济萧条。20世纪70年代末，微型计算机工业的迅猛发展帮助128公路地区摆脱了困境，使其成为美国计算机行业的一个中心。1980年该地区中档计算机销售总额为260亿美元，占全美销售额的34%。当时引人注目的新兴公司，如数字设备公司、王安公司和通用数据公司等，占据了微型计算机市场的多半份额。

20世纪90年代初，受全美大环境影响，波士顿经济不甚景气，许多公司倒闭，128公路地区又受到很大冲击。但它并未一蹶不振，而是凭借人才优势，发展高新技术产业，进行经济结构调整，几年后128公路地区又重新焕发了活力。20世纪90年代中期以来，涵盖生化、通信、电子、信息等领域的高技术公司总部纷纷落户在128公路地区。一些外地高科技企业也在128公路沿线设立了分部、研究中心或销售基地。例如，微软公司在此设有很大的研究基地和办事机构。进入21世纪后，随着知识经济大潮的到来，128公路地区得到更大的发展，许多方面将与硅谷一争高低。128公路沿线地价迅速攀升，剩余空间日小，很多新兴企业便开始在离波士顿较远些的495公路沿线安营扎寨。128公路地区实际上成了大波士顿科技产业区的代名词。

综观128公路地区的发展，主要得益于四方面的因素。

一是大学广泛参与。哈佛大学、麻省理工学院、波士顿大学、波士顿学院、东北大学、马萨诸塞大学等作为128公路地区发展的智力后盾，广泛参与创新研究，不断推出专利成果，大力支持企业发展。大批优秀毕业生首选128公路地区发挥才能，成就事业。

二是工业基础雄厚。波士顿地区工业发展起步早，底子厚，相关配套支撑企业和附属设施齐备。因此，对128公路地区的高科技企业而言，在通常要经历的创新、加工、市场的运作过程中，只要重点抓好两头，即抓好创新和市场即可，加工则可委托各有关支撑企业完成，批量生产甚至可委托外国企业完成。创新企业得以集中力量开展科研攻关。

三是政府政策扶持。各级政府对于创办新企业的个人、组织及新建企业，提供科研资助或风险基金，采取扶持措施，并帮助已成形的中小科技企业发展壮大。

四是具有良好环境。128公路地区交通便利，环境清新，设施齐备。波士顿是美国主要的金融中心之一，科技企业在此落户，较容易找到投资者，客户也比较集中。另外，该地区中小学教育质量较好，有利于吸引科研人员和投资者携家眷在此长期定居。

2. 大学对128公路地区科技发展的贡献

128公路地区的发展与波士顿的高等院校有着密不可分的关系。1991年以来，波士顿地区的科技发明，三分之二是由大学完成的。大学教授、研究人员乃至在校学生可创办高科技企业，或技术入股，或在公司兼职。高科技企业必须要有专利，有创造发明，大学一定要有一流的教职人员，有一支善于创新的队伍，否则即使政府建好科学园也无济于事。

麻省理工学院对128公路地区的科技发展影响最大。它创建于1861年，从建校之初就鲜明地提出，要走一条和工业发展紧密结合的全新建校之路。它不仅科研成果丰硕，其发明占波士顿地区整个大学发明的一半左右，1997—1998学年度占到 53.7%。波士顿各大学均设有工业联络办公室、技术许可办公室、企业发展中心之类的机构，负责专利的管理，物色合作伙伴，定期走访企业，协调各系与企业的关系。它们根据企业需求，安排教授和工作人员与其会谈，提供信息咨询；邀请企业管理人员和技术人员参加学校举办的学术活动；向企业提供大学年度发展报告、学术杂志以及有关论文。依据协议，企业可以利用相关大学的实验室，从事开发研究工作，避免重复建设造成的浪费。

大学对 128 公路地区发展的贡献，除了技术投入和技术支持外，许多企业的内部管理、市场营销、发展战略等，也都得益于哈佛大学、波士顿大学等校的参谋作用，以及优秀毕业生的加盟。在与产业合作的过程中，大学也得到了应有的回报。

第一，技术转让收入颇丰。大学的专利和成果有偿向企业转让，根据成果价值和运用前景，每项成果少则可获几万美元，多则可达几百万美元。麻省理工学院每年可获得 5 000 万—7 000 万美元的技术转让费。各校通常将获得的技术转让费分配给专利持有人（师生）、所在单位（院、系、研究所）、学校（及工业办、专利转让办），各占三分之一。

第二，获得企业的赞助。有些企业为了长远利益，每年拿出资金或设备，无偿投向大学，树立自身形象，吸引优秀毕业生；或自定研究课题，划拨研究经费，向一流大学招标。麻省理工学院每年校本部研究经费约为 3.5 亿美元（林肯实验室每年另有来自联邦政府的 4 亿美元），其中近 80%来自联邦政府部门，20%以上来自工业界。

第三，教授参与企业的技术和管理，他们在生产一线丰富了阅历，促进了教学和科研。对教学，教授更知道强调什么，并可运用大量实例丰富教学内容，启发学生思维；对科研，教授更能抓住现实生产中急需解决的课题，早出成果，马到成功。

第四，学生锻炼了动手能力。通过选修大学与企业共同推出的合作课程（corporate course），或在企业实习，学生的创新精神和创新能力得到培养和提高，创业意识和创业技能得到深化和锻炼。

3. 政府对128公路地区企业的支持

首先，成立有关机构，提供协调和信息服务。马萨诸塞州经济发展厅戴安娜女士两次接受笔者的访问。她介绍说，厅里设立“商务发展办公室”，配备经验丰富的专业人员，重点为128公路地区企业提供各种无偿信息服务。例如，解答有关进驻128公路地区的条件、鼓励措施、税收政策、法律事务等方面的问题，提供各有关部门的联络方式等，帮助企业迅速找到解决问题的方案。波士顿市政当局每个季度还举办一次鸡尾酒会，邀请州长、市长、各政府部门的代表、社会各方面的代表与会，交流信息，切磋探讨，共商未来。

其次，提供经费支持。马萨诸塞州政府不仅积极鼓励本地专业人员和企业每年申请联邦政府的科研经费，而且协调金融机构建立风险基金，重点支持有创新特点、有发展前景的中小科技企业的建立与发展。根据项目规模和前景，每个项目首期投入10万—30万美元不等，一年后经评估合格，再投入100万美元左右。如果失败，企业无须偿还风险投资。风险投资企业失败率虽高达70%以上，但投资者仍可从成功企业中获得利润。

再次，给予一定的税收减免。马萨诸塞州政府规定，经认定属于以创新研究或新产品开发为特征的科技企业，可享受3%的税收减免，并可免缴在任何商店购买科研、办公用品时的销售税。128公路地区的多数企业可获此优惠。

另外，加强基础设施建设。为了进一步改善投资环境，近年来政府加大了128公路地区及495公路地区基础设施建设的力度，增修了公路，新建了机场，加大了环境保护力度。2000年的一项调查表明，91%的高科技企业反映，波士顿的投资环境和科研环境是“好的”或“非常好的”。

4. 128公路地区与硅谷比较

128公路地区和硅谷地区同时起步于二战期间，到20世纪70年代，它们都成了美国电子工业的主要创新基地，并以技术活力、创业精神和非凡的经济增长而闻名于世。两地在几乎同期经历了20世纪80年代的衰退之后，硅谷现已成为美国计算机软硬件、互联网系统的创新中心，而128公路地区的名气略逊一筹。据此，有人认为，硅谷是高科技园区成功的典范，而128公路地区则是失败的例证。但许多人认为，对此不能泛泛而论，应做具体分析。

128 公路地区与硅谷相比，确有以下一些不同之处。

一是自然环境有别。128 公路地区比较开阔，离海滨较近，住房较硅谷便宜，与欧洲交往便捷。这些都是科技公司发展的优势所在。但是，企业散布在 128 公路两侧和 495 公路沿线，被森林、湖泊和高速公路分隔开，不利于彼此联系。在硅谷，最初许多公司落户于斯坦福大学附近和波罗·阿托（Palo Alto）工业园区，后来发展到南部城市。公司与公司之间的距离较近，这促进了它们之间的频繁交流。

二是工业基础悬殊。128 公路地区的新技术产业诞生在新英格兰地区，那里是美国最老的工业基地。而且二战期间，麻省理工学院的教授和毕业生们在华盛顿主管军事技术研究的机构中确立了自己的显赫地位。这种地位在 20 世纪 40—50 年代对 128 公路地区高技术产业的兴起发挥了重要作用。硅谷地区的工业虽然因受到战时国家科研基金和军事订货资金而启动，但其发展更强调艰苦创业，瞄准市场，不断创新，后来居上。

三是文化传统不同。新英格兰地区因受英国传统文化影响较深，相对比较保守。128 公路地区有的企业在开拓性、联合性方面不如硅谷。有的公司偏爱资深职员，认为“跳槽”难以接受。硅谷则没有此类包袱，企业采用灵活的工作制，“跳槽”司空见惯。高流动性迫使高科技公司为争取经验丰富的工程人才展开激烈竞争，公司以慷慨的奖金、股票期权、高工资和有趣的项目来吸引顶尖人才。该地区各公司在地理位置上的接近也为工作流动提供了便利。常有人说，换个公司，连车位都不用变动。

至 2016 年，128 公路地区的发展确实不及硅谷。当年，128 公路地区有 3 000家科技企业，从业人员为 18 万人；而硅谷有 6 200 家科技企业，从业人员达 25 万人。据估计，在近几年全美高科技风险投资中，128 公路地区占 20%，而硅谷竟占 60%。按投入产出比来看，两地区的效益虽然相当，但硅谷总产值则是 128 公路地区的三倍。

另外，应当看到，128 公路地区发展具有较强的活力和后劲。这一地区科技和经济的发展创造了大量就业机会。1999 年，128 公路地区仅软件和通信行业就新创 6 700 个就业岗位；2000 年，企业在软件、硬件、生物技术、保健技术方面的人手短缺达 8%。近年来，外籍专业人员每年进入麻省的达 15 万人左右，分别占新增劳动力的13.1%，其中约三分之二就业于128公路地区。最近，马萨诸塞州政府提出，要以128公路地区为龙头，大力刺激知识创新，努力发展创新经济。128公路地区企业门类较多也是一大优势。如遇到一些行业滑坡，另一些行业繁荣时，整个地区仍可稳步发展。西方不亮东方亮。硅谷集中发展IT产业，虽可以凭借地区优势和行业合力占领世界市场，但如遇IT产业不景气，则会受重拳打击，这些问题都是美国科技孵化地区共有的困境。

三、美国大学的慕课教学

（一）慕课的兴起

慕课是指大规模开放在线网上课程（Massive Open Online Course）。尽管慕课背后的理念有着一段不短的历史，但是其实际的主张和成形的结构却是相当新近的。它对美国和其他各国的教育产生了重大影响。2007年，美国犹他州立大学的大卫·威利（David Wiley）教授基于维基发起了一门开放课程：开放教育导论。世界各地的用户都可以分享课程资源，参与课程创新。初步体现了慕课的雏形，但当时还没有出现慕课这一概念。

最早提出慕课这一概念是在2008年，提出者是加拿大爱德华王子岛大学的戴夫·科米尔以及国家通信教育技术应用研究院的布莱恩·亚历山大。他们认为，慕课是一种参与者和课程资源都分散在网络上的课程，只有在课程开放、参与者达到一定规模的情况下，这种学习形式才会更有效。①加拿大曼尼托罗大学的乔治·西蒙斯和加拿大国家研究理事会的斯蒂芬·道恩斯在曼尼托罗大学联合开设了“连通主义与连通性知识”课程，当时共有2 200多人在线学习该课程，这也是第一个应用此概念开设的慕课。

虽然慕课在2008年就崭露头角，但之后并未如大家所预想的那样马上进入繁荣发展时期。2011年秋季，慕课才真正得以被大众知晓并开始广泛传播。值

① 陈肖庚、王顶明：《MOOC的发展历程与主要特征分析》，《现代教育技术》2013年第11期。

得注意的是，慕课这一概念的提出及运用这一概念开设的第一个课程均在加拿大，但慕课真正得到繁荣发展是在美国。

2011 年秋，斯坦福大学的塞巴斯蒂安·图轮（Sebastian Thrun）和彼得·诺维格（Peter Norvig）联合开设了人工智能课程，受到世界各地学生的欢迎。在此基础上，塞巴斯蒂安·图轮和大卫·史蒂文斯（David Stavens）、迈克·索科尔斯基（Mike Sokolsky）联合创办了以营利为目的的在线课程提供平台“乌托城邦”（Udacity）。随后，斯坦福大学也创立了大规模在线课程平台“课程时代”（Coursera）。同年底，麻省理工学院也启动实施了非营利性在线开源学习项目 MITx。之后哈佛大学也加入了 MITx，并于 2012 年 5 月与麻省理工学院联合创办了另一个大规模在线网络课程平台“教育 X”（edX）。

2012 年被《纽约时报》称为慕课元年。慕课的理想是任何人在任何时间、任何地方都能学到任何知识。所谓任何人，可以是在校学生，也可以是社会在职人员；可以是为了获取证书的人，也可以仅仅是想开阔视野的人。所谓任何时间，可以是白天，也可以是晚上；可以实时听讲，也可以得空观看。所谓任何地方，可以是在美国，也可以是在异国他乡；可以是在家里，也可以是在地铁里、候机厅里。

（二）慕课的特点①

慕课是一种课程模式，具有比较完整的课程结构（课程目标、主讲人、讨论话题、时间安排、作业等），这是一般网络主题讨论所没有的。慕课是一种开放的教育形式，没有人数、时间、地点限制。课程中所有资源和信息都是开放的，且全部通过网络传播。慕课是一种拥有大量参与者的巨型课程，课程的学习者可多达几千或上万人，使用海量资源。慕课是一种专家认证的课程，课程的认证是开放的，来自授课教师的权威，是一种课程认证，而非专业认证或学校认证。

其核心特征可以概括为以下几个方面。

1. 大规模

大规模意味着对同时参与学习的学习者数量不做限制，与传统课程只有几十

---

① 陈玉琨：《中小学慕课与翻转课堂教学模式研究》，《课程·教材·教法》2014 年第 10 期。

个或几百个学生不同，一门慕课可供上万人参与学习。肯·马斯特斯（Ken Masters）对慕课概念的解释如下：大规模主要是指大量的学习者参与课程，也可以指大规模的课程活动范围。那么，多大规模才是“大规模”呢？现实表明：慕课的学习者远超常规，可轻易达到几千个。而在未来，随着该模式的普及，参与者还会更多。如果一门慕课参与者众多，那么学习者能不能在其中滥竽充数、浑水摸鱼呢？回答是否定的。智能计算机早就盯着学习者了。学习者在什么时候上了多长时间的课，解决了多少问题，参与了哪些交互活动，学习中存在哪些问题等，都可以通过大数据技术智能化地记录下来，并可视化地呈现出来。

2. 开放性

开放性是指慕课的学习者可能来自全球各地，信息来源、评价过程、学习者使用的学习环境都是开放的。《环球科学》杂志2013年就报道，只要你拥有一台电脑，可以上网，就可以享受到世界第一流大学的教育。大规模网络公开课给许多身处像卢旺达这样不发达地区的青年，提供了一个接受教育、实现梦想的机会。在美国，慕课是以兴趣为导向的，凡是想学习的，都可以进来学，不分国籍，只需注册一个账号，就可参与学习。为此，人们强调，只有当课程是开放的时候，它才可以称为慕课，只有这些课程是大型的或者大规模的，它才是典型的慕课。因此，慕课学习是一种将分布于世界各地的授课者和学习者通过某一个共同的话题或主题自愿联系起来的学习方式。

3. 自主性

自主性在不同的学者那里有着不同的理解。在关联主义的慕课推崇者看来，“自主性”意味着慕课没有明确的学习预期，学习者可以自设学习目标。虽然有特定的学习主题供参考，但在什么时间、地点学习，阅读多少资料，投入多少精力，进行何种形式和程度的交互等都由学习者自己决定。一般不组织正式的课程考核。需获取学分的在校学生除外，学习者根据自己的学习预期对自己的学习收获进行评判。因此，慕课依赖于学习者的自我调控。学生对自己的学习负责，根据教师提供的教学目标，学生可以自定学习的方式、步骤、时间，自主地讨论与研究，主动且积极地学习。慕课对教师的学科素养和教育素养都提出了更高的要求。

4. 普惠性①

慕课实行免费，供全世界的人们选学，有利于知识的传播。作为一种崭新的教育和学习形式，慕课正打破学校之间的围墙，让更多的人分享优质教育资源，是实现教育公平的有效形式。在此以前，美国一直存在所谓“数字鸿沟”（digital divide）问题。不同的学区之间，由于经济条件不同，学生接触和使用计算机等信息技术产品的机会悬殊，所接受信息技术教育的程度各异。经济欠发达学区不但在资金、设施等硬件条件方面表现出弱势，师资水平、管理能力也同样与经济发达学区存在明显差距，同时还受经济、文化、社会等因素的综合影响。这种“数字鸿沟”带来的不公平不仅表现在教师身上，在不同族裔、肤色、家庭经济状况的学生身上也表现得尤为明显。而今，从一定意义上说，有了慕课，只需一根网线，每个学生都能踏上通往名校之路，实现接受名师教育的梦想。慕课是帮助人们树立终身学习理念，构建学习型社会的重要手段。世界在飞速变化，新情况、新问题、新发明层出不穷，知识更新速度加快。人们要适应不断发展变化的客观世界，就必须把学习从单一的求知方式转变为一种生活方式，而慕课适应了这样的需要。

虽然慕课在技术上没有跨时代的创新，但为什么从行政官员、大学校长、产业精英到普通百姓都在关注它呢？因为它的出现使人们能够根据自己的兴趣、爱好、价值观、文化传统等进行适合自己个性发展的学习，开创了新的教育供给方式，破除了教育垄断，增强了教育的选择性，推动了教育的民主化，是一种教育组织模式的变革。

（三）慕课和其他课程的区别

慕课本质上属于网络课程范畴，具有网络课程的一般特性，然而在表现形式和课程实施上有许多自身的特色，因此其与以往的公开课或精品课程（第一代网络课程）等网络课程并不相同，有学者总结了慕课和传统课程以及第一代网络课

① 汤敏著：《慕课革命：互联网如何变革教育？》，中信出版社 2015 年版，第 129 页。

程三者之间的区别（见表 8-1）。

表 8-1　传统课程、第一代网络课程、慕课特征比较①

项目	传统课程	第一代网络课程	慕课
学费	有	无	无
课程数量	可选择的课程数量有限	无限制	无限制
课程种类	专业课＋公共课	无限制	无限制
时空限制	需要在指定时间到指定地点上课	无	有周期性话题讨论和作业
学习节奏	教师控制	学生控制	学生控制
课时	约 45 分钟	约 45 分钟（微课除外）	2—20 分钟
学生规模	小规模	支持大规模	支持大规模
注册	需注册为本校学生	无需注册	需注册为平台成员
课程内容	固定	固定	生成式
教学模式	以教师为中心	以教师为中心	以学生为中心
课堂互动	多数为师生互动	无互动	师生互动、生生互动
（课下）线下互动	基本无	无	师生互动、生生互动
课堂习题	部分课程有	无	有
学习反馈	课堂解决	无	课堂、课下都可解决
评估模式	平时成绩＋期末考核，以教师评估为主	无	基于软件的测验、作业、习题集；教师评估；学生互评
校际合作	基本无	无	有
学分认证	有	无	有

（四）慕课的提供者

慕课自诞生之时就受到媒体的高度关注，其影响力已经超越美国国界，扩展至全世界。采用慕课的几种模式开始呈现出来，其中一个模式很突出，即拥有大规模在线开放课程的院校的比例与院校的规模和实力有关系。放眼未来，世界上

① 汪基德、冯莹莹、汪滢：《MOOC 热背后的冷思考》，《教育研究》2014 年第 9 期。

最大的几个慕课提供商正在努力满足用户对于可改写平台与工具包的需求，许多网络平台都致力于研发可供其他人广泛使用的系统，上述这些机构掌握着其他平台难以具备的优质资源——出色的技术实力、雄厚的资金支撑和身为学术人的身份条件，其潜力巨大。或许在未来，慕课不但能够面向全球普通学子提供直接的教学服务，也能够满足特定教学机构与特定学生群体的特殊需求。目前来看，许多国家与地区的一流大学都加入了慕课的行列。“课程时代”（Coursera）、“教育X”（edX）和“乌托城邦”（Udacity）则是三个最重要的课程提供商。①

“课程时代”是全球最大的慕课课程平台，由斯坦福大学计算机科学教授吴恩达和达芙妮·科勒联合创立，是隶属于斯坦福大学的营利性项目。“课程时代”提供来自全球一流高校、教育机构的700多门在线课程，免费向公众开放。此外，它已经与包括普林斯顿大学、多伦多大学、密歇根大学等几十家大学展开密切合作，共同提供丰富多彩的课程。值得指出的是，“课程时代”提供课程编辑工具等辅助功能。“课程时代”具有自身的营利模式，它向需要结业证书的用户收费，同时开展职业介绍服务；另外，企业若想通过“课程时代”获取适合到自己公司就业的学生信息，便要向“课程时代”支付一定的信息服务费（见表8-2）。

表8-2 “课程时代”的运营模式

项目	内容
主要合作伙伴	密歇根大学、宾夕法尼亚大学、斯坦福大学等62所著名高校
主要活动	建立和维护网站；收集与发布教育资源；安排学校活动；准备测验、作业、习题集；组织主题讨论；与学生保持邮件联系；组织同伴互评；定期与合作机构座谈；组织线下活动等
核心资源	知名高校提供课程资源，以视频授课为主，还有扩展阅读、学习小组、在线论坛等
价值主张	与世界一流高校合作，为任何人免费提供在线课程。致力于在未来实现顶尖高校为几百万甚至更多的学习者提供教育服务
客户关系	类似传统学校中的学校和学生的关系，需要在规定时间完成任务，包括作业和测试等。学习活动安排更弹性，可中途退出

① [美] 鲍恩著，欧阳淑铭、石雨晴译：《数字时代的大学》，中信出版社2014年版，第100—101页。

续表

项目	内容
渠道	通过互联网在线学习，有些课程安排线下活动，如学习小组等
客户群体	任何注册的学习者
成本构成	各类人员费用、营销成本、宣传成本、会议花销、夏令营等线下活动花销、网站建立与维护成本、奖励资金等
收入来源	通过一些附加服务收取费用，例如颁发认证的课程证书或选择由美国教育委员会授予学分的课程

“教育X”是2012年5月哈佛大学宣布与麻省理工学院合作成立的非营利性组织。该组织成立后，即向世界各国的顶尖大学发出邀请，希望一起在开源的平台上提供开放的优质课程。2013年5月，包括中国清华大学、北京大学、香港大学、香港科技大学和日本京都大学、韩国首尔大学6所亚洲高校在内的15所全球名校也宣布加入。“教育X”以“为全球学生免费提供世界顶级大学的优质课程”为使命，目前已经与多所一流高校形成合作伙伴关系，高校将本校课程信息发布到“教育X”平台之上，这一平台建立在开源基础上，目的是让世界上有意创建自己课程的教学人员都能利用该平台（见表8-3）。

表8-3　“教育X”的运营模式

项目	内容
主要合作伙伴	麻省理工学院、哈佛大学、加州大学伯克利分校、韦尔斯利学院、乔治城大学等美国知名高校，以及洛桑联邦理工学院、麦吉尔大学、多伦多大学、澳大利亚国立大学等国际一流大学
主要活动	建立和维护网站；收集与发布教育资源；安排学生通过浏览在线视频、Wiki协作、网上测试、讨论等进行学习，课程结束后颁发成绩技能证书
核心资源	知名高校提供的教学资源：在线视频、Wiki、协作论坛、可选的教学插件等
价值主张	在线教育的未来——任何人，任何地点，任何时间
客户关系	类似传统学校中的学校和学生的关系，需要在规定时间完成预设任务，包括作业和测试等。学习安排更弹性，也可中途退出
渠道	主要通过互联网在线学习

续表

项目	内容
客户群体	任何注册的学习者
成本构成	各类工作人员费用、营销成本、宣传成本、会议花销、夏令营等线下活动花销、网站建立与维护成本、奖励资金等
收入来源	目前仍为非营利性项目

“乌托城邦”同样是隶属于斯坦福大学的营利性项目，主要面向计算机科学和其他相关领域，其项目只与教授个人合作，而不与大学结成联盟。“乌托城邦”的每一门课程都做得非常用心，包含多个单元，每个单元又包含多个知识模块，每个知识模块都有对应的练习题，以及可以打印的、非常详细的课堂笔记，同时，“乌托城邦”将根据学生的学习表现颁发不同层次的证书：结业、良、良好、优秀。学生学习课程后并付费进行认证考试，或者付费由“乌托城邦”介绍工作（见表 8-4）。

表 8-4 “乌托城邦”的运营模式

项目	内容
主要合作伙伴	知名大学的名教授，一些 IT 科技公司，如谷歌、微软等
主要活动	建立和维护网站；收集教育资源；发布课堂练习和课后作业；记录学习者在课程中的学习进度和练习结果；依据平时成绩和期末考试综合评估，发布课程认证等
核心资源	知名教授提供的教学资源；微视频课程、文本内容、练习测试、在线论坛
价值主张	“通过免费的交互式的大学课程创造你的未来”
客户关系	类似传统学校中的学校和学生的关系，需要在规定时间完成预设任务，包括作业和测试等。学习安排更弹性，也可以中途退出
渠道	通过互联网在线学习，有些课程安排线下活动，如学习小组等
客户群体	任何注册的学习者
成本构成	各类工作人员费用、营销成本、宣传成本、会议花销、夏令营等线下活动花销、网站建立与维护成本、奖励资金等
收入来源	某些课程通过与其他商业考试机构合作，给学习者提供付费考试以获得证书的机会；通过为毕业生找工作赚取介绍费等

（五）慕课的影响

在目前的大学系统中，对大多数教授的奖励是基于他们的科研质量，而不是教学质量。但是，授课的媒介和规模会改变教学内容。将来的课程可能是根据用户的需要而组织开设的，不是根据教授的科研兴趣。网络公开课正在逐渐摆脱传统教育的限制。以“乌托城邦”课程为例，利用网络媒体的优势，课程的设置从以学习时间段为基础转型为以学员能力为基础。所以，慕课的优势体现在很多方面。

网络技术能让精力充沛的中学生提前接受大学教育，比如为他们参加大学等级考试做准备，若通过，考试者能免修某些入门课程。另外，因为修读传统课程需要支付学费，所以相比之下，慕课中由学生自付费用的入门成本和损耗成本更低。学生也就可以通过慕课的方式体验不同的课程，在正式进入高校前先找到自己真正感兴趣的课程。①

网络公开课不只具有市场营销和寓教于乐的特点，它还有可能演变成一种“规模化经营”，依靠网络媒体的技术和数据来为上百万名学员提供优化和个性化的学习机会，这与教授把课程视频简单地放到网上有很大不同。早期的网络公开课建立在“流式商业模型”上，公司在一端将资料收集起来，将其转化为价值更高的产品提供给另一端的消费者，就像零售业和制造业一样。随着时间的推移，用户之间相互交换信息将会成为在线学习的主流。借助于技术的进步，互助网络和自适应的学习平台实际上有可能更利于促进学习，更能为广大学员提供量身定制的服务。

慕课大多由世界一流大学的知名教授来设计并讲授，力图把真实的教学场景传播到全世界，在这种结构控制下，学生数量的增减并不会增加成本。科技的发展带领人们进入一个学习化社会，教育不再是一个外在的机构强加给个人的东

① ［美］鲍恩著，欧阳淑铭、石雨晴译：《数字时代的大学》，中信出版社 2014 年版，第 78 页。

西，而是个人主动努力去获取的东西。

正如《学习的革命》所指出的：“我们大多数的教育家所做的工作和学校所做的工作，现在已经有可能被转化为各种形式，在任何时间、任何地方被立刻提供给任何需要它们的人，在教育上学校占垄断地位的日子很快就要结束了。”①教育不再是某些人的特权或某一特定年龄的规定活动，而是向着包括整个社会和个人终身的方向发展。

（六）慕课的局限

科技的发展使得远距离教学、自学和网上学习等方式成为民众参与高等教育的可行方式，这些方式帮助大学突破了传统的容量有限的禁锢，特别是现代教学手段和网络传播技术的进步更是改变了原先的班级授课制的僵硬和死板。然而，教育进步是一个综合的过程，技术有助于加速这一过程却不能简单地取代这一过程。在威廉 · G. 鲍恩（William G. Bowen）看来，目前影响以慕课为代表的在线教育发展的主要障碍包括：缺乏关于学习效果显著和潜在成本节约的有力证据；没有可定制的教学—学习共享平台（或工具包）；需要有新的思维方式和关于决策的新想法。② 就目前情况来说，上述观点仍具有一定道理，因为科技发展还无法有效解决下列问题。

1. 新科技成本问题与收益问题难以协调

科技进步所带来的新技术教育并不能大幅度地降低教育费用，美国国家高等教育成本委员会指出：“没有任何证据表明新技术在高等教育中的应用能降低高校的教育成本，新技术设备的投入和维护费用极为昂贵，软件的更新和升级同样花费不菲，另外网络的维护需要专业人员的支持，这一切都将推升教育成本。”③新技术当然能为高等教育发展提供特殊的支持和帮助，然而我们仍要认识到不应

① 转引自史静寰等著：《当代美国教育》（修订版），社会科学文献出版社 2012 年版，第 150 页。

② ［美］鲍恩著，欧阳淑铭、石雨晴译：《数字时代的大学》，中信出版社 2014 年版，第 68—69 页。

③ 转引自杨晓波著：《美国公立高等教育机制研究》，山西教育出版社 2008 年版，第 24 页。

将解决高等教育面临的难题寄希望于技术进步之上，换言之，科技并不是解决所有教育问题的灵丹妙药，未来的光明之路或许是探索计算机辅助教学、远距离教学、网上公开课等新技术与传统教学方式结合的有效方式，通过吸取两者的优势来改进教育。哥伦比亚大学教授安德鲁·德尔班科（Andrew Delbanco）曾就慕课的前景提出过质疑。

新技术的前景或风险若要成为现实，必然需要大量的收入，但目前似乎没人知道收入将从何而来，也许能通过对证书收费、对附加的面授机会收费、对潜在雇主提供需付费的定制服务，或与教科书出版商立约，或多种策略结合使用，当然，可用的策略还有很多。不过，无论未来会如何，保持当前的互联网教育先驱所具有的崇高品格都不简单。①

就麻省理工学院开设的慕课情况来说，做这种开放式课程项目极为容易，这种开发通常会得到一些社会组织的资助，但维护和保障其日常运行则是个难题。由于缺乏收益来源，麻省理工学院现在需要自己支付开放式课程的运营成本。长此以往，如果找不到一种成功的商业模式来提供支持力量，一旦捐赠陷入低谷，开放式课程便会进入困境。

2. 新技术影响下的教学质量极难评估

新技术将会对传统的教学模式和学习方法带来极大的冲击，然而其中隐藏着一些风险。例如，如何评估应用新技术后所进行的教育的真实效果，面对汹涌的慕课风潮到底“谁来学”“学什么”“学多少”，这些问题都没有定论。如果不能很好地回答这些问题，人们又该如何评估应用新技术所实现的教育价值和成本收益呢?

特别是在人文学科等特殊领域中，其课程效果并非简单的考试等手段所能衡量，它涉及人与人在精神层面的碰撞与启发，很长时间以来，人们便纠结于人文

① ［美］鲍恩著，欧阳淑铭、石雨晴译：《数字时代的大学》，中信出版社 2014 年版，第 185 页。

学科的本质问题，而在新技术加入的风潮之中，这一问题仍然难以得到厘清。另外，对于师生交流的问题，也亟须重新审视，在这里，教学并不是简单的教师的“教”和学生的“学”，它还涉及“事实对认识、技术对智慧、纪律对灵感、信息对洞见”，人文学科中的交流并不单单与认知能力和理解能力有关。教育还涉及价值观念的培养与塑造，在线教育没有信心对价值观的有效塑造做出肯定回答。

3. 教师对于慕课的接受程度参差不齐

“伊萨卡”（ITHAKA）是一个用康奈尔大学所在地 Ithaca 谐音命名的教育科技公司。该公司调查发现：“大范围使用在线交互式学校型课程的最大障碍可能就是目前缺乏可持续的平台，所以，对此感兴趣的教学人员要么无法创建及控制互动性学习环境，要么因不具课程所有权而无法对别人创建的课程进行定制。”① 目前来看，慕课能否大面积进入学校课堂，教师是一个重要的影响因素。许多教师并不愿意讲授自己不感兴趣的课程，同时他们也对网络技术不够熟悉。

对于那些习惯于常规授课方式的教师来说，其所受到的训练就是站在讲台上高谈阔论，而学生要做的事主要是聆听，这些教师很难真正认同新技术所带来的“翻转课堂”式的教学方式，后者并不是他们所习惯的，也绝非他们短时间内就能熟练掌握的，除非教师个人有兴趣。

4. 科技手段不会完全取代人的作用

科技的发展已经对高等教育形成严重冲击。在科技大发展的时代，新技术日新月异，高等教育变革似乎成为一种宿命，然而作为一种有着长久发展历程的历史事物，大学及其所代表的一些传统（文化与观念），不但仍然有许多东西值得保留，甚至还需要继续加强。

首先，师生之间通过密切的交流互动从而擦出智慧火花的传统值得珍视。尽管网上学习提供了便捷的信息传递途径，然而也不能忽视师生面谈与身教对彼此所具有的重要价值。特别是与杰出教师的交往往使学生受益良多，这种受益或是

---

① ［美］鲍恩著，欧阳淑铭、石雨晴译：《数字时代的大学》，中信出版社 2014 年版，第 79 页。

来自一个动作、一句话，或是来自潜移默化的熏染。

> 我们所学的具体课程内容并不会在记忆中停留太久，但伟大的老师能改变学生看待世界和自己的方式，哪怕他们很久以前就已经忘记学过的那些公式、定理和某个命题的迷人插图，那种改变还会继续影响着他们。①

实际上，在未来可以预见的时期内，最好的课程实施方式，可能是采取一种混合式的课程，将多种教学风格混合在一起，充分利用在线教育和线下教育的不同优势。未来的一代是成长在数字化历史时空下的一代，高等教育同样不应该逃避在线教育这一全新领域，而是应该借助于日益发达的技术，寻找最佳教学方法，从而提升学生的学习效率。

其次，无论科技发展所带来的压力有多大，高校都不应该放弃对学术的坚守和对人文价值的追求。正如威廉·D. 福特所说："将来，我们需要的不仅仅是科学家、工程师，我们还需要面对未来技术，能够理解它、解释它，并能将之作为动力的律师、诗人和哲学家，从而使我们不至于沦为技术的奴仆，而是成为它的主宰。"② 大学的职责绝不仅是为了传递知识，也要构建和维护一个社会上值得珍视的人文价值，这些价值包括学术价值、社会价值和道德价值，这也就是大学被称为"乌托邦"和"象牙塔"的原因。在以经济发展为导向、热心追求生产率的现实社会中，大学不应随波逐流地放弃对于"智慧"和"价值"的思考，而是应更加强调人类的权利与责任。它不应只是知识库和加工厂，而是要体现人类本身的高贵品格，而后者正是科技发展所忽视或是难以足够重视的。

结语

教育与科技相互促进，密不可分。大学的科研成果转化，在美国做得比较好。教师不必开公司，而是发挥长项，专心研究出成果，由大学成立的成果转让

① William G. Bowen. More to Hope than to Fear：The Future of the Liberal Arts College，http：//www. technologyreview. com/magazine/2012/11/，2015-11-16.

② 参见史静寰等著：《当代美国教育》（修订版），社会科学文献出版社 2012 年版，第 10 页。

办公室负责将其转化于生产或市场，教师获得相应回报。近年来，新兴起的网络在线教学模式受到学生的青睐，很多大学都将自己学校的课程录像、课件、参考资料公布在网上。慕课就是借助技术进步而产生的新一代公开课，是世界上许多大学的一流教授专门为在线教育而录制的课程。慕课几乎集合了全部已有的远程教育的优点，并且极其贴合当前人们碎片化的学习习惯，也能实现教育者与受教育者之间的互动，极大地改变着教与学，使得教学媒体多元化，动态过程可视化，学习反馈即时化，过程评价简便化，资源运用全球化。信息技术教育的发展正在给高等教育带来革命性变革。通过慕课方式进行学习者，多数已有高等教育的求学经历或者正在大学就读。这些人自学能力较强、外语功底较深，能够跨语境选修。因此，慕课更适用于高等教育领域。不过，慕课如何应用，应用到什么程度，实际上仍是需要探索的问题。传统或常规的教学方式不会被丢掉，混合学习的模式将会比较普遍并长期存在。

第九章

美国大学的校长

在美国高等教育发展的数百年时间中，大学校长的角色和功能一直在发生着或剧烈或潜移默化的转变。然而总体上看，大学校长的地位和作用是在加强的，特别是对于一所追求高质量的一流大学来说更是如此。一个国家如果没有大学，教育就无法取得根本性的进步，而大学教育成功与否，在很大程度上又取决于大学校长的敬业精神与领导能力。校长的职位令人向往，其工作又艰难辛苦，他们既享受着社会所赋予的荣誉和地位，又面临着一系列的压力与挑战。我们一旦读懂美国的大学校长，便能在很大程度上理解美国的高等教育。

一、美国大学校长的基本状况

大学校长是美国高等教育领域中的一个特殊群体，说他们特殊并不只是因其地位高贵、权势显赫，而是说校长的角色介于诸多力量之间，处于一系列的夹缝之中，其身影显得模糊而令人困惑。在美国的各式各样的高校中，因传统或其他因素的影响，其对于一校之长的称谓并不相同，有的州立大学将校长称为“Chancellor”。而在很多包含分校的大学中，分校校长被称为“President”，总校校长则称为“Chancellor”。有的倒过来，分校校长称为“Chancellor”，总校校长则称为“President”。也有少数校长称为“Rector”。一所大学的校长，不仅是董事会的代理人，也是学校的首席行政官员，还是学术事务的领导者。大学校长是美国大学治理体系的中心和枢纽。

（一）大学校长的遴选

美国大学校长相较于欧陆国家的校长来说，具有更大的权力，因而其遴选对于一所大学来说极为重要。从一定意义上讲，选择一位校长就是选择了大学的未来。由于美国大学的性质不同，董事会成员的组成也因校而异，所以校长的遴选方法和措施也不尽相同。

通常来说，为了体现共同治理的原则，绝大多数学校的董事会在开始遴选校长时会吸纳教师、校友和学生代表们参与校长的选拔过程，这种方式能给大学各个利益群体一个机会来表达自身的看法，董事会根据代表们的建议尽力选取一位最受众人欢迎的人选。一般而言，美国大学在选择新任校长时，会经历以下几个步骤。

1. 建立遴选委员会

一旦大学面临遴选校长的任务，首先就是校董会根据特许状或是大学章程组建由来自不同利益群体的代表组成的遴选委员会。一般说来，委员会由校董会成员、教授、职工、学生、校友代表及社区代表组成（各校具体组成比例、结构有所不同）。遴选委员会的组成主要采用单层制和双层制两种形式。前者是指大学校长的遴选仅由一个单独的遴选委员会负责；后者是指大学校长的遴选由两个委员会共同负责，一个是咨询委员会，另一个是遴选委员会。值得指出的是，董事会有权决定遴选委员会最后的人选名单，校长遴选的决定权始终掌握在大学董事会手中。

2. 订立遴选标准

一旦确定了遴选委员会及其成员的组成，遴选委员会就要根据学校的具体状况以及目前最急迫的需要和未来发展的计划，拟定招聘新校长人选的资历和要求。遴选标准不能只来源于遴选委员会，还必须征求各种利益相关者的意见，有时还要求助于校外咨询部门的专家。尤其当学校因种种原因处于极度困难时期，很希望能有一位能干的校长来开创一个新的局面。这时，外界咨询部门的参与更显得重要。近年来，由于美国公立大学面临经济压力，越来越多的大学在校长选拔中强调校长的行政能力与筹资能力，而对校长的学术成就要求并不太高。

3. 搜寻校长候选人

遴选标准确立之后，遴选委员会就会通过各种途径来搜寻适合的校长候选人。美国大学协会有一个专门帮助招聘校长的咨询部门。该部门也提供符合条件的大学校长候选人名单。即使董事会非得依靠校外咨询部门帮助不可，咨询部门的作用充其量也只是辅助而已，董事会完全掌握选择和任命校长的自主权。董事会的做法之一是在知名度很高的全国报刊和高教协会刊物上刊登校长招聘广告，最常见的报刊是《高等教育纪事》(*Chronicle of Higher Education*)。广告文简单介绍一下学校情况，应聘的条件和要求，以及应聘截止日期和学校人事部门联系人的通信地址。① 事实上，有些大学还直接跟一些在教育界或其他领域有较高声望的重要人物进行秘密联系，劝说他们应聘校长。在确定候选人名单后，遴选委员会依照遴选标准，将不合格者剔除，拟订一个范围较大、人数较多的初始候选人名单进行深入考察。需要指出的是，确定遴选标准和广泛物色校长候选人有可能是同时进行的。

---

① 王定华主编：《透视美国教育》，北京大学出版社 2012 年版，第 324—325 页。

为了寻觅到称职并放心的人选，有的董事会优先聘用本校校友担任校长。哈佛大学前 27 位校长，除了哈佛学院草创阶段最早的两位校长毕业于英国剑桥大学以外，其他 25 位校长都是本校毕业生。第 28 任校长德鲁·福斯特（Drew Faust），虽然毕业于宾夕法尼亚大学，但就任校长之前是哈佛大学拉德克利夫学院（Radcliffe Institute）院长。另外，不少大学的董事会广泛征求本校校友的意见，请他们推荐最佳人选，非正式但又非常严肃地邀请他们“参与”为候选人悄悄地精心安排的私下会晤。校长候选人的提名和筛选过程异常重要，每个大学的董事会都各尽其能，制定了尽可能周到的招聘程序和规定。由于每年美国至少有 10%以上的大学在选聘校长，要想聘到受欢迎、有能力有远见的校长，确实是一件难事。

4. 筛选并最终确定校长

由于求职者的人数一般较多，遴选委员会一般会按照统一的标准对求职材料进行取舍，最后保留 10—20 人的初始候选人。接下来，遴选委员会要对这些进入初始名单的人进行面试。经过面试之后，候选人的名单大约为 10 人以下，遴选委员会通常会对上述人员的背景、经历和表现进行考察与走访，同时征询候选人过去的同事和服务单位对其的评价，最终确定 2—5 位候选人名单，并呈交给董事会议。

大学董事会将会在候选人名单中确定最终人选，这一过程通常包括：首先是董事会听取遴选委员会主席关于遴选过程和几位候选人情况的报告；其次是就报告内容进行讨论；最后做出选择，整个遴选过程宣告结束。

（二）美国大学校长的任期和收入

美国每年差不多有十分之一的大学在招聘校长，原因各异，有人自愿退休，有人被迫辞职，有人寻求更大规模的学校与更高的荣誉和更优厚的待遇，也有人甘愿为改变某些少数族裔落后贫穷状况而去了公益组织。美国大学校长任职时间并不固定，有长有短，长则二三十年，短则二三年。当然，任职时间长的校长也是连任多个任期的结果。

在一些大学，校长的一个任期仅为 4 年。斯坦福大学特里西德（Donald

B. Tressider）对此幽默地评述道：第一年校长在校园里度蜜月；第二年他所关心和感兴趣的事情使他走出校门；第三年他专注于涉及全美国利益的重大问题；第四年他则一心一意另寻新职。美国教育理事会曾在《大学董事会和校长选拔》一文中提到，校长职位不同于其他工作，校长的任命和受聘合同大多取决于董事会的意愿，所以校长们没有真正的职业安全感。不过，在现实生活中，如果不发生重大意外事件，校长一般都能完成任期并且有很大可能获得连任。观察发现，20世纪80年代美国大学校长的平均任期是5年。进入21世纪以来，美国大学校长的平均任期已延长到6—7年。在很多人看来，任期达到一定年限，方能更好发挥作用。这些人当校长的动机是什么？权力、荣誉、金钱、为社会服务，这一切也许都有一定的作用。但说到底，最大的动机也许是想干一番事业。校长们看到社会上的需求，感到自己有不可推卸的责任，便会焕发出强烈的志向和抱负。

大学校长的收入问题是一个极为关键的问题，在选拔和聘任校长过程中，董事会关注较多的，也是对新校长有直接影响的，当数校长工资问题。

私立大学校长的收入，明显高于州立大学的校长。而收入最高的校长，未必是知名大学的校长。2005年，收入最高的是位于佛罗里达的林恩大学（Lynn University）校长罗斯（Donald E. Ross）。他的工资和各种福利加起来高达500多万美元。教授们呼吁对罗斯校长的收入要封顶，学院董事会不得不设法就支付校长优厚的薪水做出圆滑的解释，称罗斯当了34年校长，他2004年的工资只是47.7万美元。2005年给他发的钱，主要是450万美元的福利收入，这包括多年积累而未取的补偿金。另外他还有39万美元的费用补贴，用于房屋、汽车和附加的人寿保险。董事会强调说，他们投票通过给罗斯这笔优厚的薪水，每分钱都给得值得。“早年罗斯不拿一分工资，我们也没钱给他报退休金。他把资金全部都投在学校扩建上了。没有一个校长能像他那样兢兢业业干了这么多年。他在学校曾濒临破产时挽回了局面。”① 在他即将退休之际，发这笔钱是一种一次性奖励。

近年来，美国大学校长的收入急剧增加，并且已经引起外界的质疑。根据《美国高等教育年鉴》统计，2011年，42名私立学校的校长收入超过百万美元。

① 王定华主编：《透视美国教育》，北京大学出版社2012年版，第323页。

排行榜上第一位是芝加哥大学校长罗伯特（Robert J. Zimmer），其收入高达 335 万美元；紧随其后的是美国东北大学校长约瑟夫（Joseph E. Aoun），年收入 310 万美元；排在第三的是圣母大学校长丹尼斯（Dennis J. Murray），其所得在 260 万美元左右。这份包含了 550 名私立院校校长的报告中，每人年均福利达到 41 万美元，而平均工资另有 30 万美元。①

在州立大学中，按年薪加福利计，密歇根大学校长年收入为 73 万美元，特拉华大学的校长年收入为 72 万美元，得州大学校长为 70 万美元。这些是收入名列前三的州立大学校长。而就一般情况看，州立大学校长的平均收入在 36 万—40 万美元。

从许多方面看，美国大学校长高薪有其合理性。首先就是美国大学校长选聘的要求极为苛刻，其中研究型大学聘任校长时要求有校长经历，有学术背景，有集资能力，有出色的管理才能。除了要求高之外，美国大学校长肩负着重要的责任，工作任务艰巨。校长要全面负责行政管理并向董事会提出各岗位行政人员的任命建议，以组织起一个有效的管理系统，使这个系统在制定和执行学校管理政策上有职、有权、有责。在学术管理上，提出学校总的学术政策，在管理课程计划的执行、制定有关教师和行政管理人员的职责与工作标准等方面，起协调和推动作用，兼任评议会主席。在财务管理上，领导制定学校发展规划，提出学校预算并监督实施，主持决定重大设备购置。在学生事务上，定期与学生组织代表会晤，研究学生的要求和问题。此外，校长还要善于窥测和利用一切时机去捐募资金，去罗致深有造诣的专家学者，去影响社会民众，促进学术进步等。② 校长的角色发生了变化，新的挑战使得愿意并胜任校长职务的高素质人才越来越少，从而使得供求关系失衡，合格的校长人选在各大学之间的竞争越来越激烈，从而助推了待遇的提升。

二、美国大学校长的主要角色

按照克尔·克拉克（Kerr Clark）的说法，大学已经在改变了，它变得更

① http：//chronicle. com/weekly/，2015-11-14.

② 张家勇、李敏：《浅析美国大学校长高薪现象》，《比较教育研究》2003 年第 9 期。

大、更复杂，有更多的因素要调和，更少的事情要领导。大学已成为巨型大学，校长的性质也随之变化。① 大学是美国社会一个颇为特殊的社会机构，其对于校长角色的定位也极有争议。有的学者指出美国大学校长应该具有高超的行为方式和领导策略，校长的这些技术性能力不仅是他们成功的保证，还是评判其是否是一名合格的教育管理人员的基础性指标。另外，校长必须懂得协调来自权力部门的要求和来自大学内部的压力之间的关系，联邦或州政府正在对大学施加更大的影响，而家长、教师和学生通常并不理解或不同意这些决定，学会协调并灵活处理来自不同群体的要求和期待便是校长必需的重要技能。校长还必须保证一所大学的办学质量，办学质量是衡量校长成功与否的根本性指标。当前的社会环境对校长提出越来越高的要求，而校长的职责也变得更加模糊与复杂，一般来说，大学校长的职责都会通过以下三种角色来体现。

（一）作为行政者的校长

伯顿·克拉克（Burton R. Clark）曾说："美国高教系统中几乎或完全不存在高于学校一级的正规的协调组织，把持学校和分校层次的人物——董事和校长及其手下的领导班子——这时就是想撒手不管也不成，他们不得不负起自己的责任，他们不是国家的左右手，也不是教授们的代表，而是货真价实的领袖——自治单位的头儿。"② 相对于其他国家的大学校长，美国大学校长的个人作用格外重要，由于他们往往没有任期的限制，因此可以对所管辖的大学施加巨大影响力。

根据美国学者戴维·康利（Davia T. Conley）的研究，美国大学校长一般要扮演以下角色：政策加工者和解释者、联络者、现场创新者和政策调试者、信息管理者、团队成员和绩效责任制关键人物等。③ 换言之，大学校长是以学校行

① ［美］克拉克·克尔著，高铦等译：《大学之用》，北京大学出版社 2008 年版，第 20—21 页。

② ［美］伯顿·R. 克拉克著，王承绪等译：《高等教育系统——学术组织的跨国研究》，杭州大学出版社 1994 年版，第 233 页。

③ ［美］戴维·T. 康利著，侯定凯译：《谁在管理我们的学校——变化中的角色和责任》，华东师范大学出版社 2005 年版，第 169—172 页。

政首脑的角色来履行现实责任的，其主要职能包括：作为行政者的校长是由大学董事会任命的，他是大学科层组织的首席行政长官，为实现董事会所确立的政策目标而存在，并依据这些政策目标设立必要的组织机构，配备相应的人员设施，控制与协调机构的运作，开展对组织运作的绩效评估，从而确保董事会政策目标的达成。① 大学校长通常会组建一个高效的管理团队来协助自己扩展和执行学校的行政事务。

美国奥斯汀的得克萨斯大学校长彼得·弗劳恩认为："在上任后第一年，校长应集中精力组建一个反应迅速、精通业务、公正公开、品行值得尊敬的高级管理团队。"② 在不同的大学，由于其规模和复杂性不同，校长管理团队的组成结构和日常职能也不同，但如果缺乏一支高效的队伍，校长对于现代大学的领导是不可想象的。一般来说，大学负责各具体事务的副校长、教务长、副教务长均由校长提名产生。尽管最终人选确定需要报请董事会批准，但校长在此过程中发挥举足轻重的作用。在现任校长离职之后，没有新校长的同意，原有副校长将不再继续留任。此外，在有的大学，校长可以任命学院的院长等其他重要行政职务。

美国大学校长的地位令人羡慕，但其责任并不是一般人能够担负的。校长的行政权力来自董事会的授予，因此其最重要的事情就是处理好与董事会的复杂关系。从某种意义上说，大学就像是一个上下级制度严谨的政治系统，校长站在中间，掌有从上而来的校董会赋予他的权柄，他靠着学校章程，在管理学校时，力争董事会的信任，遵从董事会的旨意，努力把学校办好。董事会的工作就是提供从上而下的指导和制定学校的大方针，并且把权力下放给校长，让他负责全校的管理。董事会的职责不在于具体管理学校，而在于监督和保证学校能有效地运行。不过，监督和管理这两者之间没有清晰的界限，何为监督，何为管理，有时很难辨明。董事会和校长之间也因此难免产生冲突，如互不相让，就必然给学校工作带来一定的损失。近年来，随着大学校长将主要精力集中于经费筹措和公共关系上，他们在教师聘任，尤其是终身教职评审方面的职责逐渐为教务长所

---

① 欧阳光华著：《董事、校长与教授：美国大学治理结构研究》，高等教育出版社 2011 年版，第 147 页。

② Peter T. A. Flawn. *Primer for University Presidents*: *Managing the Modern University*. University of Texas Press，1990，p. 32.

分担。

（二）作为调停者的校长

克拉克·克尔（Clark Kerr）也在其代表作《大学之用》一书中对多元化巨型大学校长所扮演的角色和职责做了详细的阐释："巨型大学的校长是领导者、教育家、创新者、教导者、掌权者、信息灵通人士；他又是官员、管理人、继承人、寻求共识者、劝说者，但他主要是一个调停者。"①

作为调停者的校长，其首要职责就是维持和平以及学生、教师和董事会的友好关系，同时能够在多元文化之间进行调和，并保持大学内部环境和大学外部环境的协调；其次就是促进大学的发展，使过去的价值理念、未来的理想及当前的现实保持平衡；最后大学校长的职责是对永恒真理的继承、知识的创新以及服务于人的需要。② 换言之，校长的角色就在于有效协调与处理大学内部不同性质、不同作用、不同功能、不同影响的事物之间的关系。

具体来说，大学校长角色的重要职责就是平衡大学内部上下层之间的关系。对于上层来说，大学董事会确定学校总的方针，校长则指挥带领全校人员贯彻执行。有时候制定方针和执行方针之间没有明确的界限，董事会有些成员热心于微观操纵，这就使校长处境被动，从根本上说，校长应该贯彻董事会的意图，而当董事会又想直接干预学校内务时，校长的处境便极为尴尬。很大程度上，校长和董事会关系好坏取决于个人的性格和追求，每位校长都应当把学校的利益放在首位，不少董事会也忠于职责，一心想帮助校长把工作做好，所以校长渴望和董事会建立一种互相信任和依靠的工作关系，同时校长有义务向董事会及时报告学校管理近况和面临的困难、将来发展的计划和可能的障碍，聆听校董会的意见，尽力完成交给他的任务。校长有时也必须说服董事会接受他的办学设想和策略，利用董事会来对外宣传他的办学计划和需要，招募外来的援助。

同时，校长还必须处理好与校内同事特别是势力极大的教师群体的关系。2013—2014 学年，美国共有 4 294 所高等院校，其中 2 634 所为四年制学院或大

---

① ［美］克拉克·克尔著，高铦等译：《大学之用》，北京大学出版社 2008 年版，第 21 页。

② 姜朝晖：《美国大学校长职业变迁：一种历史的视角》，《高校教育管理》2010 年第 6 期。

学，1 660 所学校是面向职业或工作准备的二年制学院。同一时期，美国高校约有教师 1 544 100 名，其中全职教师为 791 400 人，兼职教师为 752 700 人，相较于 1993 年（369 800 人），兼职教师的数量增加了 104％，其占高校教师的比例从 39％增长到 49％。① 校长与教师群体的关系本身比较复杂，校长的工作是制定有关教学质量和教师队伍的标准和政策，阐明教学和科研总的发展方向，鼓励和引导教师朝着这个方向发挥各自的教学特长，设置课程，规划科研，从而提高学校的教学质量和科研成果。选拔和提升教师是校长的权力，量才适用对学校的长远发展至关重要。

在聘选和挽留优秀教授方面，校长面临激烈的竞争和挑战。鼓励教授们参与学校的决策是一种积极的措施。除了教学科研以外，能在校内重大会议上就有关事务发表自己的看法，这对教授来说有着一种特殊的自豪和快乐，能使他们把自己的工作和学校的发展密切联系在一起。校长应该理解，搞教学和科研的教授首先考虑的是自己的专业，然后才关心自己部门或系里的事情。这种侧重点不同使他们有别于管理人员。搞教学和科研者有灵活性，按照自己所定的时间行事，直到满意了才做决定。管理人员却没有这种优越条件，他们往往要在规定期限内把事办妥。校长必须努力使这两种人能互相理解，互相尊重对方的工作重心和方式，从而尽可能互相协作。校长做决定时，应该尊重这些教授的看法，而不是把校长看成是一种特权，强迫命令，要别人无条件服从自己的领导。

对于一所大学来说，优秀校长应该广泛听取学校各层次、各部门的意见，在多种建议中，采纳一种最能代表学校的方针、现实和利益的措施。当校长本人提出某种建议时，他并不是以校长的身份，而是作为学校的普通一员，明确指出这一建议的可行性和合理性，和教授们共同讨论，达成一致意见。领导有方的校长平易近人，以同事般的友情支持和鼓励教授们，对他们的成长和发展及时给予帮助，合理地、公正地处理他们的提薪、升职事宜。校长有时候对个别教授的圈点和决定会影响一大批教授，不仅会掀起一场不小的风波，而且会制约未来的决策。大学校长若与教授处理不好关系，就会陷入危机。哈佛大学萨默斯（L.

---

① National Center for Education Statistics. *The Condition of Education 2015*，http：//nces. ed. gov/programs/coe/indicator _ cuf. asp，2015-10-17.

Summers）校长被迫下台，就是一个例证。

萨默斯16岁进入麻省理工学院学习，1982年取得哈佛大学博士学位，同年出任里根总统的经济顾问。他曾任哈佛大学经济学教授10年，是哈佛大学现代历史上最年轻的终身教授。1991年，他成为世界银行首席经济学家，1999年出任克林顿总统的财政部长。2001年7月，他打败克林顿，成为哈佛大学的第27任校长。这么一位富有传奇性的人物，就任哈佛大学校长一年便下台了，这不是因为他的政绩不好，而是因为作为一个管理者，他缺失了一份人心，不能得到同事的理解和支持。

2002年10月，萨默斯发动了一场哈佛大学课程改革。他对哈佛大学教育改革中的种种问题表示不满，并指出："我们以说不出莎士比亚五部戏剧的名称为耻，但如果我们不能区分基因和染色体，却又不以为然，这样的教育是不完整的。"他带领哈佛最早的学院，也是哈佛真正的核心——哈佛文理学院进行改革。在哈佛，本科生的哈佛学院和传统的博士生研究院都归属于文理学院。文理学院是哈佛十个学院之一，但教授几乎占哈佛教授总数的一半。这位野心勃勃的经济学家把这项改革定位为"21世纪对哈佛课程进行最丰富的改革"。哈里·路易斯（Harry R. Lewis）于1995年起担任哈佛学院院长。路易斯在哈佛待了40多年，其夫人和两个女儿都在哈佛工作和学习。他和院里多数教授对萨默斯的观点不能认同，于当年3月15日通过了哈佛学院对萨默斯的不信任投票，表示"对劳伦斯·萨默斯的领导能力失去信心"。萨默斯对路易斯非常不满。路易斯则悲叹道，哈佛大学只是那些越来越有名却越来越失去灵魂的学校中的一所。

既然道不同，则不相为谋。路易斯愤然辞去文理学院院长之职。有意思的是，代表校方去宣布此事的是研究中国问题的著名学者柯伟林（William Kirby）。而柯伟林随后被任命为文理学院新院长。不到一年，柯伟林与萨默斯的意见严重对立。柯伟林宣布辞职。尽管柯伟林强调这是一个"共同"决定，但还是有部分教师认为，柯伟林的辞职是萨默斯所逼的。

按理说，萨默斯不是没有能力，在学生的投票中有57%的学生认为萨默斯应当继续干下去，而希望他"下课"的学生只有19%，其他人则属于中间派。萨默斯的突出政绩为他赢得了不少学生的掌声：他建立了干细胞研究所，与谷歌公司（Google）合作建设"网上图书馆"，并为哈佛建立了更完善的奖学金计划。

但是，萨默斯比较自负，不太注意别人的感受。

2002年，萨默斯指责本校的黑人明星教授韦斯特（Cornel West）“不务正业”，导致了韦斯特义无反顾地投奔了普林斯顿大学。韦斯特不是等闲之辈，他是十几位校级教授之一，著作等身。同时，他的声望早已超出学术圈，从音乐到政治，都有涉猎。他很有人气，上课时课堂上总是爆满。一方面，因为他确实很能讲，旁征博引，生动活泼；另一方面，他给学生打分甚为宽松，90%以上的学生都可得优。萨默斯对此人做派很有看法，遂约谈了韦斯特，要求他带头治理分数贬值问题，另外要减少校外的社会活动。韦斯特我行我素惯了，听萨默斯这么一说，勃然大怒，未及谈完便拂袖而去。几位从事黑人和非洲研究的与韦斯特私交好的教授，认为萨默斯对韦斯特不恭，对整个学科不重视，便人心思走。其他大学听到消息，便闻风而动，欲挖墙脚。结果，韦斯特去了普林斯顿大学之后，其他几位也另谋高就了。

萨默斯还动用校长权力，否决了两位文科学者的终身教授职位。这本身并不越权，但让人诧异的是他从政府部门回校，有点咄咄逼人，对知识分子不够尊重，失去了一部分人心。

2003年初，萨默斯在一次会议上，就女科学家为什么少的原因给出了三条理由：第一，性别歧视和社会压力；第二，大多数妇女难以承担一周80小时的工作量；第三，男女之间也许有某些先天不同。萨默斯这个“女子学理逊于男”的论调，语出惊人，引起了校内外的一片哗然。

萨默斯在一封发表在网站上的信中说：“我很不情愿地得出如下结论：我与文理学院部分教师的矛盾，已经使我无法推进我认为对哈佛未来至关重要的复兴议程。因此，我认为哈佛最好的出路是选择新领袖。”学校董事会本可保萨默斯不下台，但那样会让很多教授寒心，于是痛下决心，责成萨默斯辞职。

2006年5月15日，路易斯出版了一本“耸人听闻”的书《失去灵魂的卓越：一个伟大的大学是如何忘记了教育》，抨击哈佛大学体制的种种弊病。书中，他旗帜鲜明地指出了如下现象：“哈佛教师为了保全自己的终身教授地位，越来越精于专业，而学生们却越来越沦为一般人。”与此同时，哈佛大学与学生的关系，更接近“更关注用户至上和公共关系”，而忽视了对学生的教育。简而言之，金钱和声望超越了原则和理性，哈佛大学变得越来越没有灵魂。世界第一富豪比尔·盖茨曾是路易斯的学生，这名辍学生也成为刺激路易斯写这本书的原因之一。“他经常在课上打盹，我猜想他一定在做什么更重要的事情。后来才知道他正在编微软的第一个产品。一个普林斯顿的教授跟我说，在哈佛待的时间越久，学生距离人生道路就越远。”为什么很多辍学生能很成功？盖茨给路易斯以启示，他书中的一章小标题即是“课程变得毫无目的”，直指教改。

对于校长来说，他必须坚持权力与责任相称的责任，必须能够方便地进入每个权力中心，给每个意见论点以公平的机遇，让现实代替幻想并辨明其所认识的理性事业。①

作为一名卓越的大学校长，对内要制定和推行大学决策、管理学校的日常行政事务；对外则代表学校，处理与政府、企业、校友、社区的关系，争取资源、募集资金，以促进大学的发展。在诸多矛盾纷呈的时刻，大学校长更多充当的是一个平衡者和调解人的角色。

（三）作为经营者的校长

政府对于美国高等教育的财政拨款每况愈下。过去的20年左右，州政府对教育的支持力度越来越小。以前不少学校的全部经费中有50％来自政府，现在政府的支持能达到20％—30％就算是幸运的了。另外，随着大学规模的扩展，学校的办学成本不断上升，经费紧张成为许多大学的“常态”。在这种背景下，人们期望大学校长能够成为一名精明的大学经营者，利用市场为大学寻找到更多的经济资源。

大学经费来源主要有三大渠道：第一，学生缴纳的学费；第二，现有的赠款基金储备与捐款资金；第三，公立大学的政府拨款，或私立大学来自政府的某些专项资金。大学学费每年在涨，但不能涨得过多，否则会引起学生和家长的不满，从而导致入学人数下降。尤其是公立学校，其宗旨是让低收入家庭的孩子能同样接受高等教育，收取过高学费则违背了这一原则。不仅是公立学校不敢大幅

① ［美］克拉克·克尔著，高铦等译：《大学之用》，北京大学出版社2008年版，第23页。

提升学费，就连私立学府哈佛大学收取的学费也只是每年学校财政开支的三分之一。在政府投资难以在短期内得到提升的情况下，校外的捐款越来越成为教育经费的主要来源。面对经费短缺，校长们各显其能，采取不同的措施来扭转逆境，能否为大学寻得更多的捐款成为判断一名校长是否优秀的重要标志。

为了把康奈尔建成更著名的第一流研究型大学，康奈尔大学校长戴维·斯科滕（David Skorton）一上台就担当了康奈尔建校以来空前未有的大规模捐款运动领袖，计划5年筹款40亿美元。旅美学者吴宪博士观察发现，该捐款运动的宗旨是到2015年康奈尔大学建校150周年时，康奈尔要成为本科生教育方面最好的大学之一，在社会事业的最重要领域确立跨学科合作的高标准，把康奈尔大学办成为公众服务的典范，同时成为面向世界的学府。所筹款项在学生方面主要用于国内和国际本科生的助学金和奖学金，以及研究生助理奖学金。① 为了实现这一目标，校长和手下班子一起努力，明确学校各方面的需要，然后按轻重缓急排定次序，向各界人士公开宣布。

不少院校会求援于协助大学捐款的外界公司，这些人熟悉同类学校的情况，能给予校长实际的指导，校长和校友会、校基金会主要成员组成执委会，按照捐款运动的目标设计一套可行的方案。执委会成员则以实际行动带领这场捐款运动，他们往往是最早赠款的那部分人，执委会拟订名单，和有钱人会晤交谈，这些人有时会对学校的工作表示不满，但他们还是乐意奉献的。校长对重大的捐款和捐款人要亲自公开在媒体宣告，使捐款者感到对学校做了重大贡献，他们的捐献对学校将来的发展至关重要。校长也会适时地让教师学生了解捐款运动的进展和成就。

从某种意义上说，美国大学校长们越来越像企业界的经理，为学校的经济稳定出谋划策，东奔西走，四处找钱。詹姆斯·费希尔（James Fisher）把校长和工商界的总管做了详细比较，认为他们越来越相似，所需工作才干和技能也更相近。美国教育理事会在2001年对大学校长进行了一次有关“最花时间的四项工作”的调查发现：有50%以上的美国校长认为占用自己时间最多的工作是筹资、规划和预算。在各选项中，公立高校校长的选择比例如下：规划，54.6%；社区

① 王定华主编：《透视美国教育》，北京大学出版社2012年版，第348—349页。

关系，49.8%；预算，49.4%；人事，45.0%；筹款，44.2%；与董事会的联系，33.2%；与立法者的联系，33.1%。私立高校校长的时间分配重点则略有不同，其中最花时间的主要工作是：筹款，77.0%；规划，64.4%；预算，50.7%；与董事会的联系，38.5%；人事，37.7%；学术事务，37.1 %。① 就目前情况来看，在大学校长所有的职责中，筹款成了最主要的职责，在私立大学这一职能已经有上百年的历史了，但大学发展到这个时候，筹款也逐渐成为公立大学校长的一项新的重要的工作。打个夸张点的比方，19 世纪的美国大学校长在办公室看康德，20 世纪的美国大学校长在财务处看账簿，21 世纪的美国大学校长在金融街看人家的口袋。

三、美国大学校长面临的挑战

大学校长作为大学的最高行政首脑，其在不同大学发展中的作用各不相同，然而，随着现代大学行政管理的加强，大学校长的权力总体上在加强，相对于其他国家而言，美国大学校长在学校权力构成中的作用更为重要，他往往能够创造性地管理和经营一所大学。毋庸置疑，美国的大学校长在当前面临着不同于以往的挑战，他们既身陷理想与现实的双重矛盾之中，又游荡于大学的传统继承与现实的诉求之间。大学校长在当前社会面临着诸多的困惑与压力，这些压力既来自变动不居的外部社会环境，也来自日益复杂的学校内部群体诉求。

（一）校长面临角色困惑

角色和职责是一个人生活在社会上确认自我、形成自我意识的前提，然而，受制于内外环境的影响，大学校长在当前陷入了角色困局。在克拉克·克尔看来，大学校长应该是这样一种人：他是多面人，同时被期望是学生的朋友、教师的同事、校友的好友、校董的好行政管理者、对公众的好演讲家、对基金会和联邦部门的机敏议价者、州立法议会的政客、工业与劳工与农业的朋友、对捐赠人

① ［美］Melanie Corrigan 著，文东茅译：《谁在当美国大学校长——2002 年全美大学校长调查报告》，《中国高教研究》2004 年第 4 期。

有说服力的外交家、为教育理想奋斗的人、学科建设的支持者、对新闻媒体的发言人、学者出身、州级或全国的公仆、对歌剧和足球并重的热心人、体面像样的人物、好丈夫和好爸爸、教会的积极信徒，更重要的是，他必须乐意乘飞机旅行，在公众场合吃饭，出席公共仪式。①实际上，没有人能充当如此多样的社会角色，更无法完美履行这些角色所承担的社会责任，身为大学校长，理念角色和实际角色之间存在着巨大差异。

就现实情况来看，大学校长正越来越像一个职业经理人，许多大学的校长也正实现着从学者、领导者向职业经理人这样一个身份的转变。但是，由于大学组织的特殊性和复杂性，校长的角色依然是多元的。正如雷塔·伯恩斯坦（Rita Bornstein）所说的：大学校长的特征一直随着时代变化而发生改变，先后经历了道德教育家、学院革新者、知识界领袖、教育改革家、政治家等角色；在20世纪最后几年，在财政预算锐减的前提下，还开始成为大学或学院的建设者，在学院现实的生活中，大学校长被期望成为学术领袖、财务管家、筹资者，还有公共知识分子、社会领导及经济发展的“啦啦队长”。此外，大学校长除了致力于经济活动及学校的财政筹款外，他还扮演社会道德模范的角色，同时还得继续发挥着保持大学理念的传统的“守护者”的作用。② 游走于不同角色之间的校长，承担着来自不同方面的压力与困惑。校长们的一个挑战在于，“创设一个高效的学习型社区，这里教授既是领导者又是追随者，这里同事之间的关系和行为规范都是为提高学生学习水平服务，这里教师坚定地相信他们能给学生学习带来变化”③。然而事实上，无论理想多么丰满，现实中，或许只有校长自己才能认识到，这样的理想社区实际上是不可能实现的，这就是校长角色的残酷性。

有人总结了美国大学校长角色的变迁历史，认为大致有以下几点值得借鉴。一是角色分离。学校规模的扩大和科层组织的扩张使得校长需要有助手分担繁重的工作。二是角色多元。一方面，美国庞大的高等教育体系具有多元化特征，每所大学本身的独特性质也塑造了不同的大学校长形象。另一方面，具体到每位大

---

① ［美］克拉克·克尔著，高铦等译：《大学之用》，北京大学出版社2008年版，第16页。

② 姜朝晖：《美国大学校长职业变迁：一种历史的视角》，《高校教育管理》2010年第6期。

③ ［美］戴维·T. 康利著，侯定凯译：《谁在管理我们的学校——变化中的角色和责任》，华东师范大学出版社2005年版，第172页。

学校长而言，他不仅是学校的最高学术代表，而且是最高行政官员；他是董事会的信托人、教师的同事、学生的老师、学校的代言人。三是角色冲突。这些角色有时是相互冲突的，大学校长处于各种权力交汇的中心，他既要做教授学术自主的守护者，又要做向工商业界募捐的游说者，两种角色往往是冲突的。所以他要在各种压力下审慎地调整自己的角色。四是角色整合。从历史上看，美国大学校长角色变迁过程也是一个角色不断整合的过程，他从一位精神领袖演变成管理一个庞大机构的行政寡头，从一位精神领域的探索者演变成一位世俗的财政专家，最近他甚至被要求成为一种企业家型的学术产业带头人。① 从现实中看，校长所肩负的多元角色既为这一群体带来了无与伦比的社会声望与地位，也造成了不同角色间的冲突，而后者是人们不愿正视或经常遗忘的。

（二）大学内部环境日益复杂

除了角色困惑外，校长所工作的大学的日常环境也在发生着深刻变化，大学正在变得更加多元，不同群体之间也因利益的着眼点不同而变得矛盾不断。现代大学已经演变成为一个利益综合体，仅从大学事务参与者的角度来说，就涉及极为复杂的人事关系网络。“从内部来说，主要的参与者包括学生、教师和董事会；从外部来说，‘股东’包括家长、公众以及他们选出的政府中的领袖、商业和劳动部门、企业和基金会、新闻出版和其他媒体的领袖，此外还有社会上广泛范围的其他公共和私人机构。”②如何处理大学与上述诸多参与者之间的关系与利益分配问题是大学校长面临的最大挑战，特别是当这些关系内部相互对立的时候。

实际上，大学内部并不是权力的绝缘体，不同利益的代表者总是会从自身视角出发参与到大学事务的进程中。有学者指出：“在大学中，较保守的人们渴望恢复他们相对于学生、行政官员和政府的传统自治；较开放的人们则试图在社会进步的过程中重新限定那种自治；政治家、文职官员和行政官员力求使大学与当今政府的各项政策保持一致；学生常与初级教师和少数高级教师一起抱怨无权，

① 李延成：《美国大学校长的角色变迁》，《中国高等教育》2001 年第 3、4 期。

② ［美］詹姆斯·杜德斯达、弗瑞斯·沃马克著，刘济良译：《美国公立大学的未来》，北京大学出版社 2006 年版，第 125 页。

他们中的激进者则把他们的无权解释为大学屈从于经济势力集团的必然后果。”①校长是大学事务的负责人，而教师则是大学中最为重要的力量。

就目前情况来看，校长和教师之间的裂痕在拉大，教师缺乏对当代大学本质的理解，也缺乏对大学领导的支持。“现代大学是一个大规模的、复杂的、多维的组织，它不仅要负责传统的教学与科研任务，还要负责诸如卫生保健、经济发展以及社会变革等其他活动。与此同时，对学术研究的需求使得教师们把精力集中在自身所在学科内，因此很少有机会参与到更广泛领域的大学活动，他们极少深入理解现代大学的许多其他使命并为此承担责任。”②同时，随着专业化的深入推行，教师似乎越来越背离这个开放性的超越，他们往往选择分散化的个人研究模式，或是囿于自身所组建的圈子中，同时抵抗任何能够威胁现状及其自身现实利益的变革，即使这种变革从长远来说会给大学带来利益。“在许多大学里，管理的概念并没有得到教师群体的支持，对于后者而言，‘管理’隐含着消极的意味，就像联邦政府、官僚政治以及企业组织等词。”③换言之，与历史上那些伟大校长常常能够获得教师推崇的情况相比，现在的教师和校长之间似乎难以建立起彼此信任的关系，双方的合作仅限于职场领域，而大学从根本上应该超越于职业而具有更重要的价值。

除了教师群体外，校长和学生群体之间的关系也绝非表面上那样的融洽。学生群体对于大学校长形象的理解和认同与后者自身的设想存在差异。按照科恩的调查，学生对大学校长三种最常见的形象（即管理者、政治领袖和企业家）均不满意，而希望其成为“美德的载体，独立法官与民选独裁者，校长行为表现出的美德使他的职位合法化”④。在青年人的世界里，校长应该是一个道德至上而非仅是政治中肯的模范人物，学生更愿意接受一个道德主义模式的领导，而在校长

① [加] 约翰·范德格拉夫等编著，王承绪等译：《学术权力——七国高等教育管理体制比较》，浙江教育出版社 2001 年版，第 1 页。

② [美] 詹姆斯·杜德斯达著，刘彤主译：《21 世纪的大学》，北京大学出版社 2005 年版，第 215 页。

③ [美] 詹姆斯·杜德斯达、弗瑞斯·沃马克著，刘济良译：《美国公立大学的未来》，北京大学出版社 2006 年版，第 111 页。

④ [美] 迈克尔·D. 科恩、詹姆斯·G. 马奇著，郝瑜主译：《大学校长及其领导艺术：美国大学校长研究》，中国海洋大学出版社 2006 年版，第 60—61 页。

看来，学生对于校长角色的理解是天真甚至是幼稚可笑的，实际上学生最想要的校长是那些能够采取行动迎合学生价值观念的庇护者。

除了和师生关系缺乏协调之外，大学校长和学校董事会之间也存在着矛盾，这种矛盾特别表现在一些公立大学之中。公立大学的董事会成员由于其产生多是政治因素互动的结果，因此很多董事只对特定的政治机构或力量（如州议会、选民、州长等）负责，他们将自身看成是大学的统治者或牧羊人，大学利益要远低于政治利益，这种在服务目标上的重大差异成为公立高等教育面临的最大挑战。作为高校的法人代表，董事会首先应该履行受托人的职责，努力为学校争取发展的空间与资源。然而受制于目前的产生机制，公立大学的许多董事趋向于将自身看成是机构的管理者与控制者，其负责的对象在高校之外而不是大学本身，有的人甚至将学校活动看成是政治生活的一部分，大学成为其政治升迁中的一块学术跳板。这些现象的存在无疑表明：当一名卓越的校长全心全意地为大学事务而奔走时，便会无可避免地与董事会发生直接或间接的冲突。

随着社会环境和研究氛围的变化，现代大学的复杂性逐渐超越个体的认知能力，很少有人能够真正完美而优雅地掌控大学所承担的多元任务和角色。其职责不仅包括教学和科研、社会服务，还包括制订学校的未来发展计划、处理社会复杂关系与应对各种突发事件等。几乎没有人能够完美地承担校长角色的各个方面。许多大学校长坚持听天由命、无为而治的策略，将注意力放在学术或管理的单一事务之上，而对于其他领域的问题则以一种即时策略的方式来对待，缺乏长期性的战略设计。

（三）大学外部环境充满压力

无论是大学校长正陷入深度的角色困惑，还是大学内部正经历着日益严重的利益分化，其背后都离不开大学所依存的美国社会环境的变化。20 世纪 70 年代之后，随着整个美国经济形势的恶化，高等教育领域面临着日益严重的财政危机，危机造成联邦政府对高等教育的资助减少；许多高校转向生存主义，其办学重心转向如何保证资源的到位而忽视教育质量，克拉克·克尔将这一时期看成是高等教育“黄金期”的结束。

随着美国高等教育规模的不断扩大，多元的社会力量不断卷入其中，并且其参与的力度不断增强。外界的参与一方面促进了院校之间的竞争，提高了高校对于社会需求的反应能力，为高等教育的发展提供了动力；另一方面也伴随着社会干预的加强，问责成为美国大学自治传统面临的新课题。伴随着财政危机的到来，政府与民众开始审视高等教育的“信用度”问题，认为高校应该向社会提供一种“明确的、可以被广泛接受的衡量尺度，用来展示它们到底做了什么以及做的成效如何等”①。

历史上有一段时期，新闻媒体曾和公立大学有着相互信任与尊重的蜜月期，这是源于双方在一些价值观（如自由、自治和独立）上有着共识。然而近年来新闻界加大了对大学的批判，一方面是因新闻界对于公众态度的迎合使得新闻工作者越来越对整个社会（特别是本身具备政治色彩的机构）采取敌对态度，对一切事物都保持怀疑态度；另一方面也源于大学特别是部分管理者自以为是，以精英自居而导致与媒体交恶，新闻机构利用政策资源，如《阳光法》（Sunshine Law）、《公开会议法》（Open Meetings Law）、《新闻自由法》（Freedom of Information Law）等，对大学事务频频进行监督甚至干预，从而制约了大学校长对于学校运行的管理。

公众的意见或观念往往是过于保守的，他们容易被媒体所诱导，通过对过去大学的“理想化”想象而对当前的大学进行批判或指责，而一旦大学真正开启改革之路时，公众却往往站在改革的对立面，漠视或抵制改革的效果。一方面，公众普遍强烈地支持美国公立大学应该提供高质量的教育；另一方面，却又在降低自身对于高等教育的关注度，在纳税人提供给公立大学的经费支持越来越少之时，对于高等教育的批评与不满情绪越来越强烈。

尽管美国大学校长的职位面临着许多的困难和挑战，然而由于历史和现实多重因素的影响，许多人都把大学校长看成是学术阶梯中的最高等级。“校长是一个集行动、引领、决策、支持职能于一身的人，从某种意义上说，是一位对学校负责的人，无论是他对问题的正式回答，还是在他的精神状态方面，大家都认为

---

① J. P. Aper & D. E. Hinkle. State Policies for Assessing Student Outcomes：A Case Student with Implications for State and Institutional Authorities. *The Journal of Higher Education*，1991，p. 539.

校长在决定学校方向、做出决策、开展谈判、推动落实的过程中发挥着核心作用。”①

结语

美国大学校长作为董事会的代理人，依据董事会的授权成为大学的首席行政官员，同时也是教授的学术领导者，在美国大学的治理和美国大学的发展中发挥着举足轻重的作用。尽管随着时代的迅猛发展，以及大学环境的急剧变化，大学内外的各种利益相关者纷纷将自己的期望和要求诉诸大学，美国大学校长面临着诸多的困惑和压力，然而大学校长依然是学术共同体中最具影响力的人物。而且，压力实际上也是变革的动力，正如布鲁贝克（John S. Brubacher）曾提醒人们的那样，“危机”如果真实存在，那么就需要人们对高等教育的一些基本概念做一次痛苦的重新评估，同时，这样的评估就给了哲学思考一个极好的机会，因此教育实践中矛盾错综复杂之时，就是检验这些实践的理论基础之日。②他认为，或许目前正是一个反思和重新认识大学校长这一群体的最佳时机，如果我们能秉持开放、宽容与变革之心对待大学校长这一有着光荣传统的特殊群体，他们或许就能还给社会一个无与伦比的惊喜。毕竟，美国大学校长的社会地位较高，经济收入颇丰，还是令人羡慕的职业。2016 年 3 月，耶鲁大学校长苏必德（Peter Salovey）到北京大学登台演讲、接受央视访谈、出席博鳌亚洲论坛，表现出了从容自信，受到国宾礼遇。试想，如果他不是大学校长，可能只会坐在听众席上。

---

① ［美］迈克尔·D. 科恩、詹姆斯·G. 马奇著，郝瑜主译：《大学校长及其领导艺术：美国大学校长研究》，中国海洋大学出版社 2006 年版，第 84 页。

② ［美］约翰·S. 布鲁贝克著，王承绪等译：《高等教育哲学》，浙江教育出版社 2001 年版，第 2 页。

第十章

美国大学的教师

在美国高等教育领域中，衡量一所高校办学声望以及学校影响力的重要标志便是学校教师队伍。一流教师队伍的存在能够极大地提升学校整体声誉，也会吸引更多的办学经费以及优质生源，进而极大地扩展学校的发展空间。处于美国这样一个极富竞争意识的社会环境中，优质师资特别是知名教授作为一种珍贵资源，往往是各校都想得到的。为了获得好的人才，许多学校常常采取提高教师待遇以及增加教师权利等手段。为了始终保持高水平的稳定的师资队伍，美国高校普遍采用终身教职制度。在绝大多数美国大学里，晋升至副教授便可获得终身教职（tenure），而教授一般都是终身教授。

一、大学教师职业受人尊敬

认识美国大学教师群体，就必须先要了解美国的高等教育领域目前所处的社会现实情况。美国社会公认的衡量大学状况的最可靠的指标是一所学校的教师队伍的优秀程度，这几乎能决定其余的一切：一支优秀的教师队伍将能够吸引优秀的学生、基金以及校友和公众的支持，并能博得国内和国际的认可。一所大学想要保持和提高学校声誉，最有效的办法就是提升其教师队伍的质量和水平，这一现实必将迫使高等院校为争夺稀缺的优秀教师资源而进行激烈的竞争，其基本途径便是为教师群体提供优越的工作环境和有保障的物质生活。

大学教师工作本身具有极强的职业魅力，美国学者亨利·罗索夫斯基的话耐人寻味：当有人问一名助教选择这一职业的原因时，他回答说他最喜欢看书，在大学里从事教学工作，是既能看书又能拿工资的唯一的一种职业。高等学校生活的精华就是在自己身上继续投资的一种机会（实际上也是一种需要）。这是一生中建立和更新智力资本的难得的机会。许多人从教学工作中可以得到最大的满足。对另一些人来说，研究活动则是其关键：它能满足知识分子的好奇心，培养科学发现的快乐感和荣誉感。①

应当承认，大学教师职业在美国是一份值得推崇的职业，然而所有事情都具有复杂性，对于大学教师群体而言，其现实状况也绝非人们所想象的那样。有足够的调查证据表明，只有25%的美国大学教师表现出对从事研究工作具有强烈的个人兴趣，其余的则表示更愿意承担教学工作，教学育人。但是，为了职称晋升和获得终身教职，大学教师不得不花更多的时间去拿课题、搞科研、发表论文。

美国高等院校对在校教师实行职称评定制度，其职称结构可分为教授（professor）、副教授（associate professor）、助理教授（assistant professor）和讲师（lecturer or instructor）四级。助教（teaching assistant）一般由研究生担任，

① ［美］亨利·罗索夫斯基著，谢宗仙等译：《美国校园文化——学生·教授·管理》，山东人民出版社1996年版，第141页。

不算教师职称系列。在美国，担任高校专职教师除了要有博士学位外，还要有一定的相关经历，如担任过助理教授的助手、参与过某项重大课题组等，以证明其在本学科未来工作时的发展潜力。而副教授通常由助理教授晋升而来，一般要有五六年的教学与科研经验，并且在科研论文方面取得过显著成绩。教授在美国是一种极为荣耀的学术职务，除了上述条件外，还需要教师本人有开展创造性工作的才能，并且其成果在相关研究领域有一定的国内甚至国际影响。

回首以往，在美国高校早期发展过程中，大学教师仅仅被看成是雇员，处于被管理者的地位，而在19世纪中期以后，随着美国大学专业化与学术化进程的加快，大学教师群体的社会身份与经济地位有了极为重要的提升。进入20世纪之后，大学教师群体通过学术评议会、大学教授协会等专门组织维护权益，除了逐渐取得学术事务的最高裁量权之外，还开始涉及学校行政管理等其他事务。而今，大学教师在美国社会中是受人尊敬的职业。大学教师群体对于其工作具有相当高的认同感，其中既有学术职业本身的感召，也有终身教职的吸引力。

“教授”一词起源于欧洲，一般是指那些具有较高级别的专业教师。在北美大学中，教授职位出现的时间比较晚近，直到18世纪初期才开始设置教授岗位，而在19世纪晚期之后才在全国范围内建立起完整的学衔制度。

一般而言，对于那些身处美国优质高等学校中的终身教授而言，其生活与工作是比较自在的。换言之，人们公认，在教授自身的学术研究领域之内，不存在一个能够对其指手画脚的外部权威。很少有职业能够像在大学中从事科研与教学活动一样，能让从业者得到这样一种既安全而又独立的优越地位，这或许就是一名大学教授所具有的令人艳羡的方面。加利福尼亚大学 E. K. 坎特罗威茨教授曾指出，有三种职业是有资格穿长袍以表示其身份的，那就是法官、牧师和学者。这种长袍象征着穿戴者思想的成熟和独立的判断力，并表示直接对自己的良心和上帝负责。①它表明这三种相关职业在精神上的自主权，他们不应允许自己在威胁下行事并屈服于压力。

① 参见［美］亨利·罗索夫斯基著，谢宗仙等译：《美国校园文化——学生·教授·管理》，山东人民出版社1996年版，第144页。

二、终身教职制度受人关注

（一）终身教职的聘用

总体上说，美国高校中的大学自治与学术自由是有制度保障的，然而这些并不能始终保证大学教师个体从事教研工作时的自由与独立，大学内外一些势力可能会情不自禁地干涉大学教授的研究工作。为了在法律制度和日常实践上保证美国大学教师的切实权益，美国许多高校建立了教授终身聘用制（或终身教职制度）。

终身教职制度是美国高等院校为了保障大学中教学科研人员的职业安全和学术自由而为某些资深教师设立的教师聘用制度，其为高等院校所特有，这就使得高校教师的职业安全系数在社会各行各业中居于特殊位置。美国终身教职制度始于19世纪的哈佛大学。这一制度要求高校对获得终身教职资格的教师负有特殊责任，除非发生一些极端事件，否则高校不能随意解聘教师。然而这一制度并不限制教授群体在各大高校之间的自由流动，换言之，在美国高校中，获得终身教职的教师只要符合一定的教学科研考核标准，其任职期限是不受外在力量限制的。同时，教师个人可以根据自身情况自由地选择所在高校，这是一种个体自由与制度保障相结合的聘任制度。

终身教职制度是美国高校教师聘任和晋升制度的一个重要方面。值得指出的是，美国高校教师聘用制度本身复杂多样，内容广泛，并且在总体上不是终身制。特别是在一流大学里，终身教职不但数量少，而且其获得历程是极为烦琐的，通常要经过较长的试用期以及校内外多重部门与个人的严格考察才可获得。根据美国教育部1998年的数据，几乎所有授予博士学位大学和综合性大学都有终身教职教授的存在，大部分私立四年制学院和社区学院也都设有终身教职。一般而言，教授和多数副教授都可获终身教职，而助理教授和讲师群体则通常不具备终身教职资格。

大学设置终身教职岗位是需要经费的。新设一个终身教授席位需要净增资金约200万美元，所以一所大学中的终身职位的数目主要受到经费的制约。在公立大学，终身教职所需经费主要来自州财政，而在私立大学里，这种经费往往由外界捐赠和学生的学费所支持。当然，终身教职的设置并非随意，它必须反映学生和学校自身的研究兴趣和自我利益。由于终身教职的成本昂贵，一些学校所设置的终身教职的数目是有限的，往往只有当原来的终身教授退休、辞职，或是由于学科规模扩充以及意外捐赠而设立了新职位时，才会补充人选。一般来说，这种机会是极为渺茫的，由于部分高校盛行“非升即走”做法，许多有才华而又合乎需要的青年学者便大量流失。在哈佛大学和其他大学，老教授退休才能腾出位置，而退休年龄则一般为 70 岁左右。

近年来，随着各高校严格控制终身教职的数量，青年教师由于拿不到终身教职而更换学校的情况屡见不鲜。不过，在一所学校获得终身教职后，往往其他院校也是承认的，教授、副教授可以带着这个身份进入其他高校。改换学校的做法在公立大学相当普遍，而在私立大学则因校而异。值得指出的是，能否拿到终身教职常常是教师与学校在聘任过程中谈判的焦点问题。

美国研究型大学将终身教职的授予标准定位于具有国际领先水平的学者。例如在哈佛大学，如果出现终身教职的空缺，将会在世界范围内寻找最适合此项工作要求的教授，倘若没有符合条件的高质量候选人，那么该职位宁缺毋滥。不过，这种靠学校金字招牌来招揽人才的做法，虽然有助于保持一流教师队伍，但也会挫伤校内年轻学者的积极性。另外，如果最佳人选年龄偏大或是外国人，学校的投资成本就会很高。鉴于此，美国高校采取终身教职发展轨道制度（tenure-track system）。在这种制度下，助理教授经过 6—7 年时间，在某些医学院经过 10—12 年试用期，可以经考核获得终身教职。按照这个制度，即使一所学校暂时没有可供晋升的职位，为了留住优秀年轻学者，也可能给他一个终身教职。

一般而言，在一所大学里非终身教职教师有两次机会申请终身教职，其具体程序是：（1）由教师本人提出申请，按照校方规定提交自己任职期间在教学、科研等方面所做贡献的汇总报告；（2）由系主任向校内外同行征求对其学术成就的评审意见；（3）由系内终身教授组成的评定委员会以无记名方式投票表决并形成书面鉴定；（4）系主任提交评价与推荐信，将讨论意见、表决结果和全部文件上报院内；（5）由院内终身教授组成的学术委员会和由系主任组成的委员会分别进行评审，以避免系一级评审可能引起的偏差并平衡各系的关系；（6）院长根据这些材料提出自己的意见；（7）学校学术委员会审查并投票，以保持各院之间的均衡；（8）根据上述材料，校长做出最终裁决意见，公立大学还要上报州内高等教育委员会审批后才能正式生效。如果教师的终身聘任申请未获通过，学校即以书面方式通知申请者下学年停聘或来年再次申请。

一般而言，各大学评选终身教职主要依据以下几点。

首先，对申请人的教学评价主要通过学生和同事对教师课堂授课质量的观察与评价。通常要考察教学工作量、选课学生数、期终学生对教师的评价、观摩课报告、指导学生科研的情况等。

其次，对申请人科研能力的评价，主要看教师所取得的成果，如论文发表（包括杂志级别与引用次数）、学术会议提交报告（考察会议级别）、申请到的科研经费等，特别是要有已出版的学术专著。这一方面主要参考申请人所发表的论文与所出版的专著的数量与质量，以及申请人所参与并主持课题的情况。值得指出的是，学术期刊对选用的文章有着极为苛刻的标准，其审稿方式一般为专家匿名审稿，所以只有极为优秀的成果才能被选中，因此，申请人的科研能力特别是有分量的论文成为进入终身教职轨道的敲门砖。

再次，对申请人参与院系服务情况的评价，即对教师参与学校和系行政活动的程度的评价。另外，还要看申请人在校内参加各级委员会的情况、在校外团体中的任职状况以及对社会公共服务的贡献。

那么，获得终身教职后是否有一些特殊权利？在美国高校领域，终身教职制度被看成是“永久的职业安全”，获得终身教职的教师可以在退休之前“终身”担任其职务。除非出现一些特殊情形，如教师因体力或脑力原因无法胜任其职、严重的道德失检和失职、研究项目完全终止、学校出现非常严重的财政困难等，否则终身教职教师通常是不能被解聘的。如果学校要辞退一位终身教授，必须通过某些特定程序。因此，只要教师获得终身教职，就可享有终身的职业安全，大学只有在极其特殊的情况下才能要求解聘教授。同时，终身教授在使用学校设备、实验室、研究助手方面都享有一定特权。学术休假（sabbatical leave）是给予终身教授的一种特别优惠，即终身教授每七年中可有一年的离职休假，以便调整状态，恢复精力，外出开展深度考察，集中进行某种研究。学术休假期间要减少薪水，但科研补助或其他补助足以提供补偿。这段时间，终身教授可自由灵活安排，甚至留居国外进行研究。

（二）终身教职的解聘

在美国高等院校中，一名教师一旦被评为终身教授，除非出现个人道德败坏或是极端专业失败的原因才会遭受解雇，否则任何单位和个体不得以任何借口开除终身教职教师，这一规定保障他们可以任职到退休。在此，以密歇根大学为例加以说明。密歇根大学在其1993年11月修订的《关于教员解职、降级或终止聘任案例程序的说明》中，详细规定了关于解除教授合同的基本程序，这一程序包括以下几个方面。①

1. 适用前提

为遵循一定程序，提出免职、降级或终止聘任的原因应该能被本校所接受，应该与全体教职员的提升与工作效率相关，并且应该与所涉及的终身教职的特征一致。

2. 程序启动

结果可能是免职、降级或终止聘任提议的程序应该由教务长兼主管学术事务的常务副校长或相关教职员所在的学院或其他单位的执行官（院长、主任或执行委员会）启动。若出现如下特殊情况，即根据校长的判断，存在直接并立刻危及本校公众声誉或基本职能的危险，则校长可以命令解除相关教职员在校内的部分或全部义务和责任，在不损害也不赔偿相关人士的前提下，等待对事件的最终裁定结果。

3. 不同情况下应该采取的相应程序

在所涉及的事务主要与相关教职员任职的行政单位有关的情况下，应该采用本条第4款规定的程序。在所涉及的事务影响到整所学校的情况下，应该采用本条第5款规定的程序。校长在与顾问委员会和相关行政单位的行政领导沟通之

① 张国有主编：《大学章程（第二卷）》，北京大学出版社2011年版，第137—138页。

后，确定所面临的情况应该适用于第 4 款或第 5 款规定。各行政单位的行政领导在启动与当事教职员相关的程序之前，应通知校长和顾问委员会，校长在与顾问委员会沟通之后确定所面临的情况适用本条第 4 款或第 5 款规定。校长的确定结论应以书面形式通报顾问委员会和相关行政单位的行政领导。

4. 涉及学院行政领导的事件的适用程序

第一，若校长确定需要处理的情况与某行政单位的行政领导有关，则该行政领导应该立刻书面通知相关教职员和顾问委员会。通知中应该说明行政领导提议调查事件的具体原因，并且应该告知相关教职员，若在接到通知 10 天之内提交书面申请可得到参加听证会的权利。

第二，行政领导应立刻调查相关事件。如果相关教职员提交了参加听证会的申请，则应该为其提供对以下机构的听证权：所在行政单位的执行委员会，或者由行政领导委任且得到所在行政单位执行委员会或理事会批准的特别教职员委员会。相关教职员就可以：（1）自行选择顾问，该顾问可以担当辩护人；（2）参加听证委员会所有接受证据和听取论证的会议；（3）要求会见、质询以及反质询相关证人；（4）检查听证委员会收到的所有文件证据。听证委员会应该与相关行政单位的行政领导、顾问委员会和校长尽量迅速地完成关于被听证事件的书面报告以及整理完毕的听证会会议记录全文。书面报告应该载明听证委员会的结论、建议及其理由，如果提议免职、降级或终止聘任，则报告中应该详细说明导致上述提议的工作失误或不当行为，该报告副本应递交给相关教职员。

第三，如果听证委员会建议采取对相关教职员不利的行动，则相关行政单位的行政领导在进一步考虑该事件之前，应该以书面形式告知相关教职员，可以选择通过由评议会学校事务委员会指定一个小组对事件进行审议。如果听证委员会认为不应采取对相关教职员不利的行动，但是相关人员所在院系的行政领导在审阅了听证委员会的报告和会议记录后持不同意见，并认为应该建议采取对相关教职员不利的行动，则该领导应该以书面形式将其看法告知相关教职员，并对理由进行合理说明，同时应该告知相关教职员可以选择申请对该事件进行审议。

第四，相关教职员若愿意提请审议委员会审议其就相关事件提出的申请，则必须在接到裁决通知后 10 天内以书面形式提交。审议申请应该提交给顾问委员会任命并被委任为审议委员会的任期问题小组。审议委员会应该迅速以书面形式通知相关教职员和相关行政单位的行政领导，并在至少10天以后就相关事件召开听证会，且进行完整的书面记录。审议委员会应该审议由听证委员会提交的会议记录、报告以及建议，并可以继续收集新证据。相关教职员本人或其代表，或本人与代表一起，以及相关行政单位的行政领导均有权先于听证委员会对议项进行评论，有权对听证委员会的发现、结论和建议做出评论，并有权检查和反驳审议委员会收到的任何新证据，应该对审议过程进行完整记录。

第五，在审议过程中，审议委员会应该考虑到所有相关因素，包括以下问题：(1) 听证委员会是否遵循了本分款规定的程序；(2) 听证委员会的做法是否符合公正听证；(3) 作为听证委员会提议基础的工作失误或不当行为是否与最初引发调查的指责内容一致；(4) 先于听证委员会启动的程序是否涉及与整所大学相关的问题；(5) 在听证记录中出现的以及审议委员会后来接收的证据是否支持听证委员会的发现和建议。在决定建议内容时，审议委员会应该自由地采用其在时间程序和结果方面的发现和结论。

第六，听证会结束30天内，审议委员会应该向相关教职员、相关行政单位的行政领导、校长和顾问委员会递送书面报告。报告中应载明审议委员会的结论、建议及其原因，同时递送的还应有审议委员会举行的听证会全文记录。

第七，相关教职员和顾问委员会在收到审议委员会报告之后10天之内，可以随即向校长提交书面评论，相关教职员还应将评论提交给相关行政单位的行政领导。在收到听证委员会报告20天内，相关行政单位的行政领导应该就其对该事件的最终建议通知校长。

第八，上述程序之后，校长应该审议关于整个事件的报告，并给出建议及相关理由，相关教职员和顾问委员会应该拿到校长的建议内容并可以在收到建议后10天之内向校长提交关于其建议的书面评论。关于整个事件的完整报告，包括校长的建议及相关教职员和顾问委员会的所有评论，应该随后由校长提交董事会做出最后行动决定。

5. 涉及顾问委员会的事件的适用程序

第一，若校长确定需要处理的情况与顾问委员会有关，顾问委员会应该委任其任期问题常设小组委员会作为听证委员会，并将事件递交给听证委员会进行听证。听证委员会应该立刻以书面形式通知相关教职员。通知中应该说明顾问委员会提议调查事件的具体原因（由教务长和负责学术的常务副校长负责准备），并且应该告知相关教职员，若在接到通知 10 天之内提交书面申请可以得到参加听证会的权利。

第二，听证委员会应立刻调查其接收的相关事件，并可以要求本校任何教职员工提供相关信息。教务长和主管学术事务的常务副校长或其代表应该出席听证委员会的所有会议，并提交教务长和主管学术的常务副校长判定与事件相关的所有证据。相关教职员任职的行政单位的行政领导可以选择出席或不出席听证委员会的所有会议，如果该行政领导愿意提出任何建议，则应该在委员会对调查做出结论之前提交相关建议，随后这些建议将成为听证委员会对该事件记录的一部分。如果相关教职员提交了先于委员会进行听证的申请，则应该对该听证会进行完整的速记记录。相关教职员可以：（1）自行选择顾问，该顾问可以担当辩护人；（2）参加听证委员会所有接收证据和听取论证的会议；（3）要求会见、质询以及反质询相关证人；（4）检查听证委员会收到的所有文件证据，应该对听证会进行完整的速记记录，听证委员会应该与相关行政单位的行政领导、顾问委员会和校长共同迅速地完成关于被听证事件的书面报告，以及整理好听证会会议记录全文。

第三，听证会在接收到相关事件情况之后，应该在合理的时间范围内向顾问委员会提交书面报告备案。书面报告中应该载明听证委员会的结论和建议及其理由。提议免职、降级或终止聘任，则报告中应该载明行为人对导致上述提议的工作失误或不当行为的详细说明。与报告一同提交的还应该有关于该事件的完整书面报告，如果相关学院的行政领导有向委员会提出的建议，则应该包含在完整书面报告中，委员会召开的所有听证会的完整记录也应该包含在完整书面报告中。

第四，如果听证委员会建议采取对相关教职员不利的行动，则顾问委员会也应该以书面形式建议相关教职员其可以申请评议会顾问委员会对听证会实施的程序进行审议。相关教职员的审议申请应该在接收到建议之后 10 天之内以书面形式递交顾问委员会主席或秘书长。顾问委员会收到此项申请后，可以酌情决定举行听证会以确认听证委员会的做法是否符合公正听证，以及其是否遵守了本分款规定的程序步骤。一旦审议听证的申请得到批准，相关教职员本人或其代表，或本人与代表一起，均有权出席并先于听证委员会对议项进行评论，应该对审议过程进行完整记录。

第五，如果顾问委员会认定听证委员会的做法不符合公正听证，或者其未遵循本分款规定的程序，则顾问委员会应该驳回听证委员会的调查结果和结论，并要求听证委员会就该事件根据本款项规定的程序重新举行听证。关于顾问委员会采取行动的书面报告，以及审议过程的报告，应该递交相关教职员、相关行政单位的行政领导、教务长和主管学术事务的常务副校长以及本校校长。

第六，如果听证委员会认为不应采取对相关教职员不利的行动，或者虽然听证委员会认为应该采取对相关教职员不利的行动，但是相关教职员并未提出申请要求顾问委员会审议，或者相关教职员提出了审议申请且顾问委员会进行了审议，但是确定听证委员会的做法符合公正听证且遵循了本分款规定的程序，则顾问委员会应该将听证委员会关于本事件的书面报告和推荐函以及关于整个事件的完整书面记录递交于相关教职员、校长、教务长兼主管学术事务的常务副校长，以及相关行政单位的行政领导。在向校长提交报告和记录的同时，顾问委员会也可以提交其就听证委员会的调查结果、结论和建议做出的评论，相关教职员、相关行政单位的行政领导，以及教务长和主管学术事务的常务副校长应该在接收到听证委员会递交的报告和记录之后10天内，向校长递交书面评论。

第七，上述程序之后，校长应该审议关于整个事件的报告，并给出建议及理由。相关教职员和顾问委员会应该拿到校长的建议内容，并可以在收到建议后10天之内向校长及相关教职员或顾问委员会提出评论，所有评论都应该随后由校长提交董事会，以便做出最后行动决定。

之所以详细引介密歇根大学解聘终身教职教师的程序，就是为了说明在美国高等教育领域，对于终身教职教师的职业保护是由一套极为烦琐的既定程序和制度来运行的。一旦某人获得了终身教职，就意味着他可以不受校园内外各种力量的非学术性干预，这种保护既有经济方面的考虑，也有学术自由的期许。许多教师都将获得终身教职作为自身从业的重要目标。

（三）对于终身教职制度的争议

美国大学终身教职制度是美国高等教育领域中独具特色的一个方面，但终身教职制度并非完美无缺，因而自其产生之日起就伴随着争议，有赞成有反对。

赞成终身教职者认为，终身教职制度有助于维护学术自由，它可以保证教师有按照自己的信念去进行教学的权利，可以保证教师投身于不热门的学术，不必急功近利。还可以保证教师按照自己理解的知识和思想去行动，而不必害怕受到惩罚。大学教授群体肩负着创造新知识与发现新真理的使命。然而所有新事物的发生与发现都是一项冒险的活动，它是在挑战传统与既定权威，确实需要内部与外部的理解与宽容。当然，已经获得终身教职的人中也有不合格的成员，但是正像库恩所说的："这些教师不能代表终身教职教师的主流，应将个别害群之马的表现与整体队伍的风貌相区别，不能因为部分教师的工作业绩不良而对终身教职制度予以否定，坦言之，这里面有各种相关机构的问题，如招聘单位在招聘时不恰当的决定，对教师培训的不足或不当等都有可能助长了庸才教师的出现，但终身教职制度不能成为个人、机构和专业团体的替罪羊。"①美国大学教授协会前主席詹姆斯·泼雷同样指出："朽木之才的文坛并不是终身教职的问题，而是由于学校在授予终身教职之前没有对候选人进行认真的评估，在一旦出现问题时又没有对他们进行适时的帮助，或者没有采取适当的措施及时撤销这些教师的终身职位。"②

赞成终身教职者也承认，权利和责任是一致的，当美国高等院校给予大学教师群体终身教职的职业保障时，后者便应该负担起相应的内外责任。作为一名学术共同体的成员，美国大学教师不但应该肩负起自身难以逃脱的学术责任，维护学术自由与科研的尊严，更应该学会尊重其他利益群体的合理意见与批判，在开展学术交流与批判的同时对其他学者的建议给予尊重，更应秉持公正原则对待自身周边的每一个人。

反对终身教职者认为：终身任期制会导致偷懒行为，抑制激励作用，直接造

①② 参见符华兴、王建武著：《世界主要国家高等教育发展研究》，湖南人民出版社 2010 年版，第 76 页。

成缺乏敬业精神，这是一种播种恶果的做法，同时还有一种信念：这种习俗是不道德的，简直是非美国的！① 授予部分教师终身教职未必能够达到增进学术自由与繁荣的目的。

首先，终身教职制度没有必要设立。很多人认为宪法修正案已经赋予公民言论自由权利，高校中是否需要设立终身教职制度来保障教授群体的言论自由？联邦及州政府是否有必要利用终身教职制度来对高校教师进行专门的保护？国家与社会对这一制度所付出的成本是否过于巨大？

其次，教师权利与义务不相匹配。高校中设立终身教职制度，表面上看只是为了保护教授们的权益，却没有要求教授们履行相应的责任。这种制度是否会影响到美国高等院校在社会剧烈变化时期做出必要应对，从而影响美国高校的竞争力？

再次，可能导致不思进取。在终身教职制度的遮护下，美国高校教师队伍中肯定会存在一些不思进取、得过且过、浑浑噩噩的平庸之人。已经获得终身教职者，进取精神可能会不足，生活得过于安逸。这种安逸相对于那些整日忙碌的年轻教师来说，是否显得有失公正？

美国民众对于大学教师队伍是否应该获得终身教职同样存在着多种多样的声音。在许多人看来，一些已经获得终身教职的教授们总是显得傲慢自大，他们往往只重视自己的科研课题而忽视日常教学，后者本应是一名教师更重视的本职工作。换言之，一些终身教职教授很少向学生提供与他们的名气和待遇相称的教育服务，即使在科研领域，一些终身教授群体所完成的工作也绝非像其所宣称的那样具有创造性，他们所重视的不过是每年发表在期刊上的文章数量以及著作是否能够出版等，而不太关心其研究工作的实际效益。

大学校园内部同样存在着对于终身教职制度的怀疑声音。那些忙碌终日的年轻教师们，总要面对“老板”式的终身教授们，后者习惯于颐指气使般地对待他人，对年轻人的学术建议和观点并不重视，甚至有意刁难和打压新的学术力量。个别获得终身教职者甚至不愿意服从学校的规范秩序，以自我理念为中心向年轻

① ［美］亨利·罗索夫斯基著，谢宗仙等译：《美国校园文化——学生·教授·管理》，山东人民出版社 1996 年版，第 156 页。

学生兜售一些思想意识，讲课口无遮拦，有时让校方感到头痛。

三、美国大学教授协会探析

19 世纪中期以前，美国大学中的教授群体人数很少，同时作为学校的雇员身份，其地位始终不高，当时美国大学教授在学术自由与任职聘用方面没有切实的保障，经常出现大学教授因所持观点与官方或主流话语相异而遭到不合理的解雇的情形。随着新型研究型大学的创设，大学教师的人数不断扩充，其专业性与学术独立性逐渐受到世人的重视。教授作为教师群体中的精英分子，其身份逐渐脱颖而出并逐渐掌握攸关自身利益之事务的话语权。

（一）美国大学教授协会的成立

在 1915 年的纽约，经美国政治学联合会（APSA）、美国社会学协会（ASS）和美国经济学联合会（AEA）的推动，哲学家约翰·杜威与洛夫乔伊共同倡导创建了美国大学教授协会。美国大学教授协会不是一个专业组织，其成员从一开始就由来自全国各所高等院校不同专业的教授成员组成，其形式近似于一个行业工会组织，然而其实际运作却不同于工会。一般而言，工会组织是为了组织成员的经济利益而有组织地与外部力量进行对抗，而美国大学教授协会始终以专业组织的要求为宗旨。

> 假如大学教授协会对普遍教育利益的仔细调查和商榷竟是屈从于自私而唯利是图的目的，那么这个组织就有可能被正直的人们解释为一个不可救药而唯利是图的组织，一旦堕落至此，就可能需要做出比成立一个协会组织艰难得多的改革来补偿了。①

该协会的这种身份定位有其特殊性。美国大学教授协会之所以要到 20 世纪

① Jo Ann Boydston（ed.）. *John Dewey：The Middle Works，1899—1924*，Vol. 8，1915. Southern Illinois University Press，1979，p. 100.

才得以成立，有着极为深刻的复杂原因。美国学者沃尔特·梅茨格曾对此有深入探讨。

第一，由学术工作的特殊性所决定。梅茨格认为："工厂、办公室和矿窑是社会化之场所，而图书馆、实验室与教室将学术工作与世隔绝了起来，并使学者转向自己本职工作中的资源。"① 学术研究工作有其特殊性，它与做工等其他工作相比具有更少的联系性。图书馆中的工作者不但数量少而且影响小，如果彼此之间又缺乏密切的交往，那么想要建立这一活动的共同组织无疑极为困难。

第二，学科与院校的藩篱。"造成将教授群体四分五裂的是院校与学科的障碍，在美国，学术事务倾向于或者由地方上的每一所单独的院校，或者通过某个全国性的学会（也经常接受非教授职位的专家）而加以解决。"教授群体本身规模很小，在这一人数不多的群体中，由于院校和专业的不同，被人为地划分为不同的更小规模的群体之中，因而其力量更加弱小。

第三，教授群体对于工会机构的厌恶。梅茨格指出："在学者中间有一种对加入工会这类组织的强烈反感，建立于服务这一辞令之上并以物质的补偿加以维持的这种专业的理想主义会避开任何以物质的收益为主要目的的活动；声称超越所有意识形态的这种专业意识形态绝不支持，哪怕是一个自助组织的长期存在，而由慢条斯理的处事之道所形成的专业尊严是与压力集团相对抗的行事策略。"② 换言之，教授群体在本质上并不认同工会组织所采取的罢工、暴力等对抗手段，对于后者以经济利益为最大诉求的指导精神更是嗤之以鼻，这一理念是阻碍教授群体形成自身组织的内在困境。

第四，教授群体的怯懦与犬儒。在梅茨格看来，教授群体"有一种对行政报复的恐惧，以及一种因其学术心智已在经年累月地禁锢于象牙塔内后所落下的呆滞迟缓和缺少自信"。教授群体广义上属于知识分子，当面对校外力量，如政府和社会舆论所带来的压力，以及校内以董事会和校长为代表的权威者的压迫时，容易选择怯懦与避让，这种缺乏勇气的心态造成了教授群体不愿选择与当权者进行对抗的策略，即使是联合起来的动机都不够充足。

---

①② Walter Metzger. *Academic Freedom in the Age of the University*. p. 195，p. 196.

（二）美国大学教授协会的作用

美国大学教授协会大约有成员 45 000 人，有 500 多个地方校园支部以及 39 个州级组织，其任务是促进学术发展和共同治理，界定高等教育中基本的职业价值观和准则，保证高等教育为公共福祉做出贡献。① 美国大学教授协会的宗旨是："加强作为美国高等教育与研究利益监护人的各专业成员在履行其特殊职责过程中更有效的合作；促进对有关高等教育问题更为广泛和系统的讨论；创设学院和大学教师权威性表达其观点的工具；促进集体行动；保持和提升学术职业的水准和理想。"②

教授与董事之间的关系好比联邦法官与任命法官的总统之间的关系，大学教师在提出和发表研究结论方面不受董事的控制，正如法官的裁决不受总统的控制一样；同理，董事没有为教授的思想和言论承担责任或者表示认同的义务，正如总统无须承担批准法院所有法律判决的义务一样。③

为了保障教师群体权益，美国大学教授协会一直致力于大学实行教授终身教职、教授会裁判与司法听证制度。美国大学教授协会对其内部成员具有较为严格的规范要求，并为此制定了《职业道德宣言》（Statement on Professional Ethics），这一宣言规定了对于其成员的基本道德要求，并指出从事学术研究这一职业的人应该具有特殊的责任，这些责任中最重要的便是"寻求和阐明他们所了解的真相"。有鉴于此，大学教师群体应该提升自己的学术能力，在运用、拓展和传播知识中进行批判性的自律和评判。协会对于其内部会员所提出的诸种要求不但受到协会内部人员的欢迎，并且得到多数会员以外的教师的认可，同时还得到社会舆论与司法部门的好评。在对其内部成员提出严格要求的同时，美国大学教授协

① AAUP. About AAUP，http：//www.aaup.org/aboutaaup/hist.HTM，2005-09-30.

② Philo A. Hutcheson. *Professoriate*：*Unionization*，*Bureaucratization*，*and the AAUP*. Vanderbilt University Press，2000，p. 7.

③ 1915 Declaration of Principles on Academic Freedom and Academic Tenure，http：//www.aaup.org/AAUP/pubsres/policydocs/contents/1915.htm.

会还为其会员不断争取更多权益，其中最为重要的便是终身教职权利。为保证教师群体的终身教职所享有的诸种权益，美国大学教授协会联合美国学院协会在1940年出台了《关于学术自由和终身聘任制的基本原则的声明》（Statement of Principles on Academic Freedom and Tenure）（以下简称《1940年声明》）对终身教职制度做出说明：（1）每次聘任的具体期限和条件应以书面形式规定，并由学校和教师在聘任完成之前分别持有。（2）聘任从全职或更高学衔的教师开始，其试用期最长不得超过7年，该时段包括在其他任何高校全职服务的时间。如果一位教师在一所或多所学校试用超过3年以上而又被新的学校聘用，其试用期不得超过4年，尽管该教师在学术专业的总试用期可能超过正常的7年最大值。如果教师在试用期满未被续聘应至少提前1年通知。（3）在试用期内，教师享有与其他教师一样的学术自由。（4）如果可能的话，无论是终止续聘还是提前免职，皆应经过大学的教师委员会和董事会研究决定。在有争议的情况下，被指控的教师有权要求在听证之前书面告知其被指控的原因，有机会在所有审查其案件的团体前自我辩护，也允许由他自己选择一位顾问像律师那样为自己辩护，且应有完全的听证记录供有关团体参考。在不胜任的听证中，证人应包括本校或其他学校的教师和学者。任期内的教授由于非道德失检原因而被解聘的，不论是否继续在该校履行其义务，皆应获得自解聘通知之日起至少一年的薪水补偿。（5）由财政危机所引起的解聘应是真实可信的。

由于《1940年声明》是由美国大学教授协会与美国学院协会共同发表的，因此表明这些原则已经获得社会力量的认可，同时在美国司法系统中也被广泛接受，并被运用到涉及教师聘用纠纷的裁决之中，教师的切实利益有了重要的外在保护。1958年，为了进一步落实《1940年声明》的精神，美国大学教授协会又发表了《1958年关于教师解聘程序性标准的声明》(1958 Statement on Procedural Standards in Faculty Dismissal Proceedings)（以下简称《1958年声明》），这份声明是对《1940年声明》的具体化和实践化，其重要意义在于为教师解聘制定了一个极为具体的基本程序：预备阶段、正式程序开始阶段、教师停职阶段、听证委员会进入阶段、听证委员会程序开始阶段、听证委员会决定阶段、董事会的决定阶段以及最后的公布决定阶段。《1958年声明》对于每一个环节都做出了详细说明，实质上是为教师的解聘提出了一套极为规范的程序，用以防止高校极为随意地解聘教师。

1. 为终身教职制度辩护

1983年，美国大学教授协会发表了《终身聘任后的评估：美国大学教授协会的回应》(Post-Tenure Review：An AAUP Response)，其中指出任何时候要建立一种对于终身教职制度的评估体系都应该极为谨慎，同时如果要正式建立终身聘任制的评估体系应该遵循一些最基本的标准。1999年6月，美国大学教授协会的执行委员会重新审定并通过了新的《终身聘任后的评估：美国大学教授协会的回应》(以下简称《回应》)宣言，并对其中的主要内容进行了重申，提出了终身聘任评审制的指导原则。一是着眼于教师的发展。二是保障教师的参与。三是保护学术自由和提高教育质量，并对社会上要求重新评估终身教职的做法提出了警告：尽管对教授队伍进行定期考核与评估或许能带来一些好处，但值得注意的是，这些做法必将带来一些难以避免的恶果，这些恶果不仅表现在对于时间与金钱成本的浪费，更为重要的是将抑制个体的创造力，危害高校内部的团结并最终深刻影响到学术自由。

通过1999年的《回应》，美国大学教授协会明确提出，如果外界想要建立一套评估终身教职成效的现行体系，就必须遵循以下10条基本原则。① (1) 所有的评估与考核，都应该遵守《1940年声明》的基本精神，维护学术研究的独立与自由，任何评估都不能侵犯教师的专业选择和专业自主，更不能成为一种干涉学术研究的借口，也不能成为外部势力搜集教师负面数据的工具。(2) 终身教职评估不应该违背《1940年声明》的基本精神，所有的评估者都应该承担举证自负的责任，即说明一位教员被解聘的理由并对其结果予以负责。(3) 大学教师群体应参与到评估体系的标准制定与审核之中，教师同样应该参与到评估的过程之中，评估的标准不应该按照后来所认定的标准执行，应该是参考终身教职教师获得终身教职之时其所具备的专业能力与素养。(4) 评估的基本精神应该是为了专业的健康发展和学术能力的提升，如果一个评估机构想要提供一个费时费力的计划来对终身教职教师进行全方位式的考核，那么它必须向教师群体提供切实可行

① http：//www.aaup.org/report/post-tenure-review-aaup-response.

的标准。(5) 教职评估应该坚持灵活多变的考核精神，理解教师群体所处的专业环境有着许多不同的发展特色和演进模式。(6) 除非被评估所伤害的教师提起了上诉程序并要求公布结果，否则评估结果应该是保密的，这意味着，除非得到教师个人的同意，否则只有少数相关人员才能得到评估结果。(7) 如果在未来能够通过一套终身教职评估体系，那么这一体系绝不应该是外界力量强加给教师的结果，而是应该经过双方的自由协商。评估的精神应该符合学术自由与专业自主，其程序应该足够灵活多样并且能够不断进行修订，其标准应该是基于双方诚实互信，而不应该是一方简单的硬性规定。(8) 教师群体应该有权利对评估结果进行质疑，并且有向选举出的申诉委员会提出申诉的权利。(9) 如果多次评估均对教师的专业能力做出不利判断，就应该提出一个双方都能接受的解决方案，比如，离职或分配到其他岗位。如果这些都不可行，或者没有其他方案获得双方的认可，那么行政部门应该予以协调。(10) 需要有足够的理由才能提出对于一名教师的解雇要求，不能以任何借口免除评估者举行听证会议的责任，评估的结果必须经过辩解才能被接受，即使结果准确无疑，政府仍然需要承担举证责任，证明这位教师的负面信息已经严重到足以被解雇的程度，教师群体必须享受《1958年声明》所规定的所有正常程序。

如果说美国大学教授的权利在大学内部层面主要是通过学术评议会得以确立的，那么在社会和国家层面上则主要体现在美国大学教授协会对话语权的掌握上，尽管美国大学教授协会与当时逐渐兴盛的大学行政理性化相冲突，但其仍然对美国大学及教授地位产生了深远影响。为了应对社会上对于教师终身任职制度的质疑，2015 年 4 月，美国大学教授协会对外发布了名为《打破臆断：2014—2015 年度教授经济状况》的调查报告。在报告中，美国大学教授协会正面回应了美国社会对于当前终身教职制度的诸多质疑，同时以翔实的调查数据为支撑对涉及“终身教职制度导致收入过高”等问题进行了驳斥。在美国大学教授协会看来，当人们衡量终身制教师的经济收入时，应当将其与同等受教育水平（或入职要求）的职业的薪资水平进行对比。根据美国大学教授协会的统计，终身制教授的工资水平普遍低于其他相似专业要求的职业（见表 10-1）。

表 10-1　美国高级专业人员经济收入统计表（2013）①

职业	非学术环境年平均工资（美元）	学术环境（高校）年平均工资（美元）	教授工资（116 419 美元）占 A 比例（%）	社会平均工资（84 303 美元）占 A 比例（%）
天文学家	109 300	101 900	106.51	77.13
信息科学家	116 990	92 110	99.51	72.06
药剂师	117 870	106 530	98.77	71.52
经济学家	123 490	106 390	94.27	68.27
数学家	124 450	78 500	93.55	67.74
企业管理人员	134 910	103 280	86.29	62.49
建筑工程师	136 140	106 540	85.51	61.92
普通律师	138 140	125 920	84.28	61.03
牙医	167 370	98 810	69.56	50.37
物理学家	117 880	82 390	98.76	71.52

注：A 指非学术环境年平均工资。

根据表 10-1 所显示的统计数据，在十种与大学教师相类似的高专业要求的职业中，只有天文学家的平均收入少于教授的收入，而大学教授的平均收入仅占牙医收入的 69.56%。同时，在同等类型的工作中，学术环境下的收入普遍低于非学术环境。以牙科专家为例，高校中的牙科教授收入仅为 98 810 美元，而社会上的牙医职业的收入则高达 167 370 美元。天文学家是受外在环境影响最小的职业，这就解释了绝大多数天文学家愿意选择在高校等学术机构中工作的原因。② 因此，终身制度保障下的大学教授群体的薪酬并非如人们所设想的那么高，收入问题并不是教授们极力留在大学的主要原因。

在美国大学教授协会看来，那些认为终身教职教师忽视本科生教学的人是无

① BLS Data from Bureau of Labor Statistics. Occupational and Employment Statistics，National Occupational Employment and Wage Estimates，2013. AAUP data from the 2012—2013 Faculty Compensation Survey，http：//www.aaup.org/sites/default/files/files/2015salarysurvey/tabC.pdf，2015-10-14.

② 张伟、刘宝存：《臆断与启示：美国大学教师经济地位探析——AAUP 年度教师经济状况报告透视》，《高等教育研究》2016 年第 1 期。

知的，是对美国高等教育的历史情况缺乏认知的表现，因为美国近 3 000 所高等院校都明确宣布本科生才是本校最大的财富，而对于本科生的教育是一所高等院校最大的职责。除了极少数大学与学院外，绝大多数的终身教职教授绝不可能忽视本科生的教育，因为其生计仰仗于自己所提供的令本科生满意的教学活动。

2. 为大学发展提供智力支持

除了为终身教职制度进行辩护以外，美国大学教授协会还广泛参与到高等教育治理领域，通过在其中扮演着重要角色，为教授群体争取重要的话语权。①

在美国共同治理制度的发展过程中，美国大学教授协会通过发布报告的方式从政策层面来影响或引导共同治理制度的发展。针对共同治理制度所出现的问题，美国大学教授协会发表了一系列的报告，其内容主要集中在以下几个方面。

第一，关于大学共同治理中各利益相关者的权力分配。美国大学教授协会于 1966 年发布的《关于学院和大学治理的联合声明》对高校共同治理中的权力分配做了较为详细的分类，为高校共同治理制度的执行提供了参照标准。1990 年 4 月，美国大学教授协会对 1966 年的《关于学院和大学治理的联合声明》原始文本做了修改，使得共同治理的主体界定更为清晰，同时也将学生和其他人员纳入其中。

第二，针对共同治理制度所带来的决策效率问题给予建议。许多人指责高校共同治理容易导致决策的低效，例如，董事会、监视会、学术评议会成员与校长的开会讨论、协调在事实上阻碍了决策的出台，并不能达成提高效率的目标。美国大学教授协会提出，不要因为一些功利性的原因就否定共同治理存在的合理性，更不要因为短期性的效应而抹杀共同治理的优点，坚决维护教授所享有的各种民主权利。

第三，强调学生应该参与高校治理。传统上学生群体一般不作为高校共同治理的主体，美国大学教授协会在 1966 年对学生的地位有所提及，强调学生参与大学治理仅限于对于学院和大学决策的讨论自由等。1967 年，美国大学教授协

① 甘永涛：《美国大学教授协会：推动共同治理制度的重要力量》，《高教探索》2009 年第 3 期。

会等组织发表了《关于学生权利和自由的联合声明》。该声明强调学生在学校中的权利和地位，认为学生的学术自由是大学学术自由的一个必要组成部分，要求每一个学院和大学制定提供和保证这个自由的政策和程序。

3. 设立机构参与高校共治

美国大学教授协会所设立的学院与大学治理委员会负责有关高校共同治理的事务，该委员会提出了大学治理的“改良主义”，基本上认可现有的美国大学治理基本框架，但要求教授会有更多的参与权。学院与大学治理委员会通过制定与教师参与大学治理有关的政策，来促进教师参与高等教育机构治理，在实践中运用这些政策解决出现的问题。作为一个非营利性组织，学院与大学治理委员会服务的对象是整个教授群体，而不是某个学术成员个体，不管成员在协会中的地位如何，都将获得服务。每年都有成千上万的教师向美国大学教授协会寻求帮助和建议，学院与大学治理委员会便会受理关于侵犯教师参与治理权的事件的投诉，通过与相关机构进行协商沟通来解决问题，必要时还要进行正式的调查。在协商不起作用的情况下，美国大学教授协会通常采用问责的方式，调查委员会通常会建议协会的理事会和年度会议来制裁那些不符合教师参与治理标准的高等教育机构。

4. 提供一定基金资助

美国大学教授协会是一个独立的非营利性组织，其会员需要缴纳一定数量的会费，协会通过给予教师特别的福利来达到服务会员的目的。对于美国大学教授协会来说，会费具有特别意义，属于会员的大学教师每年或每月缴纳少量费用以维持该组织的运作。美国大学教授协会收取的会费除了维持其机构正常运作之外，还设立了专项基金用来达成特殊目的，例如，在20世纪50年代设立了“米克尔约翰学术自由奖”，用以奖励那些有功于学术自由的高等学校领导；1998年，美国大学教授协会为促进共同治理制度，设立了“拉尔夫·布朗共治奖”，奖励那些体现高等教育共治原则的公认的有突出贡献的学术领导，其本意是为了鼓励高校管理权力共享，并对那些在推进院校管理权力共享方面成绩突出的校长、董事以及其他行政管理人员进行资助，资助他们在协会的会议上进行经验交流和对相关问题的研讨。

5. 对于不良单位进行谴责

美国大学教授协会是研究和推广高校共同治理问题的机构，其在现实中开展了一系列活动以达成高校共治的目标，如创办学术刊物，对大家所普遍关注的共同治理问题进行讨论，定期召开学术会议。值得指出的是，一旦发现有高校存在严重侵害共同治理的情况，美国大学教授协会就立刻启动调查程序，并着手撰写调查报告，定稿后的报告将在美国大学教授协会的会刊上发表（会刊在1979年以前称《公报》，1979年后更名为《学术界》）。美国大学教授协会的全国委员会在春季会议上审议上一年发表的调查报告，同时提出对于不良教育机构的谴责与建议。每年的6月份，在美国大学教授协会的年度代表会议上，将讨论美国大学教授协会委员会的建议，并将侵犯学术自由或者共同治理原则的高校列入谴责名单。美国大学教授协会每年都对外公开公布谴责院校的名单，除在《学术界》上公布外，还会在美国高等教育的主流报纸《高等教育纪事》中公布。美国大学教授协会将持续关注谴责名单上的学校，对情况改善的学校，由美国大学教授协会年度代表会议讨论决定，是否从谴责名单上除名，而对情况没有改善的学校，则建议其会员在选择受聘时应谨慎行事。

美国大学教授协会采取的这种公开真相的惩罚方式，对于那些违规的高校来说具有相当大的警告作用，一旦上了谴责名单，便等于向整个教师职业群体告知这所学校的学术自由与行政管理方面存在着严重问题，而教师在应聘时就会有所顾忌。美国大学教授协会曾在对谴责的解释中指出：在接受聘用时，应先到协会的办公室查询一下这所学校在学术自由与终身聘任制方面的信息，然后由成员根据自身所掌握的情况，谨慎地做出决定。① 上了美国大学教授协会谴责名单的高校在招生和捐助方面都会受到一定影响，因此这一方法对高校形成了极为重要的外在压力。

为了捍卫大学教师群体的利益，美国大学教授协会还发表过许多重要的宣言

① J. Knight. The AAUP Censure List Academe. 2003（1/2），http：//www. aaup. org-/AAUP/pubsres/academe/2003/JF/Feat/Knig. htm.

与声明，其中包括《教师聘用延续和终止的程序性标准》《关于言论自由和校园演讲的规则》《美国大学教授协会理事会的声明：自由与责任》《教室中的自由》《关于学术自由与终身任职的制度性建议》《关于支持学术研究的团体资助的声明》等一系列文件。这些文件不仅得到高等教育界的支持，还往往获得全社会的认可，有的内容还被国家的立法以及司法判定吸收，具有重要的社会意义。

美国大学教授协会之所以能在美国社会中为教授群体的利益与声望夺得重要的话语权，与其特殊的组织结构和存在形式有关。其坚称自身是非营利性社会组织，是为教师会员的学术自由服务的。杜威在担任美国大学教授协会主席时就提出，美国大学教授协会是一个以民主方式由大学教授自愿组织起来的真正有代表性的教师团体。美国大学教授协会不是政府领导下的行政机构，但其作为政府的一种辅助机构，一方面与政府保持合作与相互渗透的关系，另一方面又关注到教授群体的切实利益，并在这一关注中能够彰显出自身的理想价值。

结语

有一则广为流传的关于艾森豪威尔将军的故事。他在 1952 年接受了哥伦比亚大学的邀请担任校长。上任伊始，他参加了学校教授们为他举办的欢迎会。在一阵掌声后，艾森豪威尔致辞，谦虚地表示对有机会会见在场的哥伦比亚大学“雇员”感到荣幸。这时，德高望重的物理学教授、后来成为诺贝尔奖得主的拉比教授站了起来，自负却不失风范地说：“先生，教授们并不是哥伦比亚的‘雇员’，教授们就是哥伦比亚大学。”1977 年，哥伦比亚大学宣布聘任刚刚离任不久的国务卿基辛格博士为该校国际关系学院的讲座教授。可是，这个决定一宣布，立即引起很大的反响。一些教授对校方的聘任表示抗议。他们认为，基辛格在担任国务卿期间直接参与决策了美国对越南河内的野蛮轰炸及对柬埔寨的无理入侵，事实上延长了越南战争，从而导致了灾难。这场风波最后以基辛格宣布不考虑接受哥伦比亚大学的聘任而告平息。当然，教授也不总是很清高的，很多教授为生计或事业忙碌着。教授每次上完课后，一般总是在教室里逗留一会儿，期待有学生围拢过来，问些问题。但在多数情况下，学生们一下课，脚底像抹了油似的马上就溜走了。教授们便会有所失落。不过，久而久之也习惯了，通常情况下他们只能简单收拾一下，拎包走人。所以，在美国大学里，教授的地位总体上的确很高，具备独立精神，支撑着大学的发展，但也需励精图治，不断充电，否则，在学生那里不受待见。另外，对美国大学的学术自由不宜过于宣扬，自由是相对的。在法治社会里，违背法律的学术自由是不受保护的。

第十一章

美国大学的董事会

美国教育专家克拉克·克尔指出："高校董事会对美国高等教育的有效运作至关重要，这一点是毫无疑问的。正是因为有了董事会和董事会领导下的校长负责制，加上强调机会均等、自由选择、公开竞争、多元主体办学、大量投入，美国才有了世界上最为成功的高等教育体系。"① 大学董事会是人们了解美国高等教育所不能忽视的一个重要的组成部分。

---

① Clark Kerr, Marian L. Gade. *The Guardians: Boards of Trustees of American Colleges and Universities*. The Association of Governing Boards of Universities and Colleges, 1989, pp. 8-9.

“董事会”在美国的不同高校中有着不同的称谓，其在私立大学通常被表述为“board of trustees”，在公立高校则一般称为“board of regent”，也有高校称之为“board of overseer”。通俗地说，高校董事会是指高校中所存在的由校外人士组成的合议与治理机构，它是高校的法定代表机构和最高决策机构，其首要治理责任是选拔和监督校长，以及确保高校的财务状况能够满足高质量教学和学术研究的需要。它致力于维护高校与外部利益相关者（如公民、捐赠者等）以及内部管理者之间关系的治理结构的保护机制，也是一种内在的监督机制。① 在漫长的历史时期，美国大学的董事会形成了一种特殊的组织形式，无论是在著名私立大学，如哈佛大学、耶鲁大学等常春藤盟校，还是在许多地方性院校，在其成为独立的法人之前，高校都会被界定为公益性的慈善信托机构，而董事会作为慈善信托机构的受托人，是以公共信托的方式管理学校的财产与事务的。董事会对于美国高校的顺利运行具有重要的现实作用。

一、美国大学董事会的特色

（一）成员多元化

美国私立大学董事会制度在形成时期即确定其成员主要由牧师构成。②独立战争以后，私立大学董事会成员构成呈现出世俗化的特点，如州政府官员进入董事会，工商界成员的构成比例不断上升，校友也参与到董事会之中。20 世纪中期以后，董事会成员构成更加多样化与复杂化。现在美国私立大学董事来源主要是工商业界人士、社会名流、政府官员等社会知名人士，他们代表社会各界不同利益群体共同参与到高校日常事务的管理与监督之中。

---

① 王绽蕊著：《美国高校董事会制度：结构、功能与效率研究》，高等教育出版社 2010 年版，第 33—34 页。

② 曹春香：《美国私立大学董事会制度的发展历程、特点及对我国民办高校管理的启示》，河北大学 2006 年硕士学位论文。

（二）职权中心化

在美国现有的高校系统中，董事会几乎是所有高校的法人，是一个学校的最高决策机构和权力部门，对外则代表着学校的形象和尊严。董事会主要负责制定学校的重大方针政策，同时还需要为学校（特别是对于私立高校）的办学筹措教育经费。董事会还负责沟通学校与社会的关系，以及协调学校内部各部门之间的关系，充当学校与社会之间的“缓冲器”与“安全阀”。值得注意的是，在现有的高校运行体系之中，大学的董事会已经很少真正介入学校的学术事务管理，而是将工作的重心集中在学校未来发展的战略管理上。

董事会制度是美国大学的基本管理制度。董事会是大学的最高权力机构，对大学事务拥有最后的决定权，在大学治理结构中处于核心地位。董事会在制定大学中长期发展规划、审核与批准年度预算、遴选与任命校长、设立重要部门与岗位、审定其他影响学校发展的重大事项等方面发挥领导决策作用。概言之，董事会从美国大学治理基本制度上被设计为最高权力机构，在保持最终裁决权的前提下，董事会将行政权力赋予以校长为首的管理层，将学术权力赋予以教授为代表的学者层，形成三方共同治理的良性结构，然而其地位则始终处于共同治理的中心位置。

（三）地位法条化

美国私立大学董事会制度最早形成于殖民地时期，之所以能够历经 300 多年的发展，至今仍在发挥重大作用，其根本原因就在于董事会产生的法律基础和所仰仗的法治观念仍起作用。在殖民地时期，各所学院根据特许状成立董事会，其内容明确规定了董事会的章程与规则，从而为董事会在日后开展工作提供了法律依据和制度保障。美国大学董事会经过数百年的发展，现已形成相当完善的管理体制，其地位和运转有着坚实的法律基础，其背后的联邦宪法、州立法和特许状有力地保障了美国大学董事会多年来的长盛不衰。

1791 年美国《宪法》第十条修正案规定：“凡本宪法所赋予联邦所有而又未禁止各州所从事的事情，皆归属各州和人民。”由于宪法没有明确规定高等教育事项，从法律上就把教育管理权限交到各州和大学手里。按照法律规定，美国公立大学和私立大学的董事会都是法人组织，法人代表由董事长担任，其中公立大学董事会是依据公立学校法成立的法人组织，私立大学董事会是依据私立学校法或特许状成立的法人组织，法律成为护佑美国大学董事会制度运行的最佳保障。

（四）体制成熟化

董事会制度发展至今，可谓经历了一个从产生到发展再到成熟的漫长过程。哈佛学院首先于1642年成立董事会，开始探索校外人士对学校进行管理的办学模式。继哈佛之后，其他殖民地学院相继成立董事会。时至今日，这套体制已经运行了300多年，而且相应的体制也已相当成熟，同时也有相应的法律、法规作为保障。董事会体制的成熟化是指高校现有的董事会领导下的共同治理模式在实施理念上获得人们的广泛认可，在实施效果上能够满足社会各方面的预期，在应对挑战上能够经受住考验，同时还能够不断完善与修复原有体制中的各种问题。

总而言之，美国的大学董事会是大学的坚定支持者，对大学办学起着极其重要的作用。对外来看，董事会在大学与社会之间搭起桥梁，充当了“窗口”和“缓冲器”的角色：董事会一方面作为“窗口”，及时了解到社会需求并将这些需要反馈到学校办学之中，同时为学校向社会筹措、募集办学资金，在大学和社会之间发挥着桥梁和纽带作用；另一方面则充当大学与社会之间的“缓冲器”，避免因政府和社会大众对大学的不合理期待和要求而造成对学校办学的直接冲击与干扰，从而保障了大学的学术自由与自主办学，维护了大学的稳定性和独立性。

虽然董事会是大学的最高决策机构，负责对大学所有关键事务进行决策，并对决策的执行情况进行监督仲裁，但是董事会并不经常干涉大学日常办学，而是全力协助以校长为首的行政管理层做好工作。这一套成熟的管理体系支撑着美国高等教育顺利发展。

二、美国大学董事会的运行

如果按照其控制权和所有权的分立模式以及是否具有营利性目的进行分类，大体而言，美国高校可以分为公立高校、私立非营利性高校和私立营利性高校。各类高校在性质上的不同决定了其中的董事会也存在着差异。总体上看，美国大学董事会在日常运行中有许多值得了解和认识的重要特点。

（一）美国高校董事会的类型

1. 公立高等院校董事会的类型

美国共有1 643所公立高校，其中能够授予博士学位的研究型大学有 166 所，能够授予硕士学位的院校有 272 所，能够授予学士学位的院校有 91 所，能够授予协士学位（包括社区学院、初级学院和技术学院）的院校为1 025所，另外还有 67 所专业院校和 22 所部落院校。① 公立院校的董事会类型因分类标准不同而多种多样。

第一，根据治理范围的不同，董事会可以分为系统董事会、单校园董事会和学区董事会。系统董事会是指整个大学或学院系统中拥有一个最高权威的治理机构，所有的公立高等教育机构都处于一个系统董事会的领导之下，如夏威夷州、罗得岛州等。而在加州，则有 3 个公立高等教育系统，即加州大学系统、加州州立大学和学院系统、加州社区学院系统。单校园董事会是指一所大学或学院由一个董事会来管理，即每一所公立大学都有自己单独的董事会，如密歇根大学、密歇根州立大学等。学区董事会是指一些州将全部区域划分为若干个社区学院学区，每一个学区由一个董事会全面领导，这个董事会往往管理着学区内部的数所学院。

第二，根据层次结构的不同，董事会可以划分为单层董事会、双层董事会和三层董事会。单层董事会，顾名思义就是指一所学校或一个高校系统只由一个董事会来管理，而这个董事会并不一定只管理一所高校。双层董事会是指由两个董事会共同对所在高校进行监督、控制和管理。一般除了系统董事会之外，各个大学还会有自己的单校园董事会。三层董事会是指一所高校或高教系统由三级董事会构成。如犹他州，该州既有州董事会，州立大学还有自己的董事会，高校下属的地方院校还有单独设立的董事会，从而形成一个三层董事会结构。

第三，按照成员遴选方式的不同，董事会可以分为选举制董事会、任命制董

① 王绽蕊著：《美国高校董事会制度：结构、功能与效率研究》，高等教育出版社 2010 年版，第 35 页。

事会和混合制董事会。这种董事会之间的区别主要看董事会成员的来源方式以哪一种为主。数据显示，美国50个州的社区学院董事会中，有22个州采用任命制的董事遴选方式，17个州采用选举制。对于四年制公立高校，有39个州采用任命制，6个州采用选举制，2个州采用混合制，其余2个州采用立法机构挑选董事的方式。

2. 私立非营利性高校董事会的类型

美国共有1 681所私立非营利性高校，其中能够授予博士学位的大学93所，能授予硕士学位的院校331所，能授予学士学位的院校499所，能授予协士（即副学士）学位的院校159所，专业院校593所，部落院校6所。① 私立非营利性高校董事会一般采取单层董事会结构，其董事会成员的遴选方式也比较单一，一般由现任董事选举继任董事。值得介绍的是，在私立非营利性高校中存在着一种特殊的双层董事会，这种双层董事会之间的关系并不是领导与被领导，而是监督与被监督，或是合作共处的平等关系。这种双层董事会的模式以哈佛大学最为典型，该校的双层董事会由法人董事会（President and Fellows of Harvard College）和监事会（Board of Overseers）组成。监事会成立较早，是由校友选举产生的，负责对法人董事会的决策进行监督；法人董事会成立在后，由校长和董事会成员组成，是大学真正的法人代表。

3. 私立营利性高校董事会

私立营利性高校董事会的成员由股东选举产生，一般属于单层结构，很多董事会下辖多所大学或学院。在美国，受制于现行教育状况的影响，私立营利性高校一般多属于7个私立营利性高等教育公司集团：阿波罗集团（Apllo Group, Inc.）、职业教育集团、考林西恩学院（Corinthian Colleges）、戴吴雷集团（Devry）、教育管理、ITT教育服务和斯觉瑞厄集团（Strayer）。②

---

①② 王绽蕊著：《美国高校董事会制度：结构、功能与效率研究》，高等教育出版社2010年版，第43、45页。

（二）美国高校董事的类型

董事是指高校中董事会的成员，其类型多种多样，对其称谓也存在着差异，如“董事”“理事”“监护人”等。公立高校和私立非营利性高校董事会成员的类型极为相似，大致可分为以下几种。

1. 按照董事的来源分类

最常见的对于董事会成员的分类，是按照其来源与身份分为当然董事、教师董事、学生董事、校友董事和普通校外董事。其中，当然董事是指根据特许状或宪法、法律、章程等前述任意一种文件的规定，处于特定职位的人因其职位的缘故而有权担任某所高校或高校系统的董事。这种类型的董事不必经过选举或任命等程序。一般情况下，对于公立高校而言，州长、副州长、议会议长、校长、校友会会长、学生会会长等都会是学校的当然董事。

2. 按照董事是否有投票权分类

投票权在董事会中是一项极为重要的权力，按照投票权的不同，可以将高校董事分为有投票权的董事、限制投票权的董事和无投票权的董事。一般来说，教师董事和学生董事往往属于限制投票权的类型，而根据美国教育理事会（American Council on Education）1995年的统计，在美国高校的3 021位大学校长中，是董事会成员且有投票权的占36.8%，没有投票权的占24.4%，参加董事会但没有投票权的占11.8%，不是董事会成员的占24.1%，其他情况占2.9%。①

3. 按照任期分类

董事会按照是否有任期限制，可以分为终身任职董事和有任期限制的董事。其中终身任职董事比较罕见，多存在于董事会的早期历史中，现在多为高校的荣誉性称谓；而有任职期限的董事，其任职期限一般为5年一任，可连选连任。有

---

① 参见舸昕编著：《漫步美国大学——美国著名大学今昔纵横谈（续编）》，哈尔滨工业大学出版社2000年版，第294页。

的高校规定，董事连任之中必须相隔一届。大部分高校要求董事的年龄不能超过70岁。

在私立营利性高校中，有一种特殊的独立董事，这是指董事本人不是公司的雇员，其除了担任董事之外与该公司并无任何业务往来。值得指出的是，广义上，所有的高校董事会都存在外部董事。外部董事不一定都是独立董事，但独立董事一定是外部董事。

（三）美国高校董事会的规模与成员

美国大学董事会的规模不一而足，会因各地区各学校的具体情况不同而存在着重大差别，其中规模比较小的董事会只有5—6人，而规模较大的董事会人数将近百人。公立学校与私立学校的差异也较为明显。根据一项研究的统计，多数公立大学董事会的成员为7—10人，而多数私立大学董事会的规模则在20—40人。董事会的规模主要受其现实功能所影响，私立学校由于其生存严重依赖捐赠者的资金支持，因而其董事会的人数较公立学校更多一些。如何确定董事会的规模是个关键问题，有美国学者认为：董事会保持小规模有利于保护成员共同掌权的感觉并提高成员的责任感。“如果董事会扩大了规模，就要冒着降低质量的风险。由50—60个成员组成的董事会，其执行委员会往往能高效地行使权力，当委员会基本上已决定了某件事情时，会向所有董事会成员寻求形式意义上的认可。这些因素使我相信，董事会的最佳规模是不超过25个成员。”① 按照这种解释，规模越大的董事会，决策越容易流于形式，其实际决策权会旁落下设的执行委员会，董事会成员的意见便只具有形式意义，缺乏实际效果。

受美国高等教育特殊的文化性格的制约，美国大学董事会主要是由校外人士组成，其成员以从事工商业者为主，律师也在董事会中占据重要地位。在对哈佛大学、耶鲁大学、普林斯顿大学、斯坦福大学、麻省理工学院、芝加哥大学、加州大学伯克利分校、达特茅斯学院、哥伦比亚大学和密歇根大学10所著名大学

---

① [美] 罗纳德·G. 埃伦伯格主编，沈文钦等译：《美国的大学治理》，北京大学出版社2010年版，第6页。

董事会成员进行的职业统计中发现，在所有 298 名董事会成员中，从事工商业者达 150 人，占比为 50.3%，从事律师行业者为 23 人，占总数的 8.4%。① 在美国大学中，董事会通常会设立董事会主席（chair）、副主席（vice chair）、秘书（secretary）和司库（treasurer）等职位。

董事会主席一般由董事会选举产生，是董事会的象征。在一些公立高校中，董事会主席会由其成员轮流担任，任期只有 1 年，而且不能长期连任。而在另外一些私立大学中，董事会主席则是终身任职，不过总体而言，董事会主席的平均任期为 4 年。根据有关法律或董事会章程，董事会主席在董事会的授权下行使相应的权力，包括主持董事会会议和任命次级委员会成员、充当董事会的对外发言人等。

在不同的大学中，其董事会成员的遴选方式不同。以耶鲁大学为例，作为一所著名的私立大学，耶鲁大学在其大学宪章中明确规定了其治理主体为董事会。耶鲁大学的首届董事会共有 19 名成员，其中 3 位当然成员是耶鲁大学的校长、康涅狄格州州长与副州长。按照投票的决定，耶鲁大学董事会成员任期最多为两届，每一届为 6 年，如在特殊情况下受到校长的举荐，原创立董事的继承人可以获得 3 年以下额外任期。不过如果董事继承人的年龄超过 70 岁，便需要强制退休。

通常情况下，当董事会成员任职期满后，新任董事会成员由现任董事会成员根据《法人法》选举产生或通过校友选举产生。根据美国学者赫伯特·贝克的研究，在美国著名私立大学的 439 位董事会成员中，有 307 位是由现任董事会成员选举出来的，达到私立大学董事会成员总数的 70%。② 而就公立大学而言，其董事会以公共信托为基础，对全州人民负责，其董事在任职期满后要由州立法机构或州长任命，或是通过全州人民的普选来增补。这些董事会有固定的任期，如 1850 年密歇根州宪法第 13 条第 6 款规定：

① 张斌贤、张弛：《美国大学与学院董事会成员的职业构成——10 所著名大学的"案例"》，《比较教育研究》2002 年第 12 期。

② Huburt P. Beck. *Men Who Control Our Universities: The Economic and Social Composition of Governing Boards of Thirty Leading American Universities*. King's Crown Press, 1947, p. 197.

大学董事的选举将在1863年选举最高法院的法官时进行，8名大学董事的任期分别是2名2年、2名4年、2名6年和2名8年。他们将在选举后的首个1月份履行其职责，在随后每次最高法院法官的选举中将推选2名任期为8年的董事，当董事职位出现空缺时，将由州长任命来填补，由此选举出来的董事组成密歇根大学的董事会。①

按照惯例，美国大学董事会成员人数和任期长短在学校的宪章里有明文规定。康奈尔大学董事会由64人组成，每届任期4年，期满可以连任。本校的学生和教员，职工和校友都有权选举和担任董事会成员。除此以外，康奈尔大学校长、纽约州州长、纽约州众议院和参议院主席都有完全投票权。董事会6人核心领导层由主席和5位副主席组成，董事会对大学有至高无上的控制权，包括选拔任命校长，制定年度财务方针，颁发毕业文凭。这种权力涉及所有的院系和各部门。学校日常事务由董事会授权校长管理。不少董事会成员在美国商业和企业界担任要职，例如，康奈尔大学的董事会主席彼得·迈尼希（Peter Meinig）是H&M国际公司总裁，同时还兼职于另外几家大公司。

加州大学伯克利分校于1868年的宪章中阐明大学的监督和管理权属于校董会。校董会由21人组成，所有成员都必须是美国公民和加州居民。加州州长、州议会主席都是董事会的当然成员，其中8位成员须由州长提名和州议会通过，任期16年。董事会的职责是保证治校原则得以实施，任命校长，规定全校受雇教职员工的人数以及工资标准。该校宪章第15条清楚表明，大学校长任董事会主席，可以在董事会上就任何议题发表看法，但没有投票权。

哈佛大学实行双重管理制度。当时还是哈佛学院的1650年宪章规定，哈佛由7人董事会负责院校的财政和日常校务，同时有权任命校长。此外还有哈佛监事会，其30名成员都由校友们直接选举产生。监事会并不领导董事会，而是作为一种协商和指导机制。在2006年的哈佛大学董事会中，除了时任代理校长的德里克·博克（Derek Bok）以外，在董事会的其他成员中，2人是教授（分别

① Constitution of Michigan of 1850，http：//www. legislature. mi. gov/documents/historical/miconstitution1850. htm.

任职于普林斯顿大学和约翰斯·霍普金斯大学），3人是工商业的巨头，1人是美国政府部门赞助下的一家规模宏大的数据研究中心总裁，其中5人毕业于哈佛大学。

麻省理工学院董事会由75名科技、教育、企业界的知名人士组成。学校的校长、副校长、教务长都是董事会成员。董事会主要负责研究和决定学校财务及其他重大方针政策。董事会闭会期间，其行政委员会代行董事会职权。

哥伦比亚大学董事会由24名董事组成。校长是董事会成员，又是学校首席执行官，在董事会约束下，拥有处理学校基本事务的权力。学校的教务长、副教务长、执行副校长、法律顾问、秘书和院长，系经校长提名由董事会任命，协助校长开展大学行政事务管理。①

如何保障董事会高效运转是美国大学一项重要的现实挑战，而对其成员的退休年龄做出强制性规定并限制其连续性任职的年限，则成为保持董事会富有生命力的重要方式。在公立高校中，几乎所有的大学都会对其成员有任期和年龄的限制，而且这种限制是由大学以明文规定的方式来固化的。根据美国大学与学院董事会协会的统计，在2004年，公立高校董事会成员平均任期为5年，其中大约25%的高校限制其董事会成员连续任职的期限，其连续任期平均为2届。而在私立院校中，其董事会成员的任期相对短一些，其平均年限为3年，超过半数以上院校会限制其董事会成员的连续任职期限，但是私立大学都允许其往届董事成员在经过一定的间隔后重新担任董事。② 由于董事会的地位极为重要，因此美国大学与学院董事会协会强烈建议董事会成员的任期最长不应（连续）超过12年，即公立学校董事会成员的任职周期不应超过2个，而私立学院董事会成员的任职周期不应超过3个。

总体而言，美国私立大学的董事会是自我存续的，更容易从全国挑选与其关系密切的成员，同时也无须像公立大学董事会一样受制于某些外在政治利益，然而其缺点是容易过多地介入大学的日常事务。公立大学的董事会，其成员的任期往往较为短暂，规模也有限，其优点是经选举产生，较能合法合理地发挥作用。

---

① 钟秉林著：《大学的走向》，商务印书馆2015年版，第245页。

② http：//www. agb. org/wmspage. cfm？ parml=144.

因此，其自身合法性有着足够保障，能够按照自身愿望做事。

（四）美国高校董事会的下设机构

在美国大学董事会的日常运行中，往往会通过设立监督委员会来具体管理学校的运作，同时还会采取设立临时特别委员会的方式来达成某种特殊目的或需要。美国大学与学院董事会协会在其解释性章程中曾列举美国大学董事会通常下设的十个委员会，它们分别是执行委员会、提名委员会、教育事务委员会、教师事务委员会、学生事务委员会、财政委员会、审计委员会、发展委员会、投资委员会、建筑与场地委员会。在董事会下设的诸多委员会之中，最为核心的是执行委员会，其主席通常由董事会主席兼任，成员则包括董事会的所有官员和各种常设委员会主席。它是各常设委员会中唯一由董事会授权可以制定学校政策的委员会，并且有权代表董事会处理所有校务问题。

根据耶鲁大学宪章，耶鲁大学董事会中有 12 个常设委员会，包括重大事务委员会、财政委员会、审计委员会、投资委员会、教育政策委员会、机构政策委员会、建筑与土地委员会、发展与校友事务委员会、薪酬委员会、董事会职责委员会、投资者责任委员会和荣誉学位委员会（见表 11-1）。

表 11-1 耶鲁大学董事会各个委员会及其职责权限

大学董事会	董事会下设委员会	委员会职权
耶鲁大学董事会	重大事务委员会	除了一些特殊权力，如授予学位等（特殊情况例外），该委员会享有董事会的所有权力
	财政委员会	制定董事会财政政策，评定和审核计划外的财政支持，管理分配高校的资产
	审计委员会	监督财政报告工作，负责学校系统的内部管理和审计工作；维护财政健康运转，在审计领域维护大学声誉
	投资委员会	选择和任免管理人员，批准和终止相关投资者和其他基金会的特殊投资

续表

大学董事会	董事会下设委员会	委员会职权
耶鲁大学董事会	教育政策委员会	调查和了解各学院、系的需求，优化配置教育资源，处理有关教育的政策和规划，提出相关建议，考察校图书馆和博物馆中的学术资源
	机构政策委员会	对行政领域负责，并提出建议；帮助校长处理学校同当地社区、州甚至联邦的有关事务
	建筑与土地委员会	强调建筑的优先权，把握新建筑的地点、方案和土地维修费
	发展与校友事务委员会	制定校友事务相关政策，通过校友筹集资金
	薪酬委员会	考察小组和其他行政人员的工作情况，以此决定他们的薪酬，包括工资和福利
	董事会职责委员会	监督董事会运行情况并提出建议，评定董事会下设机构，提议对耶鲁宪章做出修改，评定董事会候选人等
	投资者责任委员会	就道德投资政策相关问题向董事会做出推荐，并向下属咨询委员会提供道德方面的政策引导
	荣誉学位委员会	负责向董事会汇报推荐人员情况

密歇根大学董事会的下设委员会有三大类，分别为全体委员会、常务委员会和特别委员会。其中，常务委员会下设三个执行委员会：财政、审计与投资委员会，人力、报酬与管理委员会，卫生事务委员会（见表 11-2）。与耶鲁大学不同的是，密歇根大学的董事会具有明显的公立性质。

表 11-2 密歇根大学董事会及下设委员会的权责分配

大学	委员会名称	下设机构	董事会章程中规定的内容	委员会章程中规定的内容
密歇根大学	全体委员会		当董事会作为全体委员会时，董事会主席即为该委员会主席	除了8月份，全体委员会的会议将是每月一次
	常务委员会	财政、审计与投资委员会	该委员会将帮助董事会履行好职责，使大学的内部控制、财政申报、投资政策、实践更加完善和有效；可自行审查事项，如年度审计、财政报表和报告、投资和法律法规的遵守情况	监督大学的财务计划和状况、借款和投资政策、年度运行预算、保险和风险管理项目、资本投资准则和财务报告行为；监督大学会计、审计、外部财政报告和合规实践的质量和完整性；监督大学的投资功能和投资报告实践，承担董事会规定的其他职责
		人力、报酬与管理委员会	该委员会协助董事会评估校长表现及决定校长薪酬；针对校长对行政官员的表现评估和薪酬决定方面提出建议；及时审查薪酬方面的数据，确保并加强该校在高等教育中的竞争地位；多方面评估大学领导能力进展；负责有关治理和董事会表现的事项；向董事会提出有关全校性的利益冲突政策的建议	审查有关大学校长的评估和薪酬方面的所有政策问题，并为此向董事会提出建议；同校长一起周期性地审查对行政人员的评估过程和方式，向校长提出有关行政人员表现和薪酬的建议；实时审查薪资研究报告、市场数据和其他有关行政人员、教职员薪资方面的信息，确保并加强大学在高等教育中的竞争地位；及时审查大学教职员多样性的发展；负责董事会治理的事项，指导董事会功能和表现的年度自评；向董事会建议全校性的利益冲突政策并及时审查其合规性

续表

大学	委员会名称	下设机构	董事会章程中规定的内容	委员会章程中规定的内容
密歇根大学	常务委员会	卫生事务委员会	该委员会协助董事会监督密歇根医院和卫生中心大学	审查董事会对密歇根医院和卫生中心大学的运作及战略计划并提供建议，包括质量问题、安全问题和密歇根医院、卫生中心大学及其研究活动所提供的医疗效率；接受经常要求的有关财政、临床、研究、战略、管理、人事、质量问题报告和建议；向董事会定期呈报完整的报告
	特别委员会		主席可以设立特别委员会，董事会为之规定职责和功能。大学校长或者校长指定人员作为职权成员参与所有此类委员会，但无投票权	任何委员会的董事会成员的构成人数少于董事会的法定人数

（五）美国高校董事会的职能

大学董事会的重要作用主要表现为，其在大学管理体系中主要肩负着大学决策、高校资金的筹措、大学校长的选定、学校质量的评估以及大学与社会关系的平衡等职责。康奈尔大学前校长弗兰克·罗兹就董事会使命和责任做出描述。在罗兹看来，大学董事会的角色应定位在对宏观和重大事项的决策上，而执行和落实权力应交给校长。

董事会的任务是治理，在治理和管理之间存在着一个不同的范畴。治理包括：批准院校责任和目标，批准院校政策和程序，任命、审查和支持校长，以及对学科点、活动和资源的监督。而管理包括：在董事会认可的政策和程序之内使院校有效地运作并达到目标，有效利用资源，对最优质的教学、研究和服务的创造性支持。董事会的职责是治理，而不是管理。①

1966年，美国大学教授协会发布的《关于学院与大学治理的联合声明》，宣称董事会除了应履行对大学总体监督的职责外，还要做到：将行政事务委托给校长或院长，将教学与研究事务委托给教师；保证学校总体政策与程序公开透明；为学校的独立运行寻求经费并节俭地使用所受捐赠；关注学校的人事政策；当学校任何部分受到无知或恶意威胁的时候，董事会应提供支援，从而使得学校免受外部力量的侵害。②

耶鲁大学董事会负责大学宏观事务管理，制定学校的大政方针和未来发展规划，并不过问学校的具体事务。新任董事会成员需要参加一个正规的董事会培训项目，阅读职务说明书，明确董事会各成员的相应职责，目的是向新成员介绍董事会的工作，以期盼他们能尽快地适应并投入到新的工作中去。③

卡内基高等教育委员会在1973年发表了《高等教育治理：六个优先考虑的问题》的报告。该报告认为董事会的职能包括以下几个方面：

一是为了机构的长远利益，掌握和使用“托管”权；

二是在社会和学校之间扮演“缓冲器”的角色，以抵制外界的干扰，同时又与社会保持合理的关系；

三是在行政人员、教师和学生的内部冲突中，扮演仲裁人的角色；

四是“变革的动力”，决定进行何种变革与何时变革；

五是在学校的经济利益方面，承担基本责任；

六是提供对于学校的治理。④

---

① F. H. T. Rhodes. *The Creation of the Future*: *The Role of the American University*. Cornell University Press，2001，p. 220.

② AAUP. *Policy Documents & Reports*. American Association of University Professors，1995，pp. 182-183.

③ 周雁著：《耶鲁大学史》，上海交通大学出版社2012年版，第74页。

④ 张斌贤、张弛：《美国大学与学院董事会成员的职业构成——10所著名大学的“案例”》，《比较教育研究》2002年第12期。

值得指出的是，大学董事会在公立大学中仍然具有重要的影响力，其类型主要包括以下两种。

一种是以弗吉尼亚大学为代表的“州法人”董事会。该大学是基于州法令成立的，因此既可以被视为“州机关”，也可以被看成是独立的公法人。

另一种则是以密歇根大学为代表。这所大学是基于密歇根州宪法所设，而其董事会则是由全州人民所公选，其所履行的是全州人民的公共信托，因此大学甚至可以免于州最高立法机构的干涉。①由于美国社会所盛行的根深蒂固的信托制度，所以大学与政府、企业、社会、公民之间形成界限明晰的责任关系，这就使得高校能够有效避免外部力量的干涉与强迫，从而拥有许多其他国家的大学所难以享有的自主办学权。

概括起来，大学董事会的功能如下。

第一，保持信托的完整。作为受托人，董事会以信托的方式持有学校的财产，努力使受益人的利益最大化。

第二，聘任大学校长。董事会发布校长空缺信息，公布校长任职条件，组织初选申请人，组织面试首选人，公示校长候选人，正式任命校长。作为董事会任命的代理人，大学校长直接向董事会负责。

第三，筹措和管理学校资源。通过制订周密的筹款计划，发起有效的筹款活动，积极争取私人捐赠或公共拨款。对于各大学的筹款活动，董事会成员一般都带头捐赠。

第四，审批长远规划、年度预算以及教育计划。大学校长有职责带领学校有关部门制定长远规划，之后提交董事会讨论通过。在此过程中，董事会不仅坚决要求校长制定长远发展规划，还明确阐述规划所要达成的目标，参与规划制定的全过程。由于董事们多身处大学之外，主要致力于各自的工商或专业活动，故而能够以超然的态度审视学术的场景，不太可能迷失在学术丛林之中。

第五，监控学校的运作。尽管董事会不应直接干预大学校长的具体管理行为，但它对校长的决策情况、工作实效、师生认可度予以监控。董事会的监控不

① 欧阳光华著：《董事、校长与教授：美国大学治理结构研究》，高等教育出版社 2011 年版，第 30—31 页。

局限于校长，对副校长、教务长的工作也实施一定的监控。

第六，在大学与社会之间发挥桥梁或缓冲器作用。一方面，美国的一些大学或学院往往倾向于以自我为中心，孤芳自赏，坚持自身传统价值，不太愿意变革。董事会以校外人士为主，与社会的联系密切，可以对大学的现状提出质疑，敦促大学变革，同时把大学的哲学与价值传递给社会，赢得认可和支持。另一方面，对于外界对大学不当的或过多的干预，董事会则力图保持大学的自主和完整。

第七，扮演上诉法院的角色。有些教师如果没有获得晋升、终身教职或者续聘，会认为自己受到不公正待遇；而学生或家长也可能对教师或管理者因故处罚或开除学生提出异议。为此，董事会有责任依据大学规范就某些问题做出裁决。除了法院和议会之外，没有任何团体能对董事会的决策提出合法性挑战。

第八，董事个人发挥相应作用。在美国，董事会成员没有与董事会同等的法律地位和决策权力。美国高校董事会的法律地位和决策权力不是每个董事个人法律地位和决策权力的总和，也不可以进行分解。“董事个人没有任何法律地位。”董事会成员只能在董事会以集体决策的形式行使其最高权力。如果没有董事会的授权，他们既不能单独代表高校签订合同，也不能单独做出任何对高校有约束力的决策。

尽管如此，董事个人要了解大学的性质与特点，了解特定大学的历史、目标、课程、财政、资产、学生来源以及主要问题。每位董事会成员都需要从整体上把握大学问题的根源，从社会发展的趋势中加以分析判断，给出睿智的答案。①

（六）美国大学董事会的常规工作

董事会作为美国大学的常设机构，其运行机制有着一套成熟化的固定模式。美国高校一般采取的就是董事会领导下的校长负责制，其中的主要步骤包括如下几点。②

① 欧阳光华著：《董事、校长与教授：美国大学治理结构研究》，高等教育出版社 2011 年版，第 125—133 页。

② 郭为禄、林炊利：《美国大学董事会的运行模式》，《全球教育展望》2011 年第 12 期。

1. 召开董事会常务会议

美国是一个法治国家，其法律、法规和政策规定一般都讲求细致化和操作性。一所大学的董事会章程一般对董事会会议及其下设委员会会议的召开时间和程序、会议资料分发、会议记录与公开程序、投票制度等做出明确规定，同时也会对相应的资料进行审核。据美国大学与学院董事会协会 2004 年统计，公立高校董事会通常每年召开 10 次董事会议，而私立高校平均每年只召开 4 次董事会议；公立高校董事会每次会议的时间平均为 4 小时，而私立高校的会议时间显然相对较长，每次平均时间为 7 小时，甚至是数天，以确保能对学校发展的重大问题进行深入探讨。

2. 提交会议决策议题

会议期间，董事会主要审议由校长和各功能委员会提交的各项议题。因此，决策议题的动议、酝酿及最终形成决策方案的过程，都需要由校长团队及董事会下设功能委员会提前完成。董事会下设各功能委员会必须定期向董事会汇报日常工作情况。

3. 集体审议决策

在美国高校中，董事会作为合议机构虽然由不同的董事组成，但只有整个董事会才是美国大学真正的法人机关。董事会的合法权力不是个人权力的逻辑叠加，也不能把董事会权限分解为由各个董事所掌握的投票权利。离开了董事会，即使是董事会主席也不能代表学校，因此所有的议题只有通过董事会会议的审议才能最后给出合法的最终决策。

4. 投票表决

在所有召开的董事会会议和下设各功能委员会的会议中，所有的重要决策都要经由董事会成员或功能委员会成员的投票才能做出决定。在董事会及其下设的功能委员会里，其成员分为具有投票权和无投票权的两类。在投票前的讨论中，所有成员都有权发表个人看法，但在投票时，只有具备投票权的成员或功能委员会成员才能投票，最终按照少数服从多数的原则来具体执行。

投票结束之后，董事会成员会广泛参与到各功能委员会的决策执行之中。为保证决策的顺利实施，美国大学董事会各功能委员会一般都有数量不等的董事会成员参与。以耶鲁大学董事会为例，该校董事会章程规定：董事会下设的财政委员会、教育政策委员会、机构政策委员会、建筑与土地委员会应有不少于5名董事会成员参加；发展与校友事务委员会应有不少于4名董事会成员参加。董事会成员广泛参与和介入各功能委员会，既确保了功能委员会提交董事会审议的决策事项符合董事会决策意志，也在董事会及各功能委员会之间搭建了连接桥梁，确保决策顺畅有序。虽然董事会全体会议对决策事项只做形式核准，但决策背后都有董事会成员的广泛介入。换言之，美国大学的董事会成员参与各功能委员会讨论决策的情况表明，董事会广泛参与了学校决策过程而并非只是如许多人认为的只是保留最后决定权。

另外，在许多情况下，董事会制定的方针政策要靠校长组织实施。校长需要向董事会负责并接受董事会的委托来进行日常管理。如果说董事会是学校和社会的缓冲带，那么校长就是董事会与学校之间的现实纽带。董事会通过校长推行方针政策，校长负责向董事会提交教师、学生的意见建议。因此，美国大学的董事会实际上是通过精心挑选出来的校长来实现自己对学校的有效管理，从某一层面来说，大学校长是董事会意志的人格化体现，其根本理念仍是“董事会是大学的最高权威”。

三、美国大学董事会举隅：加州大学董事会

与老牌名校相比，加州大学是较为年轻的大学。① 1868年，加利福尼亚州依据颁布的《组织法》成立了加利福尼亚大学，《组织法》因此成为加州大学的

① 美国西部的加利福尼亚州拥有三大公立高等学校系统：研究型大学的加州大学（University of California，即UC），教学型的大学加州州立大学（24所），以及应用型的加州社区学院（119所）。加州大学系统在美国乃至世界上都享有很高声誉，是目前世界上最好的高等教育体系。加州大学系统包括10个校区：伯克利校区（Berkeley）、戴维斯校区（Davis）、欧文校区（Irvine）、洛杉矶校区（UCLA）、美熹德校区（Merced）、河滨校区（Riverside）、圣迭戈校区（San Diego）、旧金山校区（San Francisco）、圣芭芭拉校区（Santa Barbara）、圣克鲁兹校区（Santa Cruz）。

“大学章程”。它涵盖了大学各个主要方面的管理和运作流程，并且明确了加州大学区别于其他私立大学的章程的办学体制，充分体现了大学学术自由和国家政府意志相结合的理念。加州大学实行“多层、多元决策和个人负责”的内部管理体制，强调“全能”师资的选择与学校事务的公开性以及董事会成员的无偿性的特色。

加州大学董事会的现行模式是在1969年4月由校董会审议通过的，主要包括董事会章程和董事会常规两个部分。前者是对董事会基本的体制机制的规定，包括法人名称、组成及权力、权力的行使与特别规定等；后者包括有关学校学术评议会、教师及其他大学雇员的特殊条例，学术组织和大学相关活动、退休制度等其他一些常规事务的规定。①

（一）加州大学董事会的人员组成及其薪酬

加州大学的法人形式是董事会，包括7名当然董事（加州州长、副州长、众议院议长、公共教育监督官，加州大学校友会主席和副主席，加州大学现任校长）和18名由州长委任并由州参议员多数通过的委任成员——前提是18名现任委任成员将一直担任此职务直至任期届满。董事会成员在经过慎重考虑，并遵循董事会所定程序以及征求大学教员和学生代表意见的情况下，可以委任下列1—2人为董事会内享有完全参与权的成员：加州大学任一校区或其他高等教育机构的教师，加州大学任一校区的学生，任何获得此种任命的成员，其任期不得少于1年。董事会成员应是反映加州经济、文化和社会多样性的各领域有能力的人士，包括少数族裔和女性，但这并不意味着董事会成员遴选需要遵循某一公式或特定比例。

在遴选董事会成员时，州长应征询重大事务委员会的意见，该委员会由如下人员构成：众议院议长，议长指定的2名公众人士，参议院现任议长，参议院制度委员会指定的2名公众人士，州长指定的2名公众人士，大学董事会主席，大学校友会选出的1名校友，大学学生会主席团选出的1名学生，大学学术评议会选出的1名教师。众议院议长、参议院议长和州长指定的公众人士任期为2年，

① 张国有主编：《大学章程（第二卷）》，北京大学出版社2011年版，第20页。

其他公众人士任期为4年；学生、校友和教师委员任期为1年，且在担任重大事务委员会委员期间不得担任董事会成员。

除非经过董事会特别授权，任何董事会成员不得担任某一校区或全校性常设管理委员会的职务。董事会成员不得因担任此职务而领取工资或是其他形式的报酬。除校长外，其他董事会成员不能任命任何人担任有偿服务的学校职位，但董事会中的学生董事可以从事领取薪酬的大学兼职工作。董事因出席董事会或其下属委员会会议，参加其他正式事务而产生的实际费用可以报销；代表加州大学董事会加入加州大学教育委员会的成员，可以依法领取委员会或下属委员会会议的参会津贴。

（二）加州大学董事会的权力

加州大学董事会被赋予加州大学名下及为大学利益所持有地产的合法所有权、管理权和处置权。董事会有权出于大学利益或董事会行为，以购买、捐赠、赠送、遗嘱和其他不受限制的任何方式，获得和持有大学或个人财产；若有相关法规规定，大学地产的销售必须遵循法律所规定的竞标程序。上述法人还拥有一切必要或方便有效管理财产的权力，包括起诉权和被起诉的资格，使用印章权，委托其下属委员会、学校教师或其他认为适合行使此权力和职责的组织的权力。大学应完全独立于政治或宗派影响，保持董事会的任命自由和事务管理自由，不得因种族、民族、宗教或性别阻碍任何人进入学校任何部门。

（三）加州大学董事会的下设机构

加州大学董事会的下设机构主要包括三类，即常设委员会、特别委员会与小组委员会。

常设委员会作为董事会的常设办事机构，其权力较大，任何递交董事会的事项都要先递交给常设委员会（除非董事会会议到会投票的董事以三分之二的多数票通过该事项）。除章程另有规定外，如董事会主席和大学校长确定某事项需要由一个以上常设委员会审议的，该事项应只提交至有主要管辖权的常设委员会。董事会常设委员会包括：合规和审计委员会、薪酬委员会、教育政策委员会、财务委员会、管理委员会、场地及建筑物委员会、卫生事务委员会、投资委员会、长期规划委员会、能源部实验室监督委员会等。每个常设委员会成员不少于5名，除当然委员外不得超过10名。

经董事会授权后，特别委员会可以由校长或董事会主席任命，其权力与职责由董事会决定，但不得就某一常设委员会应负责之事务而设立特别委员会。一个特别委员会自任命之日起期限为1年，届满时该特别委员会被视为自动解散，除非设立该特别委员会时由董事会特别授权或每年由董事会特别授权其延长存续期限。除遴选新任校长的特别委员会之外，任何特别委员会除当然成员外的成员不超过7名。

所有的委员会都可以根据委员会的工作需要而设立小组委员会，但小组委员会仅仅因需要和服务于特殊目的而设立。其成员应由其所属的委员会主席任命，而且小组委员会成员自任命之日起任期应不超过1年，小组委员会的成员除了当然成员外不得超过5名。

（四）加州大学董事会的会议类型

加州大学董事会每年需召开不同类型的董事会议，其中比较重要的包括董事会例会、董事会特别会议与紧急会议等。对于一些具体事项，有时委员会和小组委员会另外召开会议商议。

董事会例会至少应保证9名董事会成员的法定人数，董事会处理事务的特殊会议应保证12名董事会成员的法定人数。其中董事会例会每月举行一次，具体时间和地点由董事会秘书长临时通知，秘书长应至少提前10天将例会通知提供给曾书面要求得到此类通知的人。

董事会特别会议需要在校长、董事会主席或4名董事指示下由秘书长通知召开。其会议通知必须包含在会议记录中，并在随后的董事会议上宣读和得到批准，同时作为会议已按照规定进行通知的决定性证据。

紧急会议一般仅在发生或可能发生以下事件时召开：(1) 停工或其他严重危害公众健康、安全或两者兼有的事件；(2) 严重损害公众健康、安全或者两者兼有的重大灾难；(3) 行政纪律事项，包括但不限于需要立即予以重视的提议规定和未决诉讼。

（五）加州大学董事会的常设职位

加州大学董事会的常设职位包括董事会主席、副主席、秘书长、首席投资官、投资副校长、资深副校长等。在未到期的情况下，董事会主席不得连任超过两年，董事会副主席不得连任超过两届，所有的其他主要官员职位出现空缺时应选出胜任者，并在董事会同意的任期内任职。其秘书长是一个极为重要的职位。秘书长负责加州大学董事会和加州大学管理层之间的基本联络，在董事会主席和大学校长直接领导下工作，管理委员会项目、倡议和命令，同时进行重要研究分析、规划、准备、支持和审查。秘书长还会以董事会代表身份，代表董事会及其成员对联络事务和所发生的事件做出回应。

四、美国大学董事会面临的挑战

在美国，董事会是一所学校的法定代表，是学校的最高决策机构和最高权力机构，其基本职能在于对学校进行有效治理，通过制定学校的重大方针政策来保证学校的日常运行和健康发展。美国高校董事会是典型的外行董事会，其中的成员大部分是非学术职业人士，这种构成有利于保障高校为社会福祉服务的职能，也有利于董事会以宏观调整的方式管理高校，从而把具体的行政权力和学术权力分别交给校长和教授委员会。

尽管美国大学董事会具有一套极为成熟的运行机制来保障高等教育领域的顺利发展，然而在其内在基本制度建设上仍然有些难以避免的问题。①

第一，董事会成员多来自社会的各行各业，而且以校外人士为主，外行董事缺乏必要的教育管理知识，从而造成董事会越来越多地依赖校长和其他管理者的建议和指导。这种情形使得董事会在做出决策时容易受到学校管理人员的左右，从而失去决策的独立性和合理性，最终丧失董事会作为学校最高决策机构所应具备的权威与威信。

第二，从职权角度看，董事会虽然能够对学校的日常运行负有监控的职责，

① 郭为禄、林炊利：《美国大学董事会的运行模式》，《全球教育展望》2011 年第 12 期。

但由于董事会成员主要以校外人员为主，其在校内工作的时间不足，对于学校的具体情况缺乏了解，从而使得董事会实质上把越来越多的权力委托给校长和其他管理者。这就容易让董事会过于封闭和闭塞，进而可能导致监督缺位问题。

第三，受合议决定制的影响，董事会成员之间常会产生严重分歧，进而影响决策的效率与执行。董事会是由董事个体所组成的，而每一位董事所掌握的情况与身处的境遇不同，所以在面对同一项议题时，极其容易产生意见上的分歧。董事会作为最高决策机构，若决策事项在董事会成员中产生巨大分歧，则使得董事会权力存在真空。而这种现象的出现会致使更多的权力转移到校长或其他高校管理人员身上，从而违背了董事会设立的初衷。

第四，高校内外新兴力量的崛起正在逐步冲击原有的董事会一家独大的权威地位。近年来，美国社会特别是联邦政府正在逐步加强对高等教育机构的指导与监督，而学校内部的教师（工会）和学生（学生会）拥有的集体谈判权在削弱董事会整体权力的同时，增强了校长对董事会讨价还价的分量。由于校长肩负着向董事会反映教师和学生呼声和利益诉求的职责，因此校长及其行政管理团队可能会通过引导甚至调动校内利益相关者的诉求来“迫使”董事会做出符合其期望的决策，这都是美国现行董事会制度值得注意的问题。

有学者将美国高校董事会描述成高校与社会之间的“桥梁”，认为这一“桥梁”起到缓冲了社会与学校之间紧张压力的作用。从理念层面来说，由校外人士担任高校事务决策人的制度设计有天然的合理性。一方面，董事属于社会领域而并非来自高校内部，所以可以作为社会利益的代表传递社会对于学校的客观要求；另一方面，董事们扎根学校的教育土壤之中，所以也可以用学校的眼光和立场向社会表达学校的需要。换言之，董事会成员既不是政府官员，也不是学校中人，因此当学校面临巨大的外部压力时，其能够以“他者”的身份保护大学的自由与自治。在一种理想状态下，有了健全的董事会制度的保护，美国大学可以既不受政府等外部力量的掌控与奴役，也不会成为学校内部利益共同体独自掌权的工具，从而形成学校与社会双赢的局面。

大学董事会制度具有一些优势，然而在实际的运行中也存在着一些问题。美国高等院校几乎都处在某种形式的董事会管理之下，但其教育质量和学术声誉却千差万别，在社会需求和学校自治之间起到的“桥梁”和“缓冲”作用也不尽一致。[①] 实际上对于董事会在美国高等教育领域中的负面作用的批判不绝于书，19世纪晚期的美国经济学家凡勃伦曾说：“这些生意人（董事会成员）对大学任何效率上的目的都毫无助益。”史密斯也认为：“高校董事们是统治阶级的一部分，他们通过控制高等学校，生产出压迫性的社会关系并从中获益。”[②]

实际上，美国大学中的董事会绝不是生长在象牙塔中的一种超越社会的独立的治理机构，那些组成董事会的个体也绝非利益的超脱者。其真实情况往往是董事会的成员涉及大学领域内的各个利益层面，是现实考量而不仅是理念承担组成了美国高校董事会的常态。这些问题都是人们在理解美国高校董事会时所应该时刻注意的。

结语

董事会是美国高校的最高权力机关，是高校治理体系的核心。董事会的主要责任包括任命校长、支持校长、监督校长、坚持清晰的高校使命、坚持长期规划、评估教育项目、确保良好的管理、保护高校独立、在高校与社区之间建立联系、充当上诉法院等。美国高校董事会的主要责任是“治理”而非“管理”。董事会不直接参与高校的日常管理，而将行政权力授予以校长为首的管理层，将学术权力授予教师，从而确保高校具有清晰的治理结构，实现“共同治理”。

美国高校董事会制度具有一些独特的功能。首先，它有助于避免高校内部利益群体对高校事务的控制，使高校成为对社会而不仅仅对内部人利益负责的机构。当高校事务由校内人士把持时，高校通常会丧失自己应有的社会责任感，沦为为校内利益群体而非为整个社会谋福祉的机构，从而背离国家和社会设立这类高等学校的初衷。由校外人士组成的美国高校董事会，一方面可以向校内共同体

---

① 王绽蕊著：《美国高校董事会制度：结构、功能与效率研究》，高等教育出版社2010年版，第5页。

② Clark Kerr，Marian L. Gade. *The Guardians*：*Boards of Trustees of American Colleges and Universities*. The Association of Governing Boards of Universities and Colleges，1989，p. 5.

反映社会的需求，另一方面也可以向社会解释校内共同体的工作，在加强高校与社会的沟通方面发挥着重要的功能。其次，美国高校董事会制度有助于保障高校自治和发挥各高校自身的能动性。作为高校的法人机关，董事会享有独立于政府和立法机关干预的几乎不受限制的自治权，有助于其充分发挥自身的聪明才智和能动性，对高校进行有效的管理。再次，美国高校董事会制度有利于高校治理结构的清晰性，使高校的各个治理主体责权明确、各司其职。来自校外的董事会成员比较了解社会的需求，也比较懂得经营管理，他们在对高校是否坚持了自己的办学使命、是否很好地反映了社会的需求、是否能够持续发展等方面具有很强的监督动机和能力。此外，美国高校董事会将高校的日常管理权委托给校长。由于校长是由董事会选拔出来的，如果董事会认为必要，它也可以随时让校长“下课”，因此校长必须对董事会负责，代表董事会管理高校，并致力于维护高校的长远健康发展。

第十二章

美国大学的评议会

美国高校不仅以其雄厚的学术科研实力在世界范围内独领风骚，更是以其先进的制度架构影响着其他国家的高等教育发展趋势。在美国高等教育领域诸多制度结构的架设中，高校学术评议会是其中值得注意的重要一环。高校教师评议会(Faculty Senate)，亦称“教授会”。《美国高等教育大百科全书》将其界定为：教师和行政人员商议大学共同关心的问题的场所，是一个学院式的论坛，在这里教师能够表达其对于大学政策和目标的看法，一般采用妥协、协商以组成联盟的方式。教师评议会能够促成教师与行政人员之间的合作，也可能导致两者的对抗，其权力是被授予的，因其发挥咨询性作用而在共同治理中占据重要地位。①本书所说的“评议会”含义广泛，大体上涵盖教师评议会、学术评议会（Academic Senate）、大学评议会（University Senate）、教师理事会（Faculty Council）和学术理事会（Academic Council）等概念，这些名称都是对以教师为主体而参与校级决策的机构的称谓。

---

① Burton R. Clark. *The Encyclopedia of Higher Education*. Pergamon Press, 1992, p. 234.

在美国高等教育领域，大学评议会一般是指一所大学中的学术评议会，其重心在于贯彻“学术自由”和“教授治校”理念，这一组织强调教授作为学术权威的代表，应享有重要的学术话语权。换言之，评议会成为教师群体参与大学治理的重要制度支撑。通常而言，大学评议会的职责主要包括制定全校的学术政策、学科建设和发展规划，确定校历，确定教师的聘用、考核和晋升，负责本科生和研究生的教学、课程设置、学位事项以及对外学术交流活动、校内各种设施的使用等。① 通过评议会这一平台，教师能够真正参与到学校重大决策的制定过程中，从而促进决策的民主化和代表性，保障教师和行政人员共同为学校事务负责，增强其归属感和主人翁精神。

换言之，教授群体之所以能够在美国大学中占据重要地位，有其制度性的优势与保障。以教授为主体的学术评议会通过董事会的授权或者默许，能够在大学日常运行中有效负责学术事务的决策。尽管在理论层面上，董事会有权否定学术评议会的各项决议，然而在现实中，董事会大多不过问具体的学术事务，由教授所组成的评议会事实上成为大学中最高的学术决策机构。

一、美国大学评议会的由来与理念

在早期北美殖民地学院时期，各个学院并没有出现学术评议会这种类型的组织，它是随着美国社会形势的变迁而出现的新兴事物。大学评议会经历了百余年的发展历程，并随着大学的发展以及大学学术管理理念的进步而不断向前演化。探讨大学评议会的产生与发展，有助于人们理解美国大学整体的办学理念与演变历程。

（一）大学评议会的由来

早在1795年，时任耶鲁大学校长的德怀特（Timothy Dwight，1795—1817年任职）指定三名教授组成教授会，与其共商校务，这成为后世评议会制度产生的历史源头。耶鲁大学在早期办学过程中所孕育的自由精神成为后世评议会发展的理

① 甘永涛、单中惠：《美国大学评议会制度探析》，《大学教育科学》2010年第1期。

念财富，而教师群体在早期耶鲁学院的发展过程中发挥的重要作用更是其他高校的教师难以比拟的。耶鲁形成了一种惯例，即没有教师的推荐或同意，即使是董事会也不能针对学术问题采取专门行动；同时新教授或其他与教学有关的管理人员，如果没有教师集体的同意，亦不得任用。这种让教师参与学术管理的做法受到人们普遍的称赞。

一般认为，现代意义上的学术评议会最早产生于康奈尔大学，其首任校长安德鲁·怀特受到耶鲁学院的启发，重视教师在学校发展中的作用，其在康奈尔大学建立初期就主张听从教师群体对于办学的建议。不过直到1891年，康奈尔大学董事会才正式通过一个有关评议会的地位的章程。章程规定学术评议会为大学教师的学术管理组织，这一团体包括校长与教授，教师群体成为治理大学教学和研究事务的重要力量。

> 教师不仅仅是咨询者（advisors），也是立法者（legislators），他们应定期聚会，开展学校的总体管理，向董事会表达他们的愿望，讨论教育政策的常规问题，就一些特殊问题提交报告。①

19世纪后半期，随着大学组织的进一步复杂化，纵向职能部门在大学的管理结构中不断地得到增设，同时教师参与学校治理的民主管理机构也逐步健全，在大学内部各层级都设立了以教师为主体的咨询委员会，如评议会、教授会等。这些委员会在以后的发展中逐步取得了制定大学学术政策的权力。但是，由于在学术政策的制定和政策执行之间并没有进行明确的区分，所以，当时在学术行政管理与学术民主管理的责任区域之间常常没有明确的界线。不过人们普遍意识到由学术共同体管理学术事务不再是校长和董事会的恩赐，而是学术发展的必然要求，所以自这一时期之后建立的大学从诞生起就普遍成立了评议会。

1915年美国大学教授协会成立，标志着大学教师地位开始发生根本性质的变化。美国大学教授协会关于学术自由和教授终身任职原则的声明，以及协会为

① William H. Cowley. *Presidents, Professors, and Trustees*. Jossey-Bass Publishers, 1981, p. 83.

保护教授的学术自由权利所做的长期而艰苦的努力，逐渐为众多的大学所认同和接受。从此之后，教师应该掌握学术事务话语权的呼声空前高涨，评议会制度得到了进一步巩固。20世纪以后，教授权力的增长是美国大学生活中最为重要的变化之一。由于受到冷战局势的影响，美国政府和社会逐渐加大对于教育特别是高等教育领域的重视与投入，教授群体不断通过大学董事会的授权（或默许）在各自专业领域内决定新教师的聘用与管理、晋升与考核，其中所依托的重要力量便是学术评议会的发展。

1966年，美国大学教授协会发布了《关于学院与大学治理的联合声明》，其中明确提出应该正式授予大学教师参与学术治理的权利。这一方面包括教师应该参与与教育过程相关的课程、教学内容与方式的选择，学位的授予和学术研究，与教师地位相关的教师聘任、续聘、终止续聘、晋升、终身职位的授予和解聘，以及参与制定关于增加工资的政策与程序等；另一方面也包括大学教师应广泛地参与学校目标的确立、规划、预算以及管理者的遴选等教育决策的制定。据2002年南加州大学高等教育政策分析中心调查，当时美国93％的博士院校、90％的硕士院校和82％的学士院校均设立了学术评议会或教师评议会，仅有13％的院校不存在这类组织。这一现象的出现无疑深刻表明学术评议会日渐成为大学中最为重要的决策部门之一。

总之，由于美国大学教授协会等社会团体的不懈努力、大学教师队伍的日益壮大和成熟，以及国家政治层面民主化进程加快等因素的影响，大学教师长久以来教授治校的希望得到了实现。教师群体获得了对大学主要学术事务的管理权利，其中包括决定专业、课程设置，教师的聘任、晋级和解聘，制定招生和毕业标准，控制教学内容与时间，遴选学校主要学术行政领导，制定大学学术发展目标等。更重要的是，教授群体已经深刻参与到当前大学日常治理的现实结构中，成为其中不容忽视的有生力量。

（二）大学评议会的理念

众所周知，世界上的任何一种组织机构及其制度规范的形成和发展都必然有其深刻的思想根源。换言之，在高等教育领域中，任何一种新颖的大学管理理念和大学治理结构的形成，都是建立在一定的理论假设基础之上的。从这一角度来说，美国大学学术评议会的形成和发展与人们对大学本质的认识紧密相连，尤其是与欧洲传统的大学理念存在内在联系。具体来说，曾经普遍流行于洪堡改革后的德国现代大学中的“学术自由”“大学自治”“教授治校”等办学理念，对美国大学的办学精神产生了极其深刻的影响，是美国大学学术评议会形成与发展的精神支柱。

1. 学术自由理念

学术自由是洪堡改革大学制度时所极力倡导的办学理念之一。按照《哥伦比亚大百科全书》对学术自由的界定，学术自由是指学者不受雇用他们的院校控制或约束而从事研究、教学以及出版的权利，它至少从法律上来说是一种由民主国家的所有公民共享的公民权。对于其职业与这种权利直接有关的学者来说，学术自由这一概念通常还包括终身受雇用的权利，要接受学术自由这一概念，就必须意识到真理是通过对所有资料进行研究而得出的最佳发现。①

学术自由精神反对一切外在权威不顾学者个人的学术旨趣和能力，不论这些权威观点是来自系主任、教务长、校长甚至校董事会，还是来自校外任何权威。学术自由是学者们在特定高等教育机构或者学术社团之内思考和行动的自由。②在美国大学，学术自由的思想于19世纪中后期和20世纪初期开始进入制度化历程，并对大学管理产生规范而持久的影响。

为了保护大学教师的学术自由权利，维护教师职位的稳定性，美国大学教授协会于1915年成立的当年就公布了关于学术自由和教授终身聘任制的原则声明，明确提出了大学学术自由的若干原则，进而在很大程度上推动了学术自由与教授终身聘任制的原则在美国大学形成制度。学术自由的思想，经过大学教师和美国大学教授协会不懈地斗争，逐步取得了社会的共识，并成为大学教师不断探求真理、献身学术发展的有力保障。1957年，美国联邦最高法院还曾出台有关学术自由原则的支持说明：“对我们的学院和大学的智力领袖横加任何束缚都会葬送我们国家的未来。任何教育领域都没有被人们认识得那么深刻，以至于不能再取

① *Columbia Encyclopedia*. Columbia University Press，2000.

② ［美］爱德华·希尔斯著，林杰译：《论学术自由》，《北京大学教育评论》2005年第1期。

得新的发现。在社会科学方面更是如此，在这方面没有任何原理被认为是绝对的，即使有也极少。”① 最高法院的判决为保护大学的学术自由权利提供了法律保障。

学术自由是大学中学者的一种特殊权利，其地位之所以重要，是因为其与教师的教学、科研以及出版等学术活动直接相关，这种权利的对抗对象往往是学术世界的外部力量，如国家、政府机关，特别是高校内部的董事会等其他管理机构的不正当干预。学术自由是繁荣学术、发展科学、探索真理的必要条件。其意义在于学者们可以更好地探索真理，它是大学的生机与活力的象征。如果没有学术自由，大学的生命就会枯萎。学术自由的思想是美国大学学术评议会发展的保障，它保障了学者在追求真理的过程中免受外界不合理的干扰，同时是学者努力争取、希望得到保护的一种基本权利。必须指出的是，学术自由不可有悖法律，不可罔顾事实，不可将个人的自由凌驾于他人的利益之上。对此，必须有客观的认识。

2. 大学自治思想

与学术自由的观念一样，大学自治同样是西方大学的一种极为古老的信念。大学自治是指大学作为一种学术机构应当独立地决定自身的目标和重点，并自主地付诸实施。作为一种独立的法人机构，大学不应受政府、教会或其他任何法人机构的干预。从历史上看，欧洲中世纪大学是获得教皇或世俗统治者特许的学者行会，不论其性质是教师行会还是学生行会，大学事务都由教师或学生自主决定。大学的自治地位使其能够免受外界的干预或侵犯，专注于大学自身的学术目标。欧洲中世纪大学的自治传统通过移民队伍传播到北美大陆，成为美国早期殖民地学院的基本管理思想。美国独立战争胜利以后，殖民地学院的自治传统遇到了严峻的挑战，州政府试图加强对自治学院的控制。1819 年联邦最高法院对达特茅斯学院案的判决进一步明确了私立院校的法律地位，使来自欧洲中世纪大学的自治传统在新兴的美国获得了合法的地位，从而强化了作为自治组织的学院和大学的地位与权利。

① 参见刘滨清：《美国部分研究型大学学术评议会研究》，上海交通大学 2009 年硕士学位论文。

从根本上说，大学自治的核心在于大学的独立性得到保护，从而使大学能够独立处理内部事务。正是由于大学自治权利的取得，保证了大学的管理机构可以自由地管理本校的学术事务，才使学术评议会在大学自治的空间里得以存在和发展，使教师在进行学术管理时可以行使一定的权利，这是大学学术评议会产生的制度土壤。

3. 教授治校理念

大学学术评议会之所以能够出现，最重要的思想渊源便是教授治校的理念，这种理念源自于中世纪巴黎大学的一种传统。值得指出的是，“教授”一词在中世纪和现代有不同的指代，其治校的具体内容古今也有差异。中世纪大学的教授治校的内涵是指大学全体教师（不仅指具有教授职称的教师）共同掌管大学的一切（包括校内和对外的）事务，而现代西方大学的教授治校一般是指大学里部分具有较高学术水平的教授和副教授掌管学校的学术事务或参与管理大学的整体事务。从这一角度来说，两者是存在区别的。

中世纪的巴黎大学是一个教授行会，受当时行会运行风气的影响，教师享有对大学招生、教学和授予学位等问题的决定权。尽管英国古典大学也建立了与巴黎大学相类似的教授治校模式，但是美国早期殖民地学院并没有把欧洲大学教授治校的传统移植过来，而是建立了一种有别于教授治校传统的学院管理形式，即校外人士管理体制（董事会制）。到了 19 世纪初期，专门化的教师职业才开始在美国高校中出现，教师在学校中的重要性与日俱增，教师与管理学校的董事会之间的矛盾逐步激化，教师谋求学校学术事务发言权的斗争时有发生。1825 年哈佛大学再次爆发了教师要求参与学校管理的斗争，并终于迫使大学董事会做出了让步，将大学的招生、学生的教育与训练等所谓的“内部事务”的管理权授予教师，而董事会则保留了制定大学方针、政策和财政资源分配等所谓的“外部事务”管理的权力。同一时期，耶鲁学院的教师也获得了参与制定学院各项重要政策的权力，这种教师参与学校管理的方式奠定了美国大学教授治校的事实基础。

19 世纪后期，以约翰斯·霍普金斯大学为代表的研究型大学的出现和学术专业的形成提高了大学教师的社会地位，教师在大学发展过程中的作用显著增强。部分大学的董事会为了适应大学发展的新形势，不得不将许多重要的大学学术管理权力赋予日益强大的教师群体，教师因此获得了制定大学学术政策、管理大学学术事务的重要权力。许多大学为此建立了由教授组成的大学学术评议会，负责大学的学术管理。1915年，美国大学教授协会的成立不仅对保障大学的学术自由，保证大学教师的职业安全具有划时代的意义，而且明确了大学教师在学术事务上的发言权。从本质上讲，美国大学的教授治校思想是一种教师民主参与管理思想，正是由于教授强烈的民主参与意识以及争取大学学术管理权力的斗争，才促进了美国大学学术评议会的建立和发展，也为学术评议会中教师的权利和地位提供了有力的保障。同时，大学学术评议会中教授的权利和地位也体现了教授治校的思想。

概言之，学术自由、大学自治和教授治校等思想作为经典的大学办学理念，对于美国大学学术管理思想的形成和发展起着重要的作用，同时也在某种意义上成为大学学术评议会产生和发展的思想根源和理论基础。

二、美国大学评议会的现状

在美国大学中，学术评议会一般由大学董事会正式授权设立，不过在一些州立大学中，学术评议会作为单独的法人实体由州议会依据相关法律来设立。不同学校的学术评议会存在不同的样态，其中有许多方面值得人们密切关注。

（一）学术评议会的类型

目前，美国大学学术评议会主要有两种类型：一种是所谓的“纯粹型”（pure）评议会，其成员主要由教师组成；另一种则是“混合型”（mixed）评议会，其成员来源较广，除教师外，还包括大学的管理者。有的评议会要求较高，强调其成员必须具备终身教职。根据美国学者约瑟夫·吉尔莫（Joseph E. Gilmour）1989年的调查结果，美国大学学术评议会基本上是由大学教师所掌控的，其中涵盖大学管理者的占59%，涵盖教师兼管理者的占25%，涵盖大学职员的占7%，涵盖在校研究生的占12%，涵盖在校本科生的占28%。① 总体来

① 参见张银富著：《校园民主与教授治校》，五南图书出版公司1999年版，第40页。

说，大部分的美国大学学术评议会是“纯粹型”与“混合型”的结合体。在那些规模较小的院校中，学术评议会基本上被教师群体所把持；而在那些规模巨大的院校中，学术评议会通常会吸收大学其他利益群体中的成员来应对处理更为复杂的情况。

（二）学术评议会的职位设置

美国大学的学术评议会由于肩负着越来越重的职责，因此衍生出一系列附属组织与岗位，而在这其中最为重要的职位就是评议会主席。在一些大学中，评议会主席由校长兼任，而在其他情况下，评议会主席要通过选举产生，这一职位主要负责主持评议会会议。另外，学术评议会还会设立秘书职位，负责处理文件收发、会议通知等事务性工作。以密歇根大学评议会为例，这一组织设立主席、副主席和秘书职位，主席负责主持评议会会议，副主席负责在主席缺席时主持会议，而秘书则是大会从现任或退选的评议会成员中选出，任期 3 年，可连选连任。秘书主要负责帮助主席确立议程，发布定期的或临时性的会议通知，汇编和更新评议会成员目录，保存和分发评议会的备忘录以及负责分发邮件投票。① 除了评议会会议以外，一般还会设立执行委员会作为评议会的日常执行机构。

在大多数美国大学中，评议会每年举行一次全体成员大会，届时会听取执行委员会的报告。评议会成员的选举过程极为复杂烦琐，不同的学校会因自身情况不同而有所区别。在弗吉尼亚大学的评议会成员选举中，需要选出的各种职位的候选人将会在每年春季的最后一次例会上获得提名，然后以邮件的形式通知选举人进行投票，而在最为关键的执行理事会的 15 人选举中，除了以校长和评议会主席为代表的 8 名既定成员外，还会有 7 名成员从教师评议会中选出。在正式选举时，首先由教师评议会主席任命一个提名委员会挑选参加竞选的候选人，具体来说：（1）每年的提名委员会由 5 名成员组成，包括教师评议会的上届主席，同时还包括评议会当选主席以及由评议会主席从并非执行理事会成员的评议会成员中任命的 3 名成员；（2）提名委员会主席将在每年春天的最后一次例会上向大会

① Rules of the University Senate, the Senate Assembly and the Senate Advisory Committee on University Affairs, http://www.umich.edu/% 7Esacua/SenAssb/rules-april 1997. pdf.

提交候选人名单；(3) 评议会的所有成员均可角逐为期 3 年的执行理事会成员或主席；(4) 如果执行理事会的成员不再是教师评议会成员，其执行理事会成员资格自动停止，并由评议会选举替代者填补空缺；(5) 任何独立单位在执行理事会中的成员人数都不能超过 3 人；(6) 执行理事会成员是评议会的正式成员，享有完全的投票权。①

（三）学术评议会的主要职责

由于秉承自由精神的办学理念，多数美国大学形成了各自不同的历史传统与文化气质，这些所谓的不同大学的大学精神同样贯穿于各自学术评议会的日常运行之中。换言之，各学术评议会赋予的职责既有相通的地方（如在学术领域内发挥极为重要的建议、审查和立法功能），也有极为不同的特色。

在充满活力的斯坦福大学，学术评议会（或学术理事会）除非遇到特殊情况外，被赋予讨论与决定内部政策的所有权力与责任，同时也享有大学内部管理的总体权力和责任。在秉持对董事会负责的前提下，评议会可以讨论决定所有有关教授会管辖范围内的事务。同时，评议会有责任为各系教授会、所有常设和特别委员会提供指导，并要求其将行动报告告知评议会。②

而在加州大学伯克利分校，其学术评议会被赋予更为细微具体的职责：(1) 组织、选举学术评议会的官员和委员会，通过处理其自身事务的规则；(2) 接受和审议来自伯克利分校各学院、评议会各委员会、本校行政官员以及其他分校的报告和建议；(3) 发起对学校有重大影响的立法，并对这些立法采取最后行动；(4) 在各学院组织教师团体；(5) 将有关大学事务的决议直接递交大学校长，同时将其副本递交加州大学学术评议会总会；(6) 向理事会提请纪念活动；(7) 就评议会立法以及其他事宜向评议会或评议会总会提出报告与建议。③根据约瑟夫·吉尔莫在 1989 年的调查，美国大学学术评议会在不同的责任领域

① Constitution & By-Laws，http：//www. virginia. edu/facultysenate/c _ blaws. html.

② Articles of Organization of the Academic Council，http：//academic council. stanford. edu/archive/handbook/103937/103937. html.

③ By-Laws of the Berkley Division of the Academic Senate，http：//academic-senate. barkeley. edu/resources/documents/Bylaws _ 10—12—09. pdf.

享有不同性质的职能。

值得指出的是，作为大学中一项重要的管理制度与运行机构，评议会除了具备上述所列举的诸多显性职责外，还包括许多具有象征意义的隐性功能。如有学者所指出的，学术评议会能够为某些人提供一定的身份地位，同时可以作为人员甄别工具为大学行政储备适当的人选，进而抵制行政官员的过度改革以有助于大学发展的连续性。

（四）学术评议会的组织结构

学术评议会的组织结构没有统一的模式，但一般都包括以下三个部分：评议会大会、评议会执行委员会、评议会常设委员会和特设委员会。①

1. 评议会大会

评议会大会是指全体评议会成员参与的最高层次会议，其内容主要包括以下几个方面。

在人员组成方面，评议会的人员组成一般有两种方式：一种是由大学全体教师组成；另一种是由教师代表组成。加州大学学术评议会伯克利分会属于前一种，其成员主要包括总校校长，分校校长、副校长、教务长、院系主任、学术中心负责人、分管录取和入学的分校副校长、注册中心主任、图书馆馆长，所有全职教授、副教授、助理教授，所有临床医学教授、副教授、助理教授，所有实际操作类教授、副教授、助理教授，所有全职讲师，有工作保障的高级助教、助教、全职授课有望获得工作保障的助教，被选入参加的总校副校长、州教育局的负责人。弗吉尼亚大学评议会则属于后一种，其成员由教师代表组成。这一组织共有 80 名成员，以院系为单位，按照一定的人员比例分配名额，由各院系投票选出教师代表，其成员任期为 4 年。此外，弗吉尼亚大学评议会还包括校长、副校长、院长、系主任、图书馆馆长等职能成员。

在职位和会议制度方面，评议会都会设置评议会主席一职，有些评议会还设

① 郭卉、唐巍华：《美国大学治理中的评议会：组织制度与功能分析》，《高等工程教育研究》2009 年第 4 期。

置了副主席或预备副主席，以便在主席缺席时执行替代工作。主席的首要工作是主持评议会会议，但是其并没有高于一般成员的权利。评议会有定期的会议，规模庞大的评议会一般每学年召开1—2次大会，规模较小的评议会则会定期召开，如弗吉尼亚大学是每月一次。除了例会制度以外，还有特别会议。一般情况下，评议会主席、评议会执行委员会，或者15名以上评议会成员都可以提请召开特别会议，就某些重要问题进行商议。由于评议会大会规模较大，并非所有成员都能够出席每次会议，因此，评议会的章程规定了会议的法定人数。加州大学学术评议会伯克利分会规定的法定人数是50名，密歇根大学规定的是100人，弗吉尼亚大学规定超过40名即构成法定人数，在这一问题上，不同学校的规定不同。

2. 评议会执行委员会

由于许多高校中评议会的规模过于庞大，因此从决策效率和易于执行的角度出发，多数评议会通常设置了执行委员会作为其核心议事和执行机构。执行委员会的详细内容具体如下。

在人员组成方面，不同学校的评议会执行委员会的人员组成结构不同，以加州大学学术评议会伯克利分会执委会为例，其成员包括15名，分别是评议会的主席和副主席、学术资源规划和分配委员会主席、教育政策委员会主席、预算和院系关系委员会主席、研究生委员会主席、人事委员会主席、研究委员会主席、妇女和少数民族委员会主席，以及6名从评议会成员中选出的代表。密歇根大学评议会执委会（Senate Assembly）由72名评议会成员组成，从评议会大会中，根据院系代表人数的比例选取，每个院系至少2名，若院系的评议会成员数不足20人，将直接得到1个名额。此外，还有职能成员3名，他们是评议会秘书以及2名退休的评议会成员。密歇根大学评议会执行机构有点特殊的是，在执委会之下还成立了大学事务咨询委员会（The Senate Advisory Committee on University Affairs），作为它的执行机构。大学事务咨询委员会只有9名成员，从执委会的72名成员中选出，名额也是按照院系代表数额确定，代表人数最多的文理艺术学院有3个名额，其次是机械学院和医学院各有2个名额，剩下2个名额由余下的学院获得。在密歇根大学，其大学事务咨询委员会的职权是：代表评议会执委会就大学的重要政策问题与校长商议；负责选出执委会的主席，提名和指导执委会下设委员会的工作。

在职权方面，一般而言，执行委员会是评议会的“大脑”与“心脏”，其在日常工作中通常会行使评议会的主要权力。这些权力包括：确定评议会大会的议程；审核评议会的“立法”议案，确定后提交评议会大会表决；代表评议会与大学行政机构进行沟通和磋商；负责管理评议会的内部机构。

3. 评议会常设委员会和特别委员会

评议会下有许多常设委员会和特别委员会，这些委员会均因“事”而设，主要负责某一方面的日常工作。由于评议会负责的学术事务基本都经过了细致划分，因此相应的委员会数量不少。加州大学学术评议会伯克利分会有常设委员会34个，弗吉尼亚大学有11个。总体上说，这些常设委员会的名称和负责事务范围大致分为三个方面：一是教师自身事务，如教师聘用、续聘和终身教职的评定、教师福利、奖励、考核等；二是教研事务，如研究项目、经费、资源的分配，学科布局与院系调整、增废，招生、录取标准，课程设置和教学改进，学位标准和学位授予，优秀学生奖励；三是关于大学发展事务，如大学重大战略规划、大学重大政策等。换言之，除了教学和科研的学术事务外，评议会还负责教师事务的处理以及参与学校的重大决策。

评议会常设委员会的主要作用是对所负责的事务收集信息，形成意见和建议，然后提交给评议会执委会或者评议会大会进行讨论。另外，常设委员会还可以代表评议会就相关事务与校长、副校长等高级行政官员沟通、商议。特别委员会与常设委员会的职能类似，如果某一时期内出现了一些新的重要事务，这些事务又不在常设委员会的负责范围内，就会成立特别委员会来具体负责。评议会一般包括上述三个基本组成部分，有的大学评议会还另外设立了一些专门机构，例如，加州大学学术评议会伯克利分会设立了人事委员会，专门负责评议会内部的人事工作。此外，评议会一般都设置了秘书职位或秘书办公室，全面负责评议会的日常事务。

（五）评议会与大学校长的关系

1966年，美国大学教授协会在《关于学院与大学治理的联合声明》中指出：

大学外部日趋严峻的挑战和大学承载任务的多样性与复杂性，使得董事会、校长和教师不可避免地日益相互依存，迫切要求董事会、校长和教师之间充分理解与沟通，并采取适当的共同努力。虽然这种共同努力可依据各种具体的情形采取不同的形式，但至少应遵循两项基本原则：(1) 凡重要行动领域应由大学所有成员依据其不同能力共同参与决定；(2) 大学各成员依据其职责拥有不同发言权。①

在大多数美国高校现有的治理结构之中，评议会是提出和制定学术政策的重要机构，而校长则是高校系统能够正常运行的核心人物，前者由教授或以教授为主的学术人员组成，几乎包揽了学术事务的决策权，反映了学术权力在大学管理中的作用，后者则代表着高校的行政系统。② 虽然美国大学内部有较为发达的科层组织，行政权力较强，但以评议会为代表的学术权力仍有效地控制着大学的学术事务。如何平衡与校长所代表的行政系统的关系，是大学评议会顺利展开工作的重要内容。

1. 评议会对校长权力的制约与平衡

从组织宗旨上说，评议会是代表和保护大学教师群体利益的组织，有的大学的评议会成员包括教授、院长和其他的管理者，有的大学的评议会成员主要由教授构成。大学评议会在各个大学中的权力作用也不尽相同，即便是同一类型的大学，其在大学内的权力承担也可能有很大区别。虽然美国大学评议会的成员构成以及所发挥的作用有所不同，但它们一般都扎根于其所在院系并在课程、教师晋升、终身任期制以及学术标准等方面拥有权力。评议会组织的核心价值追求是保证学术标准得以贯彻，保证学者所研究与传授的学术知识得以发展，最根本的作用是保障了教师与科研人员的学术权利。

通常来说，大学评议会都会被看作是教师在大学治理中承担重要角色的组织，也是大学学术权利的象征。评议会不但有权考虑专业兴趣和涉及教师利益的

---

① AAUP. *Policy Documents & Reports*. American Association of University Professors, 1995, p. 183.

② 李巧针：《美国大学董事会、校长、评议会权力关系解析及启示》，《国家教育行政学院学报》2007 年第 11 期。

事情，而且有权向大学校长和其他相关管理人员提供建议。更重要的是，评议会可以执行大学教师的立法权，有权在董事会同意的前提下根据大学宪章制开展各种关于学术问题的立法。在美国的大学中，大学评议会和校长所代表的行政部门是两个永远相互斗争与制约的机构。美国大学中一方面存在着明显的官僚科层等级制度，是一个众所周知的等级结构；另一方面，大学毕竟是一个学术研究机构，学术力量在大学决策与管理中也起着重要作用。总体上说，现代大学是科层结构与学者行会组织交织在一起的综合性场所，其内部形成了行政权力与学术权力均衡分配的二元权力结构——校长及其行政机构是行政权力的代表，而评议会则是学术权力的代表。这种行政领导和教授共同治理学校的模式使得大学校长对学术事务不能专权，评议会的存在是对大学校长权力的一种制约与平衡。

2. 评议会与校长的合作与共赢

在一所大学之中，校长与教师群体建立信任和合作关系是极为重要的。诚然，校长必须与外部利益相关者如捐赠者、立法者、社区领导者、公司管理者等建立良好的关系，但也不能忽略与教师之间建立良好的关系。同时，校长与评议会存在着深刻的现实关联，他一般会担任评议会主席并主持召开评议会会议。另外，评议会决策的事情主要由校长负责执行，然而在实际中，关于大学课程和学生生活的问题通常由教师、系主任或院长等处理，因为处理大学与外部的关系需要校长花费很多精力。为了促进大学的发展，校长必须把教师带进决策过程中，并使预算信息和财政信息透明化，这有助于祛除人们的怀疑和不信任。对于一所大学的校长来说，与教师群体搞好关系对自己同样是极为有利的。一个强有力的评议会，可以通过向校长提供咨询和支持校长的决定来增强校长的权力。

校长与评议会在关系的处理上往往极为复杂，为了同教师之间保持信任和密切联系，校长往往需要约束自我来认同学术文化，同时应尊重共享的治理结构，进而鼓励教师的奉献和参与并向董事会建议给予教师应有的权利。校长的任期是建立在大学的质量和声誉提高的基础上的，而教师群体对校长的支持程度对于校长能否取得成功是非常重要的，是影响校长任期长短的一个非常重要的因素。

在现代大学体系之中，学术评议会和校长（及其所代表的行政机构）的关系十分密切。许多大学的校长本身就是评议会的成员，而评议会活动的运行也时刻离不开行政机构的配合。总体上说，大学评议会与校长的关系相当于学术事务上的立法机构与行政管理的关系，二者相互合作又相互对抗。校长分配其行政权力和责任，实施管理，目的是为了使大学教师群体达成发展共识并共同为大学的进步奉献自我价值，这就决定了校长在运用权力时要注意发扬民主、自由与平等的原则，以最大限度地调动教师的积极性与活力来为共同目标而奋斗。

（六）大学评议会的日常功能

某一制度的建立或组织的创设都是为了满足人们在社会生活中某种极为迫切的日常需求。根据伯恩鲍姆的观点，评议会的功能一般分为显性功能与潜在功能，其功能显示在不同的组织模式下是不一样的。

1. 评议会的显性功能①

在官僚三义盛行的模式之下，评议会的功能主要体现为对大学发展目标、学术政策的提出、阐述和修正具有法定的监督责任，同时对大学资源的分配、学术权力的授予等有监督责任。在官僚主导的模式下，大学评议会是大学科层组织的组成部分，其具有高效率与目标导向的特征，一般会采用某种规范程序去处理大学中的事务，努力发展大学法规与章程，同时也根据立法程序去解决大学发展中遇到的问题。

在理性政治主导的模式之下，评议会被当成大学利益相关者利益表达的论坛。评议会成为大学政策的目标和目标实现的工具，是大学校园中的“政客”实现政治交易的场所。在政治主导的模式中，“政治正确”的观念充斥于教师评议会，成为大学其他领域处理与学术事务关系的“中介”，同时也为教师、职员、学生提供与一般福利等相关事务的咨询与建议。在这种模式下，评议会成员还应主动为校长或其他职务的行政官员就与自身相关的事务提供建议，并为存在于教师、职员、管理者和学生之间的冲突提供协调策略与方法，以期弥合教师与行政官员之间的冲突与矛盾。总之，评议会提供了一种大学内部的不同利益群体解决彼此冲突和矛盾的现实场所。

① 甘永涛、单中惠：《美国大学评议会制度探析》，《大学教育科学》2010 年第 1 期。

在学术自主笼罩的模式之下，评议会被当成是教师群体达成一致意见的场所，其发挥作用的关键在于大学组织成员之间共享同一价值而达成一致态度和决策。在这种模式下，评议会的作用得到最大程度的彰显。它不但是一个学术咨询和管理机构，更是一种深入贯彻大学自主和教授治校的重要组织。

2. 评议会的潜在功能①

评议会不但有能被人们观察和明显认识到的显在功能，而且有重要的潜在功能，这些潜在功能曾长久地被人们所忽视，却是评议会之所以存在的不可替代的原因之一。

一是文化象征功能。学术评议会的存在象征着大学作为文化组织具有不同于其他社会组织的特征，也象征着作为专业知识分子的教师群体对其专业价值的身份认可。评议会是一个学术人的组织，而教师参与学院治理则被看成是大学和学院的典型特征，这种传统观念正是评议会存在的合法性来源之一。然而在美国现有的高校治理体系中，评议会的管理功能并不凸显，董事会的最高决策地位仍然凌驾于评议会之上。同时在三方所组成的共同治理的咨询、建议和决策过程中，评议会所肩负的咨询与建议的功能更多的是一种象征性功能，这表现在涉及学校未来发展的重大战略与全局性事务的决定中，教师的话语权仍然很微弱。评议会的建立在积极意义上象征着教师群体对专业价值的忠诚以及这一群体对纯粹学术事务的关怀，这也有助于人们从精神理念上认定大学不同于其他社会组织，应该以特殊的方式对待大学教师。

二是平衡功能。一般而言，评议会的作用很难进行具体的评定，在高校中，其作用的发挥主要是取决于大学行政机构如何对待评议会的地位和影响力。在实际运行过程中，评议会的监督权在许多高校中很难发生作用，因为其并没有法定的最高权威，也没有指挥行政机构的权力，同时又无法通过讨论促进利益相同的人结成联盟。评议会的作用主要是平衡高校中学术机构与其他利益团体的矛盾。换言之，评议会提出意见与建议，而最终的选择权则在大学的行政机构，不过行

① 郭卉、唐巍华：《美国大学治理中的评议会：组织制度与功能分析》，《高等工程教育研究》2009 年第 4 期。

政机构应适当尊重并考虑评议会的合理要求。从这个意义而言，大学评议会是高校体制整体性危机的防护性组织，它无法承担约束体制的职能，只能起到一定的平衡学校内部行政与学术的关系的作用。

三是“回收”和“冷藏”的功能。评议会的作用就像一个“垃圾桶”与“冷藏室”，是指大学组织内一种特殊的决策方式和处理问题的路径。“垃圾桶”的说法表明大学绝不是一个理性的科层等级制结构组织，其中存在着大量的模糊地带与非理性决策方式。当人们批评评议会不能高效率决策时，它实际上正像“垃圾桶”似的在工作，从而体现和符合了大学组织的特性。除此之外，评议会还充当着“冷藏室”的角色。当要处理那些难以达成共识的目标时，评议会通常能将彼此的分歧和意见冷藏起来。同时也使参与者认识到，看上去非常简单和得到广泛支持的问题实际上是复杂和充满争议的。当人们不再想当然地简单对待问题时，冲动的热望就会被抑止，冲突得到了控制。评议会的这种“回收”和“冷藏”功能使得人们在做出决策时不再那么理想化，而是更加面向实际，这也是评议会存在的重要价值之一。

四是提供地位的功能。评议会提供了一个场所让个体更容易得到认可与认同，同时也给有行政野心的人提供了一个选择机制，从而使得他们完成地位的上升。很多时候，教师把参与评议会看成是一种荣誉和对“教授治校”观念的尊重，而他们实际上拿不出多少时间来积极参与评议会的活动。在密歇根大学评议会执委会会议的出席名单上，每次都有很多教师代表缺席，有时甚至因达不到法定人数而被迫取消会议。评议会还为那些未能通过传统规则来获得地位的教师提供了社会流动的途径。这些忠于大学的教师没能因学术成就来获得地位，参与评议会事务为其提供了与高层行政人员合作的机会，从而给予他们显示自身重要性的机会。这也是评议会不得不引起人们注意的重要功能之一。

总而言之，大学评议会本身作为学校内部的一个重要的组织，其显性功能和潜在功能都值得人们继续挖掘。在评议会光鲜的显性功能之外，其所蕴含的潜在功能同样不可忽视。换言之，评议会对于大学具有重要的政治和社会意义。

三、美国大学评议会举隅：加州大学学术评议会伯克利分会

美国各大学都会吸收教授及其他各方人士参与到大学治理之中，让他们代表各方面的利益诉求。在这一观念的主导下，教授参与大学治理成为美国许多大学的特色之一，如加州大学学术评议会伯克利分会便订立了学校章程一起实现学术自治。

（一）伯克利分会的职责

加州大学学术评议会伯克利分会是加州大学学术评议会的一个下属委员会，其职责包括：（1）组织、选拔委员会的行政人员和委员，通过关于其职责之规定；（2）接收并审议全部或部分设置在伯克利校区各学院的系、所的分委员会的、当地行政官员的以及其他分会的报告与建议；（3）直接向校长提交有关任何大学事务的决议，同时抄送给大学学术评议会集体；（4）向评议会或者集会提交关于评议会规定变更的，或者其他相关事务的报告或建议。评议会就其管辖范围内的问题做出的决议应该构成对本校各院系行动的约束力，学术政策之外的规定由各学院自行确定，但如果某些学院的政策行动影响了学校整体或者其他未采取该政策行动的学院，那么这些政策应该提交学校评议会审批。

（二）下设委员会及其权利

加州大学学术评议会伯克利分会各委员会可以根据具体情况，进行与其初始职责相符的研究和建议；分会的成员有权向合适的委员会提出建议；每个委员会对分会负责，并且有义务向其报告各自的行动，但同时有权向学术评议会进行汇报；在同章程及分会规定一致的前提下，各委员会可以通过与事务处理相关的规定。加州大学学术评议会伯克利分会常设委员会分为关于教职工及评议事务的委员会（无学生成员）和关于教育事务的委员会（有学生成员）两类。关于教职工及评议事务的委员会有 13 个。关于教育事务的委员会有 16 个，其中最主要的委员会的职责如下：（1）预算和院系关系委员会，代表不同学部关注学术职务任

免、职称晋升和终身教职等问题；（2）教师表彰委员会，授予校内和校外针对教师设立的奖项等；（3）科学研究委员会，对大学科学研究经费使用和大学的科学研究政策提供咨询；（4）学术规划与资源分配委员会，关注大学每年的经费、校园建设和长远预算；（5）学术自由委员会，对大学内部学术自由情况进行监督；（6）入学和预科教育委员会，关注本科生招生和本科生入学后的种族歧视等问题；（7）教育政策委员会，关注影响大学的教育目标、学科建设和资源分配等问题；（8）课程和教学委员会，关注课程、学位授予和毕业标准等问题。不同的委员会管理不同的学术事务，同时各委员会之间加强交流和联系，有利于学术评议会对大学进行全面而有序的学术管理，进而促进了加州大学伯克利分校的发展，也加强了分校与总校之间的联系。

（三）基层组织：教授会

加州大学学术评议会伯克利分会在各个学院以教授会的形式对学院的学术问题进行管理，其中的主要内容包括：每个教授会都隶属于加州大学学术评议会伯克利分会，对分会负责，不定期地接受分会指令；教授会可以通过与分会的章程和法规一致的章程和法规，并将其以报告条款的形式提交分会，作为伯克利分会手册的附录进行印刷；教授会可以选拔各自的管理人员，但学院的执行官员除外；教授会可以将权力转授给委员会或本教授会的管理人员；教授会可以向分会提出有关章程和规定之修改的建议。大学校长、伯克利校区校长、常务副校长和教务长以及每个学院的院长是学院教授会的当然成员。

根据加州大学学术评议会章程，加州大学每个分校学术评议会建立相应的委员会，对包括科学研究在内的学术事务进行决策。加州大学伯克利分校教授会的权力主要包括下列内容：（1）决定高等教育基本学术政策问题，比如学生的录取、保留政策（retention policy）和毕业要求；（2）课程设置、课程要求、教学策略、教学评估；（3）学术人员的聘用、长期雇用决定（decision tenure）、教授晋升、确保人员聘用和晋升中的平等；（4）大学的预算和预算执行情况分析；（5）对于大学的科研进程和学术项目的建立等与大学长远发展密切相关的问题进行论证。

四、美国大学评议会面临的挑战及其启示

总体上说，美国大学评议会制度的发展历程并非一帆风顺，在其演化的过程中，教授群体的社会地位经历了上下转移的若干反复。不过，美国大学的评议会制度以其完善的组织制度、明确的职责权限和合理的人员构成等为世界其他国家大学的发展提供了借鉴。

（一）美国大学评议会面临的挑战

事情的发展总是包含着两面性，随着美国社会环境的变化，大学评议会在其发展和发挥作用的过程中也存在一定的风险与挑战。①

首先，大学的学术自由理念面临着冲击。随着市场经济的发展与推进，大学逐步在从社会边缘走向社会中心，这种趋势所导致的后果之一便是保障学术自由理念的难度加大。因为随着大学广泛深入到社会生活之中，其所受的外界影响越来越大，这些外在影响（尤其是来自政府和大型企业）直接挑战了传统的学术自由的大学理念。由于办学经费对于一所大学来说至关重要，而经费的来源无外乎政府的财政支持与社会的各种捐助，这就使得大学的办学不断随着外在状况波动而调整，大学不得不寻求外部资源，调整学术工作结构，使大学的学术人员更倾向于选择为国家与企业进行研究，大学成为企业和社会的“加油站”与“服务区”。以满足市场需求为首要原则成为大学的实际运行宗旨，这就使其放弃了探究知识本源的独特职责，市场引导了大学的发展方向。作为学术评议产生和发展的思想根源之一，学术自由面临的挑战使得大学学术评议会在发展过程中会受外界干预而影响作用的发挥。

其次，大学的自治传统受到侵扰。大学是一种社会性组织，总是作为一种整体系统与外界进行交流与互动。伴随着大学规模扩大和功能的增加，大学对于社会的资源需求和与外部的联系不断加强，进而导致政府和社会力量运用多种手段影响大学的发展方向，干预大学自治和学术自由。大学作为社会组织是理所应当

① 刘滨清：《美国部分研究型大学学术评议会研究》，上海交通大学 2009 年硕士学位论文。

服务于政府和社会的，然而这不应成为外界力量干扰大学内部组织与管理的合法性理由。令人唏嘘的是，现在的大学似乎比以往任何时代都更依赖政府和市场的力量与帮扶，这意味着大学作为一个独立的文化体组织，其保持政治和意识形态中立的能力在下降，而政府对政治的考虑则超过了对学术真理的尊重，大学在某种程度上也必须牺牲自治以满足政府和市场的需求。大学自治越来越多地受到政府和社会的干预，使得大学的自主权不断丧失。一旦大学自治的观念被抛弃，评议会的存在根基也会被动摇。

再次，教授治校的思想受到挑战。随着社会形势的发展，大学的规模与功能较之传统大学发生了很大的变化，在很多地区出现了一些所谓的"巨型大学"。而这种规模的大学要求大学作为教育机构，不只是一个研究机构，更应成为服务社会的"加油站"。在这样的背景下，大学的内部事务仅由教授群体来决定显然已经不能适应时代的发展，必须转向由广大师生、学校管理人员与社会外来人员共同参与治理的模式。教授治校的观念已逐步被社会大部分人所抛弃。

最后，学科的壁垒难以跨越。在知识爆炸与专业发展日新月异的当代世界，综合学科与交叉学科已经作为新兴力量成为人们日益瞩目的焦点，新兴学科与专业的出现不但冲击了原有的学术专业所划分的势力范围，更对人们的身份地位与社会关系产生极为深刻的影响。作为学术权力主体的大学教授，由于受自身专业知识的限制，其所行使的学术权力与权威性往往局限于某一学科之内，极难顾及全局利益。随着学科分化的加强，许多掌握学术权力的教授难以突破自身的学科藩篱，反而囿于原有的知识结构与概念范式，不能从多学科、跨学科及更宽广的视野进行有效的协调和整合，无法形成新的学科优势和特点。换言之，旧式的思维与管理模式已经无法适应高校在目前所面临的发展要求，仅凭教授们自身的能力是难以兼顾一所学校学术的整体演进要求的。评议会作为一个学术管理组织，对单个学科的发展具有重要意义。然而，如果不能解决上述问题，就会造成学科壁垒，从而阻碍新型学科的形成与发展。

（二）美国大学评议会的启示

尽管美国大学评议会在其发展过程中始终要面对各种质疑和批评的声音，然而这种情况并非意味着美国大学评议会制度的失败，相反，这恰恰是美国大学评议制走向更成熟与完善的表现。任何事物只有在发展的过程中不断听取不同的声音，才有改进和完善的压力和动力。从这一角度来说，我们应该大胆学习和借鉴美国大学评议会的先进经验。然而，由于每个国家的国情和所处发展阶段不同，一套制度照搬到另一个国家之后，可能会引发截然不同的效果。这种“南橘北枳”式的现象在中国教育改革大潮中曾经多次出现在人们的面前，这是我们在引进与吸收他国先进教育经验的过程中首先应该注意的。

大学是一个国家文化精神的代表，文化理念和办学精神对于大学具有特殊意义。评议会的存在彰显了学术自由、教授治校等大学传统价值观念，它是一个国家教育和文化精神的重要代表之一。在虚心研究美国大学评议会制度的运作机理和内在精神的基础上，我们认为当前我国的高校迫切需要改进以下几个方面。首先要注重学术权力制度的建设。学术权力制度必须具有广泛的代表性，能真正代表教师群体的意志，还要紧跟时代步伐，注意吸收具有活力的新兴学科的有生力量进入学术权力的最高层面。其次要针对不同的学术事务设置对于掌握学术权力的个体的职责限制，严格防止“学霸”“学阀”“学术官僚”的出现。最后，最根本的改善之路在于明确大学的存在意义。大学治理不仅要追求效率，更要追求民主与自由等价值，同时也要明确文化精神在大学治理中的重要意义。任何制度的有效运行都需要有相应的精神和文化传统支持，美国大学评议会功能的发挥实质上体现出了精神和文化对大学治理的意义。

结语

评议会是教师们参政议政的场所。在美国大学中，评议会或者来源于董事会的授权，如大多数私立大学；或者来源于州立法授权，如许多州立大学；还有一些是由大学行政机构授权，如在一些社区学院。通常而言，在一所大学中，绝大多数常任（即非兼职）教师都有资格参与评议会。此外，学校分管学术事务的行政官员以及其他高层行政人员乃至部分学生代表也能够参与评议会，但他们一般是作为代表列席，可以发言参与讨论，但没有表决权。

评议会制度最基本和核心的价值是保障学术自由权利。学术自由指教师的教学与学生的学习，有不受不合理干扰和限制的权利，包括讲学出版自由及信仰自由。当然，自由不是绝对的，任何自由必须在宪法和法律的框架内运行。同时，评议会制度还体现注重决策的有效性。教师的参与是流动的，针对不同的学术事务，参与决策的教师有所不同；为培训新教师的参与技能，要花费时间和金钱。但恰恰是某些影响效率的因素促进了治理的有效性：教师基于自身的专业知识参与决策，并增加知识和信息的投入；通过参与各种委员会的会议，参与者增进了相互的认同感，有利于达成可被各方接受的决策；对决策程序的认定有助于政策的实施。因此，评议会制度充分体现了不仅要注重决策效率，更要注重决策的有效性。它体现了一种民主参与的精神。

美国大学评议会的不断壮大，具有深刻的价值意蕴，在大学决策和管理中发挥了重要的作用。进入 20 世纪 90 年代后，在资源短缺、经费紧张的情况下，更在政府和公众的“问责”压力下，大学普遍掀起了增进管理效率和责任的改革运动，一系列市场导向的企业管理模式被引入大学。大学校长成为“首席执行官”；公司式的直线管理取代了对学院院长的选举；大学评议会出现被边缘化的趋势；董事会或校长侵犯评议会的权力的事件屡有发生：所有这些都表明大学的管理风格正在发生变化，这将直接造成学者集体管理大学的传统受到冲击。

第十三章

美国常春藤大学之探析

美国常春藤大学联盟主要由8所大学组成。它们历史悠久，崇尚学术，注重特色，塑造校风，规范办学，教授水平高，学生质量好，在美国及全世界都有较大影响。在美国，常春藤大学成了一流大学群体的集中体现。在长期的办学实践中，常春藤大学通过委任资深校长，聘用杰出教师，招收优秀学生，致力于发现知识、传授知识、培养人才、贡献社会。面向未来，它们又纷纷制定发展规划，革新治理体系，意欲在激烈的竞争中始终处于一流地位。

常春藤大学源于体育竞技。20 世纪 30—40 年代，美国各大学之间的体育比赛如火如荼，并将体育比赛成绩与学校水平相提并论，以此提升大学名望。各校为在比赛中独占鳌头，纷纷降低录取条件，提供高额奖学金，过于争抢体育运动尖子，客观上造成为比赛而比赛、为比赛名次而降低录取分数的局面，这让一些名校产生了厌倦。1945 年，哈佛大学、耶鲁大学、哥伦比亚大学和普林斯顿大学 4 校达成共识，声明取消体育项目奖学金，并结成橄榄球竞赛联盟，在 4 校之间进行比赛，不屑再与其他学校为伍。“4”的罗马数字为Ⅳ，音同 Ivy，意为常春藤，于是这些大学遂被称为常春藤大学。1954 年，康奈尔大学、宾夕法尼亚大学、达特茅斯学院、布朗大学加盟。8 所学校共同签署协议，决定各种体育比赛项目均在 8 所学校之间开展。这 8 所名校皆为私立，除康奈尔大学建于 19 世纪外，其余都有数百年历史，比美国建国还早。常春藤大学大多校园美丽，清静整洁，错落有致，树木参天，花团锦簇，古色古香的建筑物墙壁上爬满常春藤属植物，从而强化了对常春藤的称谓。

一、哈佛大学

哈佛大学的主体部分坐落在美国马萨诸塞州的剑桥市，与波士顿市只隔一条查尔斯河。哈佛大学最初只是很小的一个学院，系欧洲来北美的移民所建的最早的高等教育机构。哈佛大学在美国发展历史上扮演了十分重要的角色，素有美国“思想库”之称。该校授予了美国历史上第一个博士学位，其商学院、法学院、设计学院、政府学院和医学院都是世界一流的。说起哈佛，全世界的学子几乎没有不知道的，对很多人而言，哈佛大学可谓高山仰止，景行行止，虽不能至，心向往之。自建校以来，哈佛大学培养了 8 位美国总统和 11 位美国最高法院大法官。在世界著名学府之林中，哈佛大学算得上是一棵不老松。对这所名牌大学长盛不衰的原因，各国高等教育研究者和管理者都很感兴趣。

（一）革故鼎新，求是崇真

初建时期的哈佛学院，其规模只相当于旧中国乡间的一所村塾，如今已发展成为规模宏大、设备先进、成就卓越、影响深远的全美学府之首。这不是上帝的恩赐，也不是自发形成，而是哈佛人艰苦创业、不断革故鼎新的结果。哈佛从仿效英德到独创新制，由只设固定课程到采取自由选修制、通识教育制，以至形成了以通识教育为基础的自由选修制等，无一不是开拓创新的结果。这是哈佛大学欣欣向荣的生命力所在。

哈佛的办学方针是“求是崇真”，校训是“与柏拉图为友，与亚里士多德为友，更要与真理为友”。哈佛校徽上的拉丁文“VERITAS”即“真理”之意。在哈佛，各种思想可以自由迸发，各种流派可以尽情涌现。人们的思维不受禁锢，探索的脚步从不停歇，创新的火花此起彼伏。

（二）教学精湛，科研一流

哈佛初创时，只有1位教师，4名学生。现在，教师数已逾2 000名，学生数接近2万名。哈佛在发展中并未忽视质的提高，而是坚持质与量并重。为保证教育的高质量，除了指导思想明确以外，哈佛非常重视人的素质，教师要严选，学生要精挑。对于新生的录取，哈佛的做法相当严格。获准入学者约占申请者的10%—15%，大多数新生入学前的中学成绩为优等，而且具有潜力。为保证教育的高质量，哈佛还非常重视充实和完善设备。工欲善其事，必先利其器。哈佛的教学设施、实验室、图书馆、博物馆等都是一流的。哈佛大学图书馆是学生拓宽知识视野的有益场所。哈佛大学图书馆的中央系统位于哈佛庭院的怀德纳图书馆内，整个系统覆盖80所不同的图书馆，整体馆藏量超过1 600万册，使其成为全美最大的学术图书馆网络，同时位居全美第三，仅次于美国国会图书馆和波士顿公共图书馆。不同的图书馆适合不同类型的读者进入：位于剑桥市本部的加博科学图书馆（Cabot Science Library）、拉蒙特图书馆（Lamont Library）及怀德纳图书馆为本科生最常去的图书馆；霍顿图书馆（Houghton Library）、亚瑟和伊丽莎白·施莱辛格图书馆（Arthur and Elizabeth Schlesinger Library）专门收藏有关美国女性地位发展的历史参考资料；哈佛大学数据库搜罗了各种珍贵的书籍及手抄稿；美国一些最古老的地图、地名册等能在哈佛的蒲赛图书馆（Pusey Library）内找到；而哈佛燕京图书馆内则保管着与东亚古老语言相涉的文献。哈佛还有部分图书资料收藏在美国首都华盛顿和意大利的佛罗伦萨。由上可知，哈佛大学教师阵容强，学生起点高，再加上先进的物资设备等其他条件，哈佛的品质得到了保障，在美国以至全世界的高等学校中名列前茅。

2016 年，哈佛大学设有 14 个正式学院，分别是：哈佛学院、文理学院、文理研究生院、医学院、牙医学院、公共卫生学院、商学院、法学院、神学院、设计学院、工程学院、政府学院、教育学院、继续教育学院。各学院院长由校长任命。各院的人事、财务相对独立，实行院长负责制。

美国教育界曾经有一个说法：哈佛大学是全美所有大学的王冠，而王冠上那颗耀眼的明珠便是哈佛商学院，是美国培养企业人才的最著名学府。哈佛商学院位于查尔斯河波士顿一侧，美丽庄重，令人神往，是世界精英荟萃之地。主体上，哈佛商学院学制二年，第一年学习统一的必修课程，第二年进入专业选修课程。哈佛商学院 2017 年招收了 2019 届 940 名二年制的工商管理硕士（MBA）研究生，包括来自中国的优秀学生。① 此外，哈佛商学院还招收了 30 多名四年制的工商管理博士（DBA）研究生。2019 年暑期还举办为期 6 周的专业管理进修班。全年可以开设政策、决策、计划、控制、财务、市场、生产运行、科技开发、组织结构、行为科学、数学方法、计算机技术等 100 多门课程。哈佛商学院采用案例教学法进行授课。课堂讨论比较热烈。例如，生产与作业管理（Production and Operation Management，即 POM）课就是主要让学生通过对多个案例的分析，来了解作为生产和作业管理的决策者，参加公司的经营战略目标制定，以及结合整个公司的需要，分析企业自身的优势与弱势是何等的重要。尽管是专家完成基本生产作业决策，但作为公司的总经理，必须有洞察能力和驾驭能力。哈佛商学院的教授强调，生产与作业管理是由 7M 组成的系统工程：一是原材料（materials）；二是机械设备（machines）；三是信息（message）；四是人力资源（man and woman power）；五是经理人员（managers）；六是资金（money）；七是方法（methods）。② 2010 年，哈佛商学院第 10 任院长诺瑞尔

① http：//www. hbs. edu/about/Pages/default. aspx.

② 禹宏、鲁原编著：《哈佛不败——在哈佛理念的彼岸》，民主与建设出版社 1996 年版，第 66—68 页。

（Nitin Nohria）就职。[①] 一方面，他充满信心，誓言哈佛商学院必须成为世界上最好的商业与管理的思想策源地。[②] 另一方面，他保持着清醒的头脑，不敢妄自尊大。他坦言，美国商学院的黄金时代不再，工商管理硕士（MBA）学位成为进入高盛（Goldman Sachs）或麦肯锡（McKinsey）的敲门砖的日子已经过去了。一些青年才俊们现在面对 MBA 所需的 10 万美元学费和 2 年攻读时间打起了退堂鼓。亚洲国家商学院的崛起则构成了另一个挑战。尽管该地区申请美国顶级学校的人依然很多，但是许多亚洲学生和成功的企业家选择了在离家较近的地方继续深造。

世界上著名的高等学府大都成为“两个中心”，既是教学中心，又是科研中心，犹如鸟之双翼。哈佛大学是其中的佼佼者。事实表明，教师水平再高，也需不断充电，而科研就是获得源头活水的最好途径。哈佛有一批著名研究中心和教学医院，如亚洲研究中心、燕京学社和麻省总医院等。这些学院或机构，个个都有影响。作为美国历史最悠久的研究型大学，哈佛大学取得的教学和科研成就举世公认。哈佛实行非升即走的教师管理策略，教师必须不断更新知识，增强能力，教学、科研双优，方可立足。在其他大学，副教授即可获得终身教职，而在哈佛，只有教授才可获得。由此推断哈佛的副教授相当于一般大学的教授水平是不为过的。哈佛的学生在学习的同时，也须从事一定的科研工作。哈佛大学不去争论科研与教学孰重孰轻，而是做到了教学、科研并重，使二者相互促进，相得益彰。

（三）实行寄宿，导师指导

哈佛大学历来倡导寄宿制，每栋宿舍都设立舍监，通常由一名教授担任。舍监全天都住在宿舍里，负责监管学生的学习和生活。每栋宿舍都有自己的餐厅、图书馆和活动室、文娱设施和教室，各宿舍可组织各自的学习和活动。哈佛大学

---

① 诺瑞尔持有麻省理工学院的 Sloan School of Management 管理学博士学位，以及印度 Indian Institute of Technology 的化学工程学士学位。从 1988 年起便在哈佛商学院任教及从事管理工作多年。出生在印度，系哈佛商学院首任亚裔院长。

② 英文原文：This must be where the world's best thinking about business and management takes place，www. hbs. edu/about/leadership/Pages/default. aspx.

的寄宿制度，目的就是为学生创设良好的环境，使不同阶层、不同背景和不同思想观念的学生交融在一起，形成一种独特的教育文化氛围。与寄宿制相配套，哈佛大学实行导师制。导师不是一种职务，而是一种工作。担任导师者，有年轻教师、研究生或资深教授。导师的职责主要是在其专业领域以谈话的方式对学生提供辅导，增加学生主动学习的时间。同时，在接触中，导师对学生加深了各方面的了解，在学习态度、价值观念和生活目标上对学生产生潜移默化的影响，使哈佛文化感染每一代学子。① 哈佛的寄宿学院及导师制对其他大学产生了影响，尤其是在耶鲁大学得到了发展。耶鲁大学拥有 12 所寄宿制学院，每所学院都自成系统地成为一个小社区，成员来自四面八方，所学专业也各不相同。寄宿制学院是耶鲁大学本科生的基地，他们在这里共同住宿、生活、接受学习指导、参加各种文化和学习项目，形成了多元文化氛围。②

（四）视野宽阔，内外协作

哈佛大学内部各单位息息相通，允许学生交叉注册，跨系科学习，以最大限度地调动人力、物力，促使学生充分全面地发展。哈佛大学的校外活动丰富多彩，学生常常参加这样或那样的社团，在各领域发展和展示自己的才能。哈佛又同毗邻的以理工见长的麻省理工学院精诚合作，扬长避短，发挥最佳效益。哈佛虽为学术殿堂，却并非“两耳不闻窗外事”。哈佛设有“礼宾办公室”（marshal office），具体负责接待校外、国外人士对哈佛的访问。对外部世界的发展变化，哈佛是充分关注的。2003 年，美国对伊拉克动武期间，萨默斯校长在哈佛网站上发表书面讲话指出：哈佛人关注着前线，也关心着与之有关的家庭；哈佛和世界上大多数人一样，对军事行动持审慎态度，期待着公平与和平尽早到来，不论国际风云如何变幻，哈佛都将一如既往地致力于校园的多样化和国际化。

2015 年，哈佛大学时任女校长福斯特（D. Faust）在第 264 届毕业生典礼上，特别号召毕业生以强烈的责任感服务外部世界，为社会多做贡献。她风趣地

① 刘宝存著：《大学理念的传统与变革》，教育科学出版社 2004 年版，第 153 页。
② 周雁著：《耶鲁大学史》，上海交通大学出版社 2012 年版，第 104 页。

说："大学教育教学生做人做事具备本领，有了这种本领才可更好地回馈社会，比尔·盖茨和乔布斯辍学创业一举成功，那是因为他们是从哈佛辍学的。"

哈佛大学是美国学生向往的殿堂，也是世界各国青少年仰慕的地方。在占地380英亩的校园里，到处洋溢着神圣、学识、探究的气息。一到夏季，绿树成荫的哈佛大学中心区（Harvard Yard）内，三五成群的外地学生、父母带领的少年儿童、各国游客、大大小小的教育代表团，或流连于哈佛铜像之前，或驻足在别致的建筑之内，或漫步于参天大树之间，人们表情不同，心情激动。在那尊哈佛的铜像上，哈佛的脚被参观者摸得锃亮，据说摸脚可以沾灵气，至少可起到临时抱佛脚的作用吧。哈佛铜像由三部分组成。最上面是铜像主体部分，在一张靠背椅上，坐着一位年轻牧师，他面庞英俊，神色严肃，身着17世纪简朴的牧师服装，即一件斗篷式的束腰外衣，下着长丝袜、宽松的短裤，脚蹬矮腰鞋。他的膝盖上放着一本打开的书，而椅子下方，还有几本书。铜像的中间部分是花岗岩支柱，约一人高，下面则是花岗岩底座。游客站在底座上，伸手就可触及铜像人物的脚部。

很多人对铜像的故事津津乐道。约翰·哈佛（1607—1638）并非哈佛的毕业生，而是英国剑桥大学伊曼纽尔学院的毕业生。铜像的右侧中央部位，刻着一枚伊曼纽尔学院的印章，这是对约翰母校的一种怀念。铜像并不是从哈佛建校之初就有的，而是在其建校将近250年之后才开始设立的。话说在1883年6月哈佛毕业典礼的晚餐会上，有人提议要为学校赠送一尊创建者约翰·哈佛的铜像，称在第二年，即在1884年6月1日可以到位。当时，承揽此工艺的是著名雕刻家弗兰奇。1883年9月，弗兰奇开始工作。但他遇到的首要难题在于，约翰·哈佛未留下任何影像资料。于是，弗兰奇找到了一个名叫谢尔曼·霍尔的哈佛学生来做自己雕像的模特。据说，霍尔当时只同意雕刻家使用自己的脸庞，而身体的其他部位，弗兰奇只好另寻他途和依靠个人的艺术想象力了。从查阅的资料来看，现在的铜像人物显然要比霍尔本人英俊了许多。弗兰奇在1884年5月完成雕塑人物，接着，又花了几个月的时间，由亨利—伯恩纳德青铜公司制作成铜像。仅制作铜像，就花了2万多美元。最初的铜像安放在哈佛纪念馆西侧。1884年10月15日举行了揭幕仪式。1920年，弗兰奇写信给时任哈佛校长洛威尔，希望能够把该铜像再换个位置。于是，4年之后的1924年，哈佛铜像被移到了现在的位置。如今，哈佛铜像不仅是哈佛大学的标志，而且成为美国文化的一部分。1986 年，美国邮政总局发行了一张约翰·哈佛的纪念邮票，用的就是该铜像的形象。①

哈佛大学与中国教育界、科技界有密切的交流合作关系。哈佛燕京学社与中国有上百年的交往历史。② 1936 年哈佛大学 300 年校庆的时候，中国一批哈佛大学校友特意从中国运去龟驮碑，挺立在哈佛图书馆旁。哈佛大学亚洲问题研究中心以研究中国文化见长。2002 年，时任该中心执行主任的柯伟林（William Kirby）教授带领笔者一行参观了该中心。柯伟林作为哈佛大学著名汉学家费正清（John King Fairbank）的关门弟子，又在我国台湾地区留学主攻汉学，曾在久负盛名的费正清中国研究中心担任过 5 年的主任职务，后任哈佛大学文理学院院长、哈佛大学商学院教授，兼任哈佛中国基金会主席一职。是年初春，获悉我国台湾“外交部部长”拟到哈佛大学演讲的消息，笔者作为中国驻纽约总领事馆时任教育领事前往斡旋，予以遏止。校方与笔者一行会晤时称，演讲安排已经公布不便取消，但决定将演讲地点从大礼堂改为小礼堂，并愿意请中国外交部长或其他领导人也来哈佛大学演讲。策划我国台湾“外交部部长”演讲的始作俑者便是柯伟林。他是想扩大他所在中心在大学的影响，未必是宣扬“台独”。哈佛校方与笔者一行见面时，柯伟林也在场。他对中国人的心理是非常熟悉的，担心这样的结果会让笔者一行不满意，便热情地带领我们四处参观，化解尴尬。其间，我们仔细参观了图书馆旁那块来自中国的石碑。③ 1997 年，哈佛大学时任校长

① 郑志刚著：《走进哈佛》，东方出版社 2006 年版，第 9—11 页。

② 哈佛燕京学社（Harvard-Yenching Institute），在东西方文化交流中占有重要地位，也是中国大学与美国大学交流的典范。在东西文化交流上举足轻重的哈佛燕京学社，是由美国铝业公司创办人查尔斯·马丁·霍尔（Charles Martin Hall）的遗产捐赠而建成的。霍尔 1863 年生于俄亥俄州汤普森镇一寒门传教士家庭，1885 年以文学士毕业于奥柏林学院，1886 年发明以电解铝土矿提炼铝，在纽约州尼亚加拉瀑布、宾州等地经营铝业致富，1914 年逝世。

③ 时过境迁，当今中国发展成就了柯伟林的学术事业。他现在担任哈佛商学院的教授。关注在国际语境下研究中国的商业、经济和政治发展，还将经典的中国对外投资、国有企业改革故事写进了哈佛商学院的案例教学。在中美两国穿梭成了惯例。2015 年，柯伟林应邀到清华大学、复旦大学、中国人民大学等多所大学围绕其最新研究课题“中国能否领导世界”开展讲学。他表示 21 世纪将是“中国世纪”，但是这个世纪里并不只有中国。中国能领导，但不是唯一领导，而是通过国际网络和金融贸易进行合作领导；领导不只是政治领导，也是企业家和智库的领导。2019 年，柯伟林随哈佛校长访华，受到高规格接待。

陆登庭访华，2002 年时任校长萨默斯访华。他们均受到中国领导人接见。2019 年 3 月 20 日，哈佛大学第 29 任校长巴科（Lawrence S. Bacow，中文名字白乐瑞）在人民大会堂受到中国国家主席习近平的接见。习近平赞赏巴科担任哈佛大学校长后首次出访就来到中国，称赞这体现了巴科校长对中美教育交流的重视。习近平指出，教育交流合作是中美关系的重要组成部分，有助于增进中美友好的民意基础。改革开放以来，大批海外学成归国的人才为中国的发展建设做出了重要贡献。他山之石，可以攻玉。我们主张互学互鉴，鼓励留学，支持中外教育交流合作，希望中美人文交流取得更多积极成果。巴科表示，很高兴就任哈佛大学校长后首次出访就来到中国。美中高校等教育文化机构保持和深化交流合作，从长远看对促进美中关系至关重要。哈佛大学拥有大量中国留学生，汉语在外语中的普及率名列前茅。中国政府高度重视、大力加强高等教育令人钦佩，哈佛大学愿继续推进同中国教育科研机构的交流合作。当天，巴科在北京大学发表“真理的追求与大学的使命”演讲。他说：伟大的大学坚持真理，而追求真理需要不懈的努力。真理需要被发现，它只有在争论和试验中才会显露，它必须经过对不同的解释和理论的检验才能成立。这正是一所伟大大学的任务。各学科和领域的学者在大学里一起辩论，各自寻找证据来支持自己的理论，努力理解并解释我们的世界。伟大的大学不仅坚持真理，而且追求卓越。哈佛师生卓越的才华不仅绽放在课堂和实验室里，也飞扬在餐桌、操场和舞台上。1999 年，哈佛大学举办了中美大学会议，为两国名校之间的合作交流奠定了基础。从 1999 年起，哈佛大学与中国教育部开展了互派访问学者项目。2001 年，该项目完成续签。至 2016 年，正在哈佛大学学习和进修的我留学人员约 1 000 人，另有 30 多位学人受聘担任了助理教授以上职务。

二、耶鲁大学

耶鲁大学位于康涅狄格州的纽黑文市，始创于 1701 年。纽黑文市处在纽约市和波士顿市之间，是一座适宜读书学习的安静小城。耶鲁大学的校园非常美丽，建筑古色古香，雕塑别出心裁。校中心区的钟楼高耸，给人以神圣安详之感；传统图书馆和新建的透光大理石墙壁图书馆交相辉映，体现出知识和力量。

不过，今日壮观的耶鲁大学曾走过不平凡的历程。耶鲁大学以其校园的哥特式建筑风格闻名。很多大楼都获选为案例在建筑学历史课堂上讨论，如路易·卡恩设计的耶鲁艺术画廊及英国艺术中心，埃罗·沙里宁建设的以斯拉·斯泰尔斯学院及摩尔斯学院，保罗·鲁道夫（Paul Rudolph）设计的耶鲁艺术与建筑大厦等。耶鲁另拥有众多19世纪的建筑物。19世纪40年代，查尔斯·狄更斯称其为“美国最漂亮的街道”。

（一）书本奠基的耶鲁大学

1638年，北美康涅狄格成为英国的殖民地。一批英国殖民者乘船漂洋过海来到昆尼皮亚克海湾定居，使之逐渐发展成为繁荣的纽黑文新港。约翰·达文波特牧师认为教育可以让欧洲文明在美国生根，遂倡议在这里建立大学。虽然他的计划屡屡遭挫，但其思想却影响了当地的许多人。1701年，以詹姆斯·皮尔庞为首的一批公理会传教士说服康州法院同意成立一所教会学校，使青年“可以学习艺术和科学，为教会和国家服务”，10位受托管理学校的牧师从他们藏书不多的图书馆里拿出40本书，作为建校的资本。1701年10月，牧师们推举哈佛大学毕业生亚伯拉罕·皮尔逊为第一任校长，正式成立康涅狄格教会学校，但直到第二年3月，学校才有了第一个学生雅各布·海明威。1707年，第一批18名毕业生被授予学士学位。起初，学校没有校舍，学生分散在康州的6个地方学习。1716年，托管人投票一致同意将学校迁至今日校址纽黑文。1718年，英国商人伊莱休·耶鲁向这所教会学校捐赠了9捆总价值562英镑的物品、417本书以及英王乔治一世的肖像。这些现在看起来极其普通的物品，对当时襁褓中的学校无异于雪中送炭。为了感谢耶鲁先生的捐赠，学校正式更名为“耶鲁学院”，就是今日耶鲁大学的前身。后来，耶鲁学院的发展很大程度上得益于学校与康州政府的关系不断改善以及耶鲁校友的鼎力相助。至20世纪初，随着美国教育的迅猛发展，耶鲁大学已经发展到了惊人的规模。不仅如此，耶鲁学子还走出耶鲁，先后创建了多所美国著名大学，如康奈尔大学、约翰斯·霍普金斯大学、芝加哥大学等。耶鲁在美国大学首创了住宿学院，为学校的快速发展奠定了坚实的基础。住宿学院的兴起和发展，吸引了大批社会名流包括著名的政治家、评论家、作家、艺术家、新闻记者等涌入耶鲁，为耶鲁的繁荣兴盛做出了贡献，也扩大了耶鲁在世界上的影响。

（二）教授做主的耶鲁大学

耶鲁大学实行教授治校，这一特色对美国高等教育产生了巨大影响。建校初期，经过三代校长的努力，耶鲁逐渐形成了董事会不具体参与校务管理而由教授会治校的法规。在当时的美国流传着这样一句话："普林斯顿董事掌权，哈佛校长当家，耶鲁教授做主。"由于教授有职有权，他们对学生的利益特别关心，对学院的名气尤为重视，对教学质量要求非常严格。教授治校使学校产生了一种强烈的独立性，以至于耶鲁首创的学校董事会不驻校制，以及权力机构校外制等，被后来成立的许多大学竞相采用。300余年来，不管耶鲁的管理体制如何演变，但重视和信赖教授的传统代代相传，反过来又激励着教授们注重自己的道德修养，提高教授会的威信，充分发挥才干和能力。既然教授会在耶鲁的作用举足轻重，教师本身的素质当然要十分过硬。耶鲁的教师需要经过严格的挑选。他们学识超人，对学生要求非常严格，学生对他们非常尊重。耶鲁的学生是幸运的，他们很早就能得到德高望重的名师亲自授课，这是耶鲁学生整体素质较高的原因之一。2013年就任的第23任校长是心理学教授彼得·萨洛韦（Peter Salovey），曾在斯坦福大学获学士、硕士学位，在耶鲁大学获博士学位，担任校长后，亦尊重教授建议，注意听取各方意见。

（三）全面发展的耶鲁大学

耶鲁大学是一所开放的、能容纳各种思想的大学，校园生活丰富多彩。多样化是耶鲁大学学生社团的特色，学生们在社团中得到锻炼。耶鲁大学的学生学习起来非常用功，他们既能学也会玩，可以灵活地自行休假。只要成绩优异，经学校同意，学生任何时候都可以离开学校一学期或整学年去打工，去从事自己感兴趣的科研或去旅游。耶鲁大学鼓励学生学习一切陌生的东西，尝试一切愿意尝试的事情。这不仅体现在学术争鸣上，也体现在学生的业余生活上。耶鲁大学每年要举行大小各类音乐会数百场，定期邀请著名演员和导演到校园访问、演出和演讲。有90%以上的学生自愿参加体育活动，学校的体育水平很高。1896年恢复奥运会比赛以来，耶鲁大学先后派出数百名运动员参加角逐，获得近百枚金牌。

耶鲁的棒球队达到全美一流水平。

（四）学科强大的耶鲁大学

耶鲁大学的课程是比较开放的，课程设置采用学分制管理，课程组织形式灵活多样，大学一、二年级为通识教育，三、四年级为专业教育。通识课程覆盖人文社会学科和自然学科所有学科领域，学生可以在 2 000 多门课程中按照一定的规则挑选。专业的选择，由学生根据自己的兴趣爱好及能力特长，与指导教师商议后确定。在专业选定一年后，学生还可根据情况再次选择。耶鲁大学为学生提供了 70 多种专业选择。①

耶鲁大学的学术架构主要分三个部分：一是耶鲁学院，提供各种本科课程；二是艺术与科学研究生院（Graduate School of Arts and Sciences），提供一般研究生课程；三是专业学院（Professional Schools），提供专业课程，如医学、法学等，这些专业课程只招收本科毕业生。2016 年，耶鲁大学的专业学院有 11 个，依次是：艺术学院、神学院、戏剧学院、工程和应用科学学院、森林与环境研究学院、法学院、管理学院、医学院、音乐学院、护理学院、公共健康学院。耶鲁的学生来自美国及世界各地，是一个多元化的学生群体。在有些专业的研究生中，有三分之一是外国留学生。

（五）设施完备的耶鲁大学

耶鲁大学拥有庞大的图书馆系统，是美国第二大学术图书馆，仅次于哈佛大学图书馆系统。耶鲁大学图书馆系统中，比较大的图书馆是斯特林纪念图书馆。该馆于 1930 年落成，为纪念捐建者约翰・斯特林（John W. Sterling）而得名。馆内墙壁、走廊、天花板都装饰着精美的雕刻，显得豪华而大气。该馆拥有 1 250多万册藏书、600 多万张微型胶片、5 500 种杂志。

建成于 1963 年的贝内珍本与手稿图书馆是世界上最大的专门储藏珍本与手稿的图书馆。该馆是一座不可多得的大理石建筑。墙壁是透光石材，造型别致。

① 周雁著：《耶鲁大学史》，上海交通大学出版社 2012 年版，第 144 页。

笔者多次路过，都会驻足端详。从外观看，整座楼就像一个浮在4个金字塔尖上的长方形珍宝盒子。进入馆内，阳光透过半透明的大理石墙壁，射进各色微光，洒落在古老的书籍上，既保护了书籍，又让馆内显得厚重、神秘、安详。

耶鲁大学的艺术馆、珍藏馆、英国美术馆、乐器收藏馆、信息技术服务中心、医学院及其他专业学院的各种信息资源和设施，均为学生提供无偿服务。耶鲁大学还与哥伦比亚大学、哈佛大学及纽约公共图书馆联网合作，从而扩大了研究信息资源。

耶鲁大学的科研设施也是一流的，包括众多实验室、高层生物大楼、工程及应用科学中心、自然历史博物馆、分子及结构生物学中心、核物理结构实验室、儿童研究中心、天体生物学研究所及许多生物医学实验室。

（六）英才辈出的耶鲁大学

经过漫长而辉煌的340余年历史风雨，耶鲁不仅为美国输送了大批精英，也为世界培养了许多栋梁之材。曾有多位美国总统毕业于耶鲁大学。① 至于耶鲁毕业生任参议员、政府部长等高级职务的则多得难以枚举了。耶鲁大学的学生一向有关心政治的传统。校内有许多政治组织，持不同观点甚至对立观点的组织可以和平共处，例如，有组织严密的“青年共和党人”和“青年民主党人”以及最活跃的“耶鲁政治联盟”等团体。这些团体经常展开辩论并积极参与政治活动。耶鲁大学的政治辩论非常活跃，常常引起美国政界和舆论界的关注。人们似乎从一场场激烈的学子论战中看到了未来的美国政坛新星。虽然耶鲁大学是一所令全世界学子高山仰止的名校，但耶鲁大学的门槛并非高不可攀。相反，耶鲁大学从很早开始就对聪明好学但家境困难的学子给予特别关怀和照顾，如提供奖学金或降低学费等。耶鲁大学的理念是，优秀的学生是出色学校的保证。耶鲁大学虽然以人文学科著称，但是其文理并重的风格同样为耶鲁大学造就了许多世界一流的科学家。如1755年发明潜水艇和鱼雷的科学家戴维·布什内尔，1837年创办美国

① 美国第27任总统威廉·霍华德，第38任总统杰拉尔德·福特，第41任总统乔治·布什，第42任总统比尔·克林顿，第43任总统乔治·沃克·布什。

《科学》杂志、有“美国科学教育之父”之称的本杰明·西利曼，发明世界首台回旋加速器、获得1939年诺贝尔物理奖的欧内斯特·劳伦斯，IBM公司前董事长约翰·艾克斯。中国在耶鲁毕业的著名学子包括铁路桥梁专家詹天佑、1894年中日甲午海战英雄吴应科和著名人口学家马寅初等。

（七）对华友善的耶鲁大学

耶鲁大学与中国的关系源远流长。中国第一位留美学生容闳1854年到耶鲁就读。马寅初、晏阳初也毕业于此。“雅礼协会”（Yale China Association）是耶鲁大学最早的海外社团之一，是在耶鲁200年校庆之际，由校友设立于中国，现在专门协助耶鲁大学各部门从事与中国教育的交流，开展经常性的活动，向中国选派英语教师、学科专家。2000年，时任中国教育部部长陈至立到耶鲁大学访问时，耶鲁大学军乐队奏起了嘹亮的《义勇军进行曲》，让在场的人激动不已。2002年，笔者陪同有关领导访问耶鲁大学时，该校时任副校长琳达·洛里默（Linda K. Lorimer）诚恳地表示，耶鲁大学与中国的合作，将领先所有美国知名大学。她还说，属于收费的项目，费用也将给些优惠。例如，哈佛大学对中国高级管理人员的培训不管收多少钱，耶鲁大学一概打九折。后来，耶鲁大学确实承担了一些对中国高级管理人员的培训。2003年，笔者作为中国驻纽约总领事馆教育领事，参与邀请美国大学校长到北京参加“第二届世界大学校长论坛”事宜。当时，北京等地出现“非典”疫情。一些本已答应前往北京的美国校长打了退堂鼓，有的说学校事多去不了北京，有的说要不下次再去吧。人们都认为美国人说话直接，其实很多美国人还是比较委婉的。尤其是在知识界或面对国际友人时，遇到不同意或不想做的事，或者有要反悔的事，他们通常是礼貌地找出一两个借口。对此，我是理解的，并不怪他们，毕竟，面对严重疫情，安全和健康是当时的确要特别考虑的。然而，出乎意料的是，耶鲁大学在电话里始终表示，莱文校长毅然安排了赴北京的行程，意思是答应过的事情一定要办到。① 不过，该论坛当年最终未能如期举办，推迟至翌年举行，莱文便于2004年与会。在耶鲁

① 查尔斯·莱文（Charles Levine）生于1947年。1968年获斯坦福大学历史系学士学位。后赴英国牛津大学主修政治与哲学，并获该校硕士学位。1974年获耶鲁大学经济学博士学位。后留校任教。1993—2013年担任耶鲁大学校长。

大学校长任上，莱文多次访华。他是著名的经济学家，以分析国内、国际经济发展变化而著称。在华访问期间，每当被问起什么是耶鲁最重要的精神时，他总是回答道："耶鲁创立的初衷是为教会和社会培养人才，耶鲁永远强调对社会的责任感，耶鲁的学生以他们的实践出色地做到了这一点，他们通过领导艺术、科学发明、思想火花和艺术创造等丰富了美国和世界的生活。"而当有人问是什么因素让耶鲁培养了如此多的出色的政治家和科学家时，莱文说："耶鲁大学永远承诺为世界培养各个方面的领袖人物，耶鲁大学吸引着极具潜力的学生，并通过独特教育帮助他们最大限度地发挥潜能，优秀学生间的相互砥砺也是他们走向成功的原因。"耶鲁大学对中国人的服务或教育是双赢的。例如，2010 年耶鲁大学管理学院校友张磊为母校捐款 888.88 万美元。这是管理学院毕业生捐赠的最大一笔个人捐款。在耶鲁的学生群体中，大约 80%是美国人，20%来自世界各地。2016 年，正在耶鲁大学学习的中国访问学者约有 300 人，研究生约有 600 人，本科生约有 40 人。经与其中的一些人了解，他们普遍感到耶鲁大学氛围很好，对中国人比较友善。如今，耶鲁大学法学院设立了中国法律研究中心，与中国司法界的联系比较密切；还设立了耶鲁—中国儿童发展研究项目，开展儿童教育交流合作。耶鲁北京中心负责推动耶鲁大学与中国的各方面合作，现已与 20 多个城市、50 所大学及科研机构建立了这样或那样的合作关系。2016 年 3 月耶鲁大学校长、著名心理学家萨洛韦访问中国，先后在北京大学发表演讲，出席博鳌亚洲论坛，接受中央电视台采访，表达了与中方合作的良好愿望。

三、哥伦比亚大学

哥伦比亚大学成立于 1754 年，由英王乔治二世颁令设立，时称"国王学院"，1784 年改为现名。哥伦比亚大学位于纽约市曼哈顿，是典型的城市大学。在很长的时间里，大学没有围墙，各种社会车辆和闲杂人等从学校穿过，显得十分喧嚣。曾任哥伦比亚大学校长的艾森豪威尔于 1953 年出任美国第 34 任总统后，才将哥伦比亚大学的中心区围起来，形成了一个紧凑而美丽的校园。哥伦比亚大学的综合实力排在全美前十名之列，但占地面积却是常春藤大学中最小的。笔者数次考察哥伦比亚大学，就校园来说，有三个地方让人印象最为深刻：一是哥伦比亚大学神学院教堂直刺蓝天；二是那立柱支撑的圆顶老图书馆古朴庄严；三是校园中央那尊底座带着烫金标志“母校”（Alma Mater）的雕塑慈祥端庄。

为使校园中央的洛氏图书馆与其前方广场更加协调，尼尔·切斯特·法兰奇（Daniel Chester French）在校园中央洛氏纪念图书馆前方台阶上设计建造了一座名为“母校”的雕像。雕像中的女神身穿学袍，头戴桂冠，于王座之上平视前方。王座扶手前端是两盏明灯，代表着智能（sapientia）与信条（doctrina）。女神膝上打开的书本象征着知识，一只代表智能的猫头鹰藏在学袍的褶皱中。女神右手持一柄由四束麦穗装饰的权杖，权杖顶部的王冠象征着学校初创之时曾为王室特许机构的历史。女神的部分创作原型据说是一位名叫玛丽·劳顿（Mary Lawton）的当地演员。雕像于1903年9月23日以罗伯特·戈莱特（Robert Goelet）先生及其夫人的名义正式赠送给学校。起初雕像的桂冠以金叶覆盖，在1968年哥伦比亚大学抗议行动中，一枚炸弹对雕像造成了损坏，不过随后得到了修复。

（一）追求卓越，保持一流水平

哥伦比亚大学现有哥伦比亚学院等3所本科生院、12所研究生院以及一些独立建制的系。在历年的全美高等院校综合排名和学术水平评比中，哥伦比亚大学的综合得分始终名列前茅。例如，国际关系学院具有与联合国总部同处一地的优势，学术水平很高。在全美排行前列的还有教师学院、医学院、法学院、商学院、社会工作学院等。哥伦比亚大学作为一所世界闻名的综合性研究型大学，经过二百多年的发展和全校师生员工的不懈努力，目前70%的院系和专业达到了世界一流水平，处于领先地位。

（二）明确宗旨，培养国际化人才

哥伦比亚大学以不断提高各种学科的研究和教学水平为办学宗旨。当初的建校目标是：“在已知的语言、人文和科学领域内教导和教育青年。”如今面对21世纪的新形势，增加了新的内容：“致力于不仅仅简单地向学生传播知识，更要通过其广泛革新的跨学科领域认真探讨全球难题，引导来自全美及全世界的学生增强认知的深度和广度，以使其能够应对未来生活的挑战。"① 为此，学校的教师及课程设置都必须围绕以下三个问题来展开：让学生学习什么？用什么方法教育学生？毕业时，学生除了学位和所学的知识外还具备何种世界观？随着全球一体化进程的进一步加快，哥伦比亚大学高度重视国际化人才的培养。纽约市是美国经济、金融中心，知识密集，信息灵通，经济活跃，为哥伦比亚大学国际化人才培养提供了良好的外部环境。外国留学生的到来，丰富了校园文化。留学生主要来自 30 多个国家和地区。从学科和课程设置上来看，哥伦比亚大学很多学科和课程设置并不只是以纯实用为目的，更注重以增进知识、推广学术为导向。各院系班级建制不大，学生经过精选，教材讲究实效，力图培养全面发展的人才。一般来说，哥伦比亚大学的毕业生具有高质量的综合素质和国际化视野，具备了进入社会精英阶层和学术前沿的基本条件。

（三）大师辈出，教授队伍质量高

美国是一个强调个性的国家。美国的高校都力争办出特色，每一所大学都渴望与众不同。如何评定或选择一所大学，仁者见仁，智者见智，但大家都会有一点共识，那就是，好的大学一定要有高质量的教师队伍。美国高等学校对教授的选拔和聘用有一套良好的竞争机制和考评制度，确保了教授队伍的质量。在哥伦比亚大学，助理教授都具备博士学位，从助理教授到副教授，从副教授再晋升为教授，都有明确的时间要求和严格的审批过程，能得到教授职称的人都在其研究领域有独到的研究成果。与一些学校为了保持教育质量和科研水平，以重金聘请知名教授不一样，哥伦比亚大学的教师待遇并不算高，但是哥伦比亚大学良好的声誉和浓厚的学术氛围吸引了那些在其自身研究领域出类拔萃的人才。同时，那些几年没有成果又申请不到科研经费的人，在哥伦比亚大学是无法立足的。由于有这样一个激烈的竞争环境，优秀的人才才会不断涌现。著名华裔科学家吴健雄曾执教于此，她的学生李政道和杨振宁于 1955 年同获诺贝尔物理学奖。哥伦比亚大学的教授要承担教学和科研两大重任，教授要讲授 2—3 门课程，同时还要

① www. columbia. edu.

完成科研任务。众多的大师级知名教授是哥伦比亚大学最大的骄傲。哥伦比亚大学在全美大学中的地位和威望一直较高，在纽约地区更是最好的名校。

（四）重视本科，核心课程具有特色

虽然在哥伦比亚大学2万名学生的总人数中，本科生的比例只占25%，但在过去的十多年中，哥伦比亚大学最大的变化是重新认识到本科教育的重要性并大力发展本科教育。刚进大学的新生不分系科，注册之后就开始学习核心课程。任何专业的本科生，首先必须学好文化基础课，到第三年才进入专业学习。本科生的基础知识课程往往由多学科的教师联合执教，如关于现代文明的基础知识课程，就是由经济系、政治系、历史系和哲学系教师联合执教。另一类是类似人文学科的综合课程，也是与文学、哲学、艺术和音乐等学科相结合的。西方思想史、美国现代文明、政治哲学、经济等学科，都是本科生必修的基础课。学校强调，一个美国学生必须对美国的文化和精神传统有一个起码的体验和理解，否则他就不能算是一个受过教育的美国人；要使每一个学生对构成西方文化的基础受到相当深刻的影响，然后才能毕业。哥伦比亚大学注意扩大学生的知识面，培养学生的综合分析和应用能力。除了书本知识以外，还注重培养学生的分析能力、社交能力、领导能力和自我表达能力。

（五）研究生比例高，科研成果丰硕

哥伦比亚大学所在的纽约市是国际经济、金融、艺术、传媒之都，联合国总部与各类国际性组织总部所在地，也是全球最具特色的移民城市之一，约有180余个国家与地区的移民在此生活，这一丰富多元的人文社会资源极大地方便了学院的科研活动与学生实习。一方面，因地缘优势，哥伦比亚大学承担了大量由联合国与各国际组织所委托进行的科研项目，同时本校学生可极为便利地获得去上述机构实习的机会。另一方面，移民城市的种族与民族多样性、流动性及阶层多元化，为学院教员与学生提供了世界上最大最多元的教育研究与实验土壤，为各类研究提供了便利。

哥伦比亚大学作为研究型大学所具有的实力，还体现在其学生人数中高达70%以上的研究生比例。其科研经费充足，来源多样化，为研究生教育的发展提

供了资金保障。研究生的参与，进一步壮大了科研力量。近年来，哥伦比亚大学从联邦政府申请到的科研经费保持稳步上升的势头，在全美高校中稳居第10—12位。哥伦比亚大学科研水平之高、研究生质量之优，得到了同行的公认。例如，哥伦比亚大学医学院在美名列前茅，有多项第一：氧气罩的发明，青霉素在美的首次临床使用，最早使用X光的晶体成像来描出CD4蛋白的原子结构，开发出测定新生儿健康的国际标准，首次儿童心脏移植的成功，激光的首次医学应用，癌的首次血检，引进多帕疗法治疗帕金森综合征等。

（六）学以致用，注重科研成果转化

哥伦比亚大学在全美高校科研成果转化方面所取得的成绩名列榜首。虽然各个学校都在这方面全力以赴，但真正做得好的屈指可数。哥伦比亚大学地处纽约这个全美经济活动中心，这一有利条件使得哥伦比亚大学的科研成果转化工作最早起步。学校设有专门的哥伦比亚大学科研成果转让办公室和哥伦比亚大学医药类科技成果转让办公室，让既懂科研又懂市场运作的专业人士来从事科技成果转化工作，负责将教师和研究人员的科研成果变成商品。哥伦比亚大学2001年的科研成果转化所获得的收益达144亿美元，列全美高校第一名，到2015年时仍引领其他大学。其中，一个重要来源是大制药厂给学校生化科研成果专利支付的费用。学校还专门制定了相应的规定及鼓励措施，使学校、学院、发明人都能从中受益。哥伦比亚大学不直接创办公司企业，但对于教师创办技术性公司持宽容态度，允许教师兼职或参与技术入股、咨询服务等。这些高技术产业发展起来以后，既促进了经济发展，也增加了学校收入，形成了良性循环。2002年，法学教授博林格（Lee C. Bollinger）宣誓就任哥伦比亚大学第19任校长，力争带领这所名校走向更好的未来。2015年，担任校长已游刃有余的博林格在哥伦比亚大学官网寄语全校师生：发挥哥伦比亚大学的优良传统，保持哥伦比亚大学的特色优势，培养出更为杰出的毕业生。2016年，博林格应邀访华，在中南海受到李克强总理的接见。

哥伦比亚大学是北美第一个成功分裂铀原子的地方，是调频收音机及激光的诞生地，电子工程系教授迪米特里斯·安纳斯塔修（Dimitris Anastassiou）在这里成功开发出可以通过有限带宽传输高质量音频、视频的MPEG－2算法，生物学教授马丁·查尔菲（Martin Chalfie）第一次引入绿色荧光蛋白，以标记完好

器官中的细胞。其他与哥伦比亚大学相关的发明与成果还包括用来开发液晶显示器（LCD）的连续横向固化技术、系统管理艺术软件（SMARTS）。

（七）师范学院，受到广泛称道

哥伦比亚大学师范学院（Teachers College）是一所世界顶尖的教育学研究生院。它由慈善家道奇（Grace Hoadley Dodge）和诺贝尔和平奖获得者、哲学家、教育家尼古拉斯·默里·巴特勒于1887年创立于美国纽约，并于1898年加入哥伦比亚大学。哥伦比亚大学师范学院是全世界最大、课程设置最全面的教育学院之一。

从一流大师到一流教科研服务，哥伦比亚大学师范学院坚持推动一流教师队伍建设，既倡导学术自由，又建立严格的质量标准引导本院教师专业发展，并认为自由探究与严格的同行评估是学院高水平研究与教学的根基。学院自成立以来一直非常注重师资队伍建设，聘请一流大师到学院任教已成为该院的优良传统，而良好的教科研条件与深厚的学术底蕴则吸引了一大批有才之士前来任教。聘请的教授大都已是某个领域的知名教授，而博士毕业即任教于此者寥寥无几。学院建立了严格的师资质量保障制度。新进教员若在合同期内未能通过本院实施的述职评估，则将在聘期结束后走人。新教员在连续获得两轮三年期聘任之后，可申请学院的终身教职岗位。杜威曾任教于哥伦比亚大学师范学院。自1904年加盟哥伦比亚大学师范学院至1930年退休，杜威与一批教育史学家、比较教育学家和教育心理学家一起，共同铸成了哥伦比亚大学师范学院的黄金时代，其最著名的著作《民主主义与教育》亦在这一期间完成，并创立了著名的实用主义教育哲学体系。

杜威的名言“教育是社会进步与改革的基本途径”，被烫金固定在师范学院楼门内侧墙壁显著位置，光彩夺目。①

作为世界知名学府，国际化与多元文化融合一直是学院可持续高质量发展的重要战略之一。第一，积极倡导教师队伍的国际化。一方面，学院积极聘请具有国际背景的教师，充实教师队伍的“生态多样性”，表现在绝大部分现任教师均有海外研究、教学、访学或领衔国际教育研究项目的经历，其中相当一部分教师出生于海外或在海外大学获得博士学位。另一方面，学院积极欢迎本国与世界其他国家与地区的知名教授前来讲学与合作研究，丰富与开拓学院的教科研领域。第二，传承学生队伍国际化传统与营造多元文化社区。一方面，学院传承生源国际化的历史传统，并加大生源的国际化力度。近年来，学院一直在扩大国际学生的招生比例。与此同时，学院积极鼓励学生走出美国，前往世界其他国家与地区开展游学与实地研究，参与各类国际性组织、非营利性机构的跨国研究。另一方面，学院努力营造多元文化社区，以促进不同种族、国家学生的多元文化融合。在这方面，学院多元文化活动的形式与内容更是花样繁多，如学院的国际学生办公室在每年的11月与4月均会举办一次为期一周的国际教育文化周，前者一般以学术性跨文化交流为主，而后者则更为关注各国的风土人情，诸如饮食生活习惯等方面。

---

① 约翰·杜威（John Dewey）是世界知名的美国教育家。他于1859年出生于美国西北部佛蒙特州一个叫柏灵顿的风景秀丽农业小镇。祖辈是为逃避迫害而于1630年逃到新大陆的英国移民。父亲是小商人，母亲是地方法官之女。杜威的幼年平凡无奇。他从事过送报、干杂工、垦荒地等劳动。当地的中小学校比较陈腐，杜威也学业平平。杜威就读的大学是位于当地的佛蒙特大学。笔者曾于一个秋季访问过这所大学。当时，树叶五色斑斓，校园美不胜收，颇有世外桃源的感觉。不管现在还是以往，要论美丽，佛蒙特大学堪称上乘。不过要论学术，这所大学还算不上一流。遥想杜威当年，就在家门口上这所大学，并不感到骄傲。好在，课堂之外的广阔乡村活动中，他获得体验，受到启迪。大学毕业后，杜威曾在佛蒙特州和宾夕法尼亚州中小学任教。时值美国南北战争后的重建时期，美国在政治、经济方面的改革力度很大，在文化教育方面掀起了学习德国学术的热潮。杜威受此学风激励，在工作之余，主动求教于佛蒙特大学教授陶瑞（H. A. Torry）。在陶瑞指导下，杜威认真研读了黑格尔的哲学著作。他撰写的哲学论文被黑格尔的崇信者哈里斯（William T. Harris）称为佳作，并予以发表。彼时，美国效仿德国大学既重教学又重科研的传统，于1876年在马里兰州巴尔的摩创建约翰斯·霍普金斯大学。在哈里斯的鼓励下，杜威成了约翰斯·霍普金斯大学的一名研究生。他既博览群书，又细读哲学著作，1884年荣获哲学博士学位。这些经历，奠定了杜威终身成就的基础。

哥伦比亚大学师范学院与中国教育有着悠久的历史渊源，对中国近现代教育产生了深远的影响。中国近现代著名教育家陶行知、陈鹤琴、胡适、蒋梦麟、马寅初、张伯苓等，都曾就读于此。曾先后担任华东师范大学教授、浙江大学教授的当代学者单中惠年轻时曾在该院跟随克雷明（L. A. Cremin）做过访问学者，称“克雷明教授的讲课语言生动幽默，讲述旁征博引，分析清晰深刻”，并感到，在哥伦比亚大学图书馆里“萌发了很多颇有新意的想法，在那里对将来的学术研究增强了信心”。① 华中师范大学教授、湖北省人大常委会副主任周洪宇则在哥伦比亚大学师范学院图书馆废寝忘食地潜心研究过杜威与陶行知的关系。②

哥伦比亚大学师范学院是美国最大的师范学院。师范学院有些年份被《美国新闻与世界报道》列为全美教育研究生院排行榜第一，其他年份也总在前三位之列。该学院下设有艺术与人文系、行为科学系、咨询与临床心理学系、课程与教学系、健康与行为研究系、人类发展系、国际与跨文化研究系、数学科学与技术系、组织与领导系九大系，共有正式教员 180 余名，注册学生 5 000 余名，其中 35％的学生攻读博士学位。13％的学生来自全球 80 余个国家与地区，而校友则遍布世界 170 余个国家与地区。

四、普林斯顿大学

普林斯顿大学，位于美国新泽西州的普林斯顿。学校于 1746 年在新泽西州伊丽莎白镇创立，当时名为新泽西学院，1756 年迁至静谧的普林斯顿镇，1896 年正式更名为普林斯顿大学。普林斯顿大学的科研教学力量雄厚，拥有世界上许多著名的科学家和学者。按照《美国新闻与世界报道》杂志的排名，在全美 4 000所高等院校中，普林斯顿大学综合排名不是第一，就是第二。

① 单中惠著：《在世界范围内寻觅现代教育智慧》，人民教育出版社 2014 年版，第 9 页。

② 周洪宇在哥伦比亚大学师范学院访学时，恰值笔者任中国驻纽约总领事馆教育领事，我们经常切磋，非常投缘。归国前，他赠诗一首《别王定华》：“别时容易见时难，王子有泪不轻弹。定下来年重逢日，华夏京师盼君还。”

（一）环境育人

新泽西州别称为“花园之州”，普林斯顿大学恰似花园中的白玉兰。普林斯顿地处纽约和费城之间，是一座别具特色的小城。小城位于新泽西州西南的特拉华平原，面积约为7平方公里，东濒卡内基湖，西临特拉华河。普林斯顿的景色幽雅，四周绿树成荫、绿草葱茏，清澈的河水环绕着小城静静流淌。普林斯顿人口约为3万，大多市民生活富裕。小城交通方便，距离纽约和费城只需大约一小时车程，加上小城恬静而又安详的生活，浓浓的文化氛围笼罩下的贵族气息，使普林斯顿成为美国上层人士青睐的居住地。普林斯顿大学风景优美，校园占地约2.4平方公里，建筑典雅别致，环境清新宜人。校园的中间是自1830年左右修建的Delaware and Raritan隧道和可以划船的卡内基湖。爬满常春藤的哥特式校园，永不停歇地讲述着美丽心灵的故事。《爱情的故事》《美丽的心灵》等很多电影在这里拍摄。

（二）文化育人

普林斯顿大学校内有很多后哥特式的建筑，大多是19世纪末20世纪初修建的。Nassau Hall是校内的主管理楼，建于1756年，曾在1783年间短暂地被作为国会大厦使用。校园内一些现代的新建筑有一些是罗伯特·文图里、Hillier Group、德米特里·波菲里奥斯和弗兰克·格里设计的。校内还有很多雕塑，包括亨利·穆尔（例如“椭圆上的斑点”，被戏称为“尼克松的鼻子”）、克莱门特·米德穆尔（暴发户II）和亚历山大·考尔德（Five Disks：One Empty）的作品。美国独立战争在这里赢得第一次胜利。爱因斯坦在这里度过了他生命中最后的22年时光。普林斯顿大学记录了博弈论大师纳什波澜壮阔的人生经历。它是美国政治家的摇篮，从这里走出了两位总统和44位美国州长。这里曾经盛开文学界姹紫嫣红的繁荣景象，当代最著名的大诗人艾略特在此冥想玄思，它是驱动人类前进的原动力。

（三）注重诚信

普林斯顿大学的学生都必须遵守被称为“荣誉规章”（Honor Code）的学术

诚信的红线。这条规定需要学生写一份书面保证，保证所有的书面作业既没有剽窃，也没有违反其他道德规范。签署这份保证表示学生已经理解这条政策的“双向责任”：自己绝对遵守，也向校方报告任何其他学生违反这条政策的现象。因为“荣誉规章”的存在，普林斯顿大学的考试没有教职工监考。违反“荣誉规章”的学生会遭到最严厉的处分，包括禁闭甚至开除。可喜的是，尽管无人监考，处分并不经常被使用。

（四）看重潜质

普林斯顿大学在全美 135 个城市设有中学委员会，负责与当地中学联系，沟通信息，物色人选。它录取学生并不仅仅根据成绩，还要看学生的能力与潜能，各种学术与非学术的兴趣，特殊技能与天资、经验、抱负和背景等因素都会纳入它的考察范围。学校评价学生是否优秀的指标有四项：（1）聪明程度，包括智商、学习能力、创造力等；（2）品格情况，包括责任感、价值观、判断力等；（3）为学校做出贡献的能力；（4）未来在本专业和社区起领导作用的潜力。普林斯顿大学录取具备好奇心、同情心、主动性、想象力、创造力，勤奋，讲义气，有恒心，感觉敏锐，有责任感和领导能力的新生。

（五）侧重本科

普林斯顿大学现设有本科生院、建筑学院、工程与应用科学学院、研究生院、伍德维尔森学院等，其中本科生院设 69 个系或跨学科领域，对本科教育尤为重视。在常春藤大学中，普林斯顿的学生规模倒数第二，研究生比例较小，资源主要用在本科生身上。普林斯顿大学明确规定，所有教师都必须承担本科生教学任务。如 1993 年诺贝尔文学奖得主托妮·莫里森是新生一入学就可接触到的人物。该校专业领域由名人授课，不仅会对学生的学习生活产生影响，而且使他们终身受益。

普林斯顿大学还注重完善本科生的知识结构，使他们从学校出类拔萃的文理等各门学科教学中充分地汲取营养。学校规定，所有的文科类本科生必须兼修至少两门科学和工程类课程，而理工科学生也需要接受相应的文科教育。普林斯顿本科生参与科研的气氛非常浓厚，很多本科生论文涉及的研究课题在美国其他高校要等到研究生阶段才能开展。

普林斯顿大学的教师也有意识地吸收本科生参与正式科研计划，使他们有机会接触到其他高校通常仅限研究生使用的尖端设备。

普林斯顿大学主要提供两个本科生课程：文学学士（A. B.）与科学和工程学士（B. S. E.）。前者授予主修人文科学、社会科学和自然科学的学生，后者则授予主修工程技术专业的学生。虽然大多数的基础课程都是在100—150人的大礼堂内授课，但每个星期学生都参加10—15人的小班导修课，由教授或助教带领，复习一周以来所学的课程。这些由助教或教授带领的讨论，能给学生更大的空间去理解课堂所学的理论。

（六）追求创新

普林斯顿大学重视基础研究。二战后一度被称为世界“数学之都”的普林斯顿大学，迄今仍保持这一名望。其物理学研究也处于一流水平。这两大基础学科的优势渗透到了其他学科领域。例如，在生态学和进化生物学领域，普林斯顿大学的一些研究人员凭借扎实的数学功底开展理论生物学研究，形成自己的专业特色。在院系设置方面，普林斯顿大学同样把重点放在基础研究上，求精不求全。普林斯顿大学工程学院的规模比麻省理工学院和斯坦福大学的同类学院小很多，其心理学专业相对其他一些学校来说方向也更集中，侧重基础理论研究。普林斯顿大学认为医学院必须与临床相结合，而运作一个庞大的医学院和临床医院大学系统需要大量的人力和资本，会牵扯太多的精力，因此普林斯顿大学坚持不设医学院。

普林斯顿大学在发挥传统优势的同时，也注重紧跟时代发展潮流，坚持传统优势并不断开拓创新。进入21世纪以来，随着人类基因组草图的绘制成功，基因组研究成为科研领域的一个新热点，学校便建立了基因组学中心。可以说，根据自身特点积极调整，与时俱进，而不是一味追求规模，随波逐流，这就是普林斯顿大学在强校林立的美国处于领先地位的秘诀。2013年伊斯鲁布（Christopher Eisgruber）被任命为普林斯顿大学第20任校长。他在2015年毕业典礼上的演讲中，用叙事的手法，举出普林斯顿大学历史上的一些事例，号召毕业生献身科学，服务社会，推动各种族、各阶层公平正义。

五、康奈尔大学

康奈尔大学创建于1865年，位于纽约州手指湖地区小城伊萨卡。主校园占地745公顷。校园内200多座建筑高低错落，三五成群，风格各异。古色古香的维多利亚式老房子旁边是棱角峥嵘的摩登大楼。冬季白雪皑皑，其他季节树林葱郁，绿草如茵，繁花似锦，小鸟依人，松鼠嬉戏，风景优美。虽然多数师生欣赏学校风光，但也有学生抱怨附近无大城市，远离尘嚣。

（一）规模大

2015年，康奈尔大学有教师2 000多人，学生2万多人。其中本科生14 500人，研究生6 000多人。康奈尔大学是常春藤大学中最年轻的，也是规模最大的。在常春藤盟校中，它的新生录取率为30%，与其他带贵族气息的常春藤大学相比，康奈尔大学是比较亲民的。由于曾属“赠地学院”，康奈尔大学虽在总体上系私立大学性质，但带有一些公立大学的成分。现在纽约州政府按合同方式给康奈尔大学拨款，并要求它的与地方经济发展相关的四个本科生学院在招生时向州内学生倾斜，让学生享受公立大学州内学费的待遇，包括农业与生命学院、人类生态学学院、工业和劳资关系学院、兽医学院。可以说，康奈尔大学是一校两制，公私合营。这在常春藤大学中是绝无仅有的。

（二）系科多

在全美大学中，康奈尔大学以专业学科齐全而闻名，所设学院有农业与生命科学学院、建筑、艺术和规划学院、计算机与信息科学学院、工程学院、研究生学院、饭店管理学院、人类生态学院、工业与劳工关系学院、法学院、管理学院、兽医学院、医学院等。每个学院又设立很多系、专业，涉及理、工、农、牧、文、管、法等多领域。

（三）重研究

康奈尔大学是一所研究型大学，该校设有六大研究中心：理论研究中心、高能同步加速器研究中心、核研究中心、国家射电天文学与电离层研究中心、康奈尔化学纤维研究中心及国家科学技术研究发展中心。康奈尔大学理论研究中心在美国科学基金会、联邦政府、纽约州政府及 IBM 公司的支持下，拥有美国最大的超级计算机，从事科学与工程技术的计算与模拟仿真研究。图书馆为全美 12 大图书馆之一，拥有藏书 580 万册、杂志 61 700 种、微缩胶片 680 万套、有声资料 7 300 件。该校在全美大学中第一次授予兽医学学位，第一次授予电子工程学、工业工程学博士学位，第一个设有四年制的饭店管理学院。

（四）广合作

康奈尔大学与纽约州政府、相关大学及科学机构、大型农场保持密切联系，寻求支持，并主动服务。康奈尔大学的优势学科农业及生物学科在美国首屈一指。该校副校长斯科特（Norman R. Scott）曾于 1997 年 6 月访华，与中国有关部门商谈在农业方面开展合作研究事宜，联络美国一些大学与以西北农林科技大学为首的中国一些大学建立了合作交流关系。该校设有中国康奈尔科研基金项目，用于支持与中国农业大学、北京大学、清华大学及中山大学的合作研究。通常，有 400 名中国留学生及访问学者在该校学习工作。我国台湾地区前领导人李登辉毕业于康奈尔大学，曾借回母校之机宣扬“台独”，受到正义之士抨击。

六、宾夕法尼亚大学

宾夕法尼亚大学位于费城，由美国开国元勋本杰明·富兰克林于 1740 年创办，是美国历史最悠久的高等学府之一。1755 年，学校改名为费城学院和研究院。1765 年学校的第一届毕业生约翰·莫根创建了北美洲第一所医学院，使学校成为事实上的大学。但一直到 1779 年，宾夕法尼亚政府才通过立法对学校进行改组，将其正式命名为宾夕法尼亚州大学。1791 年，校名又被改为宾夕法尼亚大学。1872 年，学校放弃了费城市中心的校园，在费城西部购买了大片土地，建设发展成为今天的校园。此外，学校在费城西南郊的栗山拥有 92 英亩的植物园，该地区同时也是宾夕法尼亚州的官方植物园。在费城以西的肯尼特区附近还坐落着占地 687 英亩的大型动物保健中心。

（一）建筑老风格

宾夕法尼亚大学的古老建筑让人印象深刻。宾夕法尼亚大学的建筑由卡普和斯特沃森设计，两位建筑师融合了英国牛津大学与剑桥大学的建筑风格，在保留一些哥特式建筑古老元素的同时，创新并发展出了全新的校园哥特式建筑风格。学校中心校区面积 269 英亩（约 1 平方公里），并向费城西部延伸，形成了拥有众多院系和研究所的校园。近期学校加强了周边地区的规划，校园西边新开设了各具特色的餐厅、大型超级市场与电影院。与此同时，学校还计划未来 10 年内在校园以东 35 英亩的土地上建立新的建筑与设施，供教学与研究使用。

宾夕法尼亚大学博物馆的藏品中有着大量古埃及与中东的文物，同时拥有相当数量的中国文物，其中包括一个来自中国清代的世界上最大的夜明珠水晶球。中国国宝级珍品陕西昭陵六骏在该馆有一半。此外，校园中的当代艺术研究所每年举办多场不同风格的艺术展览。

（二）办学新思想

宾夕法尼亚大学的创办者们认为新知识来自对现有资源最广泛的认识和最有创新的运用，这一思想成了学校的指导方针。他们认为要使当时的北美达到欧洲那样的工业、商业和军事实力，必须提倡和实施注重实际应用的新型教育，培养具有创新思维、对他人的创造反应敏捷、不脱离现实生活的人才。

宾夕法尼亚大学初创时便不同于依照英国模式开设老式课程、培养神职人员的哈佛学院、威廉玛丽学院、耶鲁学院等，它标志着新的高等学府模式在北美洲的诞生。甚至从宾夕法尼亚大学的前身费城学院时代起，学校就深受当时苏格兰教育改革的影响，这在当时的北美洲是绝无仅有的。

学校的第一任院长，富兰克林的朋友威廉·史密斯先生是一位苏格兰启蒙运动的支持者和追随者，他为美国的教育事业做出了许多贡献，将科学学科引入学院传统的希腊语和拉丁语教学大纲之中便是其中一例。可以说，宾夕法尼亚大学开创了现代美国教育，不仅首先设立了科学课程，同时还是第一个开设历史、数学、农学、英语和现代语言等课程的美国大学。

在新时代，宾夕法尼亚大学仍发扬着新的教学思想。它的慕课教学搞得风生水起。

（三）系科比较全

宾夕法尼亚大学现有的12个学院分别是：文理学院、商学院、工程与应用科学学院、医学院、护理学院、牙医学院、兽医学院、法学院、设计学院、教育研究生院、社会工作学院、传播学院。文理学院从富兰克林时代起，学校除了传统的古典文学、历史、哲学等课程外，还开设了自然科学和现代语言方面的课程，发展至今，文理学院已拥有28个系及500多位专职教师，开设人文、自然科学和社会科学方面的各种课程。学院还设有研究生部，包括37个研究生教育小组，开设各种文学硕士、理科硕士和哲学博士学位课程。其中历史、人类学、经济学、艺术史、语言学、心理学、音乐和拉丁语7类研究生学位课程在全美名列前10名。

以工程与应用科学学院为例。从富兰克林时代起，宾夕法尼亚大学就从未放弃过探寻新技术以造福人类的努力，工程与应用科学学院正是这种精神的产物，它是全美最好的工程学院之一。该学院除开设工程学学士学位课程外，还开设工程学硕士和哲学博士学位课程。该学院下设莫尔电子工程学院和8个系，即电子工程与科学系、计算机与信息科学系、系统工程系、生物工程系、化学与生物化学工程系、民用与城市工程系、机械工程与应用力学系和材料科学工程系，其中化学与生物化学工程系是美国最早开设化学工程学士学位课程的系科之一。已有100多年历史的民用与城市工程系开设了宾夕法尼亚大学第一个工程学课程。莫尔电子工程学院以其卓越的研究生教育和科研工作赢得了国际声誉。

再以医学院为例。该院成立于1765年，是北美洲第一所医学院，200多年来一直是美国医学教育及研究的前沿阵地。宾夕法尼亚大学的医学研究人员是第一批X射线中部分射线的制造者；他们在生理学上的突破性创新使人类对大陆架进行深海探险成为可能；他们发现和发展了肺炎疫苗，以及骨折电疗技术。宾夕法尼亚大学医学院创建了美国第一个皮肤病学系、神经病学系及外科研究系。

宾夕法尼亚大学的大学医院是美国第一所教学医院，创建至今一直是美国医学教育与研究中心之一。

（四）著名商学院

宾夕法尼亚大学的沃顿商学院创立于1881年，是美国第一所大学商学院，也是世界上历史最悠久、学术声誉首屈一指的商学院。沃顿商学院在商业实践的各个领域都有着深远的影响，包括全球策略、金融、风险和保险、卫生保健、法律与道德、不动产和公共政策等。它的商业教育模式是在教学、研究、出版和服务中，处处强调领导能力、企业家精神、创新能力。沃顿商学院在各个主要的经济专业领域研究以及管理教育水平方面都有极高的声誉。沃顿商学院一直被认为是全美最具有开拓精神、创新意识和国际化视角的商学院。沃顿商学院与哈佛商学院不相上下，是美国乃至世界最拔尖的商学院，曾培养了无数在全球商界翻云覆雨的商界巨头。

（五）科研实力强

宾夕法尼亚大学的教学科研实力雄厚，据《美国新闻与世界报道》的排序，宾夕法尼亚大学在全美的综合排名一般在第6位至第8位。与其他常春藤大学不同的是，宾夕法尼亚大学重视专业教育和职业培训。当年富兰克林建校时，欣赏的正是实用技术的训练，而不是传统大学的纯学术钻研和灌输。例如，宾夕法尼亚大学的兽医学院是全美最好的兽医学院之一，主要是面向生产一线开展科研和实践。传播学院、法学院、医学院在美国亦属一流，历史、考古、英语等学科同样不同凡响。在宾夕法尼亚大学的显著位置，铭刻着这样的一句话："我们会找到办法，否则就创造一个。"① 这句话非常恰当地概括了宾夕法尼亚大学勇于创新、敢于开拓的传统。

（六）体现全球化

伴随对研究的重视，沃顿商学院长期以来形成了全球化观念。在过去的几年

① 英文原文：We will find a way or we will make one.

里，沃顿商学院首创了很多全新的国际性商务课程。它创立了管理和外语学院，并开设了第一个商学院工商管理和硕士双学位课程。它创立了国际论坛，这是最早的高级经理人全球课程之一，以及第一个完整的本科国际工商课程——国际研究和商务课程。此外，沃顿商学院还和 INSEAD 结成联盟，共同给研究生和高级管理人才开设高质量的商务课程，沃顿商学院旧金山校区，即沃顿商学院西校，是为了方便美国西部的学生、校友和雇主而专门创建的。从 2001 年初秋开始，学院开设高级管理人员培训课程、MBA 课程、管理人员再培训课程以及教职员的研究项目。沃顿商学院提出很多全球化的建议，包括在亚洲、欧洲、拉丁美洲建立执行董事会，由来自 28 个国家的 80 多名高级管理人组成，并帮助印度和新加坡建立了商学院。

宾夕法尼亚大学同中国开展教育交流较早，合作范围也较广。宾夕法尼亚大学校友中包括贝聿铭、梁思成、林徽因、丘成桐。由教育研究生院发起，由中国、美国、日本、新加坡、瑞士和德国参加的“六国教育项目”已进行数年。教育研究生院同上海市教委和华东师范大学也建立了教育交流合作项目，内容包括中小学教育政策研究、英语师资培训、学校行政管理、课程改革等方面。宾夕法尼亚大学医学院同我国华西医科大学、上海医科大学、中国医学科学院等也有交流项目，沃顿商学院同上海市高校合作开设 MBA 课程等。

七、布朗大学

布朗大学创办于 1764 年，位于罗得岛州的州府普罗维登斯。校园环境清幽，建筑别致，文化底蕴深厚。该校坚持本科教育特色，不求大，而求精；不求全面，只求特色。注重通识教育，保持与其他常春藤盟校的切磋交流，推行课程完全选修的办法，在全美独树一帜。

（一）注重课程整合

布朗大学以通识教育为主，兼顾专业教育，培养学生全面素质。曾任布朗大学校长的西蒙斯女士认为，本科教育的首要任务就是通识教育。该校高扬通识教育旗帜，努力培养品德高尚、素质全面、身体健康的人。例如，重视培养学生的诚信品质，考试时，只要学生对自己有信心，可以免于监考；扶持、鼓励学生社团、兴趣小组的活动，让每名学生在集体活动中锻炼协作精神、组织能力；号召学生关心社会发展，树立同情心，做奉公守法的公民。布朗大学课程体系很有特色。该校认为，通识教育应当尽可能宽泛地涉及多种知识和多个学科领域，培养学生的全面素质。因此，学校开设了 2 000 多门课程，从大类上可以分为西方思想和社会赖以形成的历史的、哲学的和科学的传统，美国文化，其他国家的语言或文化，文学和创造艺术，物理和生命科学，符号语言（例如数学、语言或哲学）的应用，以及道德问题与公共责任。从课程提供者的角度可以分为学校课程、院系课程和独立研修课程。目前，布朗大学的课程体系比以往更具特色。

第一，人文社科占多数。布朗大学的专业领域超过 100 个，其中应用数学、计算机科学等理科课程约占三分之一；人文社科约占三分之二，而对各个民族、地域以及历史时期的各种“研究”竟占人文社科的一半。

第二，同一课程系列化。为了适应学生不同的专业知识背景、不同的学习需要和目的，许多课程已经系列化。比如，计算机科学导论这门课就提供四种选择，分别针对不需要多少编程知识的文科学生、希望学习 C 语言编程但不打算以计算机为专业的理科学生、希望以计算机为专业或希望有良好编程背景的学生，以及希望以计算机为专业或希望进一步提高计算机科学专业知识的学生。

第三，开设跨系、跨学科课程。布朗大学进行的跨系跨学科的课程整合比新课程体系还要早。布朗大学强调知识的整合，并将其作为新体系的一个基本原理，鼓励教师进行更多的交叉学科研究和创新。一些敢于迎接挑战的学生也加入到整合行列。原先的一些跨系科实验课程已经成了跨学科研究中心的常规课程。布朗大学已成为美国大学跨学科教学研究的“领头羊”。

第四，独立课程和专业使课程体系不断丰富。近年来学生自主研修的典型主题有：数学哲学、视频技术与教育、后殖民时代非洲文学的政治观、医学上的玩忽职守、民间正义体系等。学生以小组协作研修的主题有：摄影化学、俄罗斯观察、当代俄罗斯的政治与媒体、争论的艺术、批判教育学理论与实践、1930 年以来经济与社会变革等。布朗大学还专门设立资源中心，为学生提供多种独立课程的参考资料。布朗大学所有的课程都以“A、B、C、无学分”或“合格、无学分”两种方式给分，相当于“考试课成绩”和“考察课成绩”。学生可以在学期末第四周之前自行决定所选课程以哪种方式给分。此外，在课程结束后，学生还可以要求授课教师给出更详细的书面评价。该制度有利于鼓励学生选择不熟悉领域的课程或比较难的课程，而不必过分担心成绩。

（二）实行完全选修

布朗大学本科教育与众不同，课程完全供学生选修。对学生选修课程，教授耐心指导。布朗大学的研究生教育不是重点，其中博士点只有医学专业一个。布朗大学所有课程均让学生自主选择，这在全美正规大学中是绝无仅有的。这一制度从建校之初沿袭至今。笔者曾前往布朗大学访问，据本科生院阿姆斯特朗（Baul B. Armstrong）院长介绍，布朗大学让学生自主选课，旨在培养他们在不断变化的世界中尽快获得自主判断和决定的能力。学生入学后，学校对其无课程方面的硬性要求，只是公布课程目录、简介，讲明选课办法。学校给学生两周的试听“认购期”（shopping period）。试听后，学生应确定本学期修习的课程。在自由选修的过程中，学生会逐步形成并明晰自己的兴趣，并于第二学年末从学校提供的 90 多个专业方向（concentration）中确立自己的专业方向。专业方向一旦确定，学生便需要学习、掌握相关课程，一般有 8—18 门必修课。为奠定学生宽广的知识基础，布朗大学只授予本科毕业生文科学士或理科学士学位。若学生愿学习 5 年，达到相应要求，可拿文、理两个学士学位。支撑布朗大学这么做的是其一贯坚持的基本理念。

第一，学生是教育的核心，他们应该被看作是学习活动的积极参与者而不是被动的教育对象；学生应该为自己确立的学习计划以及发展自身的智力独立性、自我依靠性和判断力负责。

第二，本科教育是个体发展和智力成长的过程。教育应该满足每个学生的智力兴趣和愿望，课程内容应该对发展学生的个性和智力有益。

第三，教学生既要学会“做事”，又要学会“做人”。该校提倡学生汲取各种文化领域的营养，用一种适应时代的文化内容来充实自己，扩大自己的知识范围，使心灵的内涵不断加深，使生活的意义及价值变得丰富多彩起来，从而在自身所受的专业教育中保持自由，在精神上不至于变成被专业束缚的奴隶。

（三）导师耐心指导

布朗大学的师生比大致为1∶8。教师不仅注重传授知识，更重视教会学生如何学习。学校推行导师制，现有200名责任心强、经验丰富的教师受聘为本科生“导师”或“顾问”。导师希望做学生的良师益友，帮助他们排忧解难，教书育人。在指导本科生选课时，导师注重因材施教，因势利导，有针对性地提出指导意见。例如，导师会问“你的兴趣何在”“如何看待科学课程”“怎样认识人文课程”，如果你对工程感兴趣，导师会建议你选些音乐、美术课。导师通常让学生知道，布朗大学虽未开设核心课程，但认为通识教育应涵盖广阔的课程领域，现代大学生应予了解，包括西方思想史、科学传统、美国文化、外国语言文化、文学和创造艺术、保健和生命科学、数学、语言学和哲学的应用、价值观和社会责任。

（四）提倡本科生科研

布朗大学提倡“以学生为本的科研”。每个学生依据个人兴趣，提出研究计划，并通过动手试验、查阅资料、实地考察或反复讨论等环节，完成既定计划。在科研过程中，导师耐心指导，同学密切协作，学生的团队精神、创新意识和动手能力得到培养和锻炼。

（五）贯彻学术振兴计划

进入21世纪以来，特别是“9·11”事件后，美国政治经济格局发生较大变化，常春藤大学面临诸多挑战，如学校基金运作收入趋减，科技发展对学科的冲击加剧，“反恐”扩大化影响了国外优秀人才的到来，等等。面对新的情况，常春藤大学不靠吃老本度日，而是主动迎接挑战，与时俱进，纷纷推出学术振兴计划或未来发展规划。经校董会批准，2002年，时任校长西蒙斯推出布朗大学“学术振兴计划”（Academic Enrichment Initiatives）。这是布朗大学200多年来最大的改革和投入项目，主要包括以下几个方面。

第一，增加教师数量。用5—7年时间，净增100名正式教师。新增加的教师应体现背景多样化，其中至少四分之一应代表不同的族裔和文化。具体程序是：先由各系提出用人计划，然后由学校统一掌握，跨学科的领域作为招聘重点。数量足够、质量较高的师资队伍，可以缩小师生比，实施小班教学，密切师生合作，增加对学生的辅导和从事科研的指导。

第二，招生时不看学生的经济状况。从2003年起，招生时一律遵循“只择优录取，不问家庭收入”的原则，完全不考虑学生家庭支付学费的能力。学校将筹措财力，填补学费不足的部分。这样，可使家庭经济拮据但品学兼优的学生受益。有钱人家的子女，即使家庭富甲一方，如不达标准，也不能被录取。

第三，取消新生劳作要求。以往，学生或为勤工俭学，或为锻炼动手能力，总是一入校就忙于在校内外寻找打工机会。“学术振兴计划”取消了对一年级新生的劳作要求，让他们安心读书。对生活确有困难者，学校给予适当补助。

第四，加强研究生教育。以本科教育为特色，不等于不发展研究生教育。布朗大学不甘心本校与其他本科学院为伍，提出今后要改善科研设施，提高研究生教育质量，加强总校与医学院的联系，重点扶持某些长项学科开展科研攻关，保持布朗大学作为领先大学的地位。

八、达特茅斯学院

达特茅斯学院位于美国东北部新罕布什尔州的汉诺威沃镇，创建于1769年。多年来，达特茅斯学院通过建立各种激励制度，聘任最好的教师，推进教学与科研的开展。达特茅斯学院严格录取富有潜力的新生，非常注重学生综合素质的培养。笔者访问过达特茅斯学院，但见当时的它白雪覆盖，银装素裹，一派北国风光。这是最靠北的常春藤大学。笔者曾与该校教务长、本科生院院长和教师办公室负责人进行过座谈，加深了对这所学院的了解。

（一）小而精，不求大而全

在漫长的办学过程中，曾有不少人提出将学院改为大学，办成一所本科教育优良、研究生教育规模不断扩大的研究型大学。但学院决策者认为，达特茅斯学院优良的本科教育传统、融洽的社区关系、特有的乡村环境以及特别忠诚的校友表明，达特茅斯学院的传统是值得保持和发扬的，因而没有选择向大而全的方向发展，更没有为叫大学而改叫大学。在达特茅斯学院，所有教师，包括资深教授，都必须给本科生上课。教师备课非常认真，讲课十分投入。对教师的晋升，学校除考察他们的研究成果外，非常看重本科生对其教学的满意程度。虽仍叫作学院，实则已是一所以本科教育为主、兼有高精尖研究生教育的研究型大学。研究生教育规模虽小，但学术水平受到好评。

（二）人为本，加强沟通和理解

达特茅斯学院规定，从校长、教授到行政管理人员，每周必须安排四个小时用来接待本科学生，回答他们的问题。学生若有急事，还可随时寻求教师帮助。学院鼓励教师就近买房或租房，以方便他们与学生联系，对选择在附近居住的教师给予住房补贴。教师常邀学生到家里小聚。达特茅斯学院的人情味很浓，充满温馨。学院每月举行生日聚会，每个学生一年中都有机会参加。学生学习或参加聚会到深夜，如不敢回宿舍，可以打电话请校警开车护送回去。学生社团多种多样，活动比较丰富，相应地，开派对取乐、喝酒“取暖”者也比较多。总之，学生们总有办法，让漫长的冬季不至于太寂寞。

达特茅斯学院的学习和学术风气很好，各种讨论会和学术活动很多。比较重视团队合作，尤其是本科生之间的团队合作。遇到比较大的项目，大家分工合作。教师不摆架子，与学生平等交流，该出手时才出手，予以指导、点拨。

达特茅斯学院每年在二三月份举行冰雪狂欢节，师生们邀请亲友到校园狂欢庆祝。有的在操场上竖起大冰雕，在雪地里进行人拉雪橇的比赛。在每年最寒冷的日子，高年级的学生在校园池塘里挖一个很大的冰洞，怂恿低年级学生像北极熊那样“扑通”一声往里跳，当低年级学生从冰洞爬出来时，浑身冻得直打哆嗦，算是体验一下非正式的入学“仪式”。

（三）重秩序，强调品德和纪律

学院非常重视品德教育，对违纪行为绝不姑息。学生事务办公室负责学生管理和对违纪学生的处罚。新生一到校，就会收到行为规范手册。每个年级都设有辅导教师，还有高年级学生兼任辅导员。为培养学生遵守学院的“学术荣誉原则”的品格，对保证不作弊的学生，学院免于考试时的监考，让其自觉独立完成答卷。

2002年，时任校长赖特（James Wright）非常希望在任内能保持传统，有所作为，推出名为《永葆活力的达特茅斯学院——面向未来的策略》的“施政”报告，提出：要继续深化本科生教学改革，提高质量，扩大本科生的国际视野；开展符合21世纪需要的通识教育，培养新时期全面发展的人；在教学中，要增加学生单独与教师接触的机会；鼓励本科生从事科研，学院设专门办公室予以协调；调整过去本科阶段忽视专业教育的做法，要求今后在继续以通识教育为主的前提下，适当增加本科教育阶段专业教育的分量。2013年数学教授菲利普·汉龙（Philip J. Hanlon）成为达特茅斯学院第18任校长。由于他是上一任教务长，所以基本上他可以在以往的轨迹上延续既定策略，并与时俱进。

九、常春藤大学的共同特点

（一）高度自治，独立办学

常春藤大学享有充分的自主权。开什么专业，由学校决定；开什么课，由院系决定；如何上课，由教师决定。大学教授讲课、著述在法律的框架内可以自由发挥。知识分子的创新精神和创新探索得到保护和鼓励。这些大学认为，学术自由是宪法修正案中明确赋予大学的权利，唯有如此，方能不媚权贵，追求真理，培育英才。当然，自由是相对的，有自由就有责任。

（二）发展强项，注重特色

常春藤大学根据实际情况规划学校发展，有所为有所不为。各校均注重特色，讲究比较优势，扬长避短。哈佛大学的政府学院在同类学院中历来居第一，哥伦比亚大学的国际关系学院首屈一指，宾夕法尼亚大学的沃顿商学院独占鳌头，耶鲁大学的法学院赫赫有名。达特茅斯学院曾有发展成研究型大学的机会，但它不改校名，高扬本科教育的旗帜；布朗大学一贯实施课程的完全选修制，让学生自主学习；普林斯顿大学尽管财力雄厚，但不设医学院，集中力量办好原有系科；康奈尔大学以农牧专业见长，其农业推广项目享誉全美。

（三）规范治理，校风良好

常春藤大学均设有法律事务处，依据学校规模，内设3—18名专职法律顾问，总顾问由一名副校长兼任。他们对外协调法律纠纷，努力维护学校权益；对内理顺部门关系，协助校长监管学校运作和教师操行。同时，各校均有一整套详尽的管理制度，实行规范管理。学校总部负责重大事项，院系则安排具体的教育教学活动，各司其职，各负其责。校董会是学校最高决策机构，由上院（Board of Fellows）和下院（Board of Trustees）组成。校董会的主要职责是：保证办学诚信，任命校长，确保教学管理有序，通过预算，筹款并管理大学的基金，确保足够的物质设施，总揽长远规划，充当大学与社区的桥梁，保持大学自治，仲裁校内纠纷。常春藤大学提倡以人为本，培养品德高尚、独立思考、身体健康，具有社会责任感、领导才能和创新精神的杰出人才。各校均具备各自的办学哲学、指导思想、发展规划、大学文化，具有浓郁的学术风气。各校注重培养学生的诚信品质，考试时，只要学生对自己有信心，可提出免于监考；扶持、鼓励学生社团、兴趣小组的活动，让每名学生在集体活动中锻炼协作精神、组织能力；号召学生关心社会发展，富有同情心，做奉公守法的公民。

（四）选聘资深校长

笔者多次访问常春藤各大学，发现其校长们呈现几个有趣的共同点。

第一，与各自学校有较深的渊源，对其历史、学风、特点相当了解。如曾任哈佛大学校长萨默斯、康奈尔大学校长莱曼（J. S. Lehman），现任哥伦比亚大学校长博林格、耶鲁大学校长萨洛韦，都是各自学校校友。

第二，见解独到，知识渊博，但不囿于狭窄的专业领域。做校长后，全心全意投入学校的管理之中，不强调自己出学术成果或带研究生。哈佛大学前校长萨默斯曾是克林顿政府时的美国财长，有丰富的宏观管理经验。康奈尔大学前校长加勒特（H. E. Garrett）曾在联邦最高法院工作多年。

第三，目光远大，思路明晰，抓大放小，善于经营。校长们配合董事会总揽大学重视事务，制定发展规划，协调外部关系，争取政府及各界的支持。他们一般善于用人，充分调动副校长、教务长、副教务长的积极性，让其各管一摊，各尽其责。

第四，工资待遇颇丰，具有很高的社会地位和经济地位。常春藤大学校长在社会上影响比较大，说话很有分量。年薪均在40万美元以上，有的可达到60万美元。如果加上各种福利，则实际收入可高达百万美元以上。因此，他们十分珍惜这个职位。

第五，选拔和任用由校董会依照程序精挑细选。(1) 由董事会成立校长遴选委员会；(2) 发布校长招聘广告，征寻候选人；(3) 遴选委员会筛选、确定候选人名单；(4) 广泛征求意见，特别是听取校内各院系、各部门的意见和建议，但不在全校范围内搞民意测验，不进行民主选举；(5) 董事会对候选人反复甄别，一般要请候选人详细阐述"施政"规划，之后各位董事充分发表意见，反复切磋讨论，最后投票表决。在决策过程中，主要衡量校长候选人是否具备一流大学校长应有的综合能力：卓越的学术领导能力，敏锐的统筹规划能力，全面的校情洞察能力，杰出的行政管理能力，广阔的国际视野，适应大学阶段性使命的个性特质。①

（五）建设一流教师队伍

优秀师资是常春藤大学画龙点睛之笔。各校对教师的选拔和聘用有一套良好的竞争机制和考评制度，确保了师资队伍的质量。在常春藤大学中，助理教授都要具备博士学位。教师要经选录委员会公开、严格审理，从全世界选聘优秀人才。对新任助理教授一般不安排其从事行政工作或其他社会工作，而让他们安心教研，在学术上立足。为指导他们进入教授角色，选准科研方向，潜心教书育人，学院成立了包括院内外专家在内的3—5人顾问班子，经常性地提供指导。助理教授任满3年要接受中期评价，合格者再进行3年的教学和研究，然后经一个委员会评定合格，方可升为副教授。除哈佛大学外，各常春藤大学给符合要求的副教授终身教职（tenure），哈佛只给教授终身教职。副教授晋升教授，也有

① 钟秉林著：《大学的走向》，商务印书馆2015年版，第228—230页。

严格的时间要求和审批过程，须在其研究领域有独到的成果。对获得终身教职的教授，除非他严重违反校规，如醉酒上课，对学生性侵犯，否则学校不能解雇。终身教职有利于解除教授的后顾之忧，让他们从长远角度思考学术问题，规划未来研究，但个别教授会产生“差不多了”“捧铁饭碗儿”的松懈思想。对此，一些大学开始考虑终身教职之后的继续评价问题。达特茅斯学院利用工资杠杆激励先进，鞭策落后。这所学院平均每年给教师涨3%左右的工资，但有意拉开档次，有的教授涨1%，有的涨5%。常春藤大学对欲得之才不惜慷慨付酬，招贤纳士。同时，凭借雄厚资金、优良待遇、响亮的牌子、优美的环境和浓厚的学术氛围吸引那些出类拔萃的人才。

（六）招收富有潜能的学生

各常春藤大学普遍重视申请人的全面素质和发展潜能。获得全国优秀中学生奖者，SAT成绩优异者，高中学习成绩在全年级列前十名者，或具有某种专长和良好社区服务经历的学生都属网罗的对象。学生是否具有独立精神及能否适应学校紧张而有压力的一年级生活也是各校考虑的因素。当然，高中教师的推荐信也很重要。常春藤大学遵循“只择优录取，不问家庭收入”（need-blind）的招生原则，招生委员会可完全依据考生本人情况录取，而不必考虑其家庭支付学费的能力，学费差额由大学自行解决。

常春藤大学在招生方面有“君子协议”，主要是规定不能为争夺优质生源相互拆台，所有学校依据同样的标准向经济困难学生提供资助等。各大学注重提前到各个高中物色合适人选。哈佛大学、布朗大学等各大学还委托各地校友对申请人进行面试。依据上述标准，录取小组集体讨论决定录取何人。对此，英国牛津大学校长汉密尔顿（Andy Hamilton）在上海交通大学演讲时，从比较超脱的角度评论道：“在我任教过的耶鲁大学，所有申请者中只有8%能被录取，而其过程也是漫长的，要求学生有很好的高中表现，填写冗繁的申请表，SAT成绩优异，还要写论文，通过导师面试。”①

① 张杰主编：《大学一流之道——上海交大“校长讲坛”演讲录》，上海交通大学出版社2012年版，第69页。

由于常春藤大学的历史久、水平高、名气大，尽管学费昂贵，众多学子仍然心驰神往。当然，一些人追求名校不只是考虑学业上的长进，也为进入名校圈子，广泛交友，八面得风，预埋一张无形的社会关系网。

（七）始终重视通识教育

常春藤大学既强调通识教育，又重视专业教育。在本科阶段高扬通识教育旗帜，在研究生教育阶段也加大了通识教育的比重。各校提倡学生汲取各种文化领域的营养，用一种适应时代的文化内容来充实自己，扩大自己的知识范围，使心灵的内涵不断加宽加深，使生活的意义及价值变得丰富多彩。教学安排各有特色，注重教书育人。有的学校采用导师制或顾问制，营造融洽氛围，让学生感受到家庭般的温暖，在受到关爱的同时，养成关爱别人的品格。

（八）善于进行基金运作

借助在学术上的显赫名气，常春藤大学很会造势，每年召开很多会议，邀请知名校友和著名财团、政要成为校董，以使财脉不断。校友乐于回馈母校，报答社会。因此，向母校捐赠成为风尚。例如，哈佛大学是世界上最富有的大学之一，筹资主要包括以下几种形式：慈善捐赠、有组织的捐赠活动、政府拨款、学费以及哈佛大学投资经营的基金收入。基金运作的盈余已成为学校经费的重要来源之一。哈佛大学的基金价值至2019年达到409亿美元。① 普林斯顿大学是另一所很富有的大学，其基金价值至2019年达到261亿美元。

各常春藤大学每年出版校友指南、校友通信录，密切与校友的联系。定期举办校友会，动员他们为母校做贡献。各大学也鼓励校友参与学校管理，给母校施加追求卓越的压力。校董会的成员中有校友代表。各校尽量妥善利用校友的捐助和基金。根据捐助者的意愿，捐助直接用于某些项目，往往是暂时的、不固定的；如捐助者希望设立专款，存入银行，或进行投资、运作，用利息或盈余部分支持大学发展，就是基金模式了。基金有管理委员会、管理章程，成了较稳定的、长期的大学经费来源渠道或某个项目的资金来源。

---

① 徐来群著：《哈佛大学史》，上海交通大学出版社2012年版，第79页。

常春藤大学经过多年的积累，其基金规模较大，运行机制成熟，具有提供长久、持续、相对稳定的财政支持的作用，其中在哈佛大学、耶鲁大学等校，基金的贡献占到大学日常开支的三分之一以上。基金主要来源于校友捐款，这在美国蔚然成风。

（九）开展盟校切磋交流

常春藤大学并不以名牌老校而孤芳自赏，故步自封，而是兼容并包，积极与美国其他大学乃至外国大学切磋交流，取长补短。各常春藤大学尤其与盟校保持密切的交流关系。各大学轮流“坐庄”，担任主席，每任为 2 年。主席所在校负责召集会议，提出倡议。除传统 8 所常春藤大学外，近年来，麻省理工学院、密歇根大学、斯坦福大学也经常参加常春藤大学的活动，于是有了“常春藤＋”（Ivy League Plus）的概念。如今，常春藤联盟在普林斯顿大学设立了一个办公室，负责安排体育比赛和承办一些具体的联络事宜。常春藤大学之间的主要活动方式包括以下几种。

一是校长会晤。常春藤大学的校长们每年会晤，就大学的发展方向、高等教育指导思想与哲学、校长与校董会的关系、21 世纪培养人才的规格、大学科研成果转化等重大、宏观问题进行研讨，克服闭门造车，力求相互启发。副校长、教务长、副教务长也分别交往，或当面探讨，或通信联系。

二是院长切磋。本科生学院院长之间每年举办两次座谈会，就招生、转学、课程设置等管理和教学层面的具体问题进行切磋和商讨，以交流工作经验，避免相互拆台。其他院级单位，如招生办公室、国际学生办公室、图书馆等同样定期或不定期地进行交流和协作。

三是体育比赛。常春藤大学最初是避免体育运动走偏而结成的联盟，但大学之间爱比高低，青年学生争强好胜，各校对体育比赛仍十分执着。哈佛大学和耶鲁大学对橄榄球比赛看得很重，年年较劲，岁岁争雄，成了一道让世人关注的亮丽风景线。其他各校为在盟校间定期举办的体育比赛中取得好成绩，也是精挑选手，严格训练，赛场上常与对手打红眼。校方推波助澜，暂把教育竞争中的某些不愉快借运动项目比赛发泄出来，简直就是比赛第一，友谊第二。哈佛大学与耶鲁大学的橄榄球赛一直是两校的盛事，有时是哈佛大学的学生去耶鲁大学，有时是耶鲁大学的学生去哈佛大学，每年更替。看似是一场橄榄球比赛，但两校都很看重，赛前学生组织会给本校学生制作嘲笑另一所学校的T恤，有时还会嘲笑对方学校有名的雕塑或建筑，比如哈佛大学铜像曾被耶鲁大学的学生喷了白色泡沫。虽然在比赛中，两校表面上谁也不服谁，但实际上都知道对方也不简单。如果比赛当天耶鲁大学的学生不能返校，一般会住到哈佛大学学生的宿舍里，反之亦然。哈佛大学和耶鲁大学的宿舍楼是同一位建筑专家爱德华（Edward Harkness）构思和资助的，因而风格十分相似。

结语

如今，外部世界变化很快，对高等教育带来机遇，构成挑战，提出要求。一批大学异军突起，与常春藤大学构成竞争。常春藤大学欲始终宝刀不老，挺立潮头，就必须既保持传统优势，又不断与时俱进。

一是调整课程体系。面向未来，常春藤大学在课程改革过程中提倡新颖性，剔除陈旧内容，整合课程资源，更新课程设置，反映科技发展的最新成就；提倡广阔性，体现通识教育的要求，加大跨学科知识的传授，促进社会科学和自然科学的综合；提倡实践性，减少古典学科，增加应用学科，加大国际知识教学和外语教学，以培养学生解决实际问题的能力；提倡灵活性，给学生以更多选课的自由，满足学生兴趣，发展学生特长，不以完全统一的尺度衡量学生成绩。

二是倡导学术诚信。为培养诚实、守信的人才，常春藤大学注重在大学校园内有效地预防、核查和杜绝各种抄袭剽窃等不诚信的行为，要求教师们在开学时就要在其课程描述中让学生明白如何做到学术诚信，一旦作弊将受到怎样的惩罚。布置学生作业要具体明确，学期论文，特别是毕业论文的选题应与学生的知识结构和学术水平相吻合。学生撰写论文或研究项目报告时，教师注重写作过程，要求学生上交写作提纲、第一稿、所有修改稿及最后的成品，确保学生独立思考，追求创新。

三是加强科研攻关。常春藤大学鼓励校内教师和研究人员从政府、企业等多种渠道争取更多科研经费，协同开展某些强项学科的科研攻关，力争在若干领域实现突破，以提高学校名声，获得更多资助，保持一流大学的地位。另外，一些过去只强调本科教育特色的常春藤大学，如布朗大学、达特茅斯学院，在继续保持这一特色的同时，开始重视发展研究生教育，努力提高研究生教育质量。

四是推动数字化建设。常春藤大学都在加强校园的数字化建设，特别强调实现图书馆的数字化，开发现有的藏书功能，发挥网络在现代教学中的作用，使大学既是现实的学府，又是虚拟的大学。

五是服务经济发展。大学不是世外桃源，而是与社会息息相关。为经济发展服务，体现了大学对社会的贡献，同时增加了大学的收入。哥伦比亚大学科技成果转化收入在全美大学中名列前茅。康奈尔大学重视技术成果推广，尤其是农业推广应用远近闻名。面向未来，各校力争为经济发展做出更多贡献。近年来，哈佛大学加大了对服务社区的学生的支持力度；布朗大学、宾夕法尼亚大学加强了对学生解决经济生活中实际问题能力的培养。

六是加强国际交流。常春藤大学坚信，在经济全球化、科技国际化的今天，为了大学的长远发展，必须加大国际知识和多元文化的教学，培养学生的国际意识和处理国际事务的能力。

七是延续优美校园。原有建筑继续保持其风格，新增的建筑则体现时代色彩。各校都很重视对校园的绿化、美化、净化，以营造良好的育人环境。

第十四章

美国的世界一流大学建设

什么是“世界一流大学”？怎样界定“世界一流大学”？这一直是理论界的难题。正如阿特巴赫（Philip G. Altbach）所说：“大家都想要拥有一所世界一流大学，却没有人知道世界一流大学到底是什么，也没有人知道怎样才能成为世界一流大学。”① 广义而言，人们一般将那些在世界上具有领先研究水平和较高社会声望的大学笼统地称为“世界一流大学”。它们被视为学术场域中的精英和核心，也是全球知识经济时代的“排头兵”与“资源库”，其对于国家综合国力的提升具有重要作用。

① ［美］菲利普·阿特巴赫等主编，王庆辉等译校：《世界一流大学：发展中国家和转型国家的大学案例研究》，上海交通大学出版社 2011 年版，第 253 页。

无论是从数量来看还是从质量来讲，美国所拥有的世界一流大学都足以冠绝全球。就学术水平和社会影响来看，美国的一流大学基本上就等于世界的一流大学，在每年的大学排行榜上，美国大学在前十位置上往往占据过半的数目。之所以能取得如此佳绩，离不开美国大学所处的特殊生存环境。本章将对美国一流大学的现状做一次鸟瞰，同时分析许多美国一流大学得以成功的诸多因素，最后就美国一流大学在未来将会面对的问题与挑战进行一些展望。

一、美国一流大学的基本情况

众所周知，一所好大学不外乎具备以下几个要素：一流的师资及待遇、工作环境和保障，卓越的研究成果，学术自由和大学自治，以及先进的办学理念。成为一所具有世界意义的一流大学并不是依靠自我标榜和自我营造就能实现的，而是依靠世界大学领域认可的程度。由于并没有一种权威数据来进行衡量，所以判定大学是否是“一流”往往还是根据个体的主观感受加上公众所给予的社会声望，同时参考这种声望是否能够得到学术界和知识界的普遍认可。无论以何种标准来说，美国的许多大学都被认为是世界一流大学，而想要深刻地认识这一现象，必须了解世界一流大学的标准和认定问题，在此基础上，人们才能真正清楚哪些大学真正代表一流水平。

（一）世界一流大学的衡量

如何选取界定世界一流大学的标准是一个世界难题。近些年，随着许多大学排名榜的出现，人们对于这一问题的认识有了更为客观的参考。尽管为大学排名的做法深受许多国家和组织以及个体的质疑和批评——认为这种排名在数据和方法上并不科学，其结果是随意而不负责的，然而能够肯定的是，每次各类大学排行榜的发布都会触动大学及其利益相关者的神经，只有极个别的组织和个人会对自己大学的排名漠不关心，更多人则会以国际上通行的大学排名为参考并在自己的内心中为各所上榜大学排定座次。因此，想要知道目前通行的一流大学的标准，有必要考察目前世界上主流的大学排行榜所使用的参考数据。就目前情况来说，下列五种大学排名榜单的影响较大。①

1. 世界大学学术排名

世界大学学术排名（Academic Ranking of World Universities，ARWU）是一份对大学进行排名的综合性榜单，于 2003 年首次发布，并且在此之后每年公布一次。它是由上海交通大学世界一流大学研究中心的研究人员独立研制的。其分析了世界上近3 000所大学的学术表现，同时对前 500 强进行排名，排名的初衷是寻找中国大学和世界名牌大学在科研上的差距。其中，对前 100 名的大学进行了详细位次排名，对后 400 名的大学提供区间排名。这些排名所依据的主要指标包括以下几个。

一是教育质量。主要是指获得诺贝尔奖和菲尔兹奖（Fields Medal）的校友数量，权重为 10%。

二是教师质量。获得诺贝尔奖和菲尔兹奖的教师数量，权重为 20%；同时在 21 个主要学科领域内论文被引用次数最高的学者人数，权重为 20%。

三是科研成果。在学术刊物《自然》或《科学》上发表的论文数量，权重为 20%；校内学者被国际通用的科学引文索引（SCI）和社会科学引文索引（SSCI）收录的论文数量，权重为 20%。

四是师均表现。全职教师的人均学术表现，主要是指由各种指标的得分除以全职教师的数量来权衡的平均数，权重为 10%。

2. 世界大学科技论文绩效排名

世界大学科技论文绩效排名（Performance Ranking of Scientific Papers for World Universities）是由我国台湾高等教育评鉴中心（HEEACT）发布的一项有关高校排名的有影响力的榜单。其主要特点就是重视对科研论文质量进行评比，各大学的总分由 8 个项目得分计算得来，得分最高的大学为满分，其他大学则按一定比例进行细分，并得出最后分数。HEEACT 主要参考的指标及其权

① ［美］菲利普·阿特巴赫等主编，王庆辉等译校：《世界一流大学：发展中国家和转型国家的大学案例研究》，上海交通大学出版社 2011 年版，第 5 页。

重为：

一是科研成果，过去11年发表的文章数量，权重为10%；

二是本年度发表的论文数量，权重为10%；

三是科研影响力，过去11年论文被引用的次数，权重为10%；

四是过去2年论文被引用的平均数，权重为10%；

五是过去11年论文被引用的平均数，权重为10%；

六是优秀的研究成果，过去2年内论文引用的h指数①，权重为20%；

七是引用次数较高的论文的数量，权重为15%；

八是本年度在高引用期刊上发表的论文的数量，权重为15%。

九是在《泰晤士高等教育》世界大学排名上的相关情况。

3.《泰晤士高等教育》排名

《泰晤士高等教育》（Times Higher Education，THE）杂志对世界前200名大学进行排名，依据的是五个类别的13个小项。

第一类是获得横向资助情况。主要是指大学从企业获得的研究收入与校内学术人员的比例情况，权重为2.5%。

第二类是教学环境。其中，教学声誉，权重约为15%；教师与学生的比例，权重为4.5%；大学授予博士学位与学士学位的比例，权重为2.25%；大学授予博士学位的数量及其与学术人员的比例，权重为6%；大学的收入及其与教学人员的比例，权重为2.25%。

第三类是论文引用次数。主要指研究的社会影响，参考标准为论文被学术界引用的次数，权重为32.5%。

第四类是研究的数量、收入和声誉。社会声誉调查结果，权重为19.5%；大学的研究收入与教师人数的比例，权重为5.25%；汤森路透索引的教师在学术期刊上发表论文的人均数量，权重为4.5%；大学公共研究收入与研究总收入的比例，权重为0.75%。

① h指数（h-index）是一个混合量化指标，用来表示一名科学家发表的Np篇论文中有h篇每篇至少被引h次，而其余Np-h篇论文每篇被引均小于或等于h次，目的是量化科研人员作为独立个体的研究成果。

第五类是国际综合指标。国际教师与国内教师的比例，权重为3%；国际学生与国内学生的比例，权重为2%。

4. QS世界大学排名

QS世界大学排名是由国际教育组织Quacquarelli Symonds（QS）所发布的年度世界大学排名。其排名包括主要的世界名校综合排名及学科排名等。主要参考的指标及其权重分别是：①

一是学术领域的同行评价（academic peer review），占40%；

二是全球雇主评价（global employer review），占10%；

三是教师的论文引用数（citations per faculty），占20%；

四是师生比例（faculty student ratio ），占20%；

五是国际学生比例（international student ratio），占5%；

六是国际教师比例（international faculty ratio），占5%。

5.《美国新闻与世界报道》排名

《美国新闻与世界报道》（US News & World Report）杂志自1983年起推出全美大学年度排名榜。2016年排名中包括750所大学。排名主要参考以下十项指标。

一是全球研究声誉，主要指该大学最近5年内在全球的学术声誉与影响力，权重为12.5%；

二是区域研究的声誉，主要指该大学最近5年内在所处区域中的学术声誉与影响力，权重为12.5%；

三是出版物，主要指该大学最近3年内出版的著作和发表的高质量的论文数量，权重为12.5%；

四是国际合作，主要指与其他国际知名大学的学者共同发表论文的数量，权重为10%：

① QS World University Rankings 2013，http://www.topuniversities.com/university-rankings/world-university-rankings，2015-12-10.

五是博士学位授予数量，指大学所授予的博士学位数量与博士学位总量、教师数量的比例，权重为10%；

六是会议，指大学所举办的高质量的学术会议与出版的正式学术会议论文集的数量，权重为2.5%；

七是被引用情况，主要指大学论文总体被引用数量，权重为10%；

八是总体评价，主要指大学在国际上的学术影响力，由出版物的质量和规范化引用的结果得出，权重为7.5%；

九是高引用论文数量，主要指发表在某学科中最常被引用的前10%的刊物上的论文数量，权重为12.5%；

十是高质量论文比重，主要指该大学在某学科前10位的国际刊物上发表论文的比重，权重为10%。

上述的各项大学排行榜单已经产生了广泛影响，许多国家积极为大学提供各种支持以提升它们在榜单上的位次。更为重要的是，大学自身基于获得更好排名的考虑，不断加强相关领域研究，不断提高对教师和学生的资格要求。许多大学不惜重金从全世界排名靠前的大学聘用高层次的学术人才，从而出现一种值得警惕的现象：排名靠前的大学能够招到全世界最优秀的教师，而优秀的教师则希望加入排名靠前的大学。换言之，大学的层级之间的差别正逐步拉大。

（二）谁是美国一流大学

作为世界上最为发达的高等教育系统，美国高等教育领域的情况既复杂又多元。以院校种类来说，既有公立大学，又有私立大学；既有研究型大学，又有应用技术学院；既有可授予全部学位的综合性大学，又有仅能授予副学士学位的社区学院。不同类型的学校定位不同，其水平更是有天壤之别。美国高等教育机构从经费支持和管理体制来看，分为两种类型：一种是州立大学和学院，属于公立高等教育机构；另一种是私人团体或机构支持的大学和学院，属于私立高等教育机构。总体上看，不管是私立大学还是公立大学，美国大学都有一批水平居于世界前列的大学。

美国一流大学都是居于学术顶端的研究型大学，这些顶尖大学主导着来自政府和私人基金会的研究经费，同时也创造出绝大多数的科研成果。它们的教授控制着全国的、在某种程度上控制着国际的知识网络，不仅在人文和科学方面，而且还在诸如管理、医学甚至饭店管理等应用性领域内提供广泛的学术专业支持。它们是美国最有威望的学术机构，同时培养了有影响的决策者和成就斐然的一代又一代教授。① 相对于其他国家一流大学的数量来说，美国在这方面占据着绝对优势，按照 2015 年世界大学学术排名（ARWU），美国大学进入世界前 100 名的有 51 所，其数量超过世界上其他国家的总和。具体情况见表 14-1。

表 14-1　美国一流大学排名情况②

学校名称	美国国内排名	世界排名
哈佛大学	1	1
斯坦福大学	2	2
麻省理工学院	3	3
加州大学伯克利分校	4	4
普林斯顿大学	5	6
加州理工学院	6	7
哥伦比亚大学	7	8
芝加哥大学	8	9
耶鲁大学	9	11
加州大学洛杉矶分校	10	12
康乃尔大学	11	13
加州大学圣迭戈分校	12	14
华盛顿大学（西雅图）	13	15
约翰斯·霍普金斯大学	14	16
宾夕法尼亚大学	15	17

① ［美］菲利普·G. 阿特巴赫著，人民教育出版社教育室译：《比较高等教育：知识、大学与发展》，人民教育出版社 2001 年版，第 84 页。

② ARWU. 世界大学学术排名 2015，http://www.shanghairanking.cn/World-University-Rankings-2015/USA.html.2015-10-12.

续表

学校名称	美国国内排名	世界排名
加州大学旧金山分校	16	18
密歇根大学（安娜堡）	17	22
威斯康星大学（麦迪逊）	18	24
纽约大学	19	27
西北大学	19	27
伊利诺伊大学香槟分校	21	29
明尼苏达大学双城分校	22	30
杜克大学	23	31
华盛顿大学圣路易斯分校	24	32
洛克菲勒大学	25	33
科罗拉多大学波尔得分校	26	34
得克萨斯州大学奥斯汀分校	27	37
加州大学圣芭芭拉分校	28	38
北卡罗来纳大学教堂山分校	29	39
马里兰大学大学园分校	30	43
得克萨斯大学西南医学中心	31	44
南加州大学	32	49
加州大学欧文分校	33	50
范德堡大学	34	53
加州大学戴维斯分校	35	57
宾夕法尼亚州立大学大学城分校	36	60
卡内基梅隆大学	37	61
普渡大学西拉法叶分校	37	61
罗格斯大学新布朗斯维克分校	39	64
俄亥俄州立大学哥伦布分校	40	67

续表

学校名称	美国国内排名	世界排名
匹兹堡大学	41	70
波士顿大学	42	73
布朗大学	43	75
佛罗里达大学	44	83
莱斯大学	45	84
亚利桑那大学	46	90
亚利桑那州立大学	47	93
加州大学圣克鲁兹分校	47	93
犹他大学	47	93
密歇根州立大学	50	99
得州农工大学	51	100

无独有偶，在美国人自己发布的2015年度“《美国新闻与世界报道》排名”上，美国大学在世界百强中有53所入选，同样占据了半壁江山。老牌名校哈佛大学高居榜首，麻省理工学院位居次席，位于美国加州的斯坦福大学排名第4；而公立大学的排名也毫不逊色，加州大学伯克利分校和洛杉矶分校分列第3和第8位，位于美国西雅图市的华盛顿大学则位于排行榜11位。总体上说，在美国的一流大学中，既包括私立名校，如哈佛大学、耶鲁大学、约翰斯·霍普金斯大学等，也包括一些高质量的公立高校，如密歇根大学、加州大学等。

二、美国一流大学的主要特征

一般来说，一所大学从创建开始到逐步形成自身的风格和文化理念，再到获得广泛的社会影响与学术声誉，最终走到世界一流的位置，需要经历一个长期的演化过程。这一过程或者长达数百年，如哈佛大学、耶鲁大学，或者长达上百年，如约翰斯·霍普金斯大学、芝加哥大学，这些大学的发展过程绝非一帆风顺，其间经历坎坷波折。因此只有在立足本校传统和优势的基础上，准确把握时代机遇，才能铸就一流大学的辉煌。成为一所一流大学，既需要时代和社会条件的配合，也需要一些特殊的机制和因素的参与，二者共同推动着大学不断克服困难，走向成功。

抛开时代和社会因素，大学的管理者如何创造一种适宜于大学发展并且不断迈向一流大学的环境，对于大学来说至为重要。按照贾米尔·萨尔米（Jamil Salmi）的看法，建设一所一流大学需要人才、资源和管理三方面的条件相互配合，其描绘的三者关系如图 14-1 所示。①

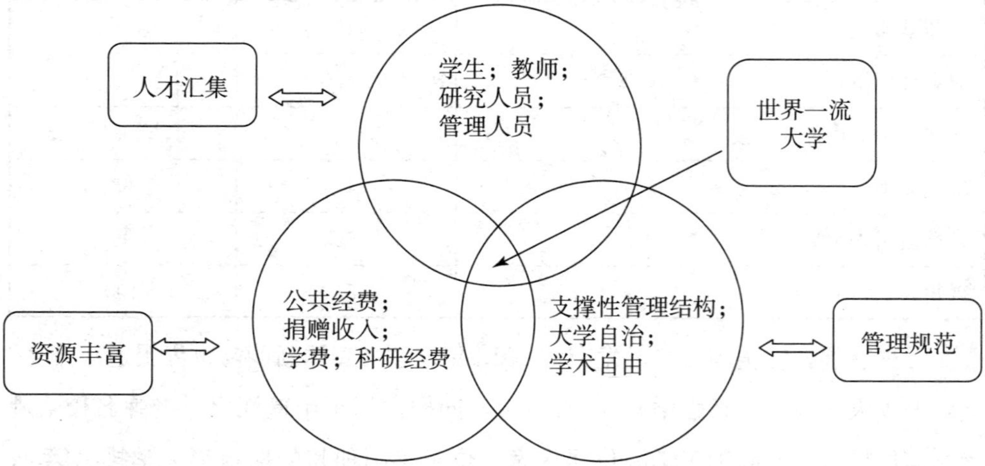

图 14-1　世界一流大学的关键特征及其相互作用

（一）人才队伍，精英汇集

美国的许多大学之所以长期处于世界学术体系的中心位置，离不开大学中精英人才的汇集，其中既包括高水平的教师与研究人员，也包括高质量的学生群体，还包括懂得并善于管理与服务的行政人员，雄厚的人才资源是支撑美国大学走向一流的最重要因素。

1. 一流教师队伍

世界一流大学有赖于世界一流学科，而世界一流学科则有赖于世界一流的师

① ［美］菲利普·阿特巴赫等主编，王庆辉等译校：《世界一流大学：发展中国家和转型国家的大学案例研究》，上海交通大学出版社 2011 年版，第 3 页。

资队伍。“荟萃卓越的师资队伍和一批世界著名的大师级学者，既是世界一流大学形成的基础，也是世界一流大学的重要特征。”① 世界一流大学最宝贵的财富便是其所拥有的一批高素质的学术人员，而创建一所顶尖的研究型大学的重要成功因素就是学校对于人才的吸引、聘用和保留能力。所谓高素质的研究人员，是指其教师个体不但要热心并忠实于客观求真的学术研究理念，还要认同于研究的应用价值和社会价值。大学想要保持其一流队伍，就应适当地保持自身的特殊性和独立性，不能因外界干预就扭曲学术的自身逻辑。换言之，大学教师要潜心学问，不可随波逐流。“学术精英”对于一流大学而言无疑是最为宝贵的财富。

例如，耶鲁大学认为，决定一所大学声望和水平的主要就是教学科研人员的素质。在这种理念的指导下，耶鲁大学不但赋予教师管理学校事务的权利，同时还力争为教授治学创造最为宽松的环境。

> 耶鲁大学是一个开放的社区，它对新思想、不同意见、辩论、不同观点和意见的相互碰撞以及协作研究都持开放态度，但是它现在和将来都不会宽容对于他人尊严与自由的否定。②

宽松的研究环境保障了教授们在耶鲁大学中的生活与工作需求，许多人通过自身高水平的研究成果和教育质量实现了自身价值，也提高了耶鲁大学的影响力。由于教授在耶鲁大学中具有举足轻重的威望和地位，因此在选拔教师时，耶鲁大学始终坚持严格的标准，采用专业的同行专家评审加上全球范围聘用制双重机制，前者保证学术水准，后者保障教师来源的多样化，以防“任人唯亲”的弊端。耶鲁大学在《教师手册》中对教师的职责、权利进行了详细规定，并且实施了具有自身特色的终身教职制度。这项制度的特色在于：第一，坚持高标准的选拔要求，耶鲁大学的教师必须能与全世界相关领域中最顶尖者的水平相近并形成竞争效应；第二，教师必须证明自身足够优秀，为此，一名新教师从讲师到获取

① 王英杰、刘宝存著：《世界一流大学的形成与发展》，山西教育出版社 2008 年版，第 358 页。

② A. Bartlett Giamatti. *A Free and Ordered Space: The Real World of the University*. W. W. Norton & Company, 1988, p. 125.

终身教职（副教授）一般需要长达10年的时间，而一旦获取则将会享受极为优越和自由的学术研究环境；第三，凡是耶鲁大学的教师，不管是否获得终身聘任，每年都要进行年度工作报告，同时进行年度薪金考核，以防出现人浮于事的制度漏洞。① 严格的职务控制制度使得许多人获取终身教职时已经超过40岁，并且不能晋升终身教职的人员超过60%。总体而言，在对待教师方面，耶鲁大学一方面推崇学术自由，倡导教授治校，保证其享有优越的地位和生活环境，另一方面也强调竞争，鼓励创新，从而使得耶鲁大学能够拥有一支世界一流水准的教师队伍。

大学是开展教学与研究的社会组织，其各项活动的展开都离不开教师群体的参与，教师队伍的综合素质对于一所大学的发展至关重要。一小部分美国教授，大约占美国教授的10%—20%，主要集中在研究型大学中，他们被看作学术骨干，成了某些学科的标志。② 美国一流大学中教授和学者的特征极为鲜明，他们大部分是终身聘用的、男性、从事自然科学研究，并且主要是在研究型大学中执教，这一群体支配着知识的生产和分配，并且对决定什么是正统的科学具有至高无上的权力。优秀的师资能为一所大学带来所谓的“滚雪球效应”，这是指“最出色的科学家在获得经费展开研究的同时，也吸引了其他的学者和最优秀的学生，逐渐成为一种吸引年轻人进入该领域的不能抗拒的力量”③。

2. 一流学生群体

除了卓越的教师群体外，学生也是一所学校成为一流大学的重要的人力资源。世界一流大学高水平的师资队伍和优越的办学条件，吸引了高质量的生源，对于那些怀揣理想的才智青年来说，在现代似乎已经没有比去大学更加适合的地方，在一流大学中通过吸收和运用知识来改变自身的命运似乎成为现代人的精神

① 陈维嘉、洪成文：《耶鲁——中国建设世界一流大学的启示和借鉴》，《中国高等教育》2004年第23期。

② ［美］菲利普·G. 阿特巴赫著，人民教育出版社教育室译：《比较高等教育：知识、大学与发展》，人民教育出版社2001年版，第107页。

③ ［摩洛哥］萨米著，孙薇等译校：《世界一流大学：挑战与途径》，上海交通大学出版社2009年版，第16页。

信仰与心灵支撑。能否招收到足够数量的优秀生源成为衡量一所大学在未来能否保持较高学术地位和社会声誉的重要指标。因此，许多大学本着宁缺毋滥的原则，采用最严格的专业招生录取制度来控制学生的入学标准。

例如，耶鲁大学始终认为，招收到足够优秀的学生是一所大学迈入世界一流大学的前提条件之一。为了使学生的质量与学校所追求的卓越目标相适应，耶鲁大学早在 1960 年就曾提出对于学生入学程序进行改革的建议。这份建议的一个重要特征就是提高对学生的智力要求，其规定为：第一，那些记录上表明，在继续获得智力成果方面具有较高希望的申请者应该被发掘出来，同时要求其情感成熟和人格良好；第二，鉴于耶鲁大学是最重要的智力机构，因而受教育者必须用与每一阶段教育过程的要求相应的智力来武装，这些学生应该证明他们拥有对知识的好奇心、想象力、创造力、创造性。从那以后，严格的选拔条件与标准，保证了耶鲁大学始终拥有一流的学生资源。值得指出的是，尽管耶鲁大学在选拔学生时极为注重对于学术能力和智力资本的考察，但同时它也致力于挖掘那些具有领导才能和特殊技能的优秀青年。在耶鲁大学看来，大学所培养的人才必须能适应变动不居、多种多样的社会各个方面的需求。如果这些青年经过耶鲁大学的培养，能够在学术、艺术、体育和商业等各个领域获得成功，那么便会对社会做出更大的贡献，这也是大学所应履行的责任。

当然，生源一流只是一方面。更重要的是，大学还必须提供一流的教育，让学生们获得充分发展，获得全面素质。就学期间，学生们就能参与科研课题研究，观察社会现实变革，组建影响较大的社团，展示青年才俊的风采。

3. 一流行政人员

学校管理人员，特别是校长的选拔对于一所大学的建设具有极为重要的影响，正如有的学者指出的那样："如何选拔和造就以校长为代表的一大批教育家，使得德才兼备、目光远大、选贤任能的大学领导者具有更大的自治权，对实现建设一流大学的目标极为重要。"① 纵览美国大学发展的历程，任何一所一流大学的成长总是与其著名的校长紧密联系在一起的。德里克·博克指出，一所大学要

① 张金辉著：《耶鲁大学办学史研究》，中央编译出版社 2009 年版，第 176 页。

在面临现代社会的多种挑战之中取得成功和进步，关键的一环就在于大学校长能有效发挥领导作用。

“大学的生命是大学之人所赋予的，大学的领导者则是赋予大学生命的主体，只有那些具有远见卓识，称得上是教育家的领导者，才能赋予大学以旺盛的生命力，并能敏锐地把握时代发展的要求，深刻认识大学的发展水平，把握住大学的发展机遇，按照大学发展的规律，促进大学良性发展。”① 正是一代代高素质校长的出现，才最终推动大学成功。一般来说，首先，一流大学的校长应该是专家学者，具备科研和教学经验，否则就难以理解和尊重教授，也难以服众；其次，一流大学的校长应该是教育家，不仅热爱教育事业，而且形成独特教育观念并能自觉运用于教育实践；最后，一流大学的校长还应该是政治家，不仅具有高度的政治敏锐性，而且具有非凡的气度和雅量。② 除了校长之外，一流大学通常还会具有一支业务精干、能力出众且忠于职守的行政管理队伍。相较于教师来说，大学对于行政人员的存在意义更为重要，许多行政人员将大学看成是终身工作之所，更加乐于为大学事务服务。

（二）资源丰富，经费充裕

美国一流大学除了拥有雄厚的人才队伍之外，还享有充足的办学资源。正是源源不断的财政支持支撑起美国高等教育的大厦，而一流大学更是这座大厦上最顶尖的部分。

充足的办学经费是世界一流大学形成与发展的最基本的物质条件，也是世界一流大学的一个重要特征。通观世界一流大学的办学经费，视规模不同，年度经费可为数亿至上百亿美元。③

众所周知，兴办高等教育是一件极为“奢侈”的事业，没有稳定的经费投

① 张金辉著：《耶鲁大学办学史研究》，中央编译出版社 2009 年版，第 171 页。

② 贺国庆：《关于建设高水平大学的思考》，《教育研究》2005 年第 12 期。

③ 王英杰、刘宝存著：《世界一流大学的形成与发展》，山西教育出版社 2008 年版，第 365 页。

入，任何一所大学都很难保持其一流的学术水准。从这点来说，美国大学的成长环境是甚为优越的。

1. 政府的财力保障

克拉克（Burton R. Clark）曾说："在第二次世界大战后的几十年内，在学术研究的规模和强度方面发生了质的变化，由于科研经费的巨大增长，大科学出现了。经费从私人来源转到政府来源，'联邦政府的兴趣'现在成为景色中的永久部分，大学的系规模很大，而且极端以科研为中心。"① 美国政府在保障一流大学的财力与物力资源方面的作用极为重要，之所以如此关注并且进行持久性的投入，根本原因还在于大学是政府实现公共目标的重要工具。正如霍尔科姆（Randall G. Holcombe）所说："高等教育中的历史、语言和社会科学得到国家资助，是因为这些领域的学科对于发展高等教育合法性的思想和理论极其重要；自然科学的研究和国防技术的联系极其密切，这是政府资助自然科学研究的根本原因"②。这种源源不断的财政投入，客观上为大学的发展提供了充足的经费保障，为大学走向一流奠定了财力基础。美国政府对于一流大学的投资是极为惊人的，表 14-2 显示了 1995—2015 年联邦政府用于高等教育的经费及其构成，其中投入到高校科研中的经费绝大多数都集中于少数一流大学。

表 14-2 美国联邦政府预算内高等教育经费的类型及来源构成变化情况③

经费类型及来源	1995 年（千美元）	2005 年（千美元）	2015 年（千美元）
预算内总经费（中等教育以上）	17 618 137	36 405 123	56 953 714
联邦教育部	14 234 000	28 769 589	38 981 641
联邦学生资助金	7 047 000	14 667 843	31 092 464

① ［美］伯顿·克拉克著，王承绪译：《探究的场所——现代大学的科研和研究生教育》，浙江教育出版社 2001 年版，第 136 页。

② Randall G. Holcombe. A Theory of the Theory of Public Goods, *Review of Austrian Economic*, 1997, 10 (1), pp. 1-22.

③ U. S. Government Publishing Office. Fiscal Year 2016 Budget of The U. S. Government, http://nces.ed.gov/programs/digest/d14/tables/dt14_401.30.asp? current=yes.2015-11-12.

续表

经费类型及来源	1995 年（千美元）	2005 年（千美元）	2015 年（千美元）
联邦家庭教育贷款项目	5 190 000	10 210 063	2 269 320
大学实验室合作项目	8 552	+	32 861 567
大学科研项目经费	15 677 919	30 216 343	+

从表 14-2 能够看出，美国社会对于高等教育的投资规模是极为庞大的。根据阿特巴赫的统计，80％的联邦政府研究经费最终都分配给了处于美国大学体系顶端的 100 所学校。

2. 一流的筹款能力

任何一个组织，无论是营利性的还是非营利性的，收支平衡是其存续下去的基础。对于美国一流大学来说，获得充足财源保障的集资能力极为重要。从一流大学的发展历史看，那些重视建设并获得强大自主筹资能力的大学往往能够得到持续发展，并获得成功；而那些忽视资助筹资能力建设的大学，常常会经历较大的起伏，甚至失去已有的地位。① 20 世纪初，一些曾经与美国大学并驾齐驱的欧洲大学，由于失去了自主筹资能力，几乎完全依靠政府投入，大学发展长期受到政府财政状况的影响，结果这些大学逐渐僵化，人才大量流失，不再有过去的辉煌。

社会捐款对于美国的许多大学成长为世界一流大学至关重要，与欧亚许多大学不同，美国的大学不会过度地受制于政府经费投入和国家政策的变动，学校的声誉越好，吸引捐款的能力也越高。表 14-3 反映的是美、英两国部分大学所获捐赠基金的差别，从中便能直观看出两者在总量上存在差距，而这种差距最终影响到大学的水平和声誉。

① 王英杰、刘宝存著：《世界一流大学的形成与发展》，山西教育出版社 2008 年版，第 298 页。

表 14-3 2006 年美、英两国部分大学所获捐款基金情况①

美国	所获基金总额（亿美元）	英国	所获基金总额（亿美元）
哈佛大学	289.16	剑桥大学	61
耶鲁大学	180.31	牛津大学	38
斯坦福大学	140.85	爱丁堡大学	34
得克萨斯大学	132.35	格拉斯哥大学	2.3
普林斯顿大学	130.45	伦敦国王大学	2

一流的大学总是建立于充足的研究经费基础之上，这一点在美国大学走向成功的过程中得到了极大体现。以耶鲁大学为例，20 世纪 50 年代在耶鲁大学走向名校的关键时期，时任大学校长格里斯·沃尔德凭借个人魅力为这所大学筹集到大量的办学经费，从而保障了耶鲁大学的教育质量。“在其任职期间，耶鲁的捐赠基金由 1.2 亿美元增加到 3.7 亿美元，耶鲁大学大兴土木，耗资 7 500 万美元建造了 26 座建筑物，从而改变了大学的校园面貌。同时，大量更新科研设备，资助自然科学研究，迎接时代发展的挑战。”② 优越的生活和工作环境使得耶鲁大学文理各科教师安心工作，其教学和科研水平迅速提高，为后来耶鲁大学始终保持世界一流水准打下了基础。

世界一流大学筹资能力的形成和巩固不仅需要成熟的筹资策略和专业的资产管理作为其筹资活动的保障，而且需要卓越地完成教学、科研等大学核心功能。③ 世界一流大学的形成和发展是大学各项能力逐步形成和不断增强的过程，其中大学的自主筹款能力正是大学形成可持续发展能力的重要基础之一。

（三）管理规范，自主办学

世界一流大学不仅具有一流的学科、一流的师资、一流的学生、一流的办学

① ［摩洛哥］萨米著，孙薇等译校：《世界一流大学：挑战与途径》，上海交通大学出版社 2009 年版，第 20 页。

② 陈宏薇编著：《耶鲁大学》，湖南教育出版社 1990 年版，第 41 页。

③ 王英杰、刘宝存著：《世界一流大学的形成与发展》，山西教育出版社 2008 年版，第 305 页。

条件，而且具有一流的管理。一流的管理既是世界一流大学形成的重要条件，也是世界一流大学的重要特征。大学的办学水平离不开学校规范的管理体制。美国有的大学早在19世纪60年代便跻身世界一流大学行列，这与美国在高等教育管理中注重将自身办学传统与外来先进理念相结合有一定的相关性。

美国一流大学管理理念的显著特征就是自治、自由和竞争。精英化的人才队伍和充足的资金保障奠定一所大学成为高水平大学的物质基础，然而这些条件只有与科学合理、民主自由、开拓创新并符合高等教育发展规律的内外制度体系相结合时，才能最终保障大学真正成为研究学问的圣地，也才能激发大学人才的创造性和生命力，提高大学的整体办学水平。自治主要靠订立大学章程、执行大学章程来实现，还要坚持高等教育自身发展逻辑，建立一系列规章制度。

许多美国大学都认识到："如果没有一个能够吸引高水平教师、奖励高效率、提供稳定工作的学术职业体系，大学就不可能实现高水平教学、科研创新及创建'世界一流'的使命。"① 因此，大学作为一个特殊的社会组织，其在制度建设时必须坚持大学自治和学术自由的理念，这是美国所有一流大学之所以成功所享有的普遍经验。

有些美国一流大学的建校历史长于国家诞生的历史，这些大学从建校起就盛行学校自治与学术自由的理念。

学术自由（academic freedom）是指学者在进行教学、科研工作时享有自由追求真理的权利，不因触犯某些外在的政治、宗教、文化传统及权威而受到追究。学术自由绝非意味着学者在研究道路上不受任何约束，而是必须在宪法和法律的框架内予以体现，学者们应对所进行的研究负道德责任。由于研究者所从事的探索活动往往在公众日常视野之外，因此他们应具备道德自觉。

从理论上讲除了其他学者，再也没有什么人能够检验学者的道德。自治意味着把制定学者公认的基本规范和决定学者行为准则的责任交给了他们自己，实现

① ［美］菲利普·G. 阿特巴赫著，陈沛、张蕾译：《国际高等教育的前沿议题》，上海交通大学出版社2014年版，第71页。

自我约束。从这一方面讲，学者们是真正负有相应责任的专业人员。①

曾任哈佛大学校长的德里克·博克曾提醒人们："学术自由问题值得我们深思，因为这些问题的解决直接关系到大学功能的作用方式及其智力活动的潜在价值。"② 正是对于学术自由传统的坚守，美国的大学才能在一流大学之路上更加满怀信心和富有活力。

大学自治是指大学有掌握和管理自身事务的权力，它包括大学基本自治权（substantive autonomy）和大学程序自治权（procedural autonomy）。基本自治权是指大学或学院根据组织章程享有自主决定学校发展目标和前进方向的权力，而程序自治权则是指大学或学院根据组织章程享有自主选择实现学校目标和发展方向的方式和手段的权力。

在漫长的历史演进过程中，私立大学作为一种特殊机构被公认为享有高度的自治权力，它可以合法地不受国家、教会以及其他非官方组织和个人的干预和束缚，大学内部的管理机构（通常为董事会）以法人代表资格而非个人资格来决定大学的事务。公立大学也享有充分的办学自主权。中世纪欧洲大学是作为一种特殊的行业协会而发展起来的，其自治性质极其鲜明。美国大学一方面继承了中世纪大学的自治传统，另一方面又结合了建立在契约精神之上的独立董事制度。这使得大学的自治有了自身特色。美国一流高校实行大学自治的内容主要包括：在大学内部事务的管理上要免受非学术势力干预；以大学人员认同的方式自主地分配学校资金；自主地招收教职员工并订立其工作条件；自主地选择学生；自主地设计和教授课程；自主地选择评价标准和方式。③

学术自由和学术自治是一所大学成为和保持世界一流大学的必要条件。然而除了这些条件之外，大学还需要在改善管理、促进竞争、提高效率方面做一些重

① ［美］约翰·S. 布鲁贝克著，王承绪等译：《高等教育哲学》，浙江教育出版社 2001 年版，第 120 页。

② ［美］德里克·博克著，徐小洲等译：《走出象牙塔——现代大学的社会责任》，浙江教育出版社 2001 年版，第 17 页。

③ E. Ashby & M. Anderson. *Universities: British, Indian, African, A Study in the Ecology of Higher Education*. Weidenfeld & Nicolson, 1966, p. 296.

要的工作。大学要有“善于鼓舞士气且有恒心毅力的领导人，坚定有力的学校战略愿景，追求成功和卓越的哲学理念，不断反省的文化，有组织的学习以及创新变革等”①。总而言之，只有将高效的科学管理与自由自治的传统理念相结合，大学才能最终实现追求卓越的目标。

三、美国一流大学的现实挑战

奥尔特加曾经指出：“大学不仅需要与科学进行长期、永久的接触，否则就会萎缩退化；而且需要和公共生活、历史事实以及现实环境保持接触，大学必须对其所处时代的整个现实环境开放，必须投身于真实的生活，必须整个地融入外部环境。”② 大学是历史与现实交合的产物，随着时代的发展与社会的转型，即使是美国最顶尖的一流大学也面临着一系列现实挑战。

（一）经费负担加重

对于任何一个国家来说，一流大学从来都是极为“奢侈”的机构，它们比其他大学需要更多的资金，这些资金需要用于支付给教师优厚的薪资，配备与其使命相称的硬件设施，提供给学生较高的奖学金等。一流大学必须有足够、持续、稳定的资金来源，这是其成功的关键因素。然而21世纪初的金融危机对美国一流大学造成了重大影响，如何从捐赠、知识产权转让、校友馈赠、社会咨询服务和学生学费方面获得足够的资金成为许多一流大学面临的现实挑战。

自从20世纪70年代以后，美国高等教育的政府财政支持体系不断发生变革，传统的由政府投入占主导的支持模式逐渐演变成以联邦政府、州政府和学生家长三方投入相结合的模式，学生缴纳的学费成为重要补充。面对一度出现的财政危机，许多一流的美国私立大学已经开始向学生收取更多的学费，然而由于法律和其他原因，公立大学不能这样做。就目前境况来说，一流公立大学资金的固

① ［摩洛哥］萨米著，孙薇等译校：《世界一流大学：挑战与途径》，上海交通大学出版社2009年版，第25页。

② ［西班牙］奥尔特加·加塞特著，徐小洲等译：《大学的使命》，浙江教育出版社2001年版，第98页。

定来源渠道有三大支柱：学生缴纳的学费、州政府的拨款和联邦政府的资助金。大学的经费不足大多是因这三大支柱的平衡出现了问题。

在有的时期，学费上涨和学生助学资金减少，确实损害了许多青年人的高等教育平等入学的权利。许多学生不得不选择非全日制就学，也许还要增加工作时数来换取学费，同时随着学生贷款和债务的增长，越来越多的学生无法承受四年制大学的高额费用，许多贫穷家庭的学生考虑放弃就学机会，从而加剧了教育不公平问题。另外，“由于缺乏足够的经费，许多大学不得不减少各种教学计划和项目，减少教师，推迟更换、维修设备设施，缩减新技术、新设备的购买，缩小学生服务的内容和范围，从而影响整个教学水平的提高和发展”①。财务负担已经成为许多美国一流高校不得不面对的现实压力：一方面是大学在当前社会中有越来越多的问题需要投入更多的资金进行改善，另一方面是政府财政支持力度下降和私人募集意愿下降，多方因素的冲击使得美国一流大学在未来将会面临许多变数和挑战。

（二）问责机制兴起

20 世纪 80 年代以来，美国社会在高等教育领域中掀起一股日益严重的“问责”风潮，在这种情形下，公立一流大学在维持大学自治和学术自由方面越来越受到诸多挑战，它们将更多地受到管制规则和硬性制度的约束。私立一流大学，即使在科研项目等方面获得了联邦政府或州政府的资助，也需要接受检查与验收。

问责制的本质是外界对于大学事务的干涉与介入，其背后的深意则是在当前社会，大学已经深刻卷入社会事务中，以政府为代表的公共力量已经不容许大学成为少数人控制的场所。这就解释了许多看似遗憾的事件发生的原因，“就像战争意义太重大，不能完全交给将军们决定一样，高等教育也相当重要，不能完全留给教授们决定。……在那些过去给予大学自治权的领域内，政府机构也强制实施他们的关于工作量和师生比的想法。在我们这个时代里，州协调委员会和地区

① 杨晓波著：《美国公立高等教育机制研究》，山西教育出版社 2008 年版，第 36—37 页。

以及专业审定机构，无论它们可能起的作用有多好，都毫无疑问地限制了许多学院和大学的学术自治”①。问责的兴起在一定程度上干涉了大学自治的传统。

阿特巴赫认为：“传统大学管理理念是强调自主权，大学一直努力与外界保持适当距离，以免自己受到外部机构的直接控制。然而，随着大学规模的扩展和成本的日益上涨，高等教育的经费提供者（主要指政府）向大学施加巨大压力，希望各大学承担绩效责任，自治与责任的冲突是近年争论的焦点之一。”②

在这种情况下，大学的自主权无一例外地受到了严重冲击。联合国教科文组织（UNESCO）曾在《关于高等教育教师情况的建议》的报告中认为，高等教育对于个人和社会的发展具有无可替代的作用，同时对因政治力量向大学渗透而产生的压力表示担忧。报告明确指出：“政治介入会严重影响到大学的学术自由和独立自主，政府需要重新明确大学作为一个自治机构所拥有的权力。”③ 尽管美国一流大学与政府之间长期存在着自治与控制权的争夺，然而从根本上说，两者之间既存在冲突与对抗，又存在依赖与合作。政府既希望加强对大学的问责与控制，又必须将这种控制约束在一定范围之内；反观大学，尽管希望避免政府的干预，却又在资源获取方面无法摆脱对于后者的依赖。双方始终维持一种动态平衡的矛盾关系。

政府对高等教育的管制趋势逐渐加强，以确保高等教育履行其公共责任。政府对于高等教育进行问责与管制是因为后者具有三大法律职责：第一，大学应向公众说明高等教育经费的使用途径和方式；第二，高等教育领域必须遵守社会的法律制度；第三，政府应该协调高等教育机构之间的关系，以减少项目的重复设

---

① ［美］约翰·S. 布鲁贝克著，王承绪等译：《高等教育哲学》，浙江教育出版社 2001 年版，第 32—33 页。

② ［美］菲利普·G. 阿特巴赫等主编，施晓光等主译：《21 世纪的美国高等教育——社会、政治、经济的挑战》，中国海洋大学出版社 2007 年版，第 19 页。

③ Recommendation Concerning the Status of Higher-Education Teaching Personnel, http://www. unesco. org/new/fileadmin/2015-11-11.

置，增强公共资源的利用效率。① 虽然政府对于高等教育实行某种程度上的管制是无法避免的，然而自从 20 世纪 90 年代以来，许多一流的公立大学却感到在以下几个方面受到政府的掣肘：限制大学在财政年度内资金再分配的权力；对高校的采购、人事以及基本建设等方面实行管制；对高校保留和管理自创收入进行管制，其中包括学费和杂费；实行收支平衡政策，要求大学上缴未花完的拨款资金；对大学事业费进行预先审计。② 在一种问责成为常态的社会环境下，如何在学校自由办学、自主发展与来自社会外在压力之间保持平衡，对美国一流大学在未来实现有序的可持续发展是一种考验。

（三）优质人才缺乏

全球化对于一流大学来说，既是一种机遇和福音，又是一种危机和挑战。全球化意味着大学能够在全球范围内增强其知识和学术的影响力，能够将全球的资源借为己用，也意味着大学要面临来自全球各个组织和机构的竞争压力，其中最重要的就是对人才资源的竞争和抢占。全球化意味着交流和迁移的边界被打破，许多珍贵的人才和学术资源将会从一个国家流往另一个国家、从一个地区流往另一个地区、从一所学校流往另一所学校。对于有些缺乏雄厚财力的一流大学来说，全球化的挑战超过机遇，这是由于在一个开放多元的学术市场中，最优秀的教师和学生将会为外界更优厚的资源所吸引，同时全球化带来的教师晋升和科研成果的衡量标准，将会严重冲击许多大学的原有地位。人才是建设世界一流大学最为重要的基础因素，置身于当前竞争日趋激烈的全球学术市场中，无论在吸引顶尖的教授还是学生上，都面临困难和压力。大学不仅要同其他高校进行竞争，同时还要与不同类型的知识部门进行人才抢夺。相较于其他部门所能提供的丰厚的薪酬条件，大学的资源往往并不优越，这就使得人才的流失难以避免。

自从 20 世纪 90 年代以来，随着大批成就斐然的教授开始退休，美国一流大学出现骨干教师人才断层问题，各方都在全球范围内加大对智力资源的争夺。然

---

① Walter C. Hobbs. *Government Regulation of Higher Education*. Ballinger, 1978. p. 163.

② 参见杨晓波著：《美国公立高等教育机制研究》，山西教育出版社 2008 年版，第 187 页。

而就目前情况来看，随着高校教师职业的工作压力不断增大、终身教职制度不断受到外界指责和质疑，以及教师职业声望下降等因素的凸显，大学教师职业相对于其他职业来说，其优势正在不断丧失。换言之，教师职业在一定程度上失去了对于人才的吸引力，大学现在正面临着一定的人才危机：一方面是大学难以吸引来优质人才队伍；另一方面则是原有的人才不断向其他行业流动。在阿特巴赫看来："对于责任的需求、不断增进的科层化、财政困难以及学生构成的多样化等，都对大学教师职业提出了挑战，由于今后一段时间内在许多领域中还会有比较多的职业可供选择，学术职业的薪水比不上私立部门，并且传统的学术性生活方式已经恶化，学术界很难吸引'最优秀的和最有才华的人才'。"① 人才缺乏的另一个表现就是，大量兼职教师出现在大学之中。截至 2013—2014 学年，美国高校约有教师 1 544 100 名，其中全职教师的数量为 791 400 人，兼职教师的人数为 752 700 人。相较于 1993 年（369 800 人），兼职教师的数量增加了 104%，其占高校教师的比例从 39%增长到 49%。② 聘用兼职教师在一定程度上可以帮助高校缓解教师短缺的压力，还可以节约教育成本，然而从长远来看，这种做法将会危害教育教学质量。当然，笼统地说高校缺人才，招不到好教师，也不够准确。一流大学应聘者门庭若市，获聘者寥寥无几。不过，一流大学也不可高枕无忧。如何在全球化时代借助于国际资源来充实自身的人才队伍，同时防止人才流失，是许多美国一流大学当前面临的现实挑战。

（四）办学理念摇摆

一流大学之所以能够保持较高的学术水准和极佳的社会声望，与其所坚持的教育传统与办学理念密切相关。以耶鲁大学为例，其始终强调"大学是囊括大典、网罗众家并能畅所欲言的机构，同时大学应扩展、丰富、保存和传播知识与文化，更为重要的是，大学应与社会即时的、功利的需要保持一定距离，不为世

---

① ［美］菲利普·G. 阿特巴赫著，人民教育出版社教育室译：《比较高等教育：知识、大学与发展》，人民教育出版社 2001 年版，第 17 页。

② NCES. The Condition of Education 2015，http：//nces. ed. gov/programs/coe/indicator_cuf. asp，2015-10-17.

风所左右，不随波逐流”①。可以说，对于传统大学理念的坚守和贯彻为许多大学赢得了外界的广泛赞誉和声望，同时也推升了大学的学术地位。

在许多人看来，现代大学对于学术理念的传承就像过去的教会对于宗教神圣感的追寻一样，是一种超越世俗的信仰。美国学者丹尼斯·贝尔（Danis Bell）曾在一次演说中将大学称为一种“世俗化的教会”，“对于许多人来说，大学已成为社会中的超自然机构，因为它似乎发展着社会的观念，在这里，人们感到自己背后有强大后盾——学者、学问、书籍、思想和过去”。他认为大学继承和保留了教会的许多职责。② 在李普曼看来，今天人们必须求助于大学而不是教会或政府，因为我们个人或社会行动的成功最终都建立在我们对自然、宇宙的认识之上，建立在我们对历史长河中人类命运的真实信念之上，建立在关于善与恶以及如何区分善恶、关于真理以及区别真理与谬误的认识之上。在以往的时代，这些问题的答案由牧师、国王、皇帝、朝臣、官吏和部长说了算，而现在，所有这些人都必须让位给全体学者。③ 从一定程度上说，大学成为现代社会中许多人的精神寄托，它被看成心灵的最后一块净土，特别是对于那些被公认为世界一流的大学来说，更是许多学子魂牵梦萦的“乌托邦”和“象牙塔”。可以说，大学凭借其追求学问的理念价值为自己的存在赢得了特殊地位。

尽管面临如此多的压力与挑战，美国的世界一流大学并没有走向衰亡，反而迸发出更强的活力与竞争力。克拉克·克尔曾说：“现代美国多元化大学为什么能够存在？纵观整个高等院校史，它在服务于文明社会众多领域方面所做的贡献是无与伦比的。”④ 克尔的观点无疑代表着一种较为普遍的看法，从这一角度来说，人们对于无限知识与卓越智慧的追求将会永远激励着大学不断向着一流的方向前进。实际上，美国一流大学的形成不仅是一种社会组织与机构的出现，更是对一种特殊的知识和学术观的贯彻。当然，基于一定的理念而建立相应的机构绝

---

① 张金辉著：《耶鲁大学办学史研究》，中央编译出版社 2009 年版，第 5—6 页。

② Danis Bell. Reforming General Education. In C. B. T. Lee（ed.）. *Improving College Teaching*. American Council on Education，1967，p. 139.

③ 参见［美］约翰·S. 布鲁贝克著，王承绪等译：《高等教育哲学》，浙江教育出版社 2001 年版，第 140 页。

④［美］克拉克·克尔著，陈学飞等译：《大学的功用》，江西教育出版社 1993 年版，第 26 页。

非易事。随着知识经济和科技进步的发展，公众对于一流大学的追求将会更加迫切。然而我们应该认识到，所有的一流大学特别是那些致力于成为世界上最高水平的研究型大学，是基于特殊历史机遇、现实条件和发展理念等综合因素所形成的特殊机构，如果没有众多内外因素的相互作用，一流大学的出现总是难以奢望之事。建设一流大学是一个漫长而复杂的过程，需要几十年持之以恒的决心和毅力。

萨尔米说：一流大学通常是那些能够在知识发展、教学科研、人才培养等方面做出重大贡献的学校，这些学校通过科研促进知识发展；在最优越的教学环境下用最有创新性的课程和方法进行教学，且寓科研与本科生教学于一身，使得学生在校时便极为优秀，也能在毕业后表现出色。正因为如此，它们被称为世界一流大学。①

是否为世界一流大学，不在于规模大小，而在于教师队伍学术能力的强弱、学生群体质量的高低和科研成果的优劣。世界一流大学的创建既需要巨大的经费投入、优秀的人才汇集，同时也需要尊重学术自由和大学自治的文化，以及有利于科研的高效管理策略。从这一角度来说，大学走向一流，既需要花费长久的时间，也需要社会与学校各方的共同努力。

结语

世界一流大学都经过长期沉淀而形成。哈佛大学、耶鲁大学拥有几百年历史，其办学理念和特色、丰富的教育资源和优质的育人环境都是在漫长历史发展中形成并逐步完善的。世界一流大学需要秉承传统并形成发展特色。世界一流大学都有自己的办学特色，教育资源和育人环境不但为它们的人才培养提供了沃土，也为它们的高水平学科发展和科学研究创造了极为有利的条件。具有特色的

① ［摩洛哥］萨尔米著，孙薇等译校：《世界一流大学：挑战与途径》，上海交通大学出版社 2009 年版，第 59 页。

教育文化氛围，熏陶了一代又一代的学子，并成为推动自身发展而长盛不衰的物质和精神动力。世界一流大学也需要不断创新。一所大学只有在各方面不断地创新，才能保持在世界一流大学的行列。无论在学科建设上还是在人才培养上，它们都在不断地适应社会时代发展的需要，始终强调创新的思想和理念，要求学生独自思考、积极实践、努力创新，以培养出优秀的创新人才。同时，在教学管理上，它们依据精英人才培养和学术研究需要，适时进行必要的调整，在继承传统的基础上不断寻求创新的管理模式。世界一流大学具有国际性，其学生和教师大都是来自全世界的各路精英，从而确保它们能够吸引全世界最有天赋的人才，不断分享最新的观点和方法；同时，能够成功地调动国内和国际学术人员资源，使学校知识网络实现最大化。国际性主要体现在教师和学生、学科发展和科学研究以及学校管理等多个层面。它们面向全球招聘世界一流的教师和管理人才，招收世界各地最优秀的学生，开展高水平的跨国研究，培养具有世界眼光的人才。

第十五章

美国高等教育之趋势展望

美国高等教育目前在世界独领风骚，并且将会在今后一个时期内继续保持世界领先地位，然而这一状况并不能保证其未来发展之路一片光明。事实上，美国高等教育面临着一系列严峻挑战。为了有效迎接挑战并不断增强自身活力，美国大学及其多种支持力量正在积极寻找出路，其效果如何还难以做出定论。理性地研究和认识美国高等教育的现实状况，无疑会对人们把握世界高等教育发展的未来走向提供帮助。

一、美国高等教育的外部环境

在当下和未来的较长一段时期内，美国高等教育改革与发展将会继续受到内外多种因素的影响和制约。这些因素既来源于国际形势的发展，又受制于国内各种力量的此消彼长，各种因素的兴衰存亡都将与未来美国高等教育发展交织在一起。

（一）美国高等教育面临的机遇

第一，国际形势大致稳定。当前，虽然局部争端或局部战争时有发生，但和平与发展仍然是时代主题。国际环境的基本面没有发生根本变化，经济全球化深入发展的大势没有改变，新兴市场国家和发展中国家整体实力增强，国际力量对比朝着有利于维护世界和平的方面发展。这种状况有利于促进高等教育国际交流，增加留学需求，促进各国与美国的交流与合作。

第二，经济全球化格局仍在。经济全球化是当今世界经济的重要特征之一。资金、技术等生产要素在全球范围内流动和优化配置，给各国经济带来了活力，有力地促进了世界生产力的发展。国际资本、技术、人才、资源以及先进的管理方式和理念，在各国间流动与竞争。经济全球化加深了各国间的相互依存。发达国家之间，发展中国家之间，发达国家与发展中国家之间，都在经济全球化进程中更加紧密地联系在一起，形成了命运共同体。“9·11”事件后，美国一度将反恐作为战略重点。奥巴马政府时期，把重振经济放到优先位置，明显提升了经济在对外战略中的地位。在经济全球化的洪流中，美国经济得到复苏，新型制造业重返美国国内。美国建立起了完备的现代产业体系，基础设施日益完善，能源保障和交通运输能力显著提高，就业机会得以增加，高等教育消费能力得以提升，高等教育需求得以刺激，高等教育保障水平得到提高。

第三，新一轮科技革命和产业变革孕育新突破。当前，物质结构、宇宙演化、生命起源等基础学科领域正在取得重大突破性进展，信息、生物、能源、材料、海洋和空间等应用科学领域不断发展，带动关键技术交叉融合、群体跃进，变革突破的能量在不断积累。这些变化，大大丰富了高等学校的教学内容，增加了高校科研的选题，让大学的教学、科研人员更有用武之地。尤其是，信息技术的不断进展，超乎许多人的想象。移动互联网技术和网络新媒体的广泛应用，迅速改变着世界的时空距离，冲击着人类的传统生活与学习方式、思维观念和教育生态。云计算和大数据已成为国际科学界的重要现实。这些情形，使得美国高校的教学方式发生了重大变化，学生获得学习资源更加便捷，教育传输手段更为高效。

（二）美国高等教育面临的挑战

美国历来存在着许多对于大学的批判声音，这些声音来自社会的各个方面，既有学校之中的看法，也有校外人士的判断，从学术伦理到学术自由，再到有关教师任职制度的争议。可以说，美国大学几乎在各个方面都面临着质疑和不满。

近年来，美国大学一直承受着来自社会和政府的压力，后者要求大学为它们所收到的大量公共资金负责而做出更优异的成绩。在一些人看来，如果不对大学施加足够的控制，大学就会缺少长久的计划，甚至会沦为少数人实现自身利益的工具。更令人忧心的是，学校之外的许多控制力量正在极力介入大学事务的管理，一些令人担心的事情正在发生，比如种族和阶层问题。高等教育毫无疑问将继续反映美国种族的日益多元化，许多精英学校将会调整对于非白人族裔学生的招收。同时，如果政府对于高等院校的支持没有增加，那么低收入阶层学生的入学率将会明显下降。这将会成为美国社会一个至关重要的问题，因为在相当一段时期内，潜在大学生的大部分增长将会来自低收入阶层且非白人族裔的家庭中。除了人口与种族问题之外，美国高等教育还面临着全球竞争力的下降、科技进步的压力、高校办学经费不足、入学机会不公平与高校问责制的推广等一系列的挑战。2020 年肆虐全美的新冠肺炎疫情，使美国高校面临的窘境雪上加霜。

1. 日益增长的竞争压力

知识经济时代，高校所承担的各项活动，如创造知识、整合知识、传播知识和应用知识，比过往更加有价值，因此许多国家都在加大对高等教育领域的投入。在全球范围内，大学所面临的市场竞争更加激烈。由于世界上的其他地区正在逐步增强自身高等教育的数量与质量，因此作为世界一流高校代表的美国大学不得不做好迎接挑战的准备。此外，相较于其他国家的高等教育发展，美国的情况更为复杂与多元，没有一个国家像美国一样拥有如此众多层次分明的院校类型（公立、私立、大学和社区学院等）。另外，不同于其他国家大都选择对高等教育机构进行集中化的国家管理模式，美国高校中的师资建设、学生招收和资源招募更多地受到市场竞争的影响，而且美国大学除了要满足基本的教学和科研任务外，还要承担社会服务的诉求和责任。这一系列因素决定了美国高等教育在未来面临着巨大的竞争压力。

在过去的世纪里，大学对学科、教师、学生和文凭的集中控制很明显。大学不仅负责规定学术学科和学术成员的身份，还要控制当今社会主要专业的入口。学校对颁发学位的控制程度导致了一个控制紧密的竞争市场，就像许多垄断的专利组织。①

尽管就目前情况来说，高校的地位仍不可动摇，没有一种力量或机构能代替大学在人才培养中的地位，然而从长远角度来说，大学的垄断地位会面临未来社会知识增长与经济需求带来的严峻的冲击。面对此情此景，有迹象表明许多美国高校正逐步适应市场的要求而跨越传统地域来参与优质资源的争夺，部分大学将自身看成是国际性机构，在国际市场上与其他国家的高校进行竞争。

尽管美国拥有世界上最多的高水平大学，但其他国家也在急起直追，一些国家高水平毕业生和创新科研成果也在迅速增多，这无疑表明，美国的相对地位在下降。在主要工业化国家中，到 2010 年，美国高等教育普及率降为第 9 位，完成率降为第 12 位。同时，美国的科技竞争力也在相对下降。据《科学与工程指标 2008》统计，就科学和工程领域发表的论文和引用情况看，美国的竞争力不容乐观。对 1995 年、2000 年、2005 年 3 个年份 3 项指标进行比较，美国都表现出绝对下降或相对下降。就论文占有率指标看，美国下降了 16.9%，欧盟上升了

① ［美］詹姆斯·杜德斯达著，刘彤主译：《21 世纪的大学》，北京大学出版社 2005 年版，第 247 页。

5.5%，亚洲十强上升了45.6%；就引用前1%论文占有率指标看，美国下降了12.4%，欧盟上升了17.4%，亚洲十强上升了53.1%；就高引用论文占有率看，美国上升了5.8%，欧洲上升了12%，亚洲十强上升了5.1%。在前两项指标中，美国表现出绝对下降，欧盟明显上升，亚洲十强大幅度上升；而在后一项指标上，美国的表现也远落后于欧盟，只不过以微弱的优势超过亚洲十强。① 2010年11月4日，美国时任教育部部长邓肯（Arne Duncan）在访问联合国教科文组织时表示，目前高等教育和就业市场的国际竞争日益激烈，经济体系日益扁平化，辍学或没有大学学历的青年将无法找到工作。他承认，在上一代人中，美国接受大学教育的人口比例曾领先于世界其他国家，但现在只排到第九位。如果美国人受教育程度领先于全球其他国家，美国必将获得相对更好的发展。

2. 科技进步的冲击

随着网络信息技术的迅速发展，过去在美国高校盛行的课程内容、教学方法以及教育管理方式都面临巨大的变革压力和挑战。新技术的开发与使用为降低教育成本、提高教学效率和效果、实施绩效责任制、实现信息的透明和公开等，提供了现实条件。例如，麻省理工学院已经把各课程内容全部电子化，并挂到网上，让校内外、国内外学员浏览。不过，网络信息技术让大学生拥有广阔学习、娱乐、交友空间的同时，也常常带来负面效应。为此，美国有识之士认为，高等教育应培养学生适应未来就业的广泛能力，而不能困于科技带来的便利条件中故步自封，最终不进反退。随着科学技术的进步，知识不断分化与集约，这对以大学为代表的高等教育机构中的传统学术科研模式提出了新的挑战。知识与科技的增长导致大学中的原有学科体系面临改组，从而引起学科和跨学科的教学与科研事务中出现不平衡的现象。学术分科成为现代大学的主导趋势，这一趋势要求学者、管理者和学生群体对自己依托的专业越来越细化。科技的发展与进步不仅是一次机遇，更是一种现实挑战。

从长远来看，通过信息技术和网络平台的普及与推广，人们已经能够实现随

① 姚锐：《新千年美国高等教育国际化动向及其政策背景》，《高等工程教育研究》2010年第1期。

时随地获取所需求的知识与信息。正是由于这些传播方式的变革，人类进入了学术进步与知识爆炸的新时代，新的观念也正在迅速改变我们的传统视野和研究范式。“新知识的增长给大学带来许多挑战，同时也带来许多新的机遇，为了适应这种形势，高校中的人要学会容忍更多的模棱两可，承担更多的风险，这可能意味着我们的学术环境不再像以前那样自在，可能要把我们曾经保持了很长时间的稳定打破。”① 就目前情况来说，信息技术已经对大学科研活动产生显著的影响，在美国过往的历史时期中从未发生过速度如此快、时间如此短而需求如此强的技术变革，这一技术突破了传统的时空观念，能够为任何人在任何地点提供教育服务。高等教育的市场在扩大，然而随着新媒体的加入，竞争也将更加激烈，现行大学模式可能已经无法应对科技进步所带来的机遇与挑战。

3. 高校办学经费不足

一般来说，美国高等院校的资金来源主要包括以下几种途径：联邦政府提供的研究资助和学生财政补助、州政府拨款、学生缴纳的学费、捐赠与捐赠基金收入、附属机构（如医院、学生公寓和体育活动等）收入、技术转让费与子公司投资收益。每所大学的具体收益途径各不相同，这取决于大学的特色以及所处的社会环境。美国有些大学基金雄厚，经费充裕。但总体上说，美国高等院校正面临着一场极为严峻的财务状况危机，正如詹姆斯·杜德斯达所指出的：“大学改革正面临着一些目标多样但并非总能协调的政治压力，诸如：限制教育经费支出，甚至以牺牲质量为代价；让教育得到更广泛的应用，取消国家对科研的支持经费，而这笔款项从形式到内容都是二战后就确立下来的。”②美国对公立教育的财政支持不是随意的，而是会随着国家经济状况的好坏来调整财政资源的分配。对于美国绝大多数公立性院校来说，其办学经费绝大多数来自联邦政府和州政府拨款，联邦政府资助占公立四年制学院总收入的 40%，州政府资助大约占 36%，自从 1980 年起，来自国家财政收入的比例明显下滑，另一种对国家向高等教育资助减少的理解是国家关注对每所全日制高等院校的拨款状况。政府拨款的下降

---

①② ［美］詹姆斯·杜德斯达著，刘彤主译：《21 世纪的大学》，北京大学出版社 2005 年版，第 28、5 页。

直接导致高等教育办学质量危机，进而影响教育质量和人才培养水平。

更为严重的是，美国高等教育发展中存在着一种院校升格冲动，许多社区学院提升为四年制大学，而四年制大学则纷纷开办研究生课程，州立大学则宣称要成为研究型大学。这些措施都容易导致高等教育机构重复设置，进而使得分配给每所学校的公共资源份额有所减少，许多大学都面临着资源不足的危机。许多私立学院已经越来越依靠学费和其他手段收费，只有富裕家庭才能承担。20 世纪 80 年代，美国大学和学院第一次对缩减公共财政资助做出了反应，缩减了维修设施和配套服务。随着财政支持的恶化，许多学院开始减少学术资助，并采取提高学费来维持收入，这就使得学生及其家长要为高等教育开支承担大部分责任。2008 年秋季，美国四年制公立大学的学费平均上涨了 6.4%，私立大学接受捐赠数量也受金融危机影响而减少，学费同样上涨了，提供奖学金的名额也随之削减。生均教育成本的增长超过通货膨胀增长率或家庭收入增长速度，学生贷款上学更为普遍。据美国学生贷款项目研究显示，2009 年从四年制公立大学毕业的学生平均负债达 2.4 万美元，从私立大学毕业的学生平均负债达 1.9 万美元。更为重要的是，尽管高等教育的投入已经有所不足，然而有限的投入却往往被用于扩大高等教育的规模而非提升高等教育的质量，很多地方出现了高等教育机构数量激增的情况，而且这些新增加的学校均会宣称自己是以科研为首要目标。值得指出的是，美国社会目前正在逐步告别那种将教育看成是社会应大力支持的公共事业的认识，一个具有代表性的现象就是美国公立高等教育的费用由以前的税收财政支持过渡到由学生缴纳的学费支撑。这种现象背后的依据是：既然高等教育的受益者是学生及其家庭，那么后者便应该为这项投资支付费用，换言之，由于高等教育已经变成一项私人福利，所以由此产生的费用应由直接受益人个体所承担。大学已经越来越像一个交易市场。

根据一项长期跟踪的调查表明，学费上涨与学生资助金的下降对于低收入家庭的学生影响最大，而对那些处于中等及以上阶层的学生群体的影响并不显著。伴随着高额且不断上涨的公共学费，低收入学生和高收入学生上大学的比率差距将会逐步扩大，而任何学校中两个学生群体中的比率差距都将会对有色人种产生更大的影响。一方面是社会对于高等教育教学、科研与社会服务的需要不断增强，同时大学的人员与知识发展的难度都在增加，其活动费用也在持续上涨；然而，另一方面社会对于高校的经费支持却陷入停滞甚至削减状态，这就使得家庭负担不可避免地加重，人们对大学教育的满意程度在下降。虽然近年来美国许多州的经济状况有所改善，同时也在逐步增加对于高等教育的资助，然而我们仍旧无法预测未来的经济状况及其对于国家高等教育拨款的影响。

4. 社会诉求的多元

高等教育机构本身是一个复杂多维的综合体，其中掺杂着多种多样的社会利益诉求，仅从大学事务参与者的角度来说，就涉及极为复杂的人事关系网络。大学涉及的人很多，“从内部来说，主要包括学生、教师和董事会；从外部来说，包括家长、公众、政府领导人、商业和劳动部门、企业和基金会、新闻出版和其他媒体的领袖，此外还有社会上更广范围的其他公共和私人机构”①。如何处理大学与上述诸多参与者之间的关系与利益分配问题是高等教育面临的现实挑战。

随着社会经济的不断发展，大学的复杂性与多样性将会继续增加，其任务也绝非单一。高等教育目标的多样性使得其必须重建与社会的新关系，否则就会被其他的社会机构所取代。“大学既要满足国家安全、医疗卫生和社会进步的需求，又要作为一个独立的批评者，除了传统的教学科研与社会服务外，大学还应成为国家高质量卫生保健的主要提供者之一；校园科研计划为国家安全开发出必要的新技术，通过为社会各阶层提供接受大学教育的机会，大学促进了社会进步。然而很少有人真正看到、理解并领会大学的全部，很少有人理解或关心针对某个目标或领域的联邦或各州的工作重点、政策或支持的变动，会不可避免地对大学的其他职责产生影响。”② 总体来说，高等教育要为许多利益主体的诉求负责：为学生和教师的要求负责、为教育主管部门负责、为机构投资人负责、为工会和校友负责、为商业和市场负责，如此多元的服务对象的需求和期望是大学面临的重要挑战。由于所处位置和发展愿景不同，大学所涉及的多种力量总是依据各自的利益需求和现实期望从不同角度和方式来观察和理解高校。对于受教育者群体来

---

① ［美］詹姆斯·杜德斯达等著，刘济良译：《美国公立大学的未来》，北京大学出版社 2006 年版，第 125 页。

② ［美］詹姆斯·杜德斯达著，刘彤主译：《21 世纪的大学》，北京大学出版社 2005 年版，第 26 页。

说，他们需要的是廉价而质优的高等教育；对于高校的私人基金投资者来说，他们需要高校提供优质的产品即人才资本、科研成果和社会声望；对于联邦政府、州政府和地区事务管理者来说，兴办高等教育的目的更是多种多样。在这种条件下，高等教育实际上很难切实回应每种加于其上的社会诉求，况且许多诉求本身是相互矛盾的。

大学与政府的关系问题始终是其中最为关键的问题。特别是，公立大学与州政府之间的关系至为重要，所有的公立大学都要通过州政府税收拨款这一纽带来接受公共财政的支持与影响。大学与州政府的关系往往会陷入紧张状况，这是由于大学通常会承载着多样化的使命，而这种多样化的使命会与州的管理机构行使权力的强烈欲望相冲突。公立大学运行的环境通常会有极强的政治性。由于公立大学的董事会一般由州政府确定，因此他们常常将自己的职责看成是对各种政治支持者负责，而不过多地考虑大学自身的利益。公立大学的改革和运作不得不受到政府规则的约束，许多法规只是为了维持现状。公众的意见或观念往往是过于保守的，他们容易被媒体所诱导，通过对过去大学的“理想化”想象而对当前的大学进行批判或指责，而一旦大学真正开启改革之路时，公众却往往站在改革的对立面，漠视或抵制改革的效果。公众一方面普遍强烈地支持美国公立大学应该提供高质量的教育服务；另一方面却又在降低自身对高等教育的关注度，在纳税人对于公立大学提供的经费支持越来越少之时，对于高等教育的批评与不满情绪却越来越强烈。

大学在目前面临着巨大的社会压力，为高等教育提供各种支持的人群之间在价值、需求和期待等方面存在的多样性与矛盾性是其不得不应对的挑战。美国大学的未来在很大程度上取决于其能否将各种不同群体的关注和选择适当地衔接起来，即使后者始终处于不断变化之中。美国的高等教育机构特别是大学已经告别了传统世外桃源的角色，开始被定义为一个经济、政治、社会和文化的综合体，除了兼具传统的教学、科研与社会服务的任务外，人们还期待高校能够营造提升社会活力与竞争力的学术氛围，创造新的知识，培育社会的新人。高校角色的转换，意味着会有更多的人参与高等教育，更多的人期待依靠高等教育实现自己的目的。具有讽刺意味的是，当高校承担越来越多的社会期待时，却越来越得不到外界的理解和认同。

5. 高校问责制的推行

学术自由与大学自治构成了传统大学区别于其他社会组织的重要特征，大学也在努力与外部世界保持适当距离以免自身受到其直接控制。然而，随着经济社会的发展，大学的办学规模日益扩大、运行成本日益高涨，高等教育的日常经费的承担者，即纳税人及其代表，向大学提出承担绩效责任的义务，许多美国高校面临着问责的压力。问责制推行的背后，是人们对于传统院校管理方式的批判，这不仅是因其过于保守僵化，而且由于这些规模巨大的科层组织效率低下。“在日益复杂化和科层化的环境中如何保持大学内传统的并且是有价值的教授治校和根本性的学术决策模式，将是所要面对的挑战。在全球范围内，‘管理主义’的兴起及日渐复杂的科层安排构成了当前院校概貌的一部分，迄今为止，发展趋势是传统的管理方式让位于权威和权力。”① 不过，就目前情况来看，有关问责制如何推行以及政府应当在何种程度上介入高等教育管理，仍未达成社会共识。

对于美国众多高校来说，问责制的推行已经经历了一个颇为长期的过程，但是在 20 世纪末到 21 世纪初期，高校问责制仍然出现了一个至为重要的变化。早期的问责制的概念侧重于调节校园资源的流动和学校官员的决定，新的问责运动却受到政策制定者的驱动，他们影响学校的行动，以此达到提高学校绩效和学生学习效果。虽然大部分问责运动的推动力来自于政策制定者，但商业领袖也表达了他们对美国劳动力储备的关切，同时家长也希望得到大部分学费的支持。

联邦政府与州政府推行教育问责制的动机可能是着眼于过去高等院校中学生毕业率偏低的事实。毋庸置疑，在当前的美国，高等教育问责制越来越深入人心，特别是对一些热心于教育事业的州政府来说，贯彻与推行高校领域中的问责制已经成为其重要的教育措施之一。除了州一级政府外，联邦政府也在积极推进如何促使高等教育机构对于教育质量负起更大责任。如何应对问责的压力考验着大学特别是大学管理者的智慧与能力，同时也将对大学的未来发展产生深远影响。或许大学自身是无法把握推动变革的外部力量的，高等教育在今天的最大挑

① [美] 菲利普·G. 阿特巴赫等主编，施晓光等主译：《21 世纪的美国高等教育——社会、政治、经济的挑战》，中国海洋大学出版社 2007 年版，第 21 页。

战也许并不是来源于诸如资源或公众这些看得见的外在问题，而是需要公众能更好地理解大学，能有更广泛的一致性来实现人们的远期目标与基本信条。

二、美国高等教育的变革策略

今天我们正快速地步入一个后工业的、知识驱动的社会，并经历着一场深刻的文化和技术变革，犹如一个世纪前美国从农业社会演变为工业社会一样。①世界多极化、经济全球化、信息网络化的发展使得人才资源成为21世纪构建国家实力的基础，人才的培养靠教育特别是高等教育的办学水平。美国为确保经济领先优势与世界霸主地位，正在不断加速高等教育改革，以便培养更多适应时代需要的人才。

随着知识时代的来临，高等教育将会迎来一个大幅扩张的新时代，许多力量都将会推动高等教育向前发展。为了顺应时代潮流，美国高等教育在一系列领域进行了影响深远的变革，这些变革的产生既有外部压力逼迫的原因，又有高校主动采取措施适应整个社会环境的考量。纵观美国高等教育的发展史，挑战与变革成为贯穿其中的一条主线，“直面改革”与“稳中求变”成为美国高等教育保持世界一流水准的现实策略。

（一）类型分明，大学办学模式多样化

在20世纪，美国高等教育的发展模式曾误入过于追求科研的歧途，绝大多数的大学和地方学院都把哈佛大学看成是学校发展的目标，一方面努力寻找资金支持，加大科研投入，另一方面吸引优秀人才并努力提高教学质量。然而实践证明，“高校哈佛化”的结果并不能实现预定目标，反而打乱了许多高校正常的发展路径与步伐。基于此种教训，面向21世纪的美国高校大都认为哈佛模式的精英教育并不适合本校发展，想要在竞争日趋激烈的高校领域中生存的话，需要突出本校优势，让“差异”而不是“同一”成为学校的特色。这里便涉及高校的

① [美] 詹姆斯·杜德斯达等著，刘济良译：《美国公立大学的未来》，北京大学出版社2006年版，第170页。

“分层”与“分类”问题，即高校的多样化发展之路。

在美国，主张大学体制多样化的思想由来已久。罗伯特·伯恩鲍姆（Robert Birnbaum）认为高等教育机构的多样化是美国意识形态的一个主要支柱，具有很多的道德成分。大学多样化最初是由于美国社会中盛行开放多元的宗教理念，使得取向各异的思想有了传播的自由，思想的多元与自由使得大学必须与社会的自由风气相互衔接才能符合民众的现实诉求，从而使得大学走向多样化的道路。然而当前大学的多样化更多的是出于对一个不断变化和多元发展的社会需求的回应，这种回应使得人们注意到不同的大学应该有着自身的特殊职能，而不是走向一元化的僵化模式。大学的多元化，一方面能与不断变化的经济社会氛围相协调；另一方面也能在大学发展中维持其相对稳定性和自身特色，从而保护学生自由选择的权利。

传统的关于美国高校多样化办学议题存在着一种比较清晰的界定，只是由于过去很少有人加以重视而使得这种差别被人为忽视。传统观点认为，高校的类型和定位不同必将肩负各自不同的职能。例如，分布广泛的社区学院能够在美国劳动力培养方面发挥极为重要的主导作用，同时它也应该将更多的办学力量和组织形式向劳动力培养、成人教育和终身教育的方向上转变，以便更好地集中优势资源；州立本科院校特别是公立大学能够在本地区的教师培训和经济发展方面发挥显著作用，应当鼓励公立学校为当地各种急需发展的行业提供技术帮助和知识资源；少数优秀的研究型大学应该把精力放到科研和研究生培养上，从某种层面上说，社会的研究基金可以投放到一流的研究型大学之中，以便于它们更为迅速地出产成果，服务社会。

美国社会已经形成了一个规模极为庞大的高等教育系统。由于未来社会对于教育服务的需求与目前高等教育系统所能提供的服务之间存在着差距，因此这一系统面临着改革的挑战，而多样化的发展道路则是其必然选择。

传统的大学一般具有两方面主要职能：一是教育青年学生；二是为学者自由开展学术研究提供适宜的环境。大学为学生提供自由教育和保证学者进行自由研究被认为关系着社会的公共利益，正是这种公共利益的存在促使政府为其办学提供经济上和道义上的支持。

从长远来看，科技与市场的力量将会切实影响到目前高等教育的办学模式，未来的美国教育或许将会打破目前的模式，而以市场为导向划分学校的类型。

第一等级，名牌大学（brand-name campuses）：入学要求高、学术声望高、学费标准高，为传统意义上的学生提供以校园为基础的教育。

第二等级，主体学院（mass-provide institutions）：入学相对容易、费用较低、招生数量多，紧贴地区经济发展与市场需求。

第三等级，便利学校（convenience institutions）：提供各种实用教育，以市场为导向，课程实施便捷，讲求教育效果。

高等教育的多样化能够鼓励社会人员自由流动，提高大学的办学效率，进而增进个体的自由选择权。高等教育多样化对于大学职能的实现具有重要意义。按照斯塔特曼的看法，高校办学多样化具有以下重要作用：增加学习者可选择的范围；使教育和每个学生的需要、目标、学习风格、速度与能力相称；使高等院校能够选择它们自己的使命，并把它们的活动局限在那些和它们的定位、资源、教学与学生的水平等相一致的范围内；对于社会的压力做出反应。①同时，高校办学的多样化也能提升教育机构的有效性，这一效果正是目前美国社会各自相关力量所极力争取实现的目标。

总体来说，近几十年来，美国传统大学的角色和办学模式都在发生深刻的变革。政府一方面将大学看作重要的社会资源库，另一方面也在增强大学的办学责任和公共服务职能。从长远来说，与其让各种不同的院校都走上以研究为主的单一化模式，不如发挥其各自的特点与办学优势，从而推动美国高等教育领域百花齐放、百家争鸣，积极引导高等教育走向多元化与多样化或许将成为美国大学未来发展的最为理性的选择之一。

（二）定期认证，保证高等教育基本办学质量

美国认证机构对高等院校提出的各项认证要求，在一定程度上体现政府和社会对高等教育的期待和标准。在美国，认证无处不在，就高等教育领域来说，认证工作多是由非官方的独立机构来进行的。在各认证机构中，新英格兰高等院校

① [英] 罗杰·金等著，赵卫平主译：《全球化时代的大学》，浙江大学出版社 2008 年版，第 199—200 页。

委员会成立最久、影响最大、涵盖名校最多，其认证标准具有一定的代表性和权威性。笔者曾驱车到位于波士顿北边的白福德（Bedford）小城，访问了该委员会。时任该委员会主任库克（Charles Cook）博士向笔者详细介绍了新英格高等院校委员会开展认证的标准，从中可以看出其对美国高等教育未来发展的导向。

1. 宗旨目标明晰，人人尽心竭力

被认证院校有符合高等教育要求的明确的办学宗旨和目标。办学宗旨要具有特色，满足社会需求，服务特定学生群体。办学目标要具体明确，对现实情况进行描述，对未来发展做出展望。校董事、管理层、教职员对本校办学宗旨和目标比较清楚并加以认同。学校课程设置和其他活动依据的是本校的办学宗旨和目标，各系、部的具体办学目标反映学校整体办学宗旨和目标。

2. 计划评估合理，尽量少走弯路

为实现办学宗旨和目标，院校根据实际情况制订长、中、短期计划。制订计划应发扬民主，相关部门和个人广泛参与，要对内部和外部机遇与挑战进行实事求是的分析。在资金和其他方面提出预案，确定可行的工作重点，并为既定目标制订行之有效的工作方案。院校决策、资源配置应该与计划重点相符。院校通过系统地搜集并利用必要的数据，帮助制订计划，提高办学效率，尽量少走弯路。院校在评估办学宗旨和目标的实现情况时，应该针对院校特点恰如其分地进行。在可能的情况下，评估活动应让各院校展示其为实现办学宗旨和目标在课堂内外所做的努力。

3. 组织管理得当，办学有条不紊

院校有一套为成功实现办学宗旨和目标而建立的管理体制。通过精干的组织和管理结构，营造鼓励教学、科研、追求成就的学术氛围，并为院校内各部门正常运行提供充分支持。办学章程、议事程序及其他类似规定应该清楚地说明校董会、管理层、工作人员和教师的权利、义务和相互关系，并用组织机构图标出工作程序。院校的管理体系需要各方面的广泛参与和充分沟通。董事会和校长之间分工明确，各负其责；院校各部门和全校教师、职工敬业爱岗，恪尽职守。

4. 教育教学认真，学位质量保证

院校的工作重点是提供大学层次的学历教育。教育项目（对应我们的专业）应该相对稳定并服务于办学宗旨和目标。每个项目都要在下列方面相对稳定：目标、结构、内容；招生政策和程序；学习成绩的性质、质量和程度。院校应该提供足够的资源，确保项目效果和教学质量。院校需要说明并发布每个教育项目的要求及相应的学位培养目标。这些目标应能涵盖对知识、技能和学习办法的要求。另外，对于某些教育项目而言，还应对学生的创造力、价值观和职业实践提出要求。教育项目设计严密，具备一定的广度和深度，关注通识教育，循序渐进，因材施教。

5. 教师符合要求，教书育人并重

教学人员的资格、数量和能力应充分满足院校宗旨和目标要求。教师的聘任应公正、公开，应照顾多元文化背景。全体教师都要服务于院校学术性的项目，适时地完成承担的任务。此外，还应履行其他责任，例如，参与政策制定活动，承担学科和课程发展及院校管理的某些职责。教师除对学生进行教学外，还要加强指导，营造适合学生智力培养和个人发展的氛围。对学生非学术性的需求给予关心，帮助学生身心和谐发展。

6. 学生服务到位，校园设施完备

院校教育教学、机构设置、设施配备应充分考虑学生的兴趣和需要，有利于其身心发展。环境以人为本，校园气氛温馨，学生得到较好服务。图书资源充足，利用比较方便。院校要利用图书馆和信息资源，改进教学和科研，帮助师生增进知识及文化修养。图书馆和信息资源包括有形的资产、媒体中心、计算机中心、语音室、博物馆，也包括无形的数据资源、信息系统，还包括必要的服务。要使师生掌握传统图书馆和数字图书馆的使用技能，以吸取所需知识。物资设备够用，后勤保障完善。院校具备充足的物质资源，包括实验室、网络设施、资料、仪器、建筑和场地。教室和实验室无论是有形的或是虚拟的，应该设计合理，数量足够。还要配备数量适当、质量合格的专门工作人员，负责对有形设施和虚拟环境进行妥善运作、管理、维护。设施的建设、维护符合有关规定，确保方便、安全、健康，并考虑到环境和生态因素。

7. 经费充裕稳定，接受财务审计

院校的经费开支应围绕院校既定的宗旨和任务，在现在和可预见的未来，保证学校正常运转和教育质量提高，并能够应对突如其来的财政危机或可能出现的困难局面。院校应依据自身的教育目标，审慎管理和分配经费，并总是在征询意见后做出合理的经费预算。在制定年度经费预算时，应充分考虑到学术活动、学生服务、物质设施及其他与教育目标直接相关的各个方面。所有财政年度的经费政策，包括有关的投资、保险、风险管理、内部借贷、筹款等，都需要有书面的、清晰的、合乎规则的说明。经费使用情况要定期接受审计。

8. 重视大众传播，院校情况透明

院校必须有现成的资料，把院校的任务、宗旨、计划，学生的义务、权利等清楚地加以陈述，要有合适的出版物或其他信息载体，阐明院校的目标、方针、选课规定、学分授予、入学及转学、退学的规定、缴费办法、对学生行为的规定、学位政策和申请程序等。让学生有充足的信息做出决定，让公众对本校情况有所了解。校方在校刊、光盘、照片、学校网站、口头发言等各方面所反映出来的信息都应是准确和负责任的。笃守诚信办学，赢得社会声誉。院校在管理自身事务及对待学生、教师、校外机构团体、一般公众等方面，具备较高的伦理标准。院校在与内部、外部机构交往中，表现出诚实、仁爱、公正的特点。在处理与学生、教师、职员的关系时，院校有充分的措施保证学术真实、隐私、权益、公平。在知识产权保护方面有合适的政策和程序。院校保持良好校风，政府和相应机构承认其所颁发学位的权威性，有关司法部门对院校的运作予以保护。

应该说，认证体系的存在对于美国高等教育的发展具有极为重要的作用，严格理性的认证制度与严谨务实的认证程序保证了美国高校一流的办学水准和卓越的文化氛围。同时，相对于其他国家以政府为主导的评估体制来说，美国的认证制度因较少的官方色彩能够为其认证结果赢得更大范围的认可。面向未来，美国高等教育领域将会在完善现有认证模式和机制的基础上，探索更加实用与严密的认证系统，从而保证其高等教育的质量始终处于世界顶尖行列。

（三）担当智库，以智力贡献经济社会发展

美国是全球智库数量最多、最具活力和发展最为完善的国家。美国高校实力雄厚，信息资料丰富，对外交流广泛，是新型智库建设的重要力量。例如，芝加哥大学国际问题研究中心、东亚研究中心、政治学院、哈里斯公共政策学院，西北大学公共政策研究所、巴菲特全球问题研究所，印第安纳大学全球变化研究中心、东亚研究中心，普渡大学全球政策研究所、普渡气候变化研究中心，密歇根大学立波索尔—罗格中国问题研究中心，科罗拉多大学中美合作中心，这些从事政策研究和决策咨询的组织具有高层次人才聚集、学科领先且综合性强等优势。

据中国驻芝加哥总领事馆教育组领事李晓峰观察，美国典型智库根据管理模式与运作方式不同，大致分为五类：根据合同进行研究和咨询的智库，学术专业化智库，学术多样化智库，游说型智库，政策公司。其中，依托高校成立的智库是前三种。

1. 根据合同进行研究和咨询的智库

这是附属于大学的研究机构，主要为政府机关、教育机构、私人基金会、非营利性组织与企业服务，经费来源主要依赖合同订单。智库有专业团队，部分员工来自大学研究机构。作为政策措施的顾问，主要提供情报分析。

芝加哥大学有一个代表性的智库叫美国民意研究中心（NORC）。该中心建于1941年，现在是美国国内最大的独立社会研究机构之一。主要开展公共议题的调查研究，在民意调查方面比较知名。总部位于芝加哥大学校园内，并在芝加哥、华盛顿特区、亚特兰大、旧金山、波士顿等地设有办事处。

该中心有10名行政人员、41名资深管理人员和600多名长期咨询人员。调查研究领域为儿童与青年、犯罪、经济、教育、能源、环境、健康、人类发展、国际问题、贫困、安全、特殊人群、物资使用、可持续发展等。根据合同要求，为委托机构提供咨询报告。经费来源于商务部统计局、美国国会机构、教育部国家教育统计中心等。

2. 学术专业化智库

这类是隶属于大学的研究机构。有特定的研究项目和课题，团队成员由大学教授等研究人员组成，招收研究生和博士后，从学校获得稳定经费支持。此外，也承担政府机构委托项目，获取相应资助。

例如，隶属于芝加哥大学国际安全问题研究所的芝加哥安全和恐怖主义项目（CPOST），2004年由政治学教授罗伯特·佩普（Robert Pape）所创立。核心管理团队包括项目负责人、助理、行政部门主管、研究部门主任；高级顾问委员会研究人员包括30多名博士后、研究生和本科生，以及长期联系的学者。恐怖主义是其研究的核心部分，涵盖自杀式恐怖袭击的诱因、结果、实施、发展趋势以及对地区安全造成的威胁。20世纪90年代以来，该项目还研究中美冲突与合作的动态过程，并试图提出新的、突破性的解决途径。

该项目建立了自杀式袭击数据库，收集了1982年以来国际或地区发生的自杀式恐袭的资料和数据，包括发生在黎巴嫩、克什米尔、斯里兰卡、以色列等地的典型案例。数据库资源对公众免费开放。该项目还通过发表学术报告和撰写政策建议，为减少全球安全威胁并提升地区稳定提供学术理论和政策支撑。经费来源于芝加哥大学、卡内基集团、五角大楼防恐怖威胁署等。

3. 学术多样化智库

其特点是附属于大学的相对独立的研究机构，与大学关系较为松散，经费、人员独立，不招收学生，研究领域广泛。研究成果主要是专题论文、政策建议，平时开展各类活动或组织研讨会。

鲍尔森学会（Paulson Institute）成立于2011年，是一家设立于芝加哥大学的独立、非党派机构，创始人是小布什总统时代美国第74任财长，高盛公司前首席执行官亨利·鲍尔森。鲍尔森学会并没有太多的专职研究人员，而是依靠精干的核心团队来委托、完善和出版由一流学者和业界人士撰写的优秀分析和建议性文章。该学会为芝加哥大学的学生提供实习机会，为来自世界各地的杰出思想家提供思想传播的平台。

鲍尔森学会研究项目主要针对五大领域，即可持续城镇化、跨境投资、气候变化和空气质量、环境保护、经济政策和推广。研究的中心是中美两国的经济和环境问题。在中国开展的项目侧重于应对气候变化和改善空气质量，推进自然生态保护并促进城市可持续发展。在美国的项目致力于促进有利于改善中美关系并有助于创造就业机会的双边跨境投资。经费来源于鲍尔森个人投入，另外还承接一些地方政府或机构的咨询、规划和培训项目，从中获得部分经费。

由上可知，高校的智库服务于政府多方面决策。同时，有一些高校内外的智库专司教育政策方面的咨询，属于教育智库。一是关注教育问题的综合性智库，如布鲁金斯学会（The Brookings Institute）、传统基金会（Heritage Foundation）。二是专门进行教育政策研究的智库，如教育政策中心（CEP）。三是由高校结成的教育政策研究机构或政策联合体，如成立于1985年的教育政策研究联盟（CPRE），由美国七所一流大学联合设立，包括宾夕法尼亚大学、哥伦比亚大学师范学院、哈佛大学、斯坦福大学、密歇根大学、威斯康星大学麦迪逊分校和西北大学。上述教育智库对美国高等教育及其他各级各类教育政策进行深度研究，不断推出咨询报告，具有较高的知名度。①

（四）勇于竞争，面向市场不断进取

作为一个移民国家，美国社会在开拓新大陆和创建新秩序的过程中所形成的崇尚竞争与民主的风气使得美国教育相对于其他国家来说，总是更有活力与竞争力，自治与竞争精神的张扬使得美国高等教育在诸多方面不断创新，勇于以竞争者的姿态投入到全世界的自由市场中去。作为一个崇尚自由竞争和优胜劣汰的国家，市场在美国社会资源配置上处于基础性地位，其对于高等教育影响深远。高等教育领域本身是一个极为复杂的生态系统——既包括小型文理学院，又包括规模庞大的综合性大学。几乎所有的美国大学总是处于激烈的竞争状态中，它们努力地吸引社会上的优秀资源——优秀的教职工与学生、公立和私立部门所提供的财政经费等。能否吸引到优秀的人、财、物等资源，不但考验着一所学校的办学水平和社会地位，更是关系到院校未来的兴衰。

在面向市场的生存环境下，竞争是永恒主题，美国的高等院校从诞生之日起

① 赵章靖、邢欢：《美国教育智库的发展过程、趋势与特征》，《世界教育信息》2016年第4期。

就要面临严酷的竞争环境，而只有在自由竞争的氛围中得以生存与发展，才能有资本为自身的合法性赢得话语权。就目前来说，高校在美国社会中所面临的资源竞争主要包括以下几个方面。

1. 为了学生而竞争

美国高校数量多且规模大，许多高等学校要为争夺生源而竞争，因为其生存与否很大程度上取决于能否得到足够多的学生。即使是那些名校，仍然要为优质生源而参与到市场竞争之中，因为优质生源不但能够在现实中提升学校的名誉与地位，更关乎学校在未来是否有足够多的优秀校友来为学校进一步发展提供动力与条件。总体而言，在美国的市场环境中，高等教育招生领域的一个重要特征是买方市场（特别是对优秀学生而言），学生就是潜在的消费者，如何获得与把握消费者的消费意向，成为高校生存的关键。每位学生的切实需求是不同的，这在事实上促进了美国多样化高等教育结构的建立与灵活多变的课程计划的出台。

2. 为了教师而竞争

与争夺学生的情况类似，美国高等教育领域同样形成了优秀教师的买方市场。高等院校不同于其他部门，其核心竞争力在根本上就是对于人才特别是优秀教授资源的占有。美国高校普遍存在着一套对于教授选择和聘用的体系，这样一套良好的竞争机制能够确保教师队伍的质量。另外，许多学校为了追求教育质量和科研水平，不惜重金延揽知名教授，这些做法有助于提高整个美国社会中大学教师的地位，也直接改善了教师的科研条件，加速了优质教师群体的人才流动。竞争为人才的成长带来了活力，也为高校的发展提供了动力。以哥伦比亚大学为例，教授要承担教学和科研两项重任，要讲授 2—3 门本科课程，那些几年没有成果又申请不到课题的教授，学校会不留情面地予以劝退；而那些优秀教授，哥伦比亚大学则大力引进。正是由于哥伦比亚大学存在着这样一个充满竞争性的生存环境，使得优秀人才层出不穷。可以说，有序的竞争环境推动了美国高校教师的成长，也加速了高校研究水平的提升。

3. 为了经费而竞争

办学经费是美国高等院校的生存命脉，除了极少数著名私立大学外，众多的大学院校要为联邦政府、州政府拨款、私人和基金会的捐款以及社会资助而不懈竞争。良好的社会声望能够获得足够的资金支持，二者相互促进、密不可分，这种互动关系加剧了高校之间激烈的竞争，也推动了高校的进一步改革。从很大程度上来说，目前高校诸多改革措施的出台就是为了迎合资本市场的现实要求，是学术向市场“低头”的真实展现，其背后的重要影响因素就是高校的办学经费。

美国高等教育领域中，竞争的理念与行为无处不在。从高校之间到院校内部，如此广泛而深厚的竞争氛围只要能够保持在一定的法律与道德许可之内，就会成为促进科研发展的良好动力，这也是美国人热爱竞争的根本原因。在自由市场的竞争环境下，一些美国高校不断完善，开拓进取，从小到大，最终成为卓越的大学；而另外一些学校则难以适应残酷的生存环境，逐渐走向平庸乃至衰落。这就使得美国高等教育领域始终处于动态变革的环境之中，这样一种充满活力的生存环境使得美国高等学校能够适应时代与形势的变化，以自身独特的方式对周围世界做出反应。

面对国内外复杂的发展形势与自身不断滋生的不利因素，美国的高等教育想要推陈出新，再创辉煌，应始终坚持勇于在自由市场中参与竞争，用质量和业绩说话，这是众多高校长期处于世界一流行列的必然选择和有力回应。当然，竞争并非意味着你死我活，在一个充满竞争性的世界中，大学间的合作也是赢得竞争的一个重要组成部分，甚至国际合作也相当重要，这是人们选择面向市场竞争时要时刻注意的。

三、美国高等教育的未来之路

现代社会的发展历程表明，高等教育在一个国家的前进道路上占有重要地位，任何一个有追求的国家往往都会选择依靠大学来培养社会和文化的精英人物。大学不仅关系着人的培养，更深刻影响着国家的进步。美国无疑仍是目前世界上最为强势的国家，其教育特别是高等教育的发展仍然会保持世界领先的地位，宽松的制度环境、雄厚的经济基础与优越的人才储备都会支撑起美国高等教育的现实大厦。

（一）坚守传统：大学理念的永恒价值

保守与稳定曾是传统名校给人们留下的最重要的印象，正如克拉克·克尔所说："有大约85所1520年之前建立的西方机构迄今仍然以可辨认的形式存在着。它们具有相似的功能和未间断的历史，其中包括天主教会，以及曼岛、冰岛、英国的教会，瑞士的若干州府和70所大学。"① 然而社会的快速变迁需要高等教育能够提供更加适宜现代生活需求的服务，尽管这种服务在很大程度上会与大学传统的角色存在着紧张的冲突。由于受到时代特征和政治力量的驱使，大学只好通过增加越来越多的额外任务来适应迅速变化的外部环境。实际上，由于过度强调学校要与社会潮流和政治氛围相适应的观念，传统大学的角色正在逐渐被公众所遗忘，人们开始对高等教育的角色赋予新的不切实际的期望，大学不得不舍弃自身的传统而向更为狭窄又变动不居的领域发展自己。

从历史上说，美国大学的传统来源于两位19世纪的欧洲人威廉·冯·洪堡（Wilhelm von Humboldt）和约翰·亨利·纽曼（John Henry Newman）的思想。德国现代大学鄙视"狭窄"与"贫瘠"的专业教育，强调大学应该建立教育与研究之间的内在联系，同时将研究型大学的发展和民族国家的兴起紧密结合在一起，科学研究被认为是国家财富、力量与兴盛的源泉。洪堡所提出的柏林大学的改革理念对美国大学发展的影响极为深远，并且为美国研究型大学的出现提供了借鉴模式。纽曼在1852年关于"大学的理念"所做的一系列演讲对于美国高校的发展同样极为重要。纽曼认为知识本身是重要的，大学的任务就在于教育学生，使学生能够掌握连贯的知识而具有良好教养，好的学生同时也会是一位优秀的公民，大学提供的是一种自由教育。尽管洪堡与纽曼的理念存在着差异，然而随着时间的推移，两者的理念在后世得到融合，即大学必须从事科研，同时也要对学生进行广博的自由教育。这样一种理念形成了美国大学的历史传统，同时被认为具有永恒价值而不应被时代的发展所遗弃。

"长期以来，大学促进学生的成长发展，帮助培养合格的公民，为年轻一代

---

① Clark Kerr. *The Uses of the University*. Harvard University Press，1982，p. 152.

的学生更好地认识自我、发现和理解重要的历史传统和价值观念、提高适应未来的能力提供了机会。”① 尽管美国高等教育已经踏上一条崭新的变革之路，然而从根本上说，大学绝不应屈从于外在力量使自身偏离教育和培养人的基本理念，换言之，不能让这些边缘性的作用和任务，降低教学、科研和学习的核心地位。无论社会变化的速率有多快、时间有多久、影响有多远，大学都应秉承自身的传统理念，即教育年轻一代、创造新知识、保存文化资源并将其传递给未来一代。总而言之，美国大学是一种有持续生命力的机构，即使面临着社会发展的变革要求，也仍然保存着中世纪大学的一些关键成分。长期来讲，大学是否应该变革自身传统以满足社会需要，仍然是一个有争议且影响深远的话题。

现代大学日益增加的复杂性与多样性，从根本上说是反映了美国和国际社会当前的发展特征。尽管美国的高等教育水平居于世界一流行列，然而其绝不是一成不变而又故步自封的，以大学为主体的高等教育机构为了适应新的环境始终处于不断发展变化之中。尽管面临着变革的需求，然而美国大学所坚守的传统价值仍然被人们所珍惜。这些传统包括：大学的入学机会、多样性和全球性，通过开展对人们生活有用的基础性和应用性研究扩展知识范围，学术杰出和严格的标准，诚实地探究、探寻真理和学术自由，以及为家庭、社区、国家和世界服务。可以说，这些传统组成了美国大学的历史，也昭示着未来高等教育的发展方向。

美国是世界上率先实现高等教育大众化的国家。2003 年，美国高中毕业生升学率近 70%，在校大学生 1 480 万人。2010 年，在校大学生逾 1 600 万人。高等教育已告别象牙之塔，但质量问题受到美国政府与社会广泛关注。②

（二）直面变革：信息社会的现实要求

在今天的美国，大学比任何时候都更为深刻地融入了社会的发展之中，并在经济与文化、科技与环境、国防与卫生等方面起着巨大作用。然而，无论是对社会还是对大学来说，接下来所要面对的都是一个需要不断变革的年代。

变革成为高校发展的主旋律，然而高校同样具有保守性，后者既来源于其长

---

① ［美］詹姆斯·杜德斯达等著，刘济良译：《美国公立大学的未来》，北京大学出版社 2006 年版，第 26 页。

② Jonathan R. Cole. *The Great American University*. Public Affairs，2009. p. 345.

达数百年的传统，也根源于其作为学术机构的独特属性。在变革与保守之间，美国的高等教育希望找出一条融合理想与现实的发展路径。

面向未来，大学所面临的直接服务于公众利益的压力将会进一步加大，而且这种压力在可预见的时期内是不可逆转的：经济发展与职业素养的提升、卫生水平和环境保护的需要、特殊教育的期待与城市化的推进。可以确定的是，如果美国高等教育想要维持公众过往的信任与认同，就必须进行大幅度甚至是彻底的变革，以便能够向社会证明自身比过去具有更加重要的存在意义。换言之，一系列的迹象表明，随着一种影响遍及全球的知识和学习革命的形成，传统的美国高等教育办学模式、学术项目的实施策略与大学的管理组织以及资金投入方式等，都可能无法适应新时代的要求。

为了迎合人们不断变化的知识诉求，各种新型的教育组织和机构，包括营利性学院、网络大学、网络公司、学习实验室等，正在美国社会中快速形成并发展壮大。这些机构都在为公众提供知识产品和文化服务，其中的许多服务曾经是大学所独享的特殊权利。这一现象无疑表明：传统的大学在知识时代正承受着深刻的变革压力，改革成为其不得不面临的现实选择。

引发变革的力量来自社会的多个方面，并且彼此之间各不相同：在知识主导的时代，人们对学校教育和终身教育的需要日益强烈，这些需求促使高校打破原有模式采用新的方法与路径进行应对；在市场化大行其道的时期，文化和教育面临着全球化的挑战与竞争，只有广泛地参与到市场的竞争之中，才能撷取为我发展的资源，一味地固守传统、墨守成规只会让大学失去活力；科技的进步带来了信息技术的革命，借助于技术的进步，高校中的“教”与“学”都将发生翻天覆地的改革。在上述变革因素之外，整个美国的社会氛围正在逐步从关注高等教育机会均等问题转向注意教育成本与绩效之间的关系，学费的高低似乎正在成为一切问题的中心。

混合学习（blended learning）是在线学习和面授相结合的学习方式。按照系统论的观点和绩效方法，恰当结合传统学习手段和在线学习手段的学习方式是更加有效的。这使学习更容易、更便利，从而实现最好的学习效果。

面向未来，美国大学人士大多能够保持清醒头脑，把混合学习当作改进教与学的途径，而不是指望它包打天下。要清醒地认识到此类教学面临的困难。

一是教育决策者对混合学习模式的选择困难。学校和教师需要根据本校信息技术基础设施状况、教师和学生信息素养、学生家庭应拥有的信息技术设备等情况选择某种或多种混合学习模式，但这种选择往往不能照顾到所有学生的具体需要。在没有既定模式参考的情况下，教育决策者推行混合学习模式的实际困难较大，需要很大魄力。

二是教师本身开展混合式教学的能力有限。混合学习教学模式设计难度大，目前教师培训体系中针对将要实施混合式教学的教师培训得不够。这种培训最好通过混合学习理论进行，在培训过程中，注重告诉教师们各种混合学习的成功案例，事先向他们指出可能会遇到的各种问题和解决办法。

三是面对面教学与在线学习的比例难以确定。这个问题是事关混合学习成败的关键问题，混合学习不是因为它的定义认为结合了面对面教学和在线学习各自优势而真的有效。混合学习会有成功案例，但也会有失败的案例，关键是如何进行混合，什么时候该用面对面教学，什么时候该用在线学习，两者具体使用的比例和间隔频率如何，目前还没有公认的答案。而这也是不可能有答案的，这需要根据个人情况、学习内容等情况而定。

四是混合学习各模式中的班级规模难以把握。如何确定一个混合学习班级学生的数量是一个技术性难题，需要依据教育实践者多年的实践应用研究和总结才能得出结果。

（三）提高质量：高等教育可持续发展的关键

纵观多年来美国高等教育的发展轨迹，以下几方面是其提高质量的普遍做法。

第一，强调培养知识面宽的复合型人才。随着科学技术与经济的迅速发展，劳动力市场格局也随之发生巨大变化，一个人终身从事一种职业的时代已经一去不复返了。这就对未来就业者的知识结构、胜任多种职业的适应能力提出了更高要求。因此，各大学在安排课程时，要求每人修读一定数量的人文与自然学科课程及技能课，确保学生全面发展。有的大学规定，大学低年级学生须修满文学与艺术、历史、自然科学、社会分析与道德观、外国文化五大“核心课程”。许多著名院校设立了专项资金，成立跨学科教学研究中心，鼓励文理学科交叉渗透，积极推进边缘学科发展，为学生营造了广阔的发展空间。

第二，奖励教学工作，提升教学地位。为调动广大教师的教学积极性，针对普遍存在的重科研、轻教学问题，哈佛大学与斯坦福大学校长呼吁重新反思大学使命，将教学置于大学核心地位；建议加强对教师课堂教学的评估，将评估结果作为教师晋升学术职务的重要依据。近年来，卡内基教学促进基金会还提出教学研究也是科学研究，应成为大学教师的基本职责。许多美国高校正在大力开展课堂教学质量评估的理论与实践研究，以期实现教学成果像科研成果一样可以测量评定，使教学成果成为学校教师职务晋升的重要依据。对此，联邦政府中学后改进教育质量基金拨出专款，大力支持。推动名家为低年级学生授课，许多名校一改以往基础课均由博士生承担的做法，鼓励知名教授下课堂，为低年级学生介绍学科前沿和发展方向，使更多学生了解各学科的基本内容与研究方法。康奈尔大学等一些院校设立了“优秀教学奖”，鼓励资深教授从事教学工作。

第三，建立学生辅导制。教育专家认为，大多数新生在进入大学之后都会产生学习方式转变、选课及专业定位等方面的困惑，一些学生甚至因上述问题带来心理压力而辍学。建立“学生辅导制”可以帮助新生缓解心理压力，使其及时得到辅导员的指导，掌握有效学习方法。新生还可通过辅导教师，结识其他高年级学生，扩大社会交往。布朗大学的本科生导师大多是优秀任课教师，一部分是高年级学生，他们主要为一、二年级的本科生提供咨询和指导；达特茅斯学院从管理人员到教学人员均须向本科生公布自己的接待日，鼓励学生有问题直接与相关人员沟通，接受辅导。

第四，鼓励低年级学生从事社会实习与科研活动。目前，美国许多大学实行每学年三学期制度，即学生两学期参加教学活动，一学期走出校门参加社会实践，使理论学习与实践较早地结合起来，大大提高了学生学习的积极性和解决问题的实际能力。另外，学校还鼓励低年级学生直接参与教师的科研活动，与导师一起撰写科研论文，进而熟悉基本的研究方法。

第五，师生双向评价，考试频繁举行。考试仍然是美国大学检验学生学习成绩的主要手段。有人认为，美国大学的考试过多，让学生疲于应付。不仅有例行的期中、期末考试，有的课程还举行月考，有的即使不举行月考，教师也会布置一些需要上交的作业，且这些作业的好坏都会影响最终成绩。考试方式有当堂闭卷考试、课后开卷答题或撰写课程论文等，在课程考试中采用口试的较为少见。学生一门课的最终成绩往往由平时作业、期中考试和期末考试等几部分成绩构成。不管是平时作业还是期中、期末考试情况，教师都要将评阅意见及时告诉学生，以便学生了解自己的学习情况。由于美国大学在一些主要宗教节日和政治性节日都停课放假，有的课程遇上节日就要停课，所以，各门课程的期中考试时间有先有后，但期末考试时间则是统一的，通常利用一学期的最后一周课时进行。采用当堂闭卷考试的，当堂答题，当堂交卷；利用课后开卷答题或撰写课程论文的，往往在一周前公布题目或要求，最后一次课时交卷。学生对考试成绩非常重视，因为各门课程成绩综合后的优劣将决定学生能否评优，能否享受某些特殊的待遇。比如，有的学校允许高年级学生修第二学士学位课程，波士顿学院还允许学习优秀的学生在三年级时同时选修研究生课程。课堂教学的最后环节除了考试以外，就是课程教学评价，由全体修课的学生对教师的课堂教学情况进行评价。美国本科课程教学评价一般在最后一次课的前一周上课时进行，教师在完成当堂教学任务也就是完成全部课程教学内容后（因为最后一次课是考试时间），留下5—10分钟，发给学生统一印制的课程教学评价表，由学生填写。

第六，加强质量评估。目前，全美有40多个州对其公立高校本科教育进行了不同形式的质量评估。同时，全美6个地区性高校资格认证机构也先后修订标准，定期对公立与私立高校进行资格认证。另外，高等学校纷纷开展教育思想讨论，重塑教学的核心地位，建立教学研究中心，进行课程改革研究，修订必修与选修课程，重视文理渗透与互补，跨学科、跨专业培养复合型人才，发展现代教育技术，改革教与学的方法。为推动高等学校教学改革深入发展，各州教育部门或专业协会定期开展高校教学绩效评估，并与经费拨款挂钩。评估主要内容有：高等学校招生数与毕业率；学生中获得学位的比率与时间；学生巩固率与保留率；学生从两年制转到四年制学院，或从四年制学院转到二年制学院的比例；毕业生参加职业资格考试通过率；师生比与教师用于教学工作的时间。有的州还在其下属公立高校推行统考制度。各州都普遍推行形式不同的高校教学绩效评估政策，多数州将评估结果与学校经费拨款直接挂钩，经评估合格或有提高的学校给予5%左右的奖励经费。南卡罗来纳州还通过立法，根据每年的评估结果决定高校经费年度拨款数额。

（四）鼓励创新：美国高等教育的一贯做法

美国的大学是创新人才培养和创新成果孕育的重要基地，尤其是研究型大学。据卡内基教学促进基金会统计，全美有125所研究型大学，约占高校总数的3%。而全美有33%的硕士生和56%的科学与工程类博士生的本科教育阶段是在研究型大学完成的。近年来，美国研究型大学根据其教学与科研紧密结合、本科生教育与研究生教育有机衔接的特点，培养学生的创新精神和实践能力。当然，其他各类型、各层次的高等教育机构亦根据自身实际，高扬教育创新旗帜。

大学的教学计划为学生自主学习提供了空间。就本科生教学来看，各校教学计划是一个由各类必修课、限选课和任选课所组成的，具有很大弹性的，适应本科生各种学习需要的，庞大的课程体系。一所大学的教学计划主要包括低年级本科生所必修的核心课程计划、高年级学生应当主修的专业课程计划以及其他供学生任意选修的课程计划。有的大学还有不占学分的课程计划、培训课程或活动计划，由学生自愿参加。各大学的核心课程计划通常都包括人文与社会科学、自然科学等几大基础学科领域的数十门课程。学生根据不同学科领域课程选修的规定，在有关教师的指导下，根据自己的学习基础和兴趣爱好，选择规定学分或门数的课程，作为自己的核心课程计划。斯坦福大学要求本科新生在人文入门计划、自然科学、应用科学、工程科学与数学领域、人文与社会科学领域、世界文化、美国文化与性别研究等领域修满9门课程。在自然科学、应用科学、工程科学与数学领域选修3门课程，但其中2门课程不得同属一个学科领域；在人文与社会科学领域选修3门课程，其中必须在人文科学和社会科学领域各选1门课程。这样一来，即使同时入学且在相同学院或学系的学生，所修的核心课程也都是各不相同的。各大学的专业课程计划一般为三、四年级本科生所开设，通常分为初级专业课程和高级专业课程两类，选修高级专业课程之前，必须修满初级专业课程所要求的学分或课程门数。有的大学要求学生选修高级专业课程后应写出本科毕业论文，或在专门组织的高级研讨班上发表自己的见解。有的大学在专业课程计划中也列出专业核心课程或课程组合，要求学生必修或限选。许多大学允许修习“双主科”（double majors），让学有余力的学生有事可做，奠定宽厚的知识基础。对于任意选修课，学校一般不做具体要求，凡本校开设的课程都可以选修。当然，有的课程本身附加了选修的条件，学生如果任选，也要达到相应的要求。任选课一般在大学一、二年级选读，为学生拓宽视野，增加知识，培养兴趣服务，也为高年级学习专业课打基础。因此，可以说大学没有针对某一个年级或某一个专业的大学生设置贯通整个本科四年学习过程的教学计划，每一个大学生的教学计划都是在一定原则指导下由学生自由选择的各类课程所组成的，具有对学生个体的适应性，但不具有普遍适用性。所以，在一届学生毕业时，同一个专业的毕业生所修的全部课程可能是五花八门，各不相同的。

各大学重视培养学生的创业能力。它们鼓励学生在校期间参加创业活动，培养学生敢于冒险与承担风险的企业家精神，为学生毕业后创办产业奠定基础。例如，麻省理工学院成立了创业教育中心，开设 10 余门课程，向全体学生开放。主要课程有新企业家、创业试验室、企业市场、企业财务、新经济时代的企业等。教学方法以案例研究为主。学校举办每年一度的学生创业策划竞赛，请企业、商业与风险投资领域专业人士评比，优胜者可以获得奖金。

各大学构建研究性学习模式发挥学生潜能。各校帮助学生发现自己的兴趣，挖掘自身的潜能，培养学生未来学术或职业发展所需的分析与研究能力。例如，加州大学伯克利分校的本科学生课程计划中有 5 门是特别研究课程，学生通过参加科研可以获得六分之一的学分。本科学生参加科研，要么是学生参加以教师为主的课题研究小组，担任课题研究助理；要么是学生自行提出研究性项目或创造性设计，在教师指导下独立开展研究。学校为此设立专项资金支持本科生参加科研，成立专门机构负责管理与组织本科生的科研活动。

美国高等学校注重提升其创新精神和创新能力，除了在学生培养过程中注重创新，在高校科研中更是力求推出创新成果，在办学形式、社会实践、国际交往方面也不断推陈出新。

结语

作为一个教育分权制的国家，美国并没有一个以国家名义确立的统一的高等教育目标，也没有中央集权式的教育管理机构来发布命令，高等学校自主权很大。在美国高等教育的演进过程中，有成功的经验也有失败的教训，这些历史值得研究与思考。政府、市场与大学无疑是影响未来美国高等教育发展方向的三种至关重要的力量。颇为棘手的是，三者在内在需求与外在期望上绝非协调一致，而是相互抵牾，如何协调三者的关系将会成为决定美国高等教育未来发展的重要一环。或许人们应该留意伯顿·克拉克所给出的忠告，在他看来，如果一个国家的政府、市场与大学想要形成一种协调的现实关系，就必须坚守各自的原则。“政治性协调组织的特殊功能是要传达各种不同的公共利益，这些利益是由政府内外部主流团体所定义的；学术寡头的功能是保证专业自治，把学术工作包括其标准的控制权交给那些长期投入与教学最直接相关的一群人手中；市场的特殊功能在于站在内部员工、顾客以及院校的立场来增进以及保护选择的自由，从而间接地促进系统的弹性与稳定性。”① 总体上看，唯有协调好三者的关系，美国高等教育的未来发展之路才能更加协调、健康和有序。在知识经济社会，受过教育的人才及其素养理念已经成为社会的一笔可贵财富，高等教育在事实上就是一个支撑国家未来发展的人才储备库。随着社会复杂性的增加，高等教育的性质、基本理念以及主导任务已经越来越难以被表述清楚。教育是一个国家文化的缩影，纵观美国高等教育的发展历程和现实，许多方面无疑是值得其他国家借鉴的。研究他者是为了提升自我，只有梳理、辨明与廓清美国高等教育领域的真实样态，才能为本国高等教育事业的发展提供助益。

---

① Burdon Clerk. The Mary Pathways of Academic Coordination, *Higher Education*, 1979 (8).

附录

从美国大学的实践看我国“双一流”建设*

* 发表于《大学》2015 年第 10 期，《新华文摘》2016 年第 5 期转载。收入本书时有改动。

《大学》：从“211”工程到“985”工程，到最近提出的世界一流大学的建设和一流学科的建设，这么多年，中国的大学，尤其是以直属高校为主的高水平大学一直行进在努力建设世界一流大学的路上。您可否结合美国的情况，谈谈如何理解世界一流大学？

王定华：感谢《大学》再三约请，盛情难却。在此，谨以观察者视角，结合美国的常春藤大学，谈些对世界一流大学的理解。应该说，在美国并没有与中国意义上完全一样的世界一流大学概念，但是美国确实有一些水平很高、历史悠久、成绩卓著、享有盛誉的研究型大学，其中的常春藤大学在中国非常有名，在美国更是家喻户晓。

20 世纪 30—40 年代，美国各大学之间体育比赛如火如荼，以此提升大学名望，并将体育比赛成绩与学校水平相提并论。各校为在比赛中独占鳌头，纷纷降低录取条件，提供高额奖学金；而过于争抢体育运动尖子，客观上造成为比赛而比赛、为比赛名次而降低录取分数的局面，这让一些名校产生厌倦。

1945 年，哈佛大学、耶鲁大学、哥伦比亚大学和普林斯顿大学四校达成共识，声明取消体育项目奖学金，并结成橄榄球竞赛联盟，在四校间进行比赛，不屑再与其他学校为伍。“四”的罗马数字为Ⅳ，音同 Ivy，意为常春藤，于是这些大学遂被称为常春藤大学。1954 年，康奈尔大学、宾夕法尼亚大学、达特茅斯学院、布朗大学加盟。八校共同签署协议，决定各种体育比赛项目均在八校间开展。这些大学均有古色古香的建筑物，墙壁上爬满了常春藤植物，从而强化了对常春藤的称谓。由于常春藤大学的历史久、水平高、名气大，尽管学费昂贵，众多学子仍然心驰神往。这些常春藤大学在我们看来就是世界一流大学，对其进行观察和审视，有助于我们对世界一流大学的理解。

第一，世界一流大学一般有比较悠久的办学历史。美国八所常春藤大学，除康奈尔大学建于 19 世纪外，其余都有数百年历史，比美国建国还早。它们在长期的办学实践中，不乏成功经验与失败教训。新建的大学，一般很难在短时间内发展为世界一流大学，因为毕竟缺少深厚的文化积淀。

第二，世界一流大学通常有自己独特的办学理念。例如，哈佛大学的办学方针是“求是崇真”，校训是“与柏拉图为友，与亚里士多德为友，更要与真理为友”。哈佛校徽上的拉丁文“VERITAS”即“真理”之意。在哈佛，各种思想可以自由迸发，各种流派可以尽情涌现。人们的思维不受禁锢，探索的脚步从不停歇，创新火花此起彼伏。

第三，世界一流大学必须有学术精湛的教师团队。优秀师资是常春藤大学画龙点睛之笔。各校对教师的选拔和聘用都有一套良好的竞争机制和考评制度，以确保师资队伍的水平及高水平学术团队的长期持续发展，确保了师资队伍的质量。在常春藤大学中，助理教授都要具备博士学位。对新教师的选聘，要经选录委员会公开、严格审理，面向全世界选聘优秀人才。对新任助理教授一般不安排其从事行政工作或其他社会工作，而让他们安心教研，在学术上立足。为指导他们进入教授角色，选准科研方向，潜心教书育人，学院成立顾问班子，提供经常性指导。助理教授任满 3 年要接受中期评价，合格者再进行 3 年的教学和研究，然后经一个委员会评定合格，方可升为副教授。除了自己培养外，各大学也千方百计招徕各方精英人士，甚至不惜重金挖人墙脚，以增强本校教授队伍。

第四，世界一流大学还要有发展潜能较大的学生。各常春藤大学普遍重视申请人的全面素质和发展潜能。以培养未来的知识精英或社会领袖为目标，力图招收那些全国优秀中学生获奖者，SAT 成绩优异者，高中修课成绩在本校前十名者，具有某种专长者和具有良好社区服务经历者。学生是否具有独立精神及能否适应学校紧张而有压力的一年级生活也是各校考虑的因素。当然，高中教师的推荐信也很重要。常春藤大学遵循“只择优录取，不问家庭收入”的招生原则，完全依据考生本人情况录取，而不必考虑其家庭支付学费的能力，学费差额由大学自行解决。

当然，各大学对这些优秀学生，通过深化课程改革、改进培养方式、坚持通识教育、加强专业教育、鼓励创新思维、增加动手机会等多个环节，让他们成人成才。

《大学》：既然世界一流大学的形成是一个历史积累的过程，那么，这些大学在成为世界一流大学的过程中有过什么教训吗？

王定华：一流大学往往都是排头兵、领头雁、弄潮儿。有时它们的一些探索是前无古人的，而这种探索都有成功的可能和不成功的可能，因此这些大学，包括学校董事会，应该有宽广的心胸，对于成功的探索给予奖励，并且将其发扬光大，对于不成功的探索，则予以包容并从中获得启示。否则，就会失之偏颇。实际上在历史上是有这样的例子的。

比如说哈佛大学在办学过程中，一度孤芳自赏，不愿意与其他院校为伍，甚至听不进外界的不同意见，后来就造成一些有识之士因意见得不到尊重而分道扬镳，有的跑到了耶鲁大学，有的跑到了西部，参与创办斯坦福大学。这说明哈佛大学曾经在学术上不够兼容并包，而造成了人才的流失和人心的涣散。

再比如，康奈尔大学的农学可以说是最好的，与中国农业大学、西北农林科技大学都有比较多的合作。但是康奈尔大学在办学过程中，也曾经不顾社会发展的需要，只设置自己认为重要的传统的专业，完全按老一套做法办学，以至于得不到地方政府的支持，基金的运作也一度出现了困难。但实践证明，缺乏创新是不行的。为了解决这些问题，康奈尔大学作为一所私立大学，也积极与纽约州进行合作，实行“一校两制”，与纽约州政府合作办农学，且注重兽医专业和技术推广，从而得到政府的大力支持，实现了异军突起。这个例子意味着，一所大学在通往世界一流大学的过程中，要不断地反省自身的办学。既要目标坚定，沿着既定的大方向前进，稳健地向前迈进，又要根据经济、社会、科技发展的形势，适时地调整战略目标、发展规划，与时俱进。这两点都是非常重要的。

《大学》：您认为，在起伏变幻的办学过程中支撑这些学校最终成为世界一流大学的恒定力量有哪些？

王定华：我觉得，第一，确立和坚持自身的发展哲学。这些著名大学，都将一个相对不变的、恒定的、一代又一代追求的发展哲学作为指导思想。这包括它的校风、学风、教师的准则。比如，哈佛大学始终强调一种求是崇真的学风和教风。当然，也不能说得太绝对，大学既要有恒定的追求，也要根据社会变化进行适当的调整和革新，但大方向是相对不变的。

第二，追求和保持卓越的培养质量。质量是学校的生命线，为了重视质量，采取一系列的措施，包括招聘最好的老师，招收好的学生，注重启发式的教学方法，教授给本科生上课，等等。

第三，促进和加强教学和科研相结合。美国最早的研究型大学并不是常春藤大学，而是约翰斯·霍普金斯大学。后者首任校长吉尔曼就认为，如果一位教授只会教课而没有自己的成果，那就像一只仅会说话的鹦鹉，是浅薄的。所以一开始约翰斯·霍普金斯大学就重视教学和科研相结合，以此为大学理念。常春藤大学后来居上，既重教学，更新课程，开展评估，保证质量；又重科研，教授要有见解，或著书立说，或发明创造。常春藤大学的教授没有固定的退休年限，退休时间主要取决于科研成果，取决于是否还能拿到项目。

第四，注重通识教育和专业教育的融合。通识教育注重培养学生宽广的知识面、良好的品德和社会责任感，让人眼光长远、视野开阔，能够应对未来社会的变化和工作岗位的变化。通识教育还强调以人为本，以学生为本，关心人、尊重人、理解人，促进学生自由、全面、和谐的发展，让他们在学术领域自由翱翔，对真理不懈追求，让他们的一些特长能够得以发挥。一般的大学往往只注重专业教育，而像美国常春藤这样的一流大学，则普遍重视通识教育和专业教育相结合。

第五，注重方方面面的协作共赢。常春藤大学重视盟校之间的协作以及与其他一流大学的合作，与政府、企业、科研部门的合作，乃至与外国的合作，等等。例如，2003 年，美国对伊拉克动武期间，当时哈佛大学校长萨默斯在哈佛网站上发表书面讲话称，哈佛人关注着前线，也关注着与之相关的家庭，哈佛和世界上的大多数人一样，对军事行动持审慎态度，期待着公平与和平尽早到来，不论国际风云如何变幻，哈佛将一如既往地致力于校园的多样化和国际化。2015 年哈佛大学女校长福斯特在第 264 届毕业生典礼讲话中，特别号召毕业生要有强烈的责任感服务外部世界，为社会多做贡献。

《大学》：常春藤大学确实大都是百年名校，历史悠久。但是近些年也有一些办学历史比较短的大学跻身世界一流大学的现象，比如韩国的浦项大学、香港科技大学、新加坡的南洋理工大学等。您怎样看待这类大学的成长？

王定华：当然，确实有一些学校虽然办学时间不长但也办得很好，如韩国、我国香港地区的大学。这些大学的发展与突进是因为充分发挥了自己的独特优势，“弯道超车”。有的是靠高科技来赢得各界的拥戴，有的是靠网罗人才直接在高位上运行，还有的是与其他名校合办来获得外力。但是这些大学的世界一流特性，仍然主要是反映在某些方面的世界一流，更像是一流学科。毕竟，一流大学的认定关涉不同的评估体系，仁者见仁，智者见智。我个人认为这些大学还有很大的提升空间，有的还不能轻易就说是世界一流大学，而更多可能是在某些学科方面，或者是在某些科研成果方面等达到了世界一流。这也给我们一些启发，在中国办世界一流大学的过程中，要比较多的学校都成为世界一流是相对困难的，那还不如更重视办一些世界一流的学科或专业。我国提出来的“2011 计划”鼓励每个学校都能挖掘自己的长项，可以在某些方面捷足先登，赢得认可，从而获得较快发展。

历史比较短的大学要成为世界一流，或者在某些方面成为一流，我觉得要具备几个条件。第一个条件，就是要有来自中央政府、地方政府、基金会或者是其他办学团体的超常投入，这样学校不仅可以在硬件上一步到位，而且能够在世界范围内网罗优秀人才，还能够在科研条件、各种启动金和奖励等方面给予人才最优厚的待遇。第二个条件，就是要重视与现代科技之间的联系，主要是发展相关学科或领域，例如材料、海洋、医药、生物、航空、太空等，着力建设一些重点实验室，在这些方面具有一定的优势之后，就能够很快产生成果、效益，或者是影响。第三个条件，就是要具有全球眼光，与世界一流大学进行多方位的合作，直接借用它们的一些理念、人力资源，宁波诺丁汉大学、上海纽约大学就是这样的案例。前不久我在以色列理工学院访问时，校长告诉我将与汕头大学开展深度合作办学。第四个条件，就是运用现代化的教学手段，像慕课等信息化的教学手段已广为应用。总之，就是在最高位上运行。

《大学》：如果抛开办学历史的长短而言，您认为促进大学朝向世界一流大学发展的共通要素是什么？

王定华：第一，追求不断创新。一所大学只有在各方面不断地创新，才能进入世界一流大学的行列。基层的创新是世界一流大学发生的动力，无论是在学科建设上，还是在人才培养上，它们都在不断地适应时代发展的需要，始终强调创新的思想和理念。同时在教学管理上，它们依据精英人才培养和学术研究需要，适时进行必要的调整，在传统的基础上不断地吸收创新的管理模式，提高管理效率。例如，在新的时代，常春藤大学根据自己的发展特点和社会的变化，调整课程体系，整合课程资源，更新课程设置，提倡广阔性，体现通识教育的要求，加大跨学科知识的传承；提倡实践性，减少一些古典学科，增加一些应用学科，加大国际知识教学和外来教学，提倡灵活性，给学生更多的选择自由，满足学生的兴趣，发展学生的特长，不以统一的尺度来衡量学生的成绩。

第二，崇尚学术自由。常春藤大学开什么专业由学校决定，讲什么课由院系决定，如何上课由教授决定，大学教授讲课、著述在法律框架下可以自由发挥，知识分子的创新精神和创新探求得到保护和鼓励。这些大学认为学术自由是美国宪法修正案中明确赋予大学的权利，唯有如此方能不媚权贵、追求真理、培育人才。当然自由也是相对的，不能有悖法律，不能走向极端。

第三，能够广揽财源。名校借助学术上的显赫名气，能够发挥校友的作用，像常春藤大学，就非常会造势，每年都召开很多会议，邀请知名校友、著名的财团、政要及校董参加。校友们也往往乐于回馈母校、报答社会，因此向母校捐赠成了风尚。像哈佛大学就是世界上最富有的大学之一，学校收入包括捐赠、政府拨款、学费，以及哈佛大学投资经营的收入。哈佛大学的基金也比较多，是世界上最富有的大学。

第四，制定发展规划。它们能够根据实际情况规划学校发展，有所为有所不为，注重特色，讲究比较优势，扬长避短。比如，哈佛大学政府学院在同类学院中历来居第一，哥伦比亚大学的国际关系学院首屈一指；宾夕法尼亚大学的沃顿商学院、耶鲁大学的法学院都赫赫有名；达特茅斯学院比较小，曾经有机会发展成综合研究型大学，但是董事会讨论认为学校应保护特色，应以本科教育为特色；普林斯顿大学和布朗大学也都非常重视本科教育；普林斯顿大学非常有名，但是没有医学院，因为别的大学已经有医学院了，所以它就不办，而且办医学院也不是它的长项，所以就不特别追求学科齐全。

此外，世界一流大学都具有国际性。国际性体现在教师和学生、学术发展和科学研究，以及学校管理等多个层面。这些大学面向全球招聘世界一流的教师和管理人才，招收世界上好的学生，培养具有世界眼光的人才，同时在世界范围内开展高水平的合作研究与开发，扩大在全球的影响力。

《大学》：您刚才谈到每所常春藤大学都有自己独特的办学理念，请谈谈它们对学生的管理情况如何？

王定华：美国的常春藤大学，这八所学校也不都一样，像哈佛大学、耶鲁大学、哥伦比亚大学是系科齐全，都包括医学。有的大学系科不是很全，如普林斯顿大学没有医学。康奈尔大学的特色就是农学和技术推广。布朗大学始终把本科生教育作为主体。达特茅斯学院也是以本科教育为主。但是，这些大学无论是系科全的还是不全的，也无论是以本科教育为主还是以研究生教育为主，其共性的地方是显而易见的，那就是对学生的关爱以及对教师的尊重，充分体现了以人为本的理念。

以达特茅斯学院为例，这个学院春季鲜花锦簇，夏季树木葱茏，秋季色彩斑斓，冬季白雪皑皑，一年四季都非常漂亮，但是冬季长达5个月左右。考虑到学生夜晚回宿舍时会路过树林、雪地，又冷又远又黑，达特茅斯学院有一个传统，只要是学生提出要求，就有校警开着车将他们护送至宿舍楼门口。达特茅斯学院对教师买房有明确的规定，根据房子离学校的距离提供买房补助，如果买在学校周边，学校要补助将近一半的买房资金，数量可观，如果离得很远，就不给补助。这样做的目的就是方便学生跟教师交流，方便学生到教师家坐一坐，蹭点咖啡，聊聊学术，请教一些问题，探讨一下人生，咨询一下就业。促进师生之间的交流是达特茅斯学院的普遍现象，也是该校教师应有的责任。再比如，这个学院每周三下午是学校的开放时间，从校长到一般的工作人员，都要开门办公，接待学生，学生在这一天可以不用预约。这都是学校以学生为本的例子。

除了为学生服务以外，这些一流大学对学生也有严格要求，而不是放任自流、让学生高兴就行。为了培养守信的人才，常春藤大学注重在大学校园里有效地预防和杜绝各种剽窃、抄袭等不诚信的行为，要求教师在开学时就要让学生明白如何做到诚信，一旦作弊，将受到怎样的惩罚。这些大学的教师还十分注重学生的写作过程，就是说学生撰写论文或者是研究项目报告时，要提交写作提纲、底稿、所有修改稿，以及最后的成品，以确保学生在写作过程中做到独立思考，保持诚信。

《大学》：在大学办学历史中总会遇到目标或战略措施的调整，请问谁或者什么力量在其间发挥主导作用？是校长吗？

王定华：美国有私立大学和公立大学之分，对于公立大学而言，联邦政府、州政府的作用还是比较大的。州政府帮助学校调整定位，使其既坚持传统，又与时俱进，有所创新，同时又服务经济社会发展。联邦政府、州政府不是靠行政命令发挥作用，而是通过科研项目引领，通过在学校用地、减免税收等方面对学校发展提供支持，通过公立大学的董事会对学校的发展施加影响。对于私立大学，特别是常春藤大学，学校的董事会和校长的作用就非常关键。根据实时情况进行一些微调，是这些大学的共同做法，但我想强调的是，这些著名的、私立的一流大学，特别是常春藤大学，调整和变化不是最主要的，坚持自己的办学传统，注重自己的办学特色，才是一贯的。

《大学》：在世界一流大学的发展过程中，要想持续保持一贯的办学理念乃至总体发展目标，应该如何处理人与制度因素的关系？

王定华：未来的高等教育，要能够长期坚持质量、公平、特色，其中有三个方面的影响是最重要的。一是要有法律保障。我们国家的法律应该进一步地制定和完善，以确保对高等教育的支持力度不减，让高等教育有一个良好的发展环境，让大学能够在法律的框架下自主办学。二是要有比较科学的、明晰的、合理的，具有操作性的大学章程。当然它也是广义的依法治校。前面说的法律是国家层面的法律，学校也要有内部的章程。制定章程要作为改善学校治理结构的一个重大契机来认真对待，要凝聚全校管理层、教师、学生、广大校友，以及社会方方面面的智慧，形成共识，确定学校未来的发展目标、主要愿景、核心抓手、基本的理念和内部的治理结构和体系。三是要有一个长远的发展规划。我看了布朗大学、达特茅斯学院，它们在新时期都制定了长期发展规划。

制度是最重要的，但人的因素，包括校长以及学校的其他领导人也是非常重要的因素，但是我觉得人和制度应该可以作为并行不悖的因素融为一体。有了制度，既要严格地执行，又要灵活地执行；既要有规范性，又要有创造性。个人的能力毕竟是有限的，而且人的判断力有时候会出错，任何人都有失之偏颇的时候。

比如经历了严格选拔过程的美国常春藤大学的校长，按照制度安排，他们的责任，第一就是“挖人”；第二就是“找钱”；第三就是使学校的规划和章程得以贯彻；第四就是协调各方面的关系，而不必为其他各种日常事务缠身。这就是制度让每个人各司其职，发挥应有的作用。当然，人的作用也还是很重要的，只不过跟制度相比，我认为没那么重要。

《大学》：您认为世界一流大学坚持自己办学理念的支撑源自哪里？

王定华：教育有规律，不能人云亦云，不能见异思迁，不能拍着脑袋决策，不能摸着石头过河。一流大学在发展过程中，一定要有一种定力，这种定力源于学校固有的办学哲学或办学理念，源于这些大学对其办学理念的深层理解，源于一代又一代的董事会和校长对学校办学理念的继承。比如，一流大学都注重专业教育和通识教育相结合，重视通识教育，注重培养学生具备广泛的知识基础。它们认为有了这个知识基础，学生在迅速变化的科技经济的形势之下，方能够站立潮头而不至于迷失方向，以不变而应万变。

这些一流大学对办学理念的坚持和传承，得益于学校的制度安排。例如，学校董事会不是整体换届，而是每次退出两个，同时又进来两个，每一次都是吐故纳新的过程，这就使得董事会能够保持一种恒定，总能够把大家认可的东西传续下来。此外，美国常春藤大学校长的任期往往比较长，也不强调明显的届别概念，校长任职时间一般在10年以上，有的甚至更长，比如耶鲁大学的莱文校长干了20多年，这就使得学校的办学理念可以一直持续下来。

大学是需要在长期的办学中才能见到效益的，不能急功近利。管子曾说：“一年之计，莫如树谷；十年之计，莫如树木；终身之计，莫如树人。”现在有的大学，要短期内就见成效，三年小变样，五年大变样，甚至要搞跨越式发展，这种愿望是好的，但是，也要认识到困难还比较大。我们国家的高等教育，这几年发展虽然很快，但总体上与我国第二大经济体的现实还不完全匹配，所以我们建设世界一流大学的心情比较急迫，这是可以理解的。但也要认识到，这需要有一段时间的积累，起码还得有10年乃至更长一段时间，我们才会有一批真正意义上的世界一流大学。当然在这个过程中，一部分大学、一部分学科在世界上会有更明显的位置，对此也应该乐观。

《大学》：社会土壤在一流大学的形成中发挥着怎样的作用?

王定华：首先，社会要尊重大学。大学作为学术殿堂，是创造知识、传播文明的地方，可能会有这样或那样的不如意，但是总体上大学代表一种前进的方向，应该受到社会的尊重，社会要对它有一种敬畏之心。其次，社会要包容大学。要给大学一个宽松的环境，尤其是在舆论上，要给大学更多的包容，批评可以，但不要泛泛地批评，也不要挑刺或者是一棍子打死，更不该去炒作。再次，社会要支持大学。包括经费的支持、校友的支持，以及其他的支持。例如，从外部环境方面提供支持，包括花草、树木、道路修建、水利供给、安全食品供应等。最后，社会要给大学提供安全保障。安全保卫光靠校警是不够的，校园的周边也要有更多的保卫力量，防止坏人的破坏，防止盗窃，防止火灾，安全保障是非常重要的。当然，大学也要主动地对外开展合作，与社会各界，包括与联邦政府、地方政府、地方企业进行合作，完成委托的项目，合作培养人才，合作办班，合作进行一些开发，通过合作发挥对地方经济建设的作用。

《大学》：可以具体解析一下政府在这些世界一流大学成长过程提供的支持吗？

王定华：一是推动立法。通过推动立法机关立法，发挥法律法规作用，避免政府过多干预大学。美国《宪法》第46条修正案规定，凡是法律未赋予联邦，未禁止各州所从事的事业，皆归各州和人民，所以对于高等教育，州政府有一些对公立院校的控制，同时也有责任。人民就是广义的概念，大学的自治在法律上有了依据，这个法律限制了政府的权力，使大学的自治成为可能。

二是减免税收。对大学办企业减免各种税收，对教授科研成果转化的企业减免税收，对学生创办的企业，则有更大幅度的免税政策。不仅如此，政府还设立各种各样的孵化器，让师生参与创新创业。

三是增加投入。政府对高等教育的投入很大，对于私立大学，政府本身并没有法律义务给钱，但是大学作为科技发明、学术自由、国家进步的发动机，联邦政府也非常重视，通过科研投入、奖励、基本建设投入等途径来支持大学的发展，同时也通过减免税收鼓励社会各界对大学的捐助。

四是扶持创业。美国对于大学生创业普遍有风投资金，大力支持大学生的创业。我专门到波士顿128公路沿线去考察过，那里有很多美国的风投企业，都是大学生创办的，他们拿到风投资金相对就很容易。

五是定期评估。通过指导成立各种评估机构，来保证这些大学的质量。这些评估机构主要包括普遍性的认证机构和专业性的评估机构，如针对MBA的、法学的、会计的等各种专业性的评估。这些机构，理论上说都是社会独立机构，但实际上政府对这些机构既有支持，也有监管。

《大学》：您如何概括世界一流大学校长的共同特点？

王定华：我曾经多次访问各所常春藤大学，我发现常春藤大学的校长有几个突出的特点。

一是曾在本校求学任教。或从这所大学毕业，或在这所大学任教，与本校有这样或那样的渊源。对本校的历史、学风、特点相当了解。比如说曾任哥伦比亚大学校长的博林格，曾任哈佛大学校长的萨默斯，曾任康奈尔大学校长的莱曼，现任耶鲁大学校长、著名心理学家苏必德，现任达特茅斯学院院长的菲利普·汉龙都是本校的校友，并且长期在这个学校执教。

二是了解其他大学长处。并不一定总是在本校工作，比如说康奈尔大学的前校长莱曼，布朗大学前校长西蒙斯都长期在密歇根大学工作，现任达特茅斯学院院长的菲利普·汉龙也长期就职于密歇根大学，有趣的是很多大学校长都曾在密歇根大学工作过。

三是具有行政管理经验。这些校长见解独到，知识渊博，但是又不限于狭窄的专业领域，做校长之后全心全意地投入到学校的管理之中，不强调自己出学术成果或带研究生。比如说曾担任哈佛大学校长的萨默斯曾经就是克林顿政府时候的美国财长，有丰富的管理经验。现任康奈尔大学校长的伊丽莎白·加勒特女士曾经在联邦最高法院工作过多年。

四是善于发挥各方作用。这些校长目光远大，思路明晰，抓大放小，能够“找钱”，配合董事会总揽大学重要的事务，制定发展规划，协调外部关系，争取政府及各界的支持。他们一般在用人方面能够充分调动副校长、教务长、副教务长的积极性，让他们各管一摊，各尽其责。

五是选拔任用程序严格。校长的选拔和任用由董事会集体讨论。董事会首先会对候选人进行反复甄别，一般要同候选人详细探讨施政打算，之后再由各位董事充分发表意见，反复切磋讨论，最后投票表决。在选拔过程中，董事会注意听取校内各院系、各部门的意见和建议，但不进行全校范围内的民意测验，不进行民主选举。

六是巾帼不让须眉。常春藤大学女校长的比例比较高。历任校长中不乏女性，到了2015年的下半年，常春藤大学八所盟校中，有四所都是女性校长掌舵。她们分别是布朗大学校长克里斯蒂娜·帕克森，康奈尔大学校长伊丽莎白·加勒特，哈佛大学校长德茹·福斯特，宾夕法尼亚大学校长艾美·戈特曼。这些校长都是一流大学长盛不衰的重要支撑。

七是十分珍惜现有岗位。这些大学校长工资待遇颇丰，具有很高的社会地位和经济地位，在社会上影响比较大，说话很有分量，年薪都在40万美元以上，有的可达60万美元。加上各类福利，有些校长年收入可达100万美元以上。钱不是万能的，但是钱也是这些大学招徕到好校长的一个重要砝码，所以很多人对这些大学校长、名校校长趋之若鹜，一旦当上，他们对这个岗位是十分珍惜的。

《大学》：世界一流大学在办学规模上有没有一些共性？

王定华：从常春藤大学的发展来看，都是始终保持一个合适的规模，不过于强调规模，不以规模来保持发展。一般来讲，一所大学一年招生几千人是比较合适的。其中，有的是本科生偏多，有的是研究生偏多一些，加起来每年招生3 000人，在校生1.5万人以内，这是比较普遍的情况，也有的学校规模还要小一点。常春藤大学中，康奈尔大学的学生人数最多。2015年，康奈尔大学有教师2 000多人，学生2万多人。其中本科生14 500人，研究生6 000多人。康奈尔大学是常春藤大学中最年轻的，也是规模最大的大学。在常春藤盟校中，它的新生录取率为30%。与其他带贵族气息的常春藤盟校相比，康奈尔大学是比较亲民的。其主校园所在的Ithaca是只有几万人的镇子，除了师生，其余的也多与大学有关。

当然，美国的一些州立大学，为了满足高等教育大众化的需要，招生很多，这在美国比较普遍，因为它也在承担责任，解决社会公平问题。举例来说，得克萨斯农工大学其所在地College Station一共就10万人，学生就将近7万人，教师和其他的学校工作人员差不多又有1万人，另外2万人的居民也是服务于学校的，那个学校所在地实际上就是一个大学城。这样的大学人数多，也办得挺好，但还不能说是真正的世界一流大学，它们主要解决的是教育公平问题。这对我们的启示是，在我们国家真正办一流大学也是一部分大学的追求，一般规模很大的大学，更多的是满足经济社会需要，都办成世界一流显然是不可能的，也是没有必要的。不过，一些大学可考虑建设一流学科。

《大学》：根据您对世界一流大学的观察，您如何看待当前我国建设一流大学的状态？

王定华：总体上看，在国家的重视和教育部的推动下，我国建设世界一流大学的征程已经开启，并且已经取得不少成绩。为了获得更好的发展，还有必要自我加压，找出需要改进的问题。

其一，对于建设一流大学的难度和时间估计不足，一定程度上存在贪多、求全、求快的心理。一些同志好心地希望能在较短的时间内建成一批一流大学，好像短时间就能建出来，这是不切实际的。甚至有同志提出，根据需要，应该在某某地方新建一所世界一流大学，在另外一个地方再新建一所世界一流大学，这种想法也是不现实的。

其二，我们的大学还不能完全依章程自主办学。多数大学长期没有章程，有的刚刚设立章程，还没有得到充分落实，很多还只是一个制度设计、一种想法、一种打算。建设世界一流大学，需要发挥高校的办学自主权，要让高校在符合国家法律和坚持党的领导的框架下，依章程办学，减少外部干预，多给高校支持，但这方面做得还不够。

其三，目前资源投入还不是很够。在资源方面，也还有继续挖掘的空间，实际上与建立世界一流大学的目标相比，无论是经费投入还是其他资源的支持，都还需要再加大力度。近年来，美国对基础教育的财政性投入占了 GDP 的 4.5%左右，对高等教育的投入占 GDP 的 2.5%左右，加起来是 7%左右。我国作为第二大经济体，财政性的教育投入 2012 年才刚刚超过 4%，现在还不到 4.3%。根据中央领导同志的指示，对教育的投入，以后非但不能减少，还要增加，即使财政增幅压力增大，我们对教育的投入一定要保持。相关部门、地方政府都还应该加大对教育的投入，加大对一流大学建设的投入。当然从教育和大学的角度，也要调整支出结构，真正筹好、管好、用好来之不易的教育经费。此外，与发达国家相比，我们国家社会资金对教育的投入还很少。从全国统计数据看，近 10 年，非财政经费占高校总收入的比重从 2005 年的 57%下降至 2014 年的 40%。民间资金投入的力度需要加大，要鼓励社会各界对一流大学建设的捐助。

其四，我觉得社会对建设一流大学的理解还不够。有的时候，社会上对大学的指责偏多，而实实在在的支持偏少。我认为，对大学应该更多一点包容，不能指望立竿见影。短期内即便是有成效，也是外在的一些指标会有一点改进，内在的变化需要一个过程。

《大学》：您认为我们在建设世界一流大学时应该保持怎样的心态？

王定华：如何在高等教育大众化阶段进行一流大学建设，是我们在这一特定国情和发展阶段建设一流大学必须回答好的重大课题，必须深入研究、探索、创造出自己的道路模式。我觉得，在世界一流大学建设的过程中，应借鉴国外好的做法，结合我国实际情况，推动工作进展。一是头脑里有目标，要推动一部分大学朝着世界一流大学的目标坚定迈进。二是眼中要有问题，看出不足，看出劣势，看出障碍和桎梏，并努力地克服。三是肩上要有担当，担当起长期履行大学章程的责任，担当起国家赋予的教书育人的职责，担当起帮助其他兄弟院校、其他高教机构的责任，担当起帮助支持基础教育的责任，担当起社会服务的责任。有了这些担当，才能够获得大家的支持，学校才有长期存在的价值，否则故步自封，与社会隔绝，是不行的。四是胸中要有理想，这种理想包括一种自信，包括为国家教育事业建设的这种追求，以及为国家培养人才的愿望。作为校领导，为"官"一任，心中要有"留下来点什么"的信念，不能浑浑噩噩地过日子。五是腹中要有点子，不一定非要满腹经纶，但是一定要有点子，要有解决问题的办法，遇到困难要相信办法总比困难多，这样才能够勇于克服困难，不断前进。六是手中要有抓手，制订计划，采取措施，不等不靠，沿着既定的目标努力。不能因为一流大学的建设需要很多年就慢慢耗着。要做到抓大放小，要各司其职，充分发挥团队的积极性和各部门的创造性，不能够什么都由校长说了算。七是脚下要有力量，按照党中央、国务院要求，在"十三五"期间和今后长时间里，稳健地朝着一流大学的方向，迈出坚实的步伐。

总的来讲，实际上一流大学和一流学科的建设也没有完全统一的模式，只有一个大致勾勒的轮廓，每所大学都应该根据本校的实际，因校制宜地确定自己的定位、目标、措施，要发挥创造性，也要有一定的灵活性。我们也可以乐观地来预测，再过若干年，我们国家肯定能够涌现一批世界一流大学和更多的世界一流学科，使我们的高等教育也步入世界先进高等教育之林，成为高等教育大国和强国。

后 记

对于美国教育情况，书本里、杂志中、网络上已有许多介绍。只要愿意，便可信手拈来，知其大概。所以，国人对美国教育大致情况并不陌生，更不用说还有许多学者专门研究美国教育理论和实践，发表了许多精辟的见解，读之更会有所启发。那是不是就不用研究了呢？显然不是。且不说美国教育也在发展变化，单就其各州、各高校的复杂情况、多种形态来看，都不能说我们对美国教育的掌握已够全面准确。所以，继续深入观察与研究美国教育，把握这个世界超级大国教育改革和发展的经验教训，仍是十分必要的。

我国很多同志很想了解美国的世界一流大学建设情况，其实美国没有完全对应的概念。不过，美国确有一批享誉全球的著名研究型大学，通过对其观察与研究，亦可获得重要的启示。实际上，一流大学建设并非美国高等教育的全部。美国是高等教育大国，高等教育历史长、积淀深、类型多、影响大。美国大学的类型性质、招生录取、本科生教育、研究生教育、留学生教育、通识教育、治理体系、教学改革、科学研究、社会服务等诸多方面，都值得观察与研究。研究美国高等教育要“读万卷书”，为此我拜读了我国许多专家学者的作品，查对了大量美国英文资料；研究美国高等教育还要“行万里路”，迄今我已先后以大学访问学者、常驻领事或教育部官员身份，先后十多次长期或短期赴美考察。每次赴美考察，都会深化对美国高等教育的认识。在撰写《美国基础教育：观察与研究》一书同时，我着手了《美国高等教育：观察与研究》的写作。由于行政工作非常繁忙，出差开会加班是常态，写作似成了业余爱好。虽说辛苦，却也深感充实，乐在其中。把零碎的时间利用起来，不断思考，勤于笔耕，久而久之竟与教育行政工作并行不悖、相辅相成了。面对今天全球化的新形势，在主要立足国情谋求我国教育改革发展的同时，具备一定国际视野甚为有益。当然，尺有所短，寸有所长。观察与研究美国高等教育，既要见贤思齐，又要分析批判，决不可简单照搬。

在本书撰写过程中，得到了北京师范大学国际与比较教育研究院院长刘宝存教授和他的助手们的大力支持，张伟博士帮我更新数据，提供素材，修改部分章节。教育部教育管理信息中心陈海东博士、教育部教育发展研究中心高等教育研究室主任马陆亭博士、中国教育科学研究院《大学》杂志总编辑张男星博士、华中师范大学高等教育研究所所长欧阳光华教授、耶鲁大学中国学者刘彤博士和张东升先生、美国纽约州教育厅万德远博士审阅了部分书稿，提出了宝贵的修改意见。郑浩然、马学阳、瞿伟、曲连坤、胡佳怡等同志也细心校阅了部分书稿。特别是，我国著名教育家顾明远教授欣然为本书作序，是对笔者的关心和厚爱。人民教育出版社总编辑郭戈研究员，教育编辑室主任刘立德编审、前主任诸惠芳编审、副主任韩华球编审对本书的编辑出版给予了热忱鼓励与精心安排。本书第一版特约责编刘建霞女士为本书的编辑完善付出了辛劳。修订版书稿得到了北京外国语大学郑大鹏、王丹的悉心校阅。在此，谨向上述同志和朋友表示衷心感谢！

本书参考了很多学者与同行的著述，笔者尽量在书中加了脚注。如不慎遗漏，请原作者谅解。我也深知，由于未能抽出大块时间专注写作，本书的各章节不是一气呵成的，或有前后重复与不一致情况。另外，书中也可能还有这样或那样的不妥，敬希各位专家、读者不吝赐教，我当虚心接受并于再版时订正。

王定华

2016 年 9 月 10 日初识于北京

2020 年 10 月 22 日再识于北京